JN205391

THE INDEX OF PROHIBITED BOOKS

Four Centuries of Struggle over Word and Image
for the Greater Glory of God

禁書目録の歴史

カトリック教会
四百年の闘い

ロビン・ヴォウズ
標 珠実 訳

白水社

禁書目録の歴史——カトリック教会四百年の闘い

The Index of Prohibited Books: Four Centuries of Struggle over Word and Image for the Greater Glory of God by Robin Vose
was first published by Reaktion Books, London 2022.
Copyright © Robin Vose 2022.

Japanese translation rights arranged with
REAKTION BOOKS LTD
through Japan UNI Agency, Inc., Tokyo

ミロ・ロビン・カルロス・ゴメス・ジョーンズのために
心明るくしてくれる彼の三歳を祝って

凡例

一、本文中の〔　〕は訳者による注を、引用文中の［　］は原著者による補足を表す。

一、聖書の書名と三四ページのマカバイ記からの引用は、「聖書　聖書協会共同訳」を使用し、それ以外の引用は聖書協会共同訳ほか従来の日本語訳聖書を参照しつつ、原文の文脈に合わせて訳出した。

一、ラテン語の読みに関しては、勅書・教令などの教皇文書は現在バチカンおよびカトリック教会で広く使われている教会ラテン語の読みを採用し、人物名などについては慣例に従う。

禁書目録の歴史——カトリック教会四百年の闘い　目次

はじめに

本書は十六世紀、ヨーロッパのローマ・カトリック世界で、対立的な宗教思想の拡散を防ぐために誕生した非常に特殊な制度の研究である。「禁書目録」（Index librorum prohibitorum）として知られるこの制度は、もとはカトリック教会が、厳選し許可を与えた専門家を除いて人々の目に触れさせたくないと考えた書籍や著者の一覧を印刷したものだった。[1] つまり禁書目録は本質的には特定の状況における特定の目的のために考案された道具、すなわち検閲の技術であった。そして、あらゆる道具と同じく、本質的な特徴は保ちながらも、時代とともにより目的に適う姿へと変化していった。この変化は、制度を利用する人の目的や環境が変わり新しい世界へと広がるにつれて、より顕著となる。こうした変化と継続性こそがまさに「歴史」を構成する要素であり、それ自体が興味深い。

これだけで執筆の動機としては十分だろう。したがって、本書における筆者の役割自体はある意味とても単純で、カトリック当局が言葉と図像を検閲するための特殊な制度として、なぜ、どのように、さまざまな禁書目録を考案し広く使用したのか、ほぼ四百年にわたる歴史を語りさえすればよい。

しかし、いざ実行するとなると非常に困難な任務でもある。なぜなら、検閲の歴史上、おそらく最も重要で、最も長い歴史を持ちながらも、ほとんど理解されていない制度の実態について語ろうとしているからだ。時代と場所によっては、この制度は人類の創造の歴史に計り知れない損害を与えたし、終始――始まりは不手際が多く、終わりは驚くほど遅かった――多くの点で失敗であった。それと同時に、教会の敵とされた人々を迫害するため「だけ」に設けられた手段では決してなく、時に風刺画に描かれたような、単にあらゆる自由主義思想を無差別に叩き潰すことを目的とした反知性主義の鈍器でもなかった。禁書目録は現代風に言えば、「アートとゴミ」を区別し、「ジャンク」サイエンスやペテン師を暴き、「フェイクニュース」を抑制することにより、場合によっては霊的、知的、文学的、文化的な作品の良し悪しを誠実に見分けるための肯定的な力として、少なくとも善意の取り組みとして機能したとさえ言えるかもしれない。実際に、世界で最も優秀な学者たちの手で最も適切に運営された場合、この検閲制度は、一般的に考えられているほど恣意的でも苛烈でもなく、現代の学術界におけるピア・レビュー〔注16を参照〕や、インターネット・アルゴリズムの影響を強く受けている今日のさまざまなメディア体験と、大きく異なるものではなかった（おそらく透明性はより高かった）。

現代の我々が最終的にどのような判断を下すのかはともかく、その長い歴史のなかで実際に「何が」起こったのか、また、「どのように」「なぜ」起こったのかを正確に理解するためには、禁書目録の遺産を注意深く見直す必要がある。とりわけ、私たちをすでに取り巻いている、はるかに効率的で狡猾で、広範囲に及ぶデジタル時代の検閲システムにどう対応すべきかを考える時、過去の過ちや行き過ぎから学ぶこともあるだろう。

「禁書目録」とは（厳密には、それを支える複雑な制度的枠組み、政策、補足文書類を含めて、多種多様な禁書目録とは）何だったのか。その探求に乗り出す前に、この研究の限界について説明しておくほうがよいだろう。歴史上のあらゆる事象と同様に、禁書目録は、その発展や同時代人の受け止め方を方向付けた時代背景のうちに存在した。こうした広い文脈はできるだけ考慮に入れる必要はあるが、もちろん一冊の本ですべてを網羅することはできない。たとえば、検閲に取り組んだのはカトリック教会だけではない（禁書目録に限らなければ）と認識することは重要だが、同時期に「世俗」権力が行なった、同じように興味深く複雑な検閲について、本書で詳細に検討するつもりはない。こうした検閲が行なわれた国では、教会検閲の機能（とその「必要性」）は、同じく不適切な著書や図像の流通を防ごうとする国王、議会、その他の世俗権力によって、多少なりとも制限された。したがって、ある文書が禁書目録に掲載されなかったからといって、あらゆる国で自由に流通していたと考えるべきではない。実際に禁書目録の編纂者の目に触れる前に、国王や女王、もしくは大臣や役人の命令で弾圧されてしまったものもある。

同様に、本書は同時代のプロテスタントや非キリスト教の検閲についてもほとんど取り上げない。この種の検閲ももちろん存在したし、時には非常に激しかった。一五五三年、反三位一体論者のミシェル・セルヴェがカルヴァン派の裁判官によって、その著書とともに火刑に処された例は有名であり、イングランドのエリザベス一世は、カトリック、プロテスタントを問わず、英国国教忌避者を弾圧したことで悪名高い。一六五六年、ボストンのマーケット・スクエアでクエーカー教徒のメアリー・フィッシャーとアン・オースティンの所持していた書物がプロテスタント当局によって焼かれたのと同じ年、哲学者のバールーフ・デ・スピノザはアムステルダムのユダヤ人社会から追放され、その全著作も永久に禁書とされた[2]。非ヨーロッパ非キリスト教世界でも、実際にさまざまな検閲が存在したし、時にはカトリック教会の歴史と交わることもあった（十八世紀後半から十九世紀初頭にかけて、中国でイエズス会宣教師の著書が時の権力者によって焼却された事例など[3]）。しかし、これらの長く絡まり合った歴史は本書の範囲をはるかに超えている。

本書で「禁書目録」(Index of Prohibited Books)という場合、ローマ・カトリック教会の権威筋に正式に認可されて発行され、公式に認められた検閲リストだけを指す。その正式名称はまちまちで、単に「書籍カタログ」(Cathalogus librorum prohibitorum スペイン、一五五九年)というものや、「禁書の目録およびカタログ」(Index et catalogus librorum prohibitorum スペイン、一五八三年)というもの、さらには「異端的、疑わしい、もしくは有害だとして、ローマ異端審問によって糾弾され、全キリスト教世界で禁じられた著者と本の目録」(Index auctorum, et librorum, qui tanquam haeretici, aut suspecti, aut perniciosi, ab officio sancta Romanae inquisitionis reprobatur, et in universa Christiana republica interdicuntur、ローマ、一五五七年)などというものもあった。これらのリストは教皇や各地の異端審問所に限らず、司教や大学の神学部など教会のさまざまな機関や代表者によって編纂、発行されたようだ。さらにこうしたリストを補うために、ひとりもしくは複数の著者、著書、図像などを禁じる法令が折にふれて発布された。また本に重点が置かれてはいたが、時には他の形態の著作物も対象となり、後には新聞、雑誌、パンフレットについても、禁書目録に含まれるようになった。図像に関しても種類によっては定期的に禁じられていたが、異端審問所や教皇庁は補足的な文書類を作成することで、絵画、音楽、映画などあらゆるものを断罪することが可能だった(二十一世紀になり、厳密にはもはや禁書目録の管轄外にもかかわらず、教皇権は通信技術の適切な利用について信徒への規制を継続している)[4]。しかし総合的にみれば、「禁書目録」はおもに書物を対象とした、きわめて均質的な一連の印刷されたリストから成る[5]。

本書はこれらの種々雑多な、しかし互いに関連するすべての資料をひとつの現象として論理的に分析し、最終的に壮大すぎて諦めざるを得なかったその全体主義的目標——すなわち、信徒が生涯を通して接する可能性のある書物やその他の情報伝達媒体の、宗教的、イデオロギー的内容の完全統制——に、カトリック教会がどのように取り組んだのか理解することを目指している。

この物語は、一五四〇年代に局地的に作られた最初の禁書目録から、一九六六年に教皇による「普遍的な」禁書目録が廃止されるまでを扱う。とはいえ、その前身はそれ以前にすでに作られ、その余韻は今でも残っている。また対象地域はカトリック・ヨーロッパの中心部から、アメリカ大陸、アフリカ、アジアなどの植民地に及び、時には禁書目録の枠を越えて「変則的な」（とはいえ関連する）教会の検閲形態について扱うこともある。このように本書の範囲は非常に広いため、網羅しきれない部分も多いだろう。しかしそうした至らない点にこそ読者が興味を抱いて、独自の調査を進めるきっかけとなり、検閲とそれに伴う不満という困難だが興味深い問題が、時代や地域を問わず継続して探求されることを願っている。なぜならこれは、言葉や図像の利用や乱用が人間社会にどれほど重大な影響を及ぼしてきたのかを語る、きわめて重要な物語だからだ。

言葉と図像の力

「初めに言《ことば》があった。言は神と共にあった。言は神であった」。新約聖書「ヨハネによる福音書」の印象的な冒頭の一節は、キリスト教の伝統において言葉の重要性を確立するのに大きな役割を果たしてきた。多くのキリスト教徒はキリストを神聖な言葉（ギリシア語のロゴス logos）と結びつけ、この一節をなによりキリストの神性と関わるものとして理解している。しかし中世や近世のカトリックの聖書注解学者がしていたように、ラテン語のウルガタ訳聖書を使ってこの一節とその直後の数節を詳しく見てみると、さらなる意味が浮かびあがってくる。

In principio erat verbum, et verbum erat apud deum, et deus erat verbum.
「初めに言《ことば》があった。言は神と共にあった。言は神であった［むしろ「神は言であった」］。

Hoc erat in principio apud deum.
これ［言］は初めに神と共にあった。

Omnia per ipsum facta sunt: et sine ipso factum est nihil quod factum est.
万物はこれ［言］によってつくられた。そしてつくられたもので、これによらずつくられたものはなかった。

In ipso vita erat, et vita erat lux hominum:
その［言］のなかに命があった、そして命は人の光であった。

Et lux in tenebris lucet, et tenebrae eam non comprehenderunt.
光は闇の中で輝いている、そして闇はそれを理解しなかった。(6)〔強調は著者による〕

この基本的な聖書テキストにおける「言」の厳密なはたらきについて、少し考えてみよう。あまりに有名な箇所であるため、かえって見過ごされやすい。ウルガタ訳のヨハネによる福音書一章二―五節では、注目すべき単語として真っ先に目につくのが「言」（すなわち verbum。以後 hoc, ipsum, ipso という代名詞で表現される）だ。一方、近現代の英語訳では代名詞を微妙に変えて、「言」の代わりに擬人化した神やキリストが挿入されることが多い〔日本語訳では hoc, ipsum, ipso にあたる単語は伝統的に「これ」という指示代名詞か、「言」と訳される〕。カトリックのドゥエ・ランス聖書とプロテスタントの欽定訳聖書（後で詳しく見るが、どちらも禁書目録検閲の歴史で大きな役割を果たす）は、中性名詞 verbum を受ける代名詞として、中性の it ではなく男性を表す「He」「Him」を用いている（つまり、読者に男性であるキリストを想起させる）[7]。しかし、たとえ「言」がキリストを意味するものだとしても、ヨハネによる福音書は「言」そのものが最初から神と「共にあり」、神と「同等である」ことを伝えていると、トマス・アクィナスのような中世の読者は考えていたし、彼の注解は初期近代のカトリック教会の多くの審問官や検閲官にとって権威のあるものだった。つまり「言」を通してすべてが創造され、成就し、この「言」のうちに「命」（vita）と暗闇で人々を支える「光」（lux）が形成された。それゆえ「言」は根本的に神聖で、全能で、万物に不可欠な根源なのだ。

アクィナスなどの神学者は、言葉は重要であるという強い信念を信徒に教え、伝えた。言葉ははじめから根本的に神聖で、創造世界に実際の影響を与える。もちろん彼らも、聖アウグスティヌスの言葉を借りれば単なる「空気の振動」として飛び交うような、さして意味もなく発せられる言葉もあるとは認識していた[8]。また、アクィナス自身は神と天使と人間の言葉を区別していた。神の言葉は人知を超え、実存的・根源的現実性を含み（創世記一章五節で神が言葉を発して原初の光を創造したように）、天使の言葉は（ゼカリヤ書一章九節で天使が神の代わりに語ったように）情報を伝え、それぞれの世界を超越的に仲介する役割を持つ。この二つとは対照的に、人間の言葉は本質的に不完全であり、なによりも現実を完全に描写し、再現し、表現することができない。世界を創造し維持できる唯一無二の神の言葉とは異なり、人間は意味を伝えるために不器用に言葉を重ねるが、不正確にならざるを得ない。さらに悪いことに、不正確を補おうとする人間の言葉の洪水は誤解を生み、その結果人を惑わすこともある[9]。言葉は力と危険を併せもつ。だからこそキリスト教の伝統において、言葉は少なくとも潜在的にきわめて重要なのだ。

言葉の持つ力、ひいてはその危険性に懸念を抱いたのは、もちろんアクィナスやキリスト教に限らない。イエズス会の学者ウォルター・J・オングが述べているように、言葉にはオングの言う「不思議な力」もしくはなんらかの「人を動かす」特質が備わっているとする考えは、世界中で見られるようだ[10]。ユダヤ教聖書はもともとヘブライ語で編まれたが、実際にこのヘブライ語の**D-B-R**〔以下原著に合わせてヘブライ文字ではなくローマ字で表記する〕という語根には「言葉、発言、発話」という意味とともに、「命令、指令、行動」など複雑に関連しあう意味が混在している（さらには「物事」という概念も含む）[11]。ヘブライ語聖書（キリスト教の「旧約聖書」）だけでもこの語根の派生語は二五〇〇回以上登場する。創世記一五章一節で神が初めてアブラハムに「語る」時は**DBaR-Yahweh**（ウルガタ訳では聖ヒエロニムスによって**sermo domini**、すなわち「主の言葉」と訳された）と表され、一方詩編一八編四八節で神がダビデの敵を「従わせる」時には、**yaDBeR amim**という言葉が使われている[12]。十戒はヘブライ語で「十の言葉」（**aseret haDeBaRim**）として知られるが、同じく律法の書である申命記ももとは「**DeBaRim**」（申命記冒頭の「これらはモーセが語った『言葉』である」という一節に由来）と呼ばれていた。このように、言葉と行為、発話と行動、象徴と結果、さらには創造と支配までもがすべて、言語的、文化的、宗教的に広く共有された過去に深く根ざしている。

図像もまた聖書に忠実な人々にとって、長い間——少なくともシナイ山でモーセが神から十戒を受け取って以来——特に監視すべき対象となってきた。十戒の最初には次のような戒めが含まれている（カトリックの数え方に倣う）。

Non facies tibi sculptile, neque omnem similitudinem quae est in coelo desuper, et quae in terra deorsum, nec eorum

quae sunt in aquis sub terra.
汝己れのために彫像を造るべからず、また上は天にあり、下は地にあるもの、ならびに地の下の水の中にあるものを模《かたど》つたものは、いづれも造るべからず。[13]

ここでは、彫る、削る、刻むなどしたもの（sculptile）や、自然界を模ったもの（similitudinem）を人間が造ることに対し、はっきりと警告している。この第一の戒めの全文（出エジプト記二〇章三－六節）は、他に神を持ってはならないという命令から始まり、嫉妬深いアブラハムの神の機嫌を損ねて罰を受けるといけないから、像に「ひれ伏したり」「仕えたり」してはならないという説明を交えた勧告が続く。もちろん、多くの一神教徒（大多数のイスラム教徒、ユダヤ教徒、一部のキリスト教徒など）にとって、この戒めはあらゆる種類の図像、特に神と（誤って）認識される可能性がある人間や動物の絵姿や像を崇拝することに対する、厳しい禁止を意味する。しかし、カトリック・キリスト教徒の間では、偽の像の崇拝（偶像崇拝 idolatria）は絶対に許容できないが、聖像を霊的に観想する（聖画像崇敬 iconodulia）といった慣習を通して、聖人や天使など聖なる存在を崇敬することは正当であるとして、早くから区別されていた（さらに、八、九、十六世紀の聖画像破壊論争をきっかけに補強された）。その上ほとんどのキリスト教徒は、図像によっては礼拝の意味合いを含まなければ宗教的に問題ないと認めている（道徳的、知的には差し障りがあるかもしれない）。これらは過去、現在を問わず、神学的にも政治文化的にも難しい問題だ。しかしここでもまた二つの重要な点が浮かび上がる。言葉と同じく図像も潜在的に多くの力を秘めていること、そして誤解や悪用によって危険を招くおそれがあるということだ。

宗教とは無関係な場合でも、人間社会における情報伝達手段としての言葉や図像の重要性――そして潜在的な危険性――は計り知れない。言葉やその他の複雑な思考を表現する手段を持たずに、はたして真に人間として機能することができるだろうか。たとえ魔力や宇宙の力を備えていなくても、言葉や図像には情報を共有し、関係を築き、周囲の人々に影響を与える力がある。概念を言葉にできなければ、他者に考えを伝える力だけでなく、おそらく自分自身のなかで思考を追求する能力も失われるだろう。ジョージ・オーウェルは、将来の語彙から反体制的な単語を完全に削除する「ニュースピーク（新語法）」〔『１９８４』のなかで全体主義的国家が導入した新しい言語〕という恐ろしい発明を通して、このことを示唆している。(14)

言葉と図像の検閲

オーウェルのディストピア構想は、ナチスドイツとロシアのスターリン体制という、二十世紀半ばに経験した全体主義への省察から生まれた。これらの近代的な「先進」国家は、人々が読み、書き、発する言葉（さらには、見聞きする可能性のある絵や像や音楽）を厳しく管理し、国民を操ろうとした。こうした支配政権は、反体制的な意見の広がりは権力の独占を脅かすと承知していたため、逆らう者には検閲、焚書、秘密警察による拷問が待ち受けていた。もちろん危険な言葉や図像を恐れたのは、世俗の全体主義的独裁政権に限ったことではない。厳しい検閲と国家による宣伝統制は、ナチスの敵である「民主主義的な」連合国によっても周到に行なわれたし、戦時中のメディア統制の教訓は、戦後のグローバル企業資本主義の指導者たちの間に今もなお残っている。今日でも検閲はさまざまに形を変え、各方面で種々の理由で行なわれている。ヒトラーの『我が闘争』や預言者ムハンマドの風刺画といった挑発的な作品の禁止から、ポルノ禁止法、さらにはウォルト・ディズニー・カンパニーや国際オリンピック委員会による法に訴える類の「ブランド保護」活動まで、あげればきりがない。(15) したがって、「コミュニケーション」は――言葉にせよ図像にせよ他の手段にせよ――人間社会にとって（おそらくこれまで常に）きわめて重要であると同時に、情報の伝達を阻もうとする人々から制限を受けやすいということに、それほど異論はないだろう。

一般的にコミュニケーションは善で検閲は悪であるという意見にも異を唱える人は少ないだろう。表現や学問の自由の原則を強く支持する大多数の大学教授と同じく、筆者自身もどちらかといえば次のような見解を抱いている。もしある種の文章や図像があまりに不快で危害を及ぼすおそれがあり（たとえば脅迫的な「ヘイトスピーチ」、誹謗中傷、虚偽表示など）、公共の場から完全に排除して作者に制裁を加えるべきだという意見に同意するにしても、それは極端な場合に限る。またその場合でも、善意の批判的研究（人種差別的イデオロギーの伝搬や人を惑わす陰謀論に関する研究など）のために、ある程度管理しつつもこうした情報の利用を完全に抑制しないことが望ましい。しかし、もし意見を迫られたら、一部の情報伝達に対するある程度の検閲は受け入れるという事実には変わりはない。おそらく本書の読者の多くも、いかに自由主義的な考えの持ち主であっても、作品によっては全面的に禁止するか、少なくともなんらかの流通制限を課すほうが社会にとって望ましいと認めるのではないか。ただし、ある著作や芸術作品が許可されているからといって、必ずしもその作品に接する必要はないはずだ。検閲を課すまでもなく、嫌悪、魅力不足、その他さまざまの好ましくない理由で多くの利用者が自発的に避けるものもあるだろう。

すべての情報が同等の価値を持つわけではない。ここでも筆者は大学教授として、おそらく今後日の目を見ることはない（学生や学者仲間や自分自身の）ひどい論文を十分すぎるほど読んできた。こうした論文は少なくとも広く公表するに値しないが、同じことがお粗末な学会発表や、人生でたびたび出会う粗悪な文学・芸術・演劇・音楽にも言える。エビデンスの改竄《かいざん》や誤解が深刻な影響をおよぼすおそれのある場合には、単に悪趣味という問題では済まない。ワクチンの安全性、移民の社会的影響、人為的な気候変動の事実性をめぐる最近の議論は、激論になりやすい問題のほんの一例であり、誤った認識の拡散が生死に関わる結果を招きかねない。だからこそ、たとえばその出版物が一流の専門家の支持を得ているかどうか、少なくとも読者が知ることができるように、ある程度の管理と選別は正当化される。これこそが、ピア・レビュー、認定評価委員会、助成審査委員会の役割であり、価値のあるものと無価値なもの、本物と偽物、有用なものと不要なものを識別する。[16]

こうした識別機能は、伝達情報が文書、図面、絵画、彫刻、楽譜などの形で再現され、後世に残る可能性が高い場合はより重要であり、印刷、版画、録音録画、デジタル化などによって機械的に大量生産される場合はなおさらだ。その場限りのコメントや恥ずべき行動は時間経過とともに忘れ去られるかもしれないが、インターネット利用者なら誰もが知っているように（あるいは知っているべきだが）、いったん記録された言葉や画像は、再生を通して何度でもよみがえり付きまとうという不幸な性質がある。

専門家による識別と強制的な検閲は結びつく可能性はあるが、まったく別ものだ。前者の場合、専門家が下した評価などの製品情報は潜在顧客に提供され、彼らがその評価を受け入れるかどうかは、判定者の権威の周知度や信頼度による。ただし強制力を伴わなければ、おそらくその製品は変わらず入手でき、顧客は製品について何を言われても、それを受け入れるか、拒否するか、無視するかは自分で選択できる。専門家の意見を「参考」にする場合でも、良し悪しの判断を行なうのはあくまで自分なのだ。こうした場合、批判的な議論によって伝えられる情報は増えることはあっても減ることはない。購買意欲が損なわれるなど、強い影響を及ぼすことはあっても、なにも禁じられてはいない。

権力はすべてを変えてしまう。たとえば印刷された本を出版する、高価な石碑を彫る、オペラを上演する、映画を撮影するなど、情報の発信に特別な援助が必要な場合、裕福な支援者や助成機関が否定的な評価を下せばある程度沈黙を強いる結果となるだろう。同様に、ブラックリストへの掲載やボイコットなども、計画していた情報発信の成功に厳しい影響を与える可能性がある。強い勢力が一致して、より徹底した検閲を課して特定の情報の伝達を「根絶」しようとすれば、事態はいっそう加速する。その場合でも検閲はさまざまな形態をとり得る。たとえばレイ・ブラッドベリの『華氏451度』(一九五三年)には、国家主導の焚書による全書物の強制排除が描かれている。一方でオーウェルが想像した国家では、低俗な簡易「プロレフィード」書籍やパンフレットや電子メディアが、実際には「真理省」を通して大量に生み出される(無許可の著作は厳しい弾圧を受け、燃え盛る「記憶穴」へ投げ入れられる)。情報の全面的な排除にせよ反対意見をかき消すための過剰な拡散にせよ、権力のある組織が実施する場合、いずれも全体主義的な検閲となり得る。

しかし、すでに述べたように、すべての検閲が全体主義的であるとは限らない。比較的公平で自由主義的な社会であっても、ある種の文章やパフォーマンス、芸術について到底容認できないと判断された場合、制限付きで検閲が課されることがある(今日ではいわゆる「キャンセルカルチャー」や、学校のカリキュラムを大幅に「改革」しようとする際に時々起こる)。また、すべての検閲が一貫しているわけではない。本書を通してわかるように、単発的な検閲も多く、整合性に欠け矛盾することもある。概して政治的でもある。なにより時代や場所や状況次第でさまざまに変化する。もちろんこうした多様性を理解することこそが歴史の本質だろう。そして時代と場所の変遷のなかで検閲が実際にどのような姿を見せたのか、その多様性やそれぞれの特異性を学ぶことで、検閲の歴史だけでなくコミュニケーションそのものの歴史——すなわち、ある言葉や図像が、ある社会において、なぜ、どのようにして権力者の関心をひき、時には迫害めいた干渉を受けるほど重要な意味を持つようになったのか——についても多くを知ることができる。

検閲と迫害

最も厄介な検閲は本質的に「迫害」であるため、この言葉が実際に意味することを明確にする必要があるだろう。非常に大まかに言うと、迫害とはある集団（または個人）が他者に負の影響を与えるために取る一連の行動を指す。より具体的には、「不正に」もしくは「不当に」対象を定め継続的になんらかの危害を加えることを意味する。こうした行為は合法的な「起訴」とは区別される。起訴とは、（少なくとも理論上は）ある種の犯罪行為に対する公正で正当な対応であり、場合によっては検閲も含まれる。また、ときおり勃発する小規模な紛争、経済競争、戦争とも区別される（少なくともこれらの争いが決められた規則に則って行なわれ、互いの戦闘員がある程度同等の力を持つ場合は）。したがって真の迫害は本質的に忌むべき行為であり、悪質な所業であり、それを減らし防ぐ方法を模索するために、十分に理解する必要がある。

しかし、そもそも迫害という概念もまた相対的であり異論の余地がある。自分を迫害者とみなす迫害者はめったにいない。だからこそ、彼らは自らを正当化しようとして、自分たちの行動は正しい、もしくは不可欠、もしくはその両方であると主張する。正当化するにあたり、彼らは実際の状況がどうあれ「自分たち」こそが（現実にせよ潜在的にせよ）迫害の「真の」犠牲者であるという体裁をとることが多く、敵と定めた相手を対抗すべき真の脅威として描き出す。そうすることで他者に対する攻撃や規制を、大義のための完全に正当な行為に塗り替えることができる。キリスト教徒をライオンの前に放り出したローマの異教徒は、道徳的に疑わしく政治的に危険な新興宗教から帝国の安全を守るのにひと役かっているつもりだったかもしれない。その数世紀後、今度はこの初期キリスト教殉教者の子孫が、非正統派のキリスト教徒、ユダヤ教徒、イスラム教徒、異教の先住民を、不服従や不信仰によって教会を「迫害」したという理由で、同じように悲惨な死に追いやった。最近のファシスト的な白人至上主義者でさえ、人種的なマイノリティを憎み襲撃することは、正しい行為だと主張する。その理由はこれらの人々が「ヨーロッパ文明」という漠然とした幻想に対する、これまた曖昧で空想的な人口統計学的脅威を体現しているためだ。本書に深く関係するカトリックの神学者も、異端者や嘘つきが書いた憎むべき書籍を検閲することで自分たちは神の仕事を担っていると考えていた。つまり検閲は、サタンが仕掛けた周到な罠から真の信仰者を救い、彼らがキリスト教真理の邪悪な「迫害者」とともに永遠の地獄の炎で焼かれるのを防ぐためであった。

したがって迫害とは、ある種レトリックを駆使し、特定の被害者を標的として組織的かつ不当に危害を加える差別的な攻撃である。偽善的または妄想的な使い方はともかく、伝統的に「迫害」という言葉は、主として、客観的により強い集団が意図的かつ組織的に別の集団に対して行なう攻撃を連想させる。この場合別の集団とは、人種、民族、言語、ジェンダー、性別、あるいはその他の身体的な差異によって定義される。また宗教的、政治的、もしくは思想的に「異なる」と区分された人々に対しても同様である。現代ヨーロッパの反イスラム感情に見られるとおり、これらのカテゴリーが重複することはよくある。彼らは「恐れ」（というより「憎しみ」）を抱き、その結果ありとあらゆるイスラム教徒を迫害しようとするだけでなく、ベールを被った女性、ターバンを巻いた男性、外国人、特定のアクセントで話す人、浅黒い肌の人に対して、実際にイスラム教徒であろうとなかろうと、またそれぞれの区分に厳密には誰や何が含まれているのか正確に理解することもなく、敵意を向ける。迫害の根本は「私たち」と「彼ら」の間に（それが疑わしいものであっても）線引きをして、「彼ら」を苦しめようとすることにある。敵意の度合いにより与える苦痛は変化し、単なる蔑みや経済的搾取から、政治的無力化や本格的な大虐殺にまで及ぶことがある。

ゆえに迫害的な検閲は、特定の敵に危害を加え排除したいという願望に起因する。検閲は迫害のスペクトル図において「影響力の制限」に近いところに位置する場合もあるが、著者や読者が肉体的な処罰を受ける場合は血腥《ちなまぐさ》い結果ともなり得る——実際に本書が扱う時代にも時にはぞっとするようなことが起こった。強制的な同化や民族浄化、あるいは大量虐殺的根絶運動の一環として、ある人々の文学やその他の文化的表現が禁じられる場合には、検閲は二次迫害的な結果をもたらしかねない。こうした例についても後の章で紹介する。

特定の対象へのこのような迫害は、不適切な言葉や図像を規制するため「裁判に訴える」という、より合法的な方法とは区別できるかもしれない。後者の場合、あらかじめ定められ、ほぼすべての人に適用される正当な法体系に従って裁かれ、おおむね公平な訴訟手続きに則って処理される。たとえば、単に卑しむべき集団に属しているという理由で作者を害するためではなく、内容が真に誤解を招く、あるいは有害であるために本や図像が審査され糾弾されることもあるだろう。理想を言えばこうした裁決は、広く認められた法規範に従い、その時代の専門的社会的価値観を広く反映した客観的な尺度を用いて、適格で公正な裁判官によってのみ行なわれるべきだろう。そしてまさに中世、初期近代、近代の異端審問検閲官の多くが、自分たちの取り組みをこのように認識していたのだ。

しかし、いずれにせよ「迫害」に起因する不当な検閲と、合法的な「起訴」による正当な検閲の区別は、常に主観的であるという問題は残る。ある信徒の正統は別の信徒の異端であり、ある読者にとっての傑作は別の人にはまがい物であり、ある人にはポルノでも他の人の目には人体美となり得る。私たちは気に入らない情報に対する検閲行為を肯定し、好意的な情報に対する検閲は嘲笑しがちだ。それは昔も変わらず、プロテスタントは自らが「キリスト教の真理」と考えるものに対するカトリックの理不尽な検閲を非難したが、同じプロテスタントが、カトリックや非キリスト教徒や対立するプロテスタントの創作物を破壊することもあった。これまであらゆる支配権力が、敵対者の政治文書を抹消し、修正し、断罪しようとしてきた。ある世代が不快と断じた作品が次世代に賞賛されることは（またその逆も）幾度も起こった。いずれの場合も、同じ時代のさまざまな集団が、その時代の検閲や、同じような価値観を持つ自分たちの共同体の検閲を、おおむね正当であると考えていた。検閲の歴史は複雑でしばしば厄介だが、単なる仮定や一般論、既成概念の枠組みを超えて研究する価値がある。

本書はこうした歴史をさまざまな角度から検討していく。第一章では、後に起こる出来事の背景を理解できるよう、古代と中世の検閲を概観し、異端審問官の間に広く流布することになるおそらく史上初の（手書きの）禁書リストの誕生でしめくくる。第二章では、十六世紀半ばに教会の当局者によって、最初期の「禁書目録」が徐々に作成されていく過程について述べる。この新しい制度は互いに関連する三つの変革をきっかけに誕生した。すなわち、印刷技術の発明、プロテスタント宗教改革の始まり、そしてスペイン、ポルトガル、イタリアにおける新たな異端審問制度の設立である。第三章では、十六世紀後半から十八世紀にかけて、禁書目録が初期の形態からより大規模で複雑な出版物へと変化していく歴史が語られる。目録ごとに内容が絶えず変化するだけでなく、独自の形式や構成上の工夫が見られ、こうした一連の禁書目録は、異端や検閲に対する考え方の変遷といった問題に光を当てる。また時には新たに出版されたそれぞれの禁書目録が教会の一致の度合いを図る試金石となるような、激しい内部抗争を浮き彫りにするだけでなく、初期近代の書籍製作の歴史を考察するうえでも興味深い視点を提供してくれる。

第四章ではこれまでの時系列的な分析から、テーマ別の分析へ移行する。この章では、初期近代カトリック世界において、書籍が禁書とされ目録に載るまでの「通常の」流れについて考察する。ケーススタディとして、中世の作家ラモン・リュイの二つの著作に対する（まったく異なる文脈での）後世の扱いを取り上げ、個々の書物とその作者が実際にはどのような過程を経て禁書となったのか（あるいはならなかったのか）、その紆余曲折の一端を明らかにする。禁書目録が新たに発行されるたびに規定や望まれる事柄が変化したために、こうした手続き自体が複雑であり、スペイン、ポルトガル、ローマ、他のイタリアの各異端審問や一五七一年設立の禁書目録聖省など、異なる検閲機関が権限をめぐって争ったため、さらに複雑化することもあった。

第五章から七章までは、検閲の対象となった書籍のなかで特定の種類に焦点をあてる。まず五章では、読者にとっては明らかに霊的な価値が高いが、同時に誤解を招く表現がないか内容を精査しなければ危険だと考えられた書物に対し、どのような検閲が行なわれたのか検証する。このカテゴリーには、中世後期から近世にかけて生み出されたさまざまな聖書や翻訳聖書が含まれる。これらの聖書は、たとえ敬虔なキリスト教徒の善意から生み出されたとしても、信徒の霊的生活における重要性を考えれば、教会関係者の目には注意深い審査が「必要」であった。キリスト教以外の宗教書も、ユダヤ教のタルムードやカバラ文献、イスラム教のクルアーンなど、キリスト教徒が霊的関心を抱きそうな書物は、間違っても善良なキリスト教徒を「正しい」道から逸脱させることのないよう、カトリックの検閲官によって厳しい審査を受けた。

第六章では、おおむね「科学」書とされるものに目を向ける。初期の時点では禁書目録のおもな対象ではなかったが、時とともに検閲官は、魔術、占星術、悪魔召喚といった「古代」の技や、時にはさらに挑戦的な「近代」科学の両方に――特にそれらが教会の伝統的な教えを傷つけるおそれがある場合は

——対処する必要に迫られた。ジョルダーノ・ブルーノやガリレオ・ガリレイの裁判は、禁書目録の時代に起こった「科学」に対する迫害のなかでとりわけ悪名高い事例に過ぎず、啓蒙時代から近現代まで、「悪い」もしくは少なくとも「危険」（この二つは同義のことも多かった）とされた科学研究を抑制するために、検閲官が尽力し続けたことは留意すべきである。

第七章では、文学、視覚芸術、舞台芸術における不適切な内容（性的な理由が多いが、宗教的、政治的なものも含む）という、これもまた難しい課題に対する、異端審問官や禁書目録編者の取り組みについて詳細に検討する。この分野も初期の検閲では重視されていなかったが、ルネサンス後期から近代にかけて、社会道徳の変化と新たな読者層の興味の広がりを受け、徐々にカトリック当局は性描写に対して神経を尖らせるようになる。造形美術も作品によっては、神への崇拝や聖人への適切な崇敬といったキリスト教宗教生活の別の側面を脅かすとして、標的にされることもあった。また、絶対主義の時代は、社会批判や風刺から改革や革命、暴君殺害を公然と求める主張まで、あらゆる事柄に対し時代そのものが必然的に監視を強める傾向にあった。その結果、あらゆる分野の近代作品に加えてギリシア・ローマの古典文学の一部に対しても、問題のある検閲が実施された。

最後に、第八章でこの物語は現代へと至る。十八世紀末から十九世紀初頭にかけての激動の時代、スペインとポルトガルの異端審問は廃止され、教会は世界の大半の地域で強制力を著しく低下させた。それでも教皇権は検閲による監視を通して、カトリックの価値観を大きく脅かす近代的事象に関与し続けた。この時期、教会内では保守的な「教皇至上主義（ウルトラモンタニズム）」派が教皇無謬説を主張して勢力を伸ばし、検閲はさまざまな点で頂点を極めた。その標的にはフリーメイソン、唯物論、無神論、反教権主義だけでなく、一部の社会主義、ファシズム、フェミニズムが含まれていた。同時に教会検閲はますます見当違いとの嘲笑や誹りを受け、近代国家や企業主導の検閲や学術検閲を前に影が薄くなっていく。一九一七年、禁書目録聖省は聖務聖省〔一九〇八年に検邪聖省から改名。現在の教理省〕に吸収され、一九六六年「禁書目録」は正式に廃止された。しかし、現在もなお教理省による監視は続き、今日《こんにち》に至るまで教皇庁は霊的に許容できる表現とできない表現について自らの主張を押し付けている。

禁書処分を受けた人々、迫害を恐れて創作自体を諦めた人々が実際に被った被害を考えると、全般的にこれは悲劇の物語だろう。異端審問その他の検閲が、何世紀にもわたって人間の思想や芸術表現に与えた損失は計り知れない。しかし、不適切で一貫性に欠き、時にはまったく見当違いな目録編纂者の努力が白日のもとに晒される時、物語が喜劇に変わる瞬間もある。とはいえこの物語には他にも重要な側面がある。疑わしい著作の審査に膨大な時間を費やし、承認、弾圧、「改良」を行なったのは、高度な教育を受けた教会の神学者、法学者、異端審問官、専門顧問であり、彼らの多くは実際にその時代の最も優れた人々（後に列聖された人々もいる）であったという、なんとも困惑する事実が存在する。真剣な目的で、神を侮辱し人間の救いを脅かす作品のみを自らの見解に従って排除するという、明確な決意を持って任務に取り組む時、彼らもまた創造的な仕事を遂行し、文字通り「神の大いなる栄光」のために行動していたのだ。彼らは近代の霊的、知的、文化的遺産を大きく制限したかもしれないが、その時代を方向づけ、見方によっては積極的に時代形成に貢献した。こうした事実を嘆くだけではじまらない。むしろこうした人間の取り組みが、最終的にあのような結果に至った経緯と理由を理解することこそが歴史研究の真の課題と言えよう。

何世紀にもわたる歴史を振り返る過程で、現代人の目にはまったく不当で不正と映る検閲の事例を目の当たりにすれば、確かに嘆きたくなる（また時には揶揄したくもなる）。筆者自身、本書のなかで折にふれてそうするつもりだ。しかし、歴史的な「誤り」と非難し切り捨てることで、実際に過去に何が、なぜ、どのように起こったのか、真剣に調べることを妨げてはならない。過去の経験を分析し、そこから学ぶことが歴史の役割である。だからこそ読者を、カトリック教会による何世紀にも及ぶ検閲の試みという、とても重要で魅力的な歴史の探求へと招待しよう。これは宗教、知性、芸術の過去について、時には地球規模で掘り下げる実に複雑な歴史である。この歴史は時に衝撃的で、時に悲劇的で、おまけに往々にして面白い。楽しみながら学んでいただけることを願っている。

第一部

第1章　禁書目録以前の検閲

偉大なるファラオ、アクエンアテンはテル・エル・アマルナにある宮殿の外壁の上に立ち、人々がエジプトの伝統的な神々の名や像を神殿やステラ（石碑）から削り取ろうとしているのを見下ろして、笑みを浮かべていたことだろう。何週間も経たないうちに、彼は自分の守護神である太陽（日輪）神アテンを除き、ほぼすべての神々の痕跡を消し去った。この歴史上最初の大規模な宗教弾圧は一神教の起源とされ、ユダヤ教や後代のキリスト教、イスラム教といった排他的な宗教が他の神々の崇拝に対して不寛容なのは、アクエンアテンの大弾圧に由来すると考える人もいる。確かにモーセと彼に従った者たちがこうしたエジプトの歴史背景から登場し、アクエンアテンの失脚後まもなく、熱烈な一神教の観念を新しい聖地カナンに持ち込んだということはありそうだ。しかし、厳格な一神教と排他的な弾圧の結びつきは興味深いが、誇張されるべきではない。そもそも強力な支配体制や組織というものは、敵対者を黙らせることが可能であり、その過程で引き合いに出される神や女神や指導原理の数は問題ではないからだ。

実際にアメン＝ラー崇拝や他の神々に対するアクエンアテンの弾圧は短命に終わり、今度は彼の統治の記憶が多神教の対抗勢力によって速やかに消し去られた。その抹消は徹底していたため、今日ではアテン崇拝の試みの実態と規模については不明であり、アクエン・アテンの名が王名表に復帰したのも死後三千年経ってからであった。このように支配権力が断固として実行し、とりわけ禁じられた名前、図像、思想を広める伝達手段が他にほとんどない場合、検閲の効果は絶大だ。古代エジプトでは神官とファラオだけが、永続的な情報伝達に必要なパピルスの巻物や記念碑用の石壁などを利用できた。農民たちはアクエンアテンやその支持者について良いことも悪いことも仲間内で気ままに話すことはあっただろうが、彼らの言葉が記録されることはめったになく、こうした口から耳へ伝えられる儚《はかな》い「空気の振動」は、最終的にナイル渓谷の砂や洪水の流れに消えてしまった。

国や宗教指導者はまさに彼らが管理しようとした記録と同じくらい古くから、自分たちに不都合なメッセージを検閲しようと考えたようだ。たとえば古代エジプトやその近隣のアッシリアでは、公式の王名表の修正がくり返し行なわれた。また四百人以上の儒学者に対して行なわれたとされる有名な中国秦王朝時代の弾圧のように、あらゆる世代の疑わしい知識人を迅速にそして時に残酷な方法で処刑することもあった。しかし、近代以前の検閲については大袈裟に考えるべきではない。文学や芸術の創作活動が稀で、その上識字能力が低い（もしくは精巧な図像に触れる機会が少ない）場合には、検閲の意義は相対的に低かった。したがって、エジプト、アッシリア、中国の役人は、宮廷内での抵抗を最小限に抑えるために、時に応じて公文書から不都合な王朝の主張や哲学思想を排除すれば十分であり、総じて教育を受けていない牧畜民、農民、村人などの思想や落書きを調べるために、地方を歩き回る必要性など感じなかったに違いない。禁書リストを管理するという考えは、さらに馬鹿げたことだっただろう。基本的に書物は原本の一冊しか存在せず、題名もなく、数世代にわたって伝えられることもめったにない環境では、そのような取り組みが行なわれることはありえないし時間の無駄だった。

古代ギリシアでは知的文化の広がる兆しが見られた。その結果、言葉（特に書かれたもの）の危険度が上がり、それゆえ弾圧を受けるおそれが出てきた。ソクラテスの死は（前三九九年頃）その教えが原因で知識人が処刑された初期の例としておそらく最も有名だが、その思想が弟子のプラトンを通して後に広く流布したことを考えると、アテナイの人々は彼の言葉自体を過度に取り締まろうとはしなかったようだ。実際ソクラテスの死後数世代のうちに、彼の対話集は、公的資金で建てられた研究図書館として（最古ではないが）最も有名な、新設のアレクサンドリア図書館の棚に置かれていた。アレクサンドリア図書館や、かつてギリシア世界に数多く点在していた、より小規模の図書館が迎えた最後についてはまだ論争が続いている。前一四五年頃、プトレマイオス八世フュスコンの粛清を受けて、アレクサンドリア図書館長のサモトラケのアリスタルコスは亡命し、おそらくその後客死したが、図書館自体は少なくとも三世紀まで複合研究施設ムセイオンの一部として機能していた。時には戦争や火事、その他の災害などで本が失われることはあっただろうが、最終的にアレクサンドリア図書館が滅んだのは、弾圧が原因というよりも、組織運営が放置された結果だったようだ。

しかし、ギリシアの支配者たちは学術図書館に限って所蔵を許可しても、その他の状況では、反体制的と思われる書物を積極的に排除しようとした。聖書のマカバイ記の記述からは、セレウコス朝のユダヤ統治者が支配下のユダヤ人が所有する聖書の写本をすべて焼却しようとしたことがうかがえる（一方で彼らはアンティオキアには多くの蔵書を抱える図書館が少なくともひとつはあることを誇っていた）。「（人々は）律法の巻物を見つけてはこれを引き裂いて火にくべた。契約の書を隠していることが発覚した者、律法に適った生活をしている者は、王の裁きにより処刑された」（マカバイ記一　一章五六–五七節）。この厳しい政策は紀元前一六七年に、ハスモン朝のマカバイに率いられたユダヤ人の反乱によって終わりを迎えた。彼らはセレウコス朝のギリシア人を追放し、その過程で多くのギリシアの祭壇（おそらくギリシアの書物や像も一緒に）が破壊された。

こうした検閲はすべて一過性の非体系的なもので、その目的は戦争や国家的危機に際して宗教的・政治的な敵を迫害するためだった。その方法は、知識人作家の追放もしくは殺害、対象となる建物や人々から押収した文書の破棄、焼却、その他なんらかの方法での処分など、残酷だが単純だった。言葉の創造と普及を監視し抑圧するための常設機関は作られなかった（とはいえ、ソクラテスやプラトンやその弟子のアリストテレスといった知識人が、同時代人のなかから哲学の議論に加わるべき人物を選ぶことができたように、アリスタルコスのような司書には蔵書に関して書物を取捨選択する権限はあっただろう）。本や、より厳密にいえばパピルスの巻物などの文字媒体は、まだ珍しく貴重であったため、検閲や処分のためのリストではなく、現存するもののリストを作成するほうが重要であった。

一方、古代ローマには「ケンソル」（censor）という役職があったが、そのおもな役目は言葉や図像の統制ではなく国勢調査の監督であった。彼らは風紀監督権も与えられ、場合によっては市民個人の風紀を取り締まることができたが、ケンソルが背徳的な著作や絵画（ポンペイなどの古代遺跡で数多く発見された生々しい性描写など）を特に問題視したという証拠はない。実際、ローマ時代の文学作品に対する最も悪名高い検閲事件に関していえば、厳しさよりもその制限が見掛け倒しなことに興味をそそられる。西暦八年、皇帝アウグストゥスが詩人オウィディウスを追放したのは有名な話だが、その後彼の『恋の技法』は一部の公立図書館で閲覧が制限されたようだ。しかしこうした処置がとられた理由として、この本の性的に「不道徳」な要素に皇帝が立腹したためとは考えにくい。なんらかの宮廷の陰謀といった政治的影響を考えたほうが、よほど説得力がある。いずれにせよ、オウィディウスの他の作品は禁じられず、『恋の技法』についても執筆時から今日に至るまで、望めば常に読むことは可能だった。さらに興味深いことに、オウィディウスの『恋の技法』がアウグストゥスによる検閲の対象となったと最初に明言しているのは、同時代のローマ人ではなく中世の写字生であり、それが書かれた時代は、書籍検閲が古代に比べて社会的な慣例として確立しつつある（とはいえまだ散発的だったが）時だった。[1]

初期教会における検閲

ローマ帝国がキリスト教に改宗したことで、散発的な検閲のエピソードから広く不適切な文書の危険性を懸念する方向へと、しだいに変化が現れ始めた。使徒言行録にあるように、キリスト教改宗者がかつての宗教に関わる書物を燃やすことは、使徒の時代にはすでに宗教的熱意を示す賞賛すべき行為と考えられていたようだ。「魔術を行なっていた者［eis qui fuerant curiosa sectati］の多くも、その書物を持って来て、皆の前で焼き捨てた。その値段を見積もってみると、銀貨［pecuniam denariorum］五万枚にもなった」（使徒言行録一九章一九節）[2]。哲学者ヒュパティア（四一五年没）をはじめとするアレクサンドリアの異教徒知識人への攻撃や、アンティオキア王立図書館が所蔵していた異教の書物の大量破壊（三六三年）といったキリスト教徒による暴動が起こった背景には、これと同じような考えがあったと考えられる。

こうした破壊的な行動は相変わらず個別の集団暴力や政治的反動といった単発的な事件にすぎず、もはや詳細不明の地域的圧力がきっかけで起こり、後世に記憶の痕跡を残すだけの出来事であると結論付けることもできるだろう。また、これらの争いのおもな目的が本もしくはなんらかの文書であったのかも定かではない。むしろ書物は巻き添えであることが多かった。しかし先に述べたように、キリスト教は本質的に言葉中心の宗教であり、異教徒の祖先と比べれば初期のキリスト教徒にとって言葉は明らかに重要であった。特に霊的な事柄が文書として書き記された場合、言葉は非常に強力な情報伝達の手段となり、神について、神が人間に望むことや救いの可能性について、新しい考えを伝えることが可能になる。そのため多くの信者にとって、「真の」宗教書を慎重に定め、ふさわしい者の手で研究されることがきわめて重要であり、その一方で「偽の」文書は忘れ去られるべきとされた。そして四世紀以降、教会が永続的な組織へと成長するにつれ、それを実行できる権力が飛躍的に増大し始めた。

したがって最優先事項はキリスト教の正典を確立することだった。もちろん、キリスト教徒はユダヤ教のヘブライ語聖書を継承していたが、この「旧約」聖書にすぐに新たな文書が加えられ、それらはしだいにまったく新しい特性を帯び、「新約」聖書を形成するようになる。しかしその道のりは険しく、数多くの議論が噴出した。キリスト教徒の間で福音書、使徒言行録、使徒の書簡などのテキストが広まるにつれ、早くも一五〇年頃には各テキストをめぐって論争が起こった。権威があるものはどれか、害はないが特に神聖とは言えないものはどれか、また（すべてが危険というわけではないが）偽のテキストはどれか。最後の二つに分類されるものは、後に「外典」（**apocrypha**「隠された」の意）や「偽典」（**pseudepigrapha**）として知られ、時代によってさまざまな扱いを受けることになる。たとえば、「パウロ行伝」は明らかに女性の説教や宣教を支持しているためにテルトゥリアヌスによって批判された。結局このテキストが書き写されることはなくなったが、パウロの殉教に関する断片が最終的に、正典である使徒言行録のテキストに組み込まれた可能性がある。[3] トマス、ユダ、マグダラのマリアの福音書などは、いわゆるグノーシス主義者の小共同体以外ではすぐに見向きもされなくなったが、近年になってようやくその痕跡がエジプト、パレスチナ、シリアの砂漠地帯で発見され始めている。とはいえ、教会の「公式の」聖書に含めるのにふさわしい、権威があり広く合意が得られた一連の書を確定するための協調的な取り組みが始まったのは、四世紀にローマ皇帝コンスタンティヌスの改宗を受けキリスト教が公認された後だった。

どの書物を正典に含めどの書物を除外するかという議論は、宗教の発展について興味深い情報を伝えてくれる。キリスト教の場合、千年以上も後の宗教改革の時代に同様の議論が再燃し、プロテスタント

天使が彫られた魔除け、ビザンツ、6世紀、ブロンズ

やその他の批評家が再び正典に異議を唱え、変更が行なわれた。しかし、ローマ教会史の最初期においても、正典をめぐる議論は、後にカトリックの書籍検閲にとって重要な先例となる文書を遺産として残している。その代表的なものがいわゆる「ゲラシウス教令」（Decretum Gelasianum）で、教皇ゲラシウス一世（在位四九二-九六年）のものとされるこの公式見解には多くのリストが含まれている。なかにはキリスト論に関わる教理や、旧・新約聖書に含めるべき書について詳述したものもある。また別のリスト

では、正典にふさわしくないテキストの許容度について正式な見解が述べられている。これらのなかには、現在でも詳細な研究に値すると言われているもの（聖アウグスティヌスや聖ヒエロニムスといった教父の著作を含む）もあれば、「疑わしい」とされるものもある（フラウィアヌスに宛てた教皇レオの手紙、オリゲネスの著作、「忌避するのではなく驚嘆すべきユウェンクスの労作」など）[4]。

この教令自体はゲラシウスより少し後のおそらく六世紀半ばのものであるため、「偽ゲラシウス教令」と呼ぶべきではあるが、本書の目的にとって最も興味深いのはここに含まれる最後のリストである。そこには「すべてのカトリック教徒が避けるべき」六十冊以上の本と三十五人の著者が掲載されている。そ加えて「天使の名において作られたと見せかけて、実は大悪魔の名において書かれたあらゆる魔除け（pilacteria omnia）」を避けるよう勧告がなされている。まさに、カトリックの伝統における最初の公的な禁書（およびお守りなどの造形品）のリストと言えるだろう。後述するが、なによりこのリストは『グラティアヌス教令集』に収録された結果、中世の異端審問官ニコラウス・エイメリクスの著作に採用され、長く影響を残すことになる[5]。

知識の検閲

「偽ゲラシウス教令」のリストには、キリスト教教義の解釈が異端とされた――つまり、すでに確立していたローマ・カトリック教会指導層の「正統」あるいは「正しい考え」から逸脱していた――幾人かの作家の名が記されている。それゆえこうした「異端」の意見を文字に留める（つまり保存されて広まるおそれがある）文書は避けるべきだとされた。しかし、こうした文書を特定し処分するための仕組みについては、まだ存在せず実際に必要でもないため、この教令では言及されていない。ウァレンティヌス、アリウス、ネストリウス、ペラギウスなどの異端の著作は、ローマ帝国の辺境や国境線の外で細々と書き写されたが、今や帝国国教となった教会にとって実質的な脅威とはならなかった。アウグスティヌスらカトリック神学者によってその主張の核心が徹底的に反駁された後、それらは実質的に危険のない学問的関心の領域へと追いやられてしまった。またこうした異端は、その著作物を大量に書き写したり教えたりできるような制度や手段をもたなかったため、少なくとも六世紀末か七世紀にはローマ帝国領内からほぼ姿を消してしまった(6)。

古い異教の知恵を積極的に書き写して教える機関や組織は、キリスト教ローマの初期には存在したが、瞬く間に衰退し姿を消した。すでに見たように、アレクサンドリアやアンティオキアなどの大図書館は、敵意と放置が重なって消滅した。長い伝統を誇る私塾や諸学校も同じ理由で閉鎖された。ギリシア・ローマの科学や哲学の授業は、国や教会からの支持を失い、エリート学生は家庭教師をつけるか修道院や教会の付属学校に入ってキリスト教教育を受けることが、出世の近道だと考えるようになった。皇帝ユスティニアヌスによる五二九年のアテナイのアカデメイアの閉鎖は、他にもさまざまな要因が重なったとはいえ、ヨーロッパのギリシア哲学教育を葬る最後の一撃となった(7)。異教の哲学の研究は、東ローマ帝国の諸都市や後にイスラム支配下に入る地域を中心に、その後も数世紀にわたり細々と続けられたが、西欧ラテン語文化圏で流通し続けた哲学書や科学書の多くは、ボエティウス（五二四年没）らキリスト教の学者によって簡略化もしくは抜粋されたものが多かった。

最終的にイスラム文化が古代ギリシアの知識を保存し、ヨーロッパのキリスト教徒に逆輸出した経緯はよく知られている。アラビア語写本からの相次ぐ翻訳により、当初いわゆる「十二世紀ルネサンス」のキリスト教知識人の多くが、長いこと失われていたプラトン、アリストテレス、その他多くの著作の全文を数世紀ぶりに読むことのできる可能性に興奮していた。こうした学者のなかには、純粋に科学的な関心を持つ者もいたが、古いギリシアの（また新しいアラブの）論理学や自然界への知見を、キリスト教教義の最も難解な部分の理解を深めるのに利用できるのではないかと考える者もいた。ピエール・アベラール（一一四二年没）のような神学者は、イスラム世界から翻訳されたばかりの書物をいち早く受け入れ、それを利用してキリスト教徒の学生に対する聖書解釈の教え方の一部を変革した。

アベラールの授業の多くは修道院で行なわれたが、個人的に生徒を受け入れていたことも知られている。不幸なことに、アベラールはそのうちのひとり、才女エロイーズと恋愛関係になり、彼女が妊娠したことでその親族によって去勢された。しかし後に彼が教会検閲とやり合うことになったのは、この性的不品行が原因ではない。それどころかアベラールもエロイーズも、むしろすすんで自分たちの関係を事細かに書き連ね、二人の往復書簡集は中世後期にかなりの人気を博した。[8]一方、一一二一年のソワソン教会会議の命令によりアベラールの『最高善の神学』（*Theologia summi boni*）が燃やされたのは、彼がアリストテレスの論理学を使って合理的論証法を強化し活用したためであった。[9]さらにその数年後、アベラールはサンス教会会議（一一四一年）でクレルヴォーのベルナルドゥスから異端の告発を受ける。はたして、ある時期アベラールは自らの境遇を嘆き、迫害を受けずに哲学を学べるイスラム世界へ行きたいと口にすることもあったようだ。[10]

キリスト教の思想を豊かにするにはアリストテレスなど異教の知識が役立つと考えた中世の学者は、アベラールだけではない。しかしこうした革新に対しすぐに反対勢力が現れ、パリ大学ではアリストテレスの不適切な研究が禁じられた。また新興勢力のドミニコ会やフランシスコ会の学生にこの種の研究をさせる妥当性についても盛んに論じられた。やがて、ドミニコ会のアルベルトゥス・マグヌスやトマス・アクィナス、フランシスコ会のボナヴェントゥラやドゥンス・スコトゥスといった学識豊かな修道士が、中世後期の大学や修道会におけるスコラ学のカリキュラムにアリストテレス主義の立場を確立する。しかし、その進展は遅く、一二七七年になってもパリ司教エティエンヌ・タンピエが二一九の哲学的命題（アクィナス自身の教えもいくつか含まれる）を厳しく非難し、学生に禁じている。

十三世紀の保守的な聖職者を困惑させたのはアリストテレスの著書だけではなかった。大学に多くの学生が集まるようになると、優秀な学生のなかには聖書とその真意について理解を深めるために、あらゆる学問を深く探求したいと思う者も現れたことで、ユダヤ教書物の危険性についても警鐘が鳴らされるようになる。ユダヤ人はキリスト教徒よりもはるかに古い聖書解釈の伝統を持ち、聖書の原語であるヘブライ語に精通していたため、早くも十二世紀にはパリのサン・ヴィクトル学派の修道士やその他の修道会の学者が、助言のためにユダヤ人学者を探し求めた。しかし、一二三三年モンペリエのドミニコ会は、おそらく当時最も偉大なユダヤ人学者であったモーセス・マイモニデス（モーシェ・ベン＝マイモーン）の『迷える者の手引き』を焼却した。マイモニデスがその著書のなかでアリストテレスの知識と伝統的なユダヤの学問を不適切に融合させているのではないかとの懸念に対応するためだった。一二三六年、フランシスコ会修道士でユダヤ教からの改宗者ニコラ・ドナンはタルムードを非難したが、タルムードには反キリスト教的冒瀆や「馬鹿げた」物語が含まれ、ユダヤ人への神の教えを歪曲している可能性がある、というのがその理由だった。パリの神学者からなる陪審員（幾人かの大学教授、その地方の司教やドミニコ会、フランシスコ会の代表を含む）による裁判の結果、一二四二年にタルムードも有害と判断されて焼却された。その後数年の間、タルムードやマイモニデスの写本は教会当局によって押収され、完全な処分とまではいかなくても厳しい検閲を受けることになった。

イスラム教の宗教書に関しては、当初は教会検閲を受けることはめったになかった（おそらくキリスト教の聖書研究にとってそれほど問題とならなかったため）。また、キリスト教徒の関心も低く、たとえば「クルアーン」の翻訳はごく稀であった。しかし、第二章と第五章で詳しく扱うが、タルムードなどのユダヤ教の書物と同様に、多くのアラビア語文献もやがて禁書目録に掲載されることになる。

異端の検閲

キリスト教教理の正統な理解に古代ギリシアの科学知識が与える影響や、同様にユダヤ教（あるいは他の非キリスト教）の知識がキリスト教徒の魂を傷つけ惑わす可能性について、中世の教会は懸念を払拭することはできなかった。このような知識を含む書物の扱いについては教会指導者の間でも大きく考えが異なり、その立場は二転三転した。焚書処分になることもあったが、タルムードや、その他アベラール、マイモニデスといった学者の著作は継続して読まれた。一二七七年のパリの禁止令も大学の講義における長期的な影響は限られていた。しかしこれらのエピソードは重要な文書資料と先例を残し、将来の検閲運動に影響を与えることになる。

非キリスト教の書物の拡散よりもはるかに深刻で直接カトリック教会の一致を脅かすと考えられたのが、キリスト教神学における異端（特に十二世紀以降の）の台頭で、これに対し激しい（また多くの点で成功を収めた）戦いが展開された。これらの異端がなぜどのような経緯で生まれ、どの程度組織化されていたのか、いまだ不明な点が多い。しかし、中世盛期から後期にかけて多くのキリスト教徒が霊的な問題に関心を抱き、そうした問題への伝統的な教会の対応に批判を強めていたことは確かである。特に、教会の過剰な富と物質主義に対する批判は共通の焦点となり、さまざまな著作や運動を通して霊的改革あるいは霊的革命を求める声が高まった。

なかでも最も有名で継続したのが、リヨンの商人であったピエール・ヴァルドー（一二〇五年没）の運動で、彼は豊かな生活を捨て、既存の司牧制度では十分行き届かない地域に福音を伝える運動を開始した。専門教育を受けていない一信徒が伝統的な司祭の職務を奪う行為は、当然ながら多くの地元聖職者の不興を買った。しかし、ローマ教皇庁は、ヴァルドーが教会上層部の命令に服従する限り、制限付きだが説教する権限を与えることに異存はなかった。やがて妥協が崩れ、反抗的な「ヴァルド派」は十二世紀から十六世紀にかけて、許可なくキリスト教世界の各地に広がり、その後も存続した。その反抗的な姿勢は多くの人の目には明らかな異端と映ったが、もちろんこの「リヨンの貧者たち」は、自分たちは正真正銘のキリスト教徒であり、福音書の教えに従おうとしているだけだと考えていた。熱心で霊的で明らかに「使徒的」な彼らの生き方は、主流派である伝統的な教会の面目を潰すおそれがあった。

同じ頃、さらに過激な異端が南フランスで発生したと言われている。「カタリ派」（ラングドック地方のアルビの町を拠点としたことからアルビジョワ派とも呼ばれる）については、古いマニ教の二元論を復活させ、位階制を備えた対立教会を組織したという人もあれば、非正当的な信仰をもつ緩やかな集まりにすぎず、聖書の霊的な解釈に基づいているが実際には大した運動には至らなかったという説もある。いずれにせよ、同時代の教会関係者には正統派カトリック信仰を脅かす危険な存在とみなされ、厳しく迫害された。一二三〇年代には、教皇庁の異端審問官が派遣され、カタリ派やヴァルド派の嫌疑をかけられた者を尋問し、処罰するようになった。また、ラングドック地方の抵抗を鎮圧するため、フランス国王軍による十字軍が派遣された。十四世紀初頭、カタリ派はまだところどころに残っていたようだが、彼ら自身は記録をほとんど残しておらず、中世末にはその宗教的教えはほぼ過去のものとなっていた。

ヴァルド派やカタリ派の異端と時を同じくして、他にも既成の教会に対立する霊的な運動が起こった。シトー会の修道院長フィオーレのヨアキム（一二〇二年没）の予言に基づき、一部のフランシスコ会士は、新しい時代が到来し真の霊的なキリスト教徒が腐敗したローマ教皇権に取って代わると信じた。その後、ペトルス・ヨハニス・オリヴィ（一二九八年没）やアンジェロ・クラレーノ（一三三七年

ペドロ・ベルゲーテ《聖ドミニクスとアルビジョワ派》（1203年頃にカタリ派の書物が燃やされるようす）、15世紀後半、油彩、パネル

没）などのフランシスコ会の学者が、自らの著作を通してこうした終末観を裏付け、強化する。同じような動きは在俗信徒の間にも広がった。そのなかにはベギンやベガルドとして知られる数多くの霊的キリスト教徒も含まれており、自らの信仰について論述する者も現れた。カタルーニャの教養豊かな俗人信徒で著述家のアルナルドゥス・デ・ビラ・ノバ（一三一一年没）もまた、伝統的なカトリック信仰に対するフランシスコ会急進派の批判に影響を受けており、マルグリット・ポレート（一三一〇年没）やラモン・リュイ（ライムンドゥス・ルルス、一三一六年没）といった同時代の神秘主義者は、この混沌とした時代に対する神からの直接的な霊感を、口頭で、また著作を通して主張した。改革者や予言者のなかには、ドミニコ会第三会の修道女で後に聖人となるシエナの聖カテリーナ（一三八〇年没）やビセンテ・フェレール（一四一九年没）のように、説教や著作を教会から公式に認められ認可を受けた者もいたが、その一方で異端として断罪された者もいた。彼らの著作は押収され燃やされることもあり、著者自身も捕らえられれば拷問や死の危険があった。

一方で、依然として教会の外に助けを求めるキリスト教徒もいた。六章で詳しく述べるが、現在では「魔術」とみなされるような行為が、中世では必ずしも忌避されなかった。なかには（特殊な薬草や鉱石を医薬として使うなど）科学的な効用があると考えられていたものもあった。占星術も正しく行なわれるのであれば正当な研究分野に属すると広く認められていた。良い目的のために呪文やお守り（「偽ゲラシウス教令集」にも魔除けの慣習が継続している旨の記載がある）を効果的に使える者は、社会の主流派に属する人物として高く評価されただろうし、その多くは聖職者でもあった。その一方で、毒や呪いを使って他人を害する危険な魔術は厳しく禁じられ、死刑になることもあった。十四世紀に入ると、種類を問わず「魔術」の使用に否定的な人々が増え始めた。教皇ヨハネス二十二世は、魔術を使って超自然的な結果を求める者は目的の善悪にかかわらず必然的に悪魔に助力を請うことを意味し、こうした依存は事実上キリストに対する裏切りもしくは棄教に当たると主張した。したがって、この種の魔術師は背教の罪に問われ、それ自体が異端の一形態であるため異端審問官の調査や処罰の対象となった。その結果、魔術や悪魔召喚を扱った書物は、有害文書の取り締まりにおいてますます重要な標的となり、一二九〇年には、悪魔の魔術に関する書物はキリスト教社会にとって大きな脅威であると公式に定められた[11]。

中世の検閲システム——異端審問制度

一三二一年の夏、南フランスのトゥールーズでのこと、ドミニコ会の異端審問官ベルナール・ギーは聖エティエンヌ大聖堂の扉の前に立ち、王の役人が荷車一杯のユダヤ教や異端の書物を燃やすために、焚き火を準備しているのを眺めて、笑みを浮かべていたことだろう。それとも、嘆いていただろうか。ギーの実際の心情はわからないが、少なくともこの件に関する彼の著作のなかには、犠牲者に同情的に見えるよう気を遣っていたことを示す記述がある[12]。いずれにせよ、ギーは自ら重要と信じる職務、すなわち異端者が語る危険な言葉と思想——時にこうした言葉や思想は本にまとめられ、秘義が得られるとして純粋な読者を惹きつける危険性があった——からキリスト教社会を守るという任務に携わっていた。

ギーの属しているスペイン異端審問（inquisitio haereticae pravitatis）は、一二世紀後に比べればまだ未熟で不安定であったが、一三二一年の時点ですでにカトリック教会内で組織の形態を取り始めていた[13]。「審問」（Inquisitio）自体はキリスト教以前のローマ法における捜査手続きの一形態に過ぎず、少なくとも八、九世紀には、しだいに法律主義に傾きつつあった教会上層部によってさまざまな用途に使われていたが、十二世紀末には異端と疑われる事例に特化して適用されるようになった[14]。異端者への審問は一般的に、司教とその神学顧問によってその場その場で臨機応変に行なわれ、その過程で規則と実施方法が絶えず進化していった。一二三三年、教皇グレゴリウス九世はさらなる一歩を踏み出し、ドミニコ会とフランシスコ会の修道士に命じて、南フランス、北イタリア、ドイツの特に不安定な地域において半ば恒常的に異端審問を実施させる。この時より「異端審問」は、特に正式に規定されたわけではないが、実行力を伴う制度として確立したといえる。

十三世紀以降は、王室やその他の世俗権力の兵士や、各地の行政機関の書記や公証人などの助けをかりて、托鉢修道会出身の審問官が裁判を行ない、判決を下し、裁判記録をとるようになった。トゥールーズでのベルナール・ギーの裁判など、少なくとも部分的に裁判記録が残されているものもある。これらの記録からは、異端審問がますます効率的で有力な官僚制度として機能していることがうかがえるが、一般的にはまだ書籍の検閲に焦点を当ててはいなかった。ベルナール・ギー自身はタルムードを燃やすよう指図し、『異端審問の実務』(*Practica inquisitionis*)のなかで何冊か異端の書物について言及している。そこには、ベガルドが大事に守っていた『聖なる師父の死』(*Transitus sancti Patris*)というペトルス・ヨハニス・オリヴィを回想した小冊子も含まれていた[15]。しかし、ギーは実際に異端書のリストと呼べるようなものは作っておらず、『異端審問の実務』での書物への言及は常に付随的なものであった。彼が執筆した時点では、審問官たちは異端の書物を所有者の異端的信仰を示す手がかりとしか見ていなかったようだ。おそらく、裁判の後にそうした書物が処分されることはあっても、それ自体が異端審問の対象として追求されることはなかった。それゆえ、一三六三年に教皇ウルバヌス五世が後に影響を及ぼす大勅書「チェナ・ドミニ」(**Coena domini**)(勅書や回勅などの教皇文書は、冒頭の数語がその名称に使われる。たとえばこの coena domini は「主の晩餐」を意味する)を発した時も、当初はリストに掲げられている異端者を破門することに重点が置かれていた。後の教皇がこの文面を改訂し「そして彼らの本」という検閲の核心となる文言を追加するのは、二百年以上先のことである[16]。

とはいえ、中世の異端審問制度の創設は、後に禁書目録の歴史に重要な影響を与える先例を打ち立てた。特筆すべきは、カタルーニャの異端審問官ニコラウス・エイメリクスの『異端審問規定書』(*Directorium inquisitorum*)、ベルナール・ギーの著書から約五十年後の一三七六年に書かれた手引き)である。その第二部では、八つの短い章からなる一部のセクションが、禁書として可能な限り処分すべき書物のリストに当てられている。この八つの「問題」(questiones)は、おそらく知られる限り「偽ゲラシウス」以来初めての、聖職者による正式な禁書リストといえるだろう〔「問題」自体は全部で五十八あるが、そのうち八つが禁書とすべき書物に当てられている〕。また後述するように、エイメリクスの論考は一五七八年以降(詳細な注釈付きで)くり返し再版されたことで、中世の資料としては近世の異端審問検閲に最も影響を与えたもののひとつとなった。

したがって、ここでエイメリクスのリストの内容を簡単に紹介しておくほうがよいだろう。「問題(quaestio)二十三」でエイメリクスは「偽ゲラシウス」による古代の異端の書籍と著者のリストをすべて再現している。「問題二十四」ではそれから約六世紀後の一二一五年、教皇インノケンティウス三世によって禁じられたフィオーレのヨアキムのひとつの著作について、「問題二十五、二十六、二十九」ではそれぞれ、チェゼーナのミケーレ、ペトルス・ヨハニス・オリヴィ、ノヴァーラのドルチーノといったフランシスコ会士や関連する「神秘主義」思想家の異端とされた著作について論じている。また「問題二十六」にはエイメリクスにとっておそらく最も重要な告発、すなわちカタルーニャの神秘主義者ラモン・リュイの著作に対する個人的な糾弾も含まれている(この件に関しては以後何度も取り上げる)。「問題二十八」ではそれ以外の俗人信徒に関心を向け、著名なアルナルドゥス・デ・ビラ・ノバの

トマ・ル・ミエジェの『ブレヴィクルム（小約格言集）』に描かれたラモン・リュイの彩飾画、14 世紀

ほか、無名のジェノヴァのバルトロマエウス、カラブリアのニコラウス、偽預言者のグンディサルヴス（ゴンサルヴォ）などに触れている。そして、「問題二十七―二十九」には、悪魔の召喚に関わるとされるいくつかの書物が散見されるほか、ドミニコ会士で悪魔召喚に手を染めていたとされる謎の人物「ライムンドゥス・ネオフィトゥス」の著書が記載されている。[17]

このリストは広範囲に及んでいるが、明らかに網羅的とは言い難い。たとえば、サンスやソワソンの教会会議でピエール・アベラールの著作が焼却されたことや、著書の内容が原因で処刑されたマルグリット・ポレートなどについての言及はない。[18] さらに言えばエイメリクスは、アリストテレスの著書や、アル・ガザーリー、アヴェロエス（イブン・ルシュド）、マイモニデスといったイスラム教やユダヤ教の哲学者の著作に、多くの「誤謬」が含まれていると自ら指摘しているにもかかわらず、[19] アリストテレスの著作を一切禁じようとしていない。一二七七年のパリの禁止宣告や、キリスト教哲学者の著作に継続して見られる同様の「誤謬」をめぐって、その後起こった類似の論争についても知っていたはずだが、まったく言及がない。『異端審問規定書』にタルムードやクルアーンについての記載はないが、別の文脈では、エイメリクスが正統派キリスト教に対する脅威とみなしてイスラム教やユダヤ教に懸念を抱いていたことは確かである。[20] また、自身が生きている間に教皇、司教、公会議によって断罪された最新の問題作のいくつかについては、意外なことに沈黙を守っている。たとえば、ジャンダンのヨアンネス（一三二八年没）、マイスター・エックハルト（一三二八年没）、オートルクールのニコラウス（一三六九年没）などの著作、さらにはダンテ（一三二一年没）、パドヴァのマルシリウス（一三四二年没）、ウィリアム・オッカム（一三四七年没）、ジョン・ウィクリフ（一三八四年没）といった反教皇派の著作などである。[21]

執筆された当初はおそらく重要な意味を持ち、後の宗教改革時代には広く印刷されて影響力を持つことになるが、『異端審問規定書』はアヴィニョン教皇庁で最初に作成されてから二世紀近くの間は、ほとんど顧みられることはなかった。ウィクリフ派やフス派の著作は一四一五年のコンスタンツ公会議ではっきりと糾弾された後も広まり続けていたが、中世の間は異端審問官による書籍検閲は依然として場当たり的で単発的だった。異端思想、魔術、悪魔召喚を扱った写本に関しては、折にふれて押収され破棄されたに違いない。タルムードもまたくり返し糾弾され、一四〇九年対立教皇アレクサンデル五世、一四一五年対立教皇ベネディクトゥス十三世、一四三三年教皇エウゲニウス四世による断罪など、あげればきりがない。しかし、中世は少なくとも一四五〇年代までは写本の時代であり、印刷技術の登場後も数十年間はまだ人の手による筆写が主流であったことを忘れてはいけない。それゆえ、本は高価であり知識人エリート以外が手にすることはまずなかった（彼らでさえ入手できる数は少なかった）ため、問題となるような本は非常に珍しかった。ひと言でいうと、書物は特別な策を講じて徹底的に排除しなければならないほど深刻な脅威ではなく、むしろ、当時の認識では異端的な慣習や異端の共同体がもたらす、より大きな問題の一部に過ぎなかった。そのため実際に検閲が実施される場合も、より大きな異端迫害計画の一環として行なわれる傾向にあった。現実問題として禁書リストは必要なかったし、一三七六年以降にわずかに流通したエイメリクスの『異端審問規定書』の写本を除けば、おそらく異端審問官の使用のために正式に作成されたものはなかった。また『異端審問規定書』の写本も簡略化されたものが多く、書籍検閲に関する「問題」についても、特に苦労して書き写す価値があると思われていなかったことがうかがえる。(22)

このように、完全に常設化、制度化はされていなかったが、古代や中世の検閲はさまざまな形で実施された。時には何世紀にもわたり甚大な被害を与え、深刻な損失や歪曲が生じたこともあっただろう。

もし、過去の支配者、暴徒、「専門家」が、同時代の記録や図書館を破壊しなければ、どのような知恵や創造性が後世に伝えられたか、今日では知るよしもない。とりわけ識字率が向上し大学で学ぶ人が増えつつあった時代に、中世の教会関係者が知的、霊的な読み物の流通を以前にも増して統制しようとしたのは特に不幸なことで、結果として多くの革新的な人々が自らの見識を十分に伝えることができなかった。また中世の終わりには、先例のないほぼ常設の異端審問が登場し、焚書を望む人々に新たな制度基盤の可能性と待望の手段が与えられることになった。確かに、異端とされる写本の製作は、少なくともひとりの異端審問官が燃やすべき書物のリストを作ろうと考える程度には活発になっていた。しかし、検閲を大きく前進させるために必要な次の一歩、すなわち権威ある公的な禁書目録の作成を促すには、大量印刷のための技術の発展と、非常に危険な異端運動の連続的発生という、二つの大きな変化がさらに必要だった。

第2章　禁書目録の誕生

一五一五年、ローマで開催された第五ラテラノ公会議で、教皇レオ十世は大勅書「インテル・ソリチトゥーディネス」（Inter sollicitudines）を発した。ローマ教皇が印刷物の検閲の必要性を説いたのはこれが初めてではなかったが、この勅書は決定的な意味をもち、今後すべての印刷書籍は、出版前に教会当局の審査と認可を受けるべきことが定められた[1]。

レオ十世の勅書はまた、印刷がとても便利な技術で、特に霊的に優れた読み物を広めるのに有力な手段であることを認めている。すでに一四五〇年、発明家ヨハネス・グーテンベルクが最初の印刷本であるラテン語聖書をマインツで制作し、重要なキリスト教文書を大量に普及させるための先駆けとなっていた。グーテンベルク以降、他に何冊かの聖書や宗教書が印刷されたが、教会関係者が警鐘を鳴らすことはなかった。レオは反知性主義の徒でもなかった。フィレンツェの名門メディチ家の御曹司で、まさに典型的なルネサンス教皇だった。ラファエッロなどの芸術家を庇護し、後にローマ・サピエンツァ大学となる学校を拡張した。またダニエル・ボンベルクが印刷した画期的な「バビロニア・タルムード」の出版を支援し、さらにはギリシア語の書物を印刷するための印刷機を自ら設置した。

しかし歴史的に見て、レオは困難な時代を歩まねばならなかった。カトリック教会はアルプス地方のヴァルド派、ウィクリフに影響を受けたイングランドのロラード派、ボヘミアのフス派との対立が続き、異端への恐怖は長引いていた。スペインでは、かなりの人口になる改宗ユダヤ人（コンベルソもしくは「新キリスト教徒」と呼ばれた）や、増え続けるイスラム教徒からの改宗者（モリスコ）は元の宗教への忠誠心が強いとされ、キリスト教に対する不信を疑われていた。その結果、「古いキリスト教徒」の間に猜疑心が広まり、すでに一四七八年には王室の管理下にスペインの「邪悪な異端に対する審問」（Inquisición contra la heretica pravedad、以後「スペイン異端審問」と称す）が設置されていた。これは大幅に拡張、整備されたまったく新しい常設の制度だった。それに続いて一四九二年にスペインでは未改宗のユダヤ教徒の一斉追放が行なわれる。その五年後にはポルトガルでも同様の措置がとられた。一方、ドイツ、フランス、イタリアのさまざまな地域では、より伝統的な異端審問官が異端者や魔女と疑われた人々に対し活動を継続していた。急進的な説教師があちこちに現れ、後にローマ教皇となるレオは若い頃故郷のフィレンツェで、ジローラモ・サヴォナローラという過激なドミニコ会士が引き起こした大混乱を目の当たりにしていた。サヴォナローラは教会の改革を訴えてメディチ家を全員追放した後、教皇の権威に背いたとして破門され一四九八年に処刑された。キリスト教世界は調和とはほど遠い状況だった。戦争が間近に迫り、教皇の権力に対する公会議至上主義の脅威が長引くなかで、レオの前任者ユリウス二世（在位一五〇三–一三年）は第五ラテラノ公会議を召集した。

サヴォナローラが語るような無秩序な言葉は、特に印刷機の力で大々的に広められ増幅された場合、信徒の間に分裂を引き起こすおそれがあることが、一五一七年以降明確に裏付けられた。マルティン・ルターというドイツの一司祭がキリスト教世界の表舞台に躍り出て、後にプロテスタント宗教改革として知られる一連の出来事の口火を切ったのだ。当時の教会の教義や慣習に対するルターの痛烈な批判は、教皇に指名された専門家（異端審問官プリエリアスや教皇特使トマス・デ・ヴィオ・カイエタヌスなど）がその正統性について評価を下すよりもはるかに早く、瞬く間に印刷されてヨーロッパ中に広まった。このように認可を得ずに書物が出回ることは、明らかに「インテル・ソリチトゥーディネス」が定めた事前検閲に違反しており、さらに一五二二年ルターが再び規定を無視して、許可なく新約聖書のドイツ語訳を出版したことで事態はさらに悪化した。この翻訳聖書はルターの教えに沿うよう主要語句を調整することによって、「伝統的」なテキストに微妙な修正を加えていた（ローマの信徒への手紙三章二八節で「信仰」に「のみ」を加えて「信仰のみ」とするなど）。さらにその著者が破門され異端と宣告されていたという事実は、すでにヴァルド派やロラード派の間に広まっていた不認可の俗語聖書の成功に不安を覚えていた教会関係者を、深く悩ませることになった(2)。

ルターの著書やパンフレットは、教会の権威を失墜させるものとして広く糾弾され、時に暴徒による暴力行為を引き起こした。ルターに影響を受けて悲惨なドイツ農民戦争に加わった人々も、一五二五年頃までには印刷の力を利用して反体制的なメッセージを広めるようになった。一方、ジャン・カルヴァン、フルドリッヒ・ツヴィングリ、アナバプテスト派のメノー・シモンズといった新しい改革者が、ルターを追うように次々と現れ、時にはルターと論争しつつ、創始者が思いもしなかった方向へ「プロテスタント」運動を導いていった。彼らを支持する者たちが、スイスや現在のドイツの一部からオランダ、スカンジナヴィア、中央ヨーロッパにいたるさまざまな地域で政治支配を確立するにつれ、教会による事前検閲を免れる文献の数や種類は必然的に増え続けた。

今や宗教指導者だけでなく世俗の権力者も、文字通り「壁に書かれた言葉」〔writing on the wall「壁に書かれた文字」は旧約聖書ダニエル書に由来し、「不吉な前兆」「悪い兆し」を意味する〕を目にするようになった。たとえば一五三四年十月十七日の朝、眠りから覚めたフランス王フランソワ一世は、国中の広場だけでなく自分の寝室の扉にも反カトリックのビラが貼られているのを目にした。プロテスタントの運動が一過性の流行でないことは徐々に明らかになるが、その二週間後、今度はイングランド王ヘンリー八世が国王至上法を発してカトリック教会との訣別を決定的にしたことで、事態はさらに明確になった。これ以降、反抗的な農民、司祭、封建領主だけでなく、王でさえも公然とローマに反逆するようになり、その理由を広く知らせるためにますます印刷機が利用されるようになった。

古い問題に新しい手段

ルターの例が示すように、著者や印刷業者が「インテル・ソリチトゥーディネス」などの大勅書の要求を容易に無視することができ、もはやカトリック教会の実権が及ばない地域に暮らしているため処罰できないとなると、プロテスタント宗教改革が生み出す「異端」書の新たな奔流を書籍検閲によって食い止めるためには、さらなる対策が必要なのは明らかだった。その手段のひとつが、すでに不正印刷だと判明している書物に対する禁令や、そうした書名の短いリストを公に告知することだった。たとえ出版元を断つことができなくても、こうした書籍がカトリック世界で公然と流布するのを防ぎ、万が一表に出た場合には押収できるという希望はあった。当初この問題は世俗の行政官が主導権を握り、現地の神学者の協力を得て特に有害な文書を特定し、危険性を人々に警告していた。それゆえ、スペイン、フランス、低地諸国では、十六世紀の第2四半期頃には、王室、司教、異端審問官などによって、疑わしい著者とその書物を糾弾する布告や張り紙が教会や町の広場に次々と掲示された。イタリア半島のさまざまな都市国家では、それぞれの司法権が独自のやり方で書籍検閲を実施した。他方パリ大学や高等法院も自分たちが異端と考える書籍に対して独自の判断を下す権利を主張したが、その決定が王の判断と異なる場合は少なからず混乱が生じた。イングランドのヘンリー八世について言えば、まだ教会の忠実な息子であった一五二六年、一八冊の禁書リストを公表し、三年後にはその数は八五に増大した。印刷業者や書籍商の商品リストの調査に加えて、すべての印刷物に対する事前検閲や認可を求める声は、聖職者だけでなく国王からも絶えず聞かれたが、すでに印刷されてしまった書籍の検閲に関して言えば確実性は低く、抜け穴も多かった。

それゆえ、書籍生産を管理するための十六世紀初頭の取り組みは、まだ出版の脅威が一時的なものと思われていたこともあり、地域ごとに一貫性のない場当たり的な対応に終始する傾向にあった。支配者が専門家に相談し、新しい出版物に個別に対応できると考えているうちは、このような措置で十分だっただろう。しかし、一五四〇年頃までに、ますます複雑化する面倒な書籍検閲業務を効果的に運営するには、さらなる策を講じる必要があることが明らかになった。布告や張り紙は正規のリストや目録へと発展し、十六世紀半ばには初めて「禁書目録」というものが明確な形をとり始めた。一五四四年、パリ大学の神学教授が国王フランソワ一世から、学術使用や信徒の読み物として適さない「異端」書のリストを専門的に判断して公表する許可を得た時、禁書目録の歴史において決定的な一歩が踏み出された。この「パリ大学神学部による調査と検閲を受けた書籍のカタログ」（Le Catalogue des Livres Examinez et Censurez par la Faculté de Theologie de l'Université de Paris）という題のアルファベット順のリストは、一五四五年と四七年にそれぞれ誤植の修正と新たに数点の書名が追加された改訂版が出された。一五五一年、一五五六年には、フランソワ一世の後継者アンリ二世の統治下で、さらなる改訂版が作られた。こうした初期のリストはさほど大掛かりなものではなく、一五四四年版には百の書名しか掲載されておらず、一五五六年の増補版でも小型の八折り版で六十枚にしかならなかった。いずれの版も、著者の姓に従いアルファベット順に並べられ、言語別の二部構成になっていた。第一部はすべてラテン語の著作、第二部にはフランス語（一部イタリア語を含む）の著作が掲載されていた。作者不明の作品も著者順とは別に、書名と言語に従ってほぼアルファベット順で掲載されている。一五五一年版にはさらなるリストが追加され、禁書とされた聖書やベルナルディーノ・オキーノの著作も含まれるようになった（オキーノについては後述）。このパリの禁書カタログは、パリやフランス国内の知的中心地での使用がおもな目的であったため網羅的とは言い難く、ほぼ例外なく当時のプロテスタントの神学書に焦点を絞っていて、それ以前の異端や道徳的に疑わしい作品は扱っていない。しかし、これらのリストは今後長期にわたって継続し、発展していく伝統の始まりであった。

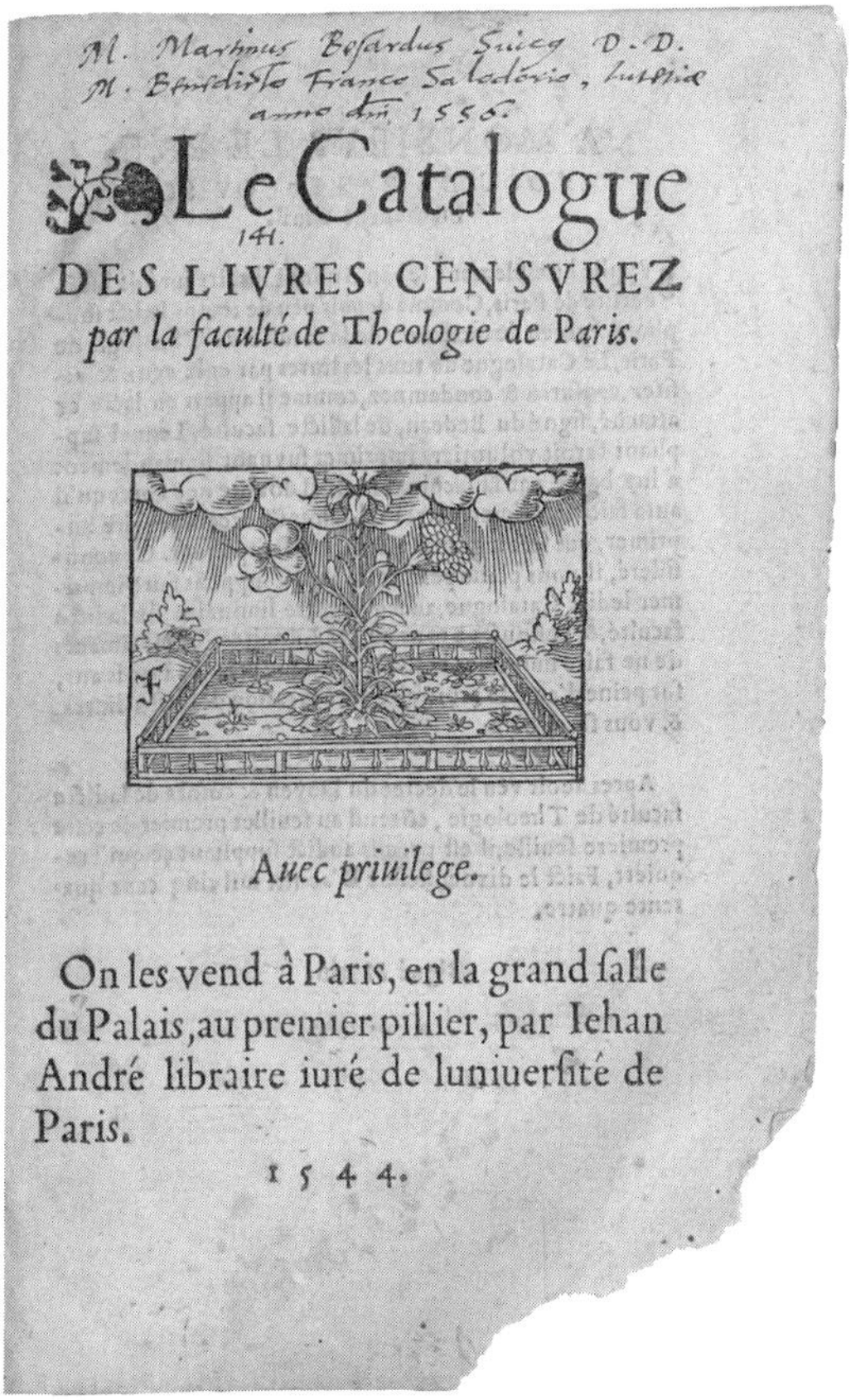
Le Catalogue
DES LIVRES CENSVREZ
par la faculté de Theologie de Paris.

Auec priuilege.

On les vend à Paris, en la grand salle du Palais, au premier pillier, par Iehan André libraire iuré de luniuersité de Paris.

1544.

パリ目録の扉、1544年

一五四六年にルーヴェン大学の神学教授たちも、フランスと競うようにして独自の「禁書目録」を発行した（ルーヴェンは神聖ローマ皇帝カール五世が支配するベルギー領の都市で、カールはスペイン王カルロス一世でもあり、さらにドイツ、イタリア、新大陸の多くの領土を支配していた）。「皇帝陛下の命によりルーヴェンの神学者が入念に調査および検閲を行ない禁書とされた図書の目録」（**Librorum, quos ad Caesareae Maiestatis iussum Theologi Lovanienses diligenter examinatos censuerunt inter dicendos, index**）として印刷されたルーヴェン目録は、掲載されている禁書やその並び順についてはパリのものと若干異なる。数頁にわたる勧告の後、第一部は禁書とされた聖書だけを扱い、ラテン語、ギリシア語、ドイツ語、フランス語の言語別に記載されている。続いて、「その他の」ラテン語の著作が、ここでもまずは著者の姓に従ってアルファベット順に並べられ、その後にアルファベット順ではなく、ドイツ語、オランダ語、フランス語の書名が続く（最初の二つは異なる書体で強調されている）。パリのカタログと同じく、ルーヴェン目録も一五五〇年にわずかに拡大して再版され（ただし、姓のアルファベット順ではなくなった）、さらに一五五八年再び発行されたが、その際に皇帝カールに任命された低地諸国の総督マリア・フォン・エスターライヒと、カールの後を継いでスペイン王となったフェリペ二世の承認をそれぞれ受けている。

パリとルーヴェンの検閲リストは、国王の権力と監視のもとに（必ずしも全面的な同意を得られたわけではないが）、大学の教授が作成した点で注目に値する。学問の自由という現代的な考えからはほど遠く、初期近代の教授たちの多くは、カトリック神学の「真理」に貢献する本と誤りを含んだ危険な本（つまり誤解を招くおそれがあり規制が必要な本）を見極めることが専門家の責務と考えていた。そういう意味では大学教授は「ピア・レビュー」の観点で活動していたとも言えるが、本質的には異端審問官としての役目を果たしていた。[3] 大学版禁書目録の対象となった著者の多くも神学教授で、時には検閲官の同僚が含まれているのを見ると、目録の作成過程には大学の内部抗争が大きく影響したようだ。たとえば、一五四四年の最初のパリ目録で違法とされた著者の名に、ジャック・ルフェーブル・デタープル、ギヨーム・ファレル、フランソワ・ヴァタブルといったフランスの著名な人文主義学者が含まれているが、彼らはかつてノエル・ベダに率いられた有力な教授一派と敵対していた。現存する一五五六年版パリ目録のなかには、大学長クロード・デスパンスをも糾弾しているものがあるが、彼の正統性をめぐり対立が継続していたことは、同年に出版された別版には名前がないことからも明らかである。[4] もちろんルターや、その盟友フィリップ・メランヒトン、ヨハネス・ブレンツ、アンドレアス・オジアンダーといった悪名高いプロテスタントの神学者は、パリとルーヴェンの両目録で率先して取り上げられ、より過激な思想家も同様であった。しかし多くの場合、反逆的なプロテスタントと改革を主張する忠実なカトリックとの間に、明確な線引きをするのは困難だった。その最たる例がロッテルダムのデジデリウス・エラスムス（一五三六年没。同様に禁書目録に名があるルター派のエラスムス・サルケリウスとの混同に注意）だろう。大量に出版されたエラスムスの著作をめぐり、大学の検閲官は、厳密に言って彼は異端なのか、異端とすればどの時点でどのようにして神学的に異端の領域に踏み込んだのか、堂々巡りの議論を重ね、その過程で大量のインクが消費された。結局エラスムスの死後になって、一五四四年版パリ目録には十数点の著作が掲載されたが、ルーヴェン大学（この高名な学者がかつて教鞭をとっていた）では、彼の著作のなかからたったひとつの文書を禁書とするのにさらに十四年かかった。エラスムスの著書はその後も禁書目録の歴史を通じて、常に検察官の悩みの種であった。[5]

パリやルーヴェンの大学教授が作成したリストは、ヨーロッパ各地の異端審問官のためにただちに複写された。すでにスペインでは、検閲に関する法令は散発的とはいえ長年にわたり発布されていたが、印刷された禁書リストがスペイン異端審問官によって、「ルーヴェン大学の裁定により禁じられた図書のカタログ」（Catalogus librorum reprobatorum ex iudicio Academiae Lovaniensis）という題で正式に作成、配布されたのは、一五五一年になってからだった。この初期のリストはその名が示すように、一五五〇年のルーヴェン目録をほぼ踏襲していたが、異端審問所長官フェルナンド・デ・バルデスは、イスラムの著作など地域の必要性に即した書名をいくつか追加した。また、エラスムスに関してはスペインでは特別に四冊を禁書とすることに決めた。皇帝カール五世はエラスムスに好意的だったが、その恩恵もフェリペ二世（在位一五五六–九八年）の即位に先立つ数年間に著しく弱まっていた。一五五四年さらなる進展があった。プロテスタントの書物がピレネー山脈を越えて流入することへの懸念が高まり、スペイン独自の禁じられた聖書のリストが発行されたのである。しかしこの時点ではまだ、スペインの異端審問官は、書籍検閲に関してはほとんどの場合、フランドル地方の同僚の決定に喜んで従っていた。

一方西方では、一五四七年ポルトガルの異端審問（スペインと同様の流れで一五三六年に設立された）が初めて、書籍検閲の手引き書として短い手書きの「禁書表」（Prohibição dos Livros Defesos）を独自に作成した。これはほぼパリとルーヴェンの目録――ポルトガル聖職者の間でこれらの目録が流布していたことは確かだ――を丸写しにしたものだったが、独自にスペイン語とポルトガル語の項目が追加されていた。この増補によって、ポルトガルは当時最も検閲対象が広い国となり、その禁書リストは実にさまざまな国の書籍を網羅していた。この最初の目録は後に拡張され、一五五一年に「禁書一覧」（Rol dos Livros Defesos）として印刷され、全部で五百ほどの項目（エラスムスの著作では過去最高の十六冊が含まれる）が掲載されていた。

イタリアのいくつかの自治都市でも、一五三〇年代から四〇年代にかけて検閲の布告や簡易的な禁書リストの作成が試みられた。一五四九年、ヴェネチアは一歩進んで、約一五〇項目からなる少し長めのリストを印刷し発表したが、その仰々しい題名を訳すとおよそ以下のようになる。「この栄光のヴェネ

ハンス・ホルバイン（子）、《ロッテルダムのエラスムス》、1523年、油彩、パネル（板）

チア市および海陸すべての輝かしいヴェネチア領において、異端的、疑わしい、不信仰、恥ずべきものとして非難され禁じられるべき、さまざまな著作、文書、書籍の目録」（Catalogo di diverse opere, compositioni, et libri; li quale come heretici, spospetti, impii, & scandalosi si dichiarano dannati, & prohibiti in questa inclita citta di Vinegia, & in tutto l'illustrissimo dominio Vinitiano, sì da mare, come da terra）。このリストは、一部パリ目録を模倣し規模もほぼ同じであったが、「この上なく穏やかな共和国」〔Serenissima Republica di Venezia、ヴェネチア共和国の通称〕の有力な印刷業者や書店、そして伝統的に寛容な知識人の間で大騒動を巻き起こした。こうした反対を受けてリストはすぐに回収されたものの、時代の流れを変えることはできなかった。一五五四年にはより包括的なヴェネチア目録が、スペイン領ミラノ公国向けに特別に印刷された類似の版とともに流通するようになった。これらの新しい目録では、七百近い著者と著作（ただしエラスムスへの言及はほとんどない）を禁書としている。そして不吉なことにこれらのリストには、それ以前の目録には記載がなく、新たな情報源から引き出したと思われる項目がいくつか含まれていた。すなわち、中世のニコラウラス・エイメリクスの『異端審問規定書』が復活しようとしていたのである。(6)

こうして一五五〇年代半ばまでに、ヨーロッパのほとんどのカトリック地域で、簡潔で対象が明確で専門的に編纂された禁書目録（または小冊子や巻物）が、敬虔な読者を守り導くために次々と作成された。教会の検閲官は各目録をそれぞれ複写しなくても、たいていは注記を見比べることで、危険な書物の普及を防ぐ自分たちの任務にとってプロテスタントの宗教書こそが最大の課題だと、はっきり認識していた。大学教授が率先して任務を遂行したのは、主として、将来の神学者の教育課程においてテキストの正当性を管理するという自分たちの既得権益を守るためだった。スペインやポルトガルでは異端審問官が同様の役割を果たし、常設の異端審問制度（本来は書籍の検閲を目的としたものではないが）は、あらゆる思想統制のための既存のインフラとして機能した。このように検閲の仕事は国ごとに分断されていたため、政治的に対立するヴァロワ朝フランス、ハプスブルク帝国（スペインを含む）、自治都市ヴェネチア共和国などは、敵対する国の検閲官が自国で活動する権利を認めず、国内の書籍市場を独自に取り締まった。こうした状況では統一は不可能であり、エラスムスなど個々の著者や、イベリア半島でのイスラム文献の普及への懸念といった地域特有の問題を扱う場合、一貫性がなくなるのは当然の成り行きだった。カトリック諸国は、自分たちの宗教的忠誠心や信仰の核心を攻撃するプロテスタントの文書に対し、検閲が必要なことにはおおむね同意できたが、こうした同意の維持は検閲対象が拡大し始めるとすぐに不可能なことがわかった。

これらの多種多様な課題をまとめる責務は、結局のところローマカトリック教会の中心的権威、すなわち教皇権にかかってくることになる。しかし、部分的に整合性を持たせるための予備的な試みですら実現までに数年を要し、さらに二世紀以上経っても目標の達成にはほど遠い状態のままだった。ローマが検閲リストに関与し始めるのは、「インテル・ソリチトゥーディネス」から四十年以上、常設のローマ異端審問の設立から十年以上経ってからのことで、大幅に遅れただけでなく態度が一貫しないことも多かった。しかし、ひとたび確立された後は全世界のカトリック教会の検閲の様相を永久に変えることになる。

混迷する事態

実際のところローマ教皇庁は、プロテスタントやその他「異端」の書籍検閲問題をめぐって、十六世紀半ばに北部の主要大学で際立っていた教授陣の派閥対立以上に深刻な分裂状態にあった。もちろんカイエタヌスやプリエリアスといったローマ側の神学者は、誰よりも早くルターの思想を否定し、それを受けて一五二一年レオ十世はためらうことなくルターとその賛同者を異端として破門した。しかし、プロテスタントの活動が発展し広がり続けるにつれ（また精一杯の検閲にもかかわらず、カトリック神学者のなかにもプロテスタントの著作を丹念に読む人々が増え）、カトリックの有力者のなかからも歩み寄りや慎重な対応を求める声が聞かれるようになった。カトリック教会の腐敗と本来の使徒的使命からの逸脱を批判するプロテスタントの主張をある程度評価する者や、新しい神学思想（「信仰のみによる義認」など）に宗教的価値を見出して、カトリックの既存の思想体系に取り入れる可能性を模索する者もいた。さらには、ローマ教皇庁の集権的な主張が強くなりつつあることに異議を唱える者もいたが、いずれにせよ最終的にカトリックとすべてのプロテスタントを隔てる決定的な境界線となったのが、ローマ教皇の権威だった。このように、一五三〇年代から五〇年代にかけての数十年間はきわめて重要な時期で、「西方ラテン世界」のキリスト教徒の間に生じた亀裂の修復をめぐり、さまざまな動きや派閥が現れた。

イタリアの自治都市、フランス、スペイン、ポルトガル、神聖ローマ帝国などで、異端者とその著書を禁じる公式のリストが作られようとしていた時期、ローマの穏健派は内部からの教会改革と、まさにその「異端者」との歩み寄りを模索していた。このような穏健派には、教皇書記官兼外交官のピエトロ・カルネセッキ（メディチ家出身で教皇クレメンス七世の被庇護者）、カプチン会副総長ベルナルディーノ・オキーノ、修道院長で説教師のピエトロ・マルティーレ・ヴェルミーリ、教皇大使のピエトロ・パオロ・ヴェルジェリオ、そして枢機卿のジョヴァンニ・モローネ、ピエトロ・ベンボ、レジナルド・ポールといった最高位の聖職者も含まれていた。彼らは、フアン・デ・バルデス、マルカントニオ・フラミニオなどの高名な人文学者や、ジュリア・ゴンザーガ、ヴィットリア・コロンナといった世俗君主とともにカトリック改革派の重要な一派を構成し、たとえプロテスタントが通ったのとある程度同じ道をたどることになろうと、教会には大きな変化が必要だと考えていた。一時期彼らが優勢になるかと思われた。一五三六年、ローマ教皇パウルス三世はポールを含む他七名を教会改革委員に任命し、「教会改革勧告書」（Consilium de Emendanda Ecclesia）を作成させた。この勧告書は翌年には完成し、それが実行されていれば（おもに財政面で）多くの不正を正すのに貢献したはずだった。

同じ頃、教会内部とプロテスタント双方からの批判に対応するため、新たに公会議を召集すべきとの圧力が高まっていた。最終的にトリエント公会議（一五四五–六三年）が開催されることになったが、政治的理由で開会も閉会も大幅に遅れることになった。また普遍的解決を待つ間に、カトリック教会内で独自に新たな会派を立ち上げる試みも見られた。オキーノが所属したカプチン派はその一例で、一五二五年にフランシスコ会から独立した改革修道会だった。その他一五四〇年にイグナチウス・デ・ロヨラ（バスク出身で元軍隊に属し、ポール枢機卿と繫がりが深かった）のもとで創設されたイエズス会がある。イエズス会は熱心なカトリックの修道会として設立され、その目的は「より大いなる神の栄光と人々の救いのために」（ad maiorem Dei gloriam inque hominum salutem）というモットーによく現れている。イエズス会士は分裂を深めるキリスト教世界の困難を克服しようと努め、その独創性と現実主義で瞬く間に頭角を表した。

非妥協的な一派もまたローマで活発に活動していた。ジャン・ピエトロ・カラファ枢機卿（自身も新しいテアティニ修道会の一員で、不承不承ながらもポールとともに「教会改革勧告書」の作成に加わった）を中心に、彼らはプロテスタントの思想に対し一切の関わりを避け、救いようのない異端として遠ざけた。彼らの圧力に屈し、一五四二年パウルス三世は大勅書「リチェト・アブ・イニティオ」（Licet ab initio）を発し、プロテスタントの告発を最大の目的としたローマ独自の、教皇による異端審問制度の設立を許可した。カラファはこの新しい組織のメンバーに選ばれ、忠実な盟友ミケーレ・ギズリエーリとともにすぐに中心的役割を果たすようになった。ローマの異端審問もスペインやポルトガルと同じく、一元的に管理された常設の裁判機構であった（中世の異端審問が監視も緩く資金も乏しく、必要に応じその時々や場所で開催されたのとは対照的である）[7]。それゆえローマの異端審問は、プロテスタントの「異端」に対する戦いに、新たな強制力と活動領域を与えることとなった。

数週間のうちにカラファはこの新しい権限を用いて、同じく高位の聖職者で高名なベルナルディーノ・オキーノを召喚し、彼の『対話篇』（*Dialogues*）について尋問を行なおうとした。この著書は一五三九年に印刷されて世に出て以来、ルター派への同調を疑われていた。オキーノはこのまま召喚に応じればローマから生きて帰れないとの情報を密かに得て、まずはカルヴァン派のジュネーヴに逃れ、その後イングランドに渡り、プロテスタントのエドワード六世の庇護を受けることとなる。それを不満に思ったローマの異端審問官は、次にピエトロ・カルネセッキを標的とし一五四六年に逮捕した（その前にオキーノを欠席裁判にかけて有罪とし、その肖像を火刑に処した）。カルネセッキはパウルス三世とポール枢機卿の庇護を得ていたため、ここでも当初彼らの試みは無駄に終わった。しかし審問官たちはカルネセッキが釈放された後も機会をうかがい、友人や支援者のファイルを含めて調査資料を集め続けた。一五四九年にパウルス三世が死ぬと、異端審問官の積み重ねてきた努力が初めて実を結ぶ。カラファは人望のあるイングランド人改革者レジナルド・ポールの次期教皇への選出を、異端の傾向があるとの疑いを利用して阻むことに成功した[8]。カラファたち強硬派がさらなる勝利を手に入れるまでそれほど時間はかからなかった。

ユリウス三世（在位一五五〇–五五年）とマルケルス二世（在位一五五五年）の短い「妥協的な」治世を経て、ついにカラファ枢機卿がパウルス四世（在位一五五五–九年）として教皇の座に昇る。その結果は実にめざましかった。まず、新教皇はユダヤ人に敵意を向けた。すでにユリウス三世の時代にタルムードへの攻撃が再開されていたが、このたびはローマに住むユダヤ人はゲットーへの移住を命じられ、再度タルムードは検閲と処分の対象となった[9]。次に一五五七年、モローネ枢機卿と同様に、カルネセッキは再び逮捕された。ポールも糾弾されたが、一五五八年、再びカトリック化したイングランド女王メアリー一世の宮廷を訪問中に死去した。その他の人々（バルデス、ベンボ、コロンナ、フラミニオなど）はすでに死んでいた。オキーノとヴェルミーリは亡命していた。次はトレドの大司教バルトロメ・デ・カランサの番であった。カランサは高名な改革派のスペイン人で、一五五四年から五七年まで

作者不明、《教皇パウルス四世（ジャン・ピエトロ・カラファ）》、オノフリオ・パンヴィニオ著『27人の偉大な教皇の功績と肖像（*xxvii Pontificum Maximorum elogia et imagines*）』（1568年）に収められている版画

イングランドでポールとともにメアリー女王の告解師を務め、一五五八年九月には皇帝カール五世の臨終にも立ち会った[10]。カールの後を継いだフェリペ二世は、父から受け継いだ領土とメアリー・テューダー〔イングランド女王メアリー一世〕との結婚によって、英・蘭・西・伊カトリック同盟の盟主という、短命に終わるが先例のない立場に立ち、一五五九年方針を転換して突如カランサを異端容疑で逮捕することを許可した。こうして忍耐強く仕掛けた罠が作動した結果、一五五九年八月に年老いた教皇カラファが死んだ時、事実上敵は誰も残っていなかった。

短くも多くの結果を残した在位の間に、パウルス四世は長年温めてきた書籍検閲事業も推し進めた。ローマ異端審問創設時のメンバーとして、書籍の検閲と印刷所の監視も異端審問の本来の職務の一部に含まれるよう計らい、(オキーノの『対話篇』やファン・デ・バルデスの著作など) 問題あると判断した文書をできる限り排除するよう支援した。また一五五五年までには、フランス、スペイン、ポルトガル、神聖ローマ帝国、近くはヴェネチアやミラノで、公式の禁書目録やカタログが作成されていることを十分に承知していた。足りないのは、教皇領および教皇の権威を認める国々に普遍的に適用できるような、ローマ教皇庁公認の禁書目録だった。このような禁書目録を作成できれば、パウルス四世は教義上の勝利を確実にし、政敵の名前と著書を憎きプロテスタントや古代の異端の指導者と並べて、あるべき場所に据えることができる。結果的にこの計画は野心的すぎることが判明し、多くの点で妥協せざるを得なかったが、初めて公式のローマ禁書目録を完成させたことはジャン・ピエトロ・カラファの最も重要な遺産のひとつとなる。

パウルス四世の他の多くの事業と同様に、禁書目録の作成も長い時間をかけて実を結んだ。一五四五年にはすでに、糾弾すべき著者に関する予備的な短いリストが準備されていた[11]。その後、新たな断罪に対して意見の一致を得ることが困難であったため、ローマでは状況が好転するまで既存の大学の目録を利用することとなった。そこで一五四五年のパリ目録をローマでの使用に合わせて最小限修正した版が、一五四九年に出版された[12]。一方で異端審問所長官ミケーレ・ギズリエーリを中心に禁書に関する任務が秘密裏に進められ、さらなる情報を蓄えつつ好機を待った。そして一五五〇年に二人のドミニコ会修道士が任命され、新たなローマ版禁書目録の作成が始まった。彼らの取り組みは、フィレンツェ、ヴェネチア、ミラノでも共有される程度には信頼されていたようだ。これらの都市で発行された一五五四年版目録には、(エイメリクスの著書の使用など)まだ試作段階の新たなローマ目録の影響が見られる。ただし、トリエント公会議ではプロテスタントとの和解の可能性が検討されていたため、こうした目録をローマで発行することはまだ不可能だった。

一五五五年以後、政治的変化となによりもカラファの教皇就任によって劇的に道が開けた。一五五七年には新たな禁書目録の第一稿が作られた。この草稿は野心的なものだった。これまでの目録をもとにしつつも、パウルス四世はこのリストがあらゆる先例に比して網羅的なものとなるよう望み、文書の正当性に少しでも疑念があれば有罪と即断する傾向にあった。その結果、これまでは公式に糾弾されることのなかった多くの書籍や著者が新たに目録に掲載されることとなる。パウルスとその顧問たちが、エイメリクスの『異端審問規定書』を手元に置いていたのは間違いない(加えて、一五二二年に刊行されたルクセンブルクのベルンハルトの「異端者目録」Catalogus haereticorumを参照した可能性もある。この目録は出典を明記せずに『異端審問規定書』から大幅に引用していた)。なぜなら、この古い中世の資料で糾弾された書名がすべて、活字になって再登場したからだ。なかには、アルナルドゥス・デ・ビラ・ノバやラモン・リュイといった名前も含まれていた。彼らの著作の「異端」性についてはすでに複数の正統派の神学者によって論じられていたが、スペインのフェリペ二世はリュイたちの考えを強力に支持していた[13]。また、「グンディサルヴス」や「ライムンドゥス・ネオフィトゥス」といった無名の著者に関しては、当時すでに著作は断片すら残っていなかったため、パウルス目録の編者が機械的に『異端審問規定書』から書き写したことは明らかだった。その他にも問題になりそうな著書が掲載されていて、なかには人気が高い（よって儲かる）本や著者が多数含まれていたため、リストを修正しなければ暴動を起こすとイタリアの書籍商が脅しをかけるほどだった。ボッカッチョの『デカメロン』、アリオストの『狂えるオルランド』、マキァヴェッリの『君主論』、エラスムスの全著作、ルキアノスなどの古代ローマの古典作品なども含まれていて、まさに忘却の危機にさらされようとしていた。

討論を重ねた末、ついにローマ目録の草稿の改訂が始まった。一五五八年、枢機卿ベルナルディーノ・スコッティの指示により必要な削除が施されたが（全体の五分の一近く）、新たな追加もあり、禁止項目の数は最終的に一一〇〇を超えた。結果として一五五九年版ローマ目録は、他国で作られたそれ以前の目録よりも長くなったが、それでもまだ非常にコンパクトでページ番号もふられておらず、三十五枚（七十頁）ほどの分量だった。初版（皮肉にもすべて回収され事実上検閲を受けた）に比べれば緩和されたとはいえ、実際にはまったく異端的ではない書籍をカテゴリーごとすべて禁止するなど、きわめて問題があることに変わりはなかった。たとえば、異端者が書いた本や、著者名・発行日・発行者・発行地の記載がない本、過去に一点でも異端の書籍を発行した印刷業者が手掛けた本などは、実際の内容がどうであれ以後はすべて禁書とされることになった。ほとんどの項目は引き続きアルファベット順の単一のリスト（アルファベットごとに、全面的に禁書処分となった著者、一部書籍が禁書対象となった著者、タイトル順に並べられた匿名の作品と、三つの下位区分に分類された）に並べられ、禁書となった聖書と印刷業者のリストが追加された。印刷業者や書籍商の怒りは収まらず、同じ年のうちに教皇が死ぬと、大喜びした人々のなかには腹にすえかねた愛書家も数多く含まれていた。パウルスは待望の目録の発行を最終的に承認することはできたが、生きてその効果を確かめることはできなかった。

スペインとポルトガルの異端審問もすぐに新たな改訂版禁書目録を発行した（それぞれ一五五九年、一五六一年）。これらの組織はローマからの独立は保っていたが、多くの場合検閲官はパウルスの先例を意識し忠実に従った。特にポルトガルはエラスムスの全著書を断罪することに同意した。スペイン目録もすべてではないが対象範囲を広げ、一六冊のエラスムスの著作（一五五一年以降ポルトガルで禁書とされたものとほぼ同じ）が新たに禁書となった。ラモン・リュイの禁書処分に関しては、イベリア半島ではフェリペ二世が自らの考えを表明したことで、容易には受け入れられなかったが、それ以外の点では、パウルスはより厳しいローマ版検閲を、全カトリック教会において無視できない地位に押し上げ

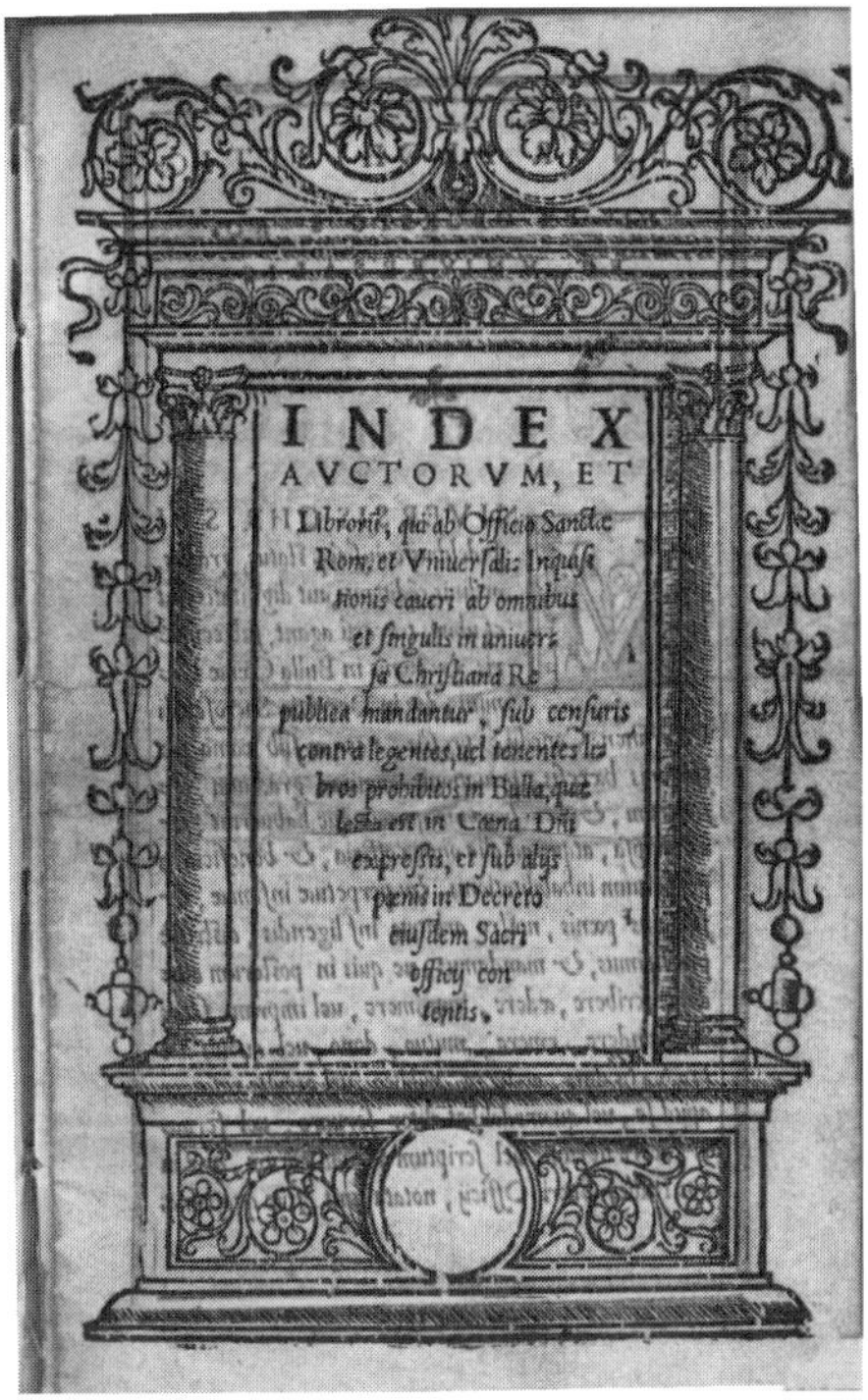
INDEX
AVCTORVM, ET
Librorũ, qui ab Officio Sanctæ
Rom. et Vniuersalis Inquisi
tionis caueri ab omnibus
et singulis in uniuer
sa Christiana Re
publica mandantur, sub censuris
contra legentes, uel tenentes li
bros prohibitos in Bulla, quæ
lecta est in Cœna Dñi
expressis, et sub alijs
pœnis in Decreto
eiusdem Sacri
officij con
tentis.

ローマ目録の本扉、1559 年

ることに成功した。検閲対象の拡大は書籍にとどまらなかった。第七章で詳しく見るように、パウルス四世は自分が「不道徳」とみなした芸術を嫌悪し、システィーナ礼拝堂やその他の傑作に描かれた人物の裸体を隠すよう修正を命じている。

　しかし、パウルス四世の厳格で非妥協的な態度は多くの人を遠ざけたため、その強い支配力がなくなると、すぐさま成果の一部は抹消されるか覆された。パウルスの死後、暴徒化したローマの群衆はその住居を略奪し、記念碑を傷つけた。異端審問所にもただちに怒りの矛先が向けられ、建物は荒らされ火を付けられた。ローマと教皇領において異端と疑われた者たちに関する、数十年に及ぶ入念な資料がす

CATHALOGVS
librorũ, qui prohibētur mandato Illuſtriſsimi & Reuerend. D.D. Ferdinandi de Valdes Hiſpaleñ. Archiepi, Inquiſitoris Generalis Hiſpaniæ.

NECNON ET SVPREMI SANCTÆ AC Generalis Inquiſitionis Senatus. Hoc Anno. M.D.LIX. editus,
¶Quorum iuſſu & licentia Sebaſtianus Martinez Excudebat
PINCIÆ.
¶Esta tassado en vn Real.

スペイン目録の本扉、1559年

べて灰塵に帰したのである。その後まもなく、より現実的なピウス四世が新教皇に即位した（在位一五五九―六五年）。カルネセッキもモローネも釈放された（しかしスペインのカランサは投獄されたままだった）。もはやカラファはいなかったが、その被害は大きく、先例が作られてしまった。教皇主導の異端審問と検閲という強力な制度が確立し、もはや後戻りすることはなかった。

新たな基準――トリエント目録

プロテスタントとカトリックの分裂がかつてないほど鮮明になるなか、ピウス四世に期待できることはせいぜい、長い間教会内の一致を引き裂いてきた論争のいくつかにある程度の決着をつけることくらいだった。一五五八年のエリザベス一世の即位によってイングランドは再びプロテスタントの支配下に置かれ、フランスとオランダに宗教対立による内戦の危機が迫るなか、ピウスは敬虔なカトリック信徒とさほど熱心でないプロテスタントが等しく納得できる明快さと妥協点の提案を期待して、延び延びとなっている結論を出すようトリエント公会議に働きかけた。一五六三年に公会議が決着すると、即座に彼はパウルス四世のきわめて厳しい（かつ不備も多い）「禁書目録」を改訂する作業に取りかかった。公会議終了後もイタリアに残っていた一流の神学者の助言や、先行する禁書目録を容易に入手できる利点を利用して、ピウスは「トリエント」目録の作成を大急ぎで終わらせ、一五六四年には出版準備が整った。

トリエント目録は、網羅的でかつ比較的バランスが取れていたため、その内容に強い関心をもつ、対立を続けながらも疲弊しきった人々、すなわち教皇庁内の各学派の神学者、対立するスペイン王やフランス王の使節、警戒を怠らないイタリアの書籍商といった人々の賛同を取り付けることができた。また、重要な革新も含まれていた。明快でわかりやすい一〇の規準（Regulae）が印刷され、以後の検閲

エリア・ナウリーツィオ、《サンタ・マリア・マッジョーレ教会で開かれたトリエント公会議の総会》、1633年、油彩、キャンバス

や争点となる事例に対して一般的な指針を提供した。全体として項目数は一五五九年のパウルス目録と同程度であり、アルファベット順（ここでは、複数箇所に登場するような悪名高い異端の指導者を除き、姓ではなく一般的に名もしくはクリスチャン・ネーム順に並んでいる）を採用しただけでなく、三つの下位区分についても類似していた。まず全著作が禁書となった者は、今後「第一級」著者（auctores primae classis）とみなされる。その次に個々の禁書が作者名順に並び（この著者の他の作品は基本的に許可されている）、最後に著者不明の禁書が書名順に並ぶ。たとえば、「I」の項目には、「ヨアン・カルヴィヌス」（Ioan Calvinus、ヨアンネスまたはジャン・カルヴァン、「C」にも登場する）〔十五世紀頃までアルファベットにJは存在せず、この音はIで表された〕といった「第一級」異端者の名前

だけでなく、「ヤコビ・ファブリ」(Iacobi Fabri、ジャック・ルフェーブル・デタープルのラテン語名)の一部の著作(福音書やパウロ書簡の注解書など)が見られ、最後に「ザクセン選帝侯国内の牧師たちに対する巡察官の指導書」(Instructio visitationis Saxonicae ad ecclesiarum pastores)といった「I」で始まる書名が並んでいる。最終的に出来上がったものは見た目は平凡で、これまでの目録と同じく通常は手軽なポケットサイズの判型に印刷された。つまり、大きさは中篇小説やチャップブック(十七—九世紀のイギリスで発行された廉価なポケットサイズの本)程度、両面印刷で二五—三五枚程度(版によって異なる)の長さで、携帯が容易で参照しやすくローマ以外の地域でも広く使えるよう工夫されていた。

この新しいローマ目録は、トリエント公会議が発行した他の文書とともに、即座にカトリック諸国に送られ再版も許可された。そのため、トリエント目録は、ローマ、ヴェネチア、ミラノ、ボローニャと同様に、ケルン、リエージュ、リスボンなどの遠隔地でも、わずかに修正を加えて印刷されたさまざまな版が残されている。(14) その結果、このローマ目録は、特定の事例に関して各地の聖・俗の権力者が適用に難色を示すことはあっても、原則的にすべてのカトリック信徒が尊重すべき検閲事業の新基準とみなされるようになった。当初フランス王権は自国の聖職者に対するトリエント目録の権威を否定し、スペインの異端審問は(別の章で見るように)長期にわたって独自の禁書目録を作成し続け、ローマの意見を公然と無視することもあった。しかしピウス四世とトリエントに集まった神学者の働きによって、教会検閲がまたひとつ重要な節目を迎えたことは確かであった。あとは、常に神学論争が絶えず、書籍文化が多様化する世界で、教皇主導のこのプロジェクトがいつまで継続するかが問題だった。

一五六六年、ピウス四世の後を他ならぬミケーレ・ギズリエーリが継いだ時、再び振り子が大きく振れた。ギズリエーリはカラファの異端審問官時代の同僚で、同じ強硬派に属し、一五五九年目録の作成に主導的な役割を果たした。ピウス五世(在位一五六六—七二年)と名乗ることで、ギズリエーリは教義や検閲の問題で、教皇の方針を再度転換させて混乱を招くよりはある程度の継続性を選ぶという意思を示そうとしたのだろう。また、これ以上不必要な分裂を避けたかったのかもしれない。フランス（一五七二年、サン・バルテルミの虐殺で数千人のユグノーが殺された）や低地諸国（一五六七年から七三年にかけてプロテスタントに対するアルバ公の恐怖政治は壊滅的な被害を与えた）では、プロテスタントとの対立がますます深刻化していた。トリエント目録は、このような緊迫した状況下で書籍の取り締まりを規定、調整するのに有効な手段とみなされた。そのためアントワープでは、一五六九年、七〇年、七一年に低地諸国での普及を目的とした新しい版が印刷された。

これらのアントワープ版は、確かにトリエント目録を手本としてその権威に敬意を払ってはいるが、一五六四年以降市場に続々と出回り続けている数多くの反カトリック、反教皇、反ハプスブルクの書物に対応する必要があった。低地諸国におけるこうした最新の出版物への対応は、スペインの神学者で書籍に造詣の深いベニート・アリアス・モンターノを中心に行なわれた。またそれ以外にもモンターノはヘブライ語テキストや、新しい多言語聖書の編集に多くの時間を費やした（その結果自身が異端審問官に疑われることになる）。しかし、彼のような天才をしても、異端の書物が次々に出版される激動の五年間に対処し続けるのは困難だった。ピウス五世を含め誰の目にも、禁書目録が時流に遅れないようにするためには、日常的に職務に専念できる新たな人員が不可欠なことは明らかだった。その結果、以後すべての書籍検閲の責任は、教皇庁に新たに設立された「禁書目録聖省」（以下、「目録省」と略す）に委ねられることとなった。この機関の設置によって教皇主導による検閲事業の制度化が完成したとも言える。この新しい委員会は、個々の教皇とその顧問が必要に応じて目録を作成していた（そしてしばしば論争を引き起こした）これまでの状況を打開し、将来注目され論争の的となりそうな書物をいち早く調べ、一方では検閲問題全般に関して教皇に情報を提供する常設の諮問機関としての役割を期待されていた。
一五七二年ピウス五世が死去した時には、新設の目録省は十分な人員が補充されて稼働していた。しかし次章で見るように、次の教皇の治世の初めにある種の停滞状態に陥り、それ以降はローマの異端審問による干渉を多少なりとも受け続けることになる（一五七一年の目録省の創設時から一九一七年の廃止に至るまで、書籍の評価や検閲における両者の権限は重複する）。このように、異端書の流通に対抗するために共同戦線を張るべき教会の取り組みは、混乱と矛盾によって絶えず苦戦を強いられた。しかし、教皇庁に「禁書目録」の改訂を担う専門機関が設置されたことで、目録は膨張と複雑化の一途をたどることとなる。官僚制的組織はその性質上、新しい活動分野を絶えず求めることでその存続を正当化する傾向があり、十七世紀以降の禁書目録の編纂者にとって確かに「ミッション・クリープ」（本来は米軍の専門用語。終わりの見えない展開を意味する）は活動要因のひとつであった。もはやプロテスタントや中世の異端との闘いだけでは満足できなかった。科学や芸術、政治や文学、歴史や道徳、さらにはカトリック内部の神学論争などすべてが、かつてないほど広範囲に網を広げる検閲官の格好の標的となったのである。

ここまで見てきたように十六世紀のカトリック教会は、新たなプロテスタントの「異端」がもたらす脅威に直面し、特にそれらが新しい印刷技術によって拡散されるのを見て、自分たちも印刷物を革新的に利用しかつ規制することによって対抗した。彼らは異端書もしくは「悪書」をリスト化しその普及を規制したが、分類をめぐって時に論争が起こったり、分類自体が矛盾することもあった。こうした取り組みは、スペイン、ポルトガル、そして最後にローマに設置された常設の異端審問制度や、教皇主導の中央集権的な書籍検閲構想を実現するための専門機関、すなわち目録省によって支えられた。トリエント公会議の結果、禁書目録はますます標準化され全世界のカトリック教徒が利用できるようになり、以後専門家による定期的な更新も保証された。今や禁書目録はカトリックの知的生活において、高度に洗練された制度として確立し、今後もそれは変わらないはずだった。少なくとも理論的にはそうだった。

しかし例のごとく実際の歴史がいかに複雑だったのか、次章で見ていくことになる。

第3章　禁書目録の発展

一五七二年のこと、フランシスコ・ペーニャ（一五四〇—一六一二年）は若く野心的なカノン法学者であった。現在のスペイン東部のアラゴンの小さな村に生まれ、最初はバレンシア、次いでボローニャに移り、その分野の最も優れた学校で教育を受けた。そして何年もの勉学の末、今まさに永遠の都ローマで華々しいキャリアを築こうとしていた。

ペーニャは良い時期にローマにやって来た。この年の五月ピウス五世が死去すると、自身もボローニャ出身のカノン法学者であるウーゴ・ブオンコンパニが、すぐにグレゴリウス十三世（在位一五七二—八五年）として教皇の座に就いた。この新教皇は真面目な知識人で、ユリウス暦を改訂した「グレゴリウス暦」の創始者として知られ、書籍検閲やカトリックの重要教義文書の改訂などさまざまな計画に関心を寄せていた。専門的な司法訓練を受け、かつ異端審問業務に強い熱意を抱いていたフランチェスコ・ペーニャ（イタリア語でこう呼ばれるようになる）は、これらの計画にうってつけであった。

ペーニャはさっそく仕事に取りかかった。一五七三年から七五年にかけて、彼は法学の専門家ならではの小論を次々に完成させたが、そのなかには異端の処罰についての網羅的だが未完の著作「異端者の処罰について」（De poenis haereticorum）も含まれていた（これは写本の形でのみ現存している）。ペーニャの審問手続きに関する関心は、改革派のトレド大司教バルトロメ・デ・カランサの訴訟を調べるうちに高まっていった。カランサは裁判を待って八年間スペインの牢獄で過ごした後、一五六七年ローマに移された。一五七六年、死の一週間前にようやくグレゴリウス十三世によって無罪放免となったが、彼に対する処遇の妥当性について多くの問題が未解決のままに残されていた。この件以外にもさまざまな問題について検討しながらペーニャは執筆を続け、一五七八年に最初の代表作を出版するに至る。これはニコラウス・エイメリクスによる中世の異端審問マニュアル『異端審問規定書』を二巻本注釈付きで再版したものだった。のちに一五八五年と八七年に注釈部分を大幅に増やして改訂・再発行され（一五八七年版はさらに一五九五年と一六〇七年に増刷される）、最終的にペーニャの名声を高め、異端審問の規定のあらゆる面に大きな影響を与えることになる。すでに述べたように、『異端審問規定書』は書籍の検閲に焦点を当てたという点で他に類を見ず、異端審問官のマニュアルとして画期的であった。そこに含まれる禁書リストは二世紀近く忘れ去られていたが、ジャン・ピエトロ・カラファとその協力者の熱意により、最初期のヴェネチアとローマの目録に取り入れられた。そして今、異端審問に関するエイメリクスの考えのすべてを（ペーニャの解釈を通して）多くの聖職者が参照できるようになった。

これと並行して、ペーニャは「法律専門家による書籍の部分削除と誤った教理の撲滅について」（De expurgandis iuris consultorum libris abolendisque falsis eorum dogmatibus）という、テーマを絞った小論文を書き上げている。これは明らかに自己宣伝のための著作で、印刷ではなく手書き原稿のまま私的に回覧され、とりわけ当時バチカン図書館長兼目録省長官だったグリエルモ・シルレト枢機卿の目に止まることを意図していた。（ただリストに載せて全面的に禁ずるのではなく）正統な書物から疑わしい箇所だけを選択的に切り取る「部分削除」をペーニャが強調したのは時代の趨勢であり、十六世紀末の目録編纂者が直面している課題を自分が理解していると示すためでもあった。パウルス四世の容赦のない検閲は、強硬派からも強引というだけでなく逆効果とみられるようになっており、トリエント以降、既存のスペイン、ポルトガル、ローマの禁書目録を補完するために、新たな「部分削除目録」の作成が検討されていた。

熱心な言語学者であり愛書家でもあったシルレトは明らかに部分削除計画に共感し、この試みに貢献できそうなペーニャの能力に興味を示した。その結果、アラゴン出身の熱心なカノン法学者は、一五八

スキピオーネ・パルゾーネ《枢機卿グリエルモ・シルレト》、1568-73年、油彩、キャンバス

四年ついに目録省の顧問を務めることとなり、イエズス会の学者ロベルト・ベラルミーノ（後に枢機卿となり現在では列聖されている）といった、より穏健な同僚と衝突しながら頭角を現した。ペーニャは新たに得た力を存分に振るい、とりわけエネア・シルヴィオ・ピッコローミニが教皇ピウス二世（在位一四五八―六四年）になる前に著した自伝的『覚え書』に対して、大胆にも批判的な評価を下し、大幅な修正を提案した。しかし、すでに一五七〇年代の終わりには、他の検閲官たちは仕事量の多さに行き詰まり、トリエント版の次の新たな禁書目録作成に向けた集団的取り組みは徐々に勢いを失って、一五八五年のグレゴリウス十三世の死に先立つ数か月の間に停止してしまった。目録省の会合もその後すぐに開かれなくなり、一五八七年に新教皇シクストゥス五世のもとで再開されるまで、新たな書籍の査定は行なわれなかった。しかし、その任務が再開された時、ペーニャは最前列に陣取って再び検閲のペンを振るおうと待ち構えていた。彼はシクストゥス五世とクレメンス八世のもとで拡大版禁書目録の編纂に協力し、その長い残りの人生を、目録省とローマ異端審問（一五八八年、シクストゥス五世のもとで組織が再編され「検邪聖省」となる）を、キリスト教の正統性を守るための真に強力な組織にするべく尽力した。

ペーニャの経歴はさまざまな意味で異色だったが、トリエント公会議が閉会した後、数世代のうちに禁書目録やカトリックの検閲を大きく変容させることになる移り変わりの、重要な側面をかいま見せてくれる。シルレト、ペーニャ、ベラルミーノら指導者のもとで、目録省はますます高度で専門的な知的事業になっていく。プロテスタントの書籍は著者が「異端」であることを理由に、それ以上の精査をせずに禁書目録に掲載し弾劾することができたが（ローマの検閲官はこの目的のためだけに、毎年恒例のフランクフルト・ブックフェアの販売カタログを利用することも多かった）、十六世紀末以降、禁書目録検閲の拡大を受けて、敬虔なカトリック信徒の著作に関しても、その内容が正統か異端か（もしくは道徳的に問題がないか）を判別できる専門家がますます必要となった。禁書とするべき有害な著作とまったく問題のない著作、またその中間に位置し増え続けている著作——すなわち大部分は評価できるが一部表現方法や内容に不適切な点があり台無しになっているもの——の間に、微妙な境界線を引きそれを維持するためには、慎重な分析と専門的な判断が不可欠だった。

「部分削除」は少なくとも理論上はこの任務のための重要な鍵となり、広く流通が許可される前に、目録省と依頼された専門家が削除、修正、その他の編集上の介入が必要な箇所について意見を述べる。しかし、出版産業はカトリック諸国、プロテスタント諸国を問わず、飛躍的に発展しつつあったため、目録省の職員は膨大かつ複雑な仕事に常に圧倒されることとなった。アゴスティーノ・ヴァリエール枢機卿などはこの問題を十分に認識し、検閲すべき新たな本が絶えず流れ込んでくる事態を嘆いている。一五八八年に発表した『書籍編集に適用すべき注意事項に関する論考』（*Opusculum de cautione adhibenda in edendis libris*）のなかでヴァリエールは、一時的に出版を全面停止しない限り、検閲官がどうがんばっても危険な書物の流入に圧倒されてしまうだろうと述べている。

ペーニャの経験はまた、特にローマでは業務の重複が避けられず禁書目録の管理が複雑化していたことを教えてくれる。異端弾圧（ひいては書籍検閲）の任務には検邪聖省と目録省の両省が携わり、意見が対立した場合の優先権は不明だった。さらに教皇宮廷神学顧問という教皇の主任神学者の存在があった。この役職は伝統的にドミニコ会士が勤め、両省の創設よりも古く（当時は職権上両省に属していたが）、少なくとも一五一五年以降はローマで印刷される全書物の事前審査の責務を担っていた。ローマ教皇自身も、禁止や修正すべき本について強い意見を持ち、介入する可能性があったし、それに、教皇の側近や被庇護者、専門知識を誇り本の利用に関して自分たちにも権限があるはずだと考えるその他多くの教皇庁職員（バチカン図書館員など）も加わった。信徒の規律や審判に関する司法権は、教皇や異端審問所（一五四二年以降）だけでなく、ロタ法院などの宗教裁判所も有していた（ここでもまたペーニャが登場し、一五八八年以降ロタ法院の聴聞官 auditor を務めていた）。きわめて重要で複雑な問題を抱える状況で、このように互いに異なる意見や性格や野心を抱いた不安定な集団は、新たな派閥対立や組織内抗争の格好の温床であった。

こうした状況下では、知性派のグレゴリウス十三世、その後を継いだ厳格なフランシスコ会士のシクストゥス五世（在位一五八五-九〇年）、そして三人の短命の教皇（ウルバヌス七世、グレゴリウス十四世、インノケンティウス九世の三名の在位期間は一五九〇-九一年だった）のいずれもが、新たな「禁書目録」を発行できなくても不思議はない。トリエント目録からちょうど二十年後の一五八四年、最初の改訂の試みが失敗に終わった。理由の一端は、シルレトの草稿がとにかく長く複雑すぎて、ローマ教皇選挙と一五八五年の枢機卿自身の死により作業が中断するまでに、十分に消化しきれなかったことにある。シクストゥスによるさらに野心的な改訂計画も、五年後の彼の死によって頓挫したが、たとえ頓挫しなくても、トリエント基準（彼の構想によれば、当初の一〇箇条から二二箇条に倍増する予定であった）の抜本的見直しを強行するには、相当の政治圧力に耐える必要があっただろう。シクストゥスは、ロベルト・ベラルミーノやスペインの偉大な法学者フランシスコ・デ・ビトリア（一五四六年没）など、数多くの高名なカトリックの著者の作品を厳しく禁じたことでも不評をかった。その後を継いだ教皇クレメンス八世（在位一五九二-一六〇五年）は、丁寧な外交と多くの妥協の末、ついに一五九三年、次いで九六年にトリエント目録の大幅改訂を達成した。その結果、教皇権により禁書と断じられた書籍の数は倍増し、トリエント基準を明確にするために、巻頭に「所見」（Observationes）と「指示」（Instructiones）が追加された。その後再びローマ版の大改訂が行なわれるまでには七十年近くかかったため、クレメンスのまだ比較的小規模のローマ目録（付録を含めて全体で百ページ弱）は、激動の十七世紀の七〇年代までは、おおむねカトリック書籍検閲の標準マニュアルとして使用されることとなった。

部分削除と発展

クレメンス版がようやく成立した後も、「部分削除」は教皇庁における難題だった。トリエント基準で義務付けられ、ピウス五世の大勅書「リチェト・アリアス」(Licet alias)によって補強され(一五七〇年)、地方レベルならアントワープ削除目録(一五七一年)など首尾よく実施された例もあったが、目録省では設立直後の二十年間、この任務を適切に遂行できるだけの専門家を雇い組織を整えることができなかった。そして、ようやく専門家が割り振られた書物の査読に取りかかってみれば、目録省が彼らのばらばらな意見をまとめ、矛盾なく利用できるような「模範修正一覧表」を作成することなど不可能だと判明した。しかし、部分削除リストの必要性はこれまで以上に切実だった。プロテスタントの著作は、宗教と無関係なものも等しくすべて禁止されていたため、たとえ宗教的にまったく問題ないと専門家のお墨付きを得たものであっても、カトリック信徒が科学の分野での重要な革新を知ることができない、との不満が広がっていた。また、教皇ピウス二世をはじめ、ニコロ・マキァヴェッリやデジデリウス・エラスムスなど忠実なカトリック教徒の優れた著作に、一部不適切な文章が混在している問題の最終的な解決手段として、部分削除は注目されていた。書籍の完全な排除ではなく修正のための指針を示した、いわゆる「部分削除目録」をできるだけ早く作成する必要があった。クレメンス八世はそれを承知していたので、クレメンス版とその後のすべてのローマ目録では、将来の削除目録に関する公式の規定が、新たに「書籍の修正について」という一連の指示に盛り込まれ、トリエント基準のすぐ後ろに印刷された。

だが、既存の禁書目録の更新ですら、掲載すべき本について意見がまとまらないありさまでは、活字がぎっしり詰まった何千ページにもおよぶ著作（おもにラテン語で書かれ、神学上のこみ入った問題を扱う）を読み込んで修正を提案するという複雑な作業は、結局のところローマの検閲官の手に余った。先に低地諸国、ポルトガル、スペインで行なわれた部分削除の取り組みを参考にしてイタリア内外から学者が招かれたが、彼らは異端審問と目録省の間で（内輪でも）主導権争いが続くなか、なんとも報われない仕事を（多くの場合無報酬で）手伝うこととなった。また各報告書が提出されるのには時間がかかり、最終的に提出されても質や完成度にはばらつきがあった。さらに、互いに矛盾した結果や、目録省の職員が自分たちの判断ミスと思うような結果になることもあった。同じ著作でも版やページ番号が異なると、削除すべき箇所を正確に特定できないおそれがある。新たに実施されたこの共同の「ピア・レビュー」は、学術書の世界に真実と秩序をもたらすどころか、誤解と競争の混沌とした泥沼に陥る危険が非常に高かった。

ついに一六〇四年十二月、ローマの部分削除計画の管理は、当時の教皇宮廷神学顧問ジョヴァンニ・マリア・グァンツェッリ修道士（出身地「ブリシゲッラ」の名でも知られる）に全面的に委ねられることとなった。その三年後の一六〇七年、彼はわずか五十冊の部分削除に満足し、その結果を七百四十ページを超える草稿「（部分）削除すべき書籍目録第一巻」（**Tomus primus indicis librorum expurgandorum**）にまとめた。題名が示すように、これは進行中の計画の第一巻にすぎなかったが、それまでの比較的薄い禁書目録をはるかに凌ぐ分量だった。しかしすぐに衝突が起こった。なによりも目録省次官の枢機卿パオロ・ピコは、グァンツェッリの編集ではあまりに多くの問題箇所が放置されていると考えた。調停が試みられ、「削除すべき書籍目録」は改訂を経て新たな形式で出版されるに至ったが、すっかり嫌気がさしていたグァンツェッリは、プッリャ州の司教に赴任するべく、さっさと平和な海辺の町に去ってしまった。彼の「第一巻」は一六〇七年と〇八年の二度にわたって印刷されたが、禁書復権のためのマニュアルとして公式な権威を持つことはなかった。ローマ目録は、いつか削除目録が必要な修正を明示することを前提に、「訂正されるまで（donec corrigatur）」禁止とする書物を掲載し続けたが、部分削除に関する教皇庁の公式マニュアルが作られることは二度となかった。その代わり、ローマに保管されている指示書をもとに個々の場合に応じて修正は続けられたが、こうした指示書は他の地域では入手困難であり、初期近代ローマの検閲の歴史はますますややこしいことになっていった。

とはいえ、書籍の部分削除は完全に断念されたわけではなく、特にイベリア半島では盛んに行なわれた。ポルトガルでは、一五八一年の目録は百ページに満たない薄さだったが、後半に部分削除の項目が数多く掲載されている。スペインでも、検閲の全権が異端審問所長官に集中していたため（理想的にはスープレマ Suprema という異端審問最高評議会と協調して対処すべきであったが）、ローマに比べれば意思決定がしやすかった。それゆえ、異端審問所長官ガスパール・デ・キローガの指揮のもと、スペイン禁書目録は禁書と修正本を扱う二巻本の大著となり、それぞれ一五八三年と八四年に全面改定版を発行するに至った。一巻目は、伝統的な一五五九年版スペイン目録を時流に合わせて大幅に増やし、四切の大判で従来の七十二ページから二百ページを超える大作となった。部分削除を扱う第二巻はその倍に近い分量で、百冊近い書物の詳細な「修正」について四百ページにわたって記されている。これらのポルトガルやスペインの削除目録は、他の専門家からの批判も多く、ローマでは採用されなかったが、完成したこと自体に価値があり、イベリア半島とその植民地では長く公式の地位を保った。

キローガの改訂版は、それ以降スペイン目録の新たな基準となっただけでなく、スペイン目録とローマ目録は以後も一線を画すことを示していた。一六一二年、異端審問所長官サンドバルによって、さらに大判の「禁書および（部分）削除すべき書物の目録」（Index librorum prohibitorum et expurgatorum）が発行されたが、このたびは百ページ以上におよぶ禁書の目録と七百三十九ページにおよぶ部分削除の目録が一冊にまとめられていた（ページ番号の記載のないかなりの分量の付属資料を含む）。その二十年後（一六二八年にサンドバル版の最初の補遺が出版された後に）、今度は異端審問所長官サパタが千ページをゆうに超える「新・禁書および（部分）削除すべき書物の目録」（Novus index librorum prohibitorum et expurgatorum）を監督する番となった。この流れを引き継いだ異端審問所長官ソトマイヨールによって、一六四〇年のスペイン目録はさらに膨らみ、一六六七年には千四百ページを超える途方もないものとなり、しかもどのページもびっしりと、数種類の（またたいていは小さな）フォントや書体で印刷されていた。一方、ポルトガル異端審問は一六二四年にこの流れから脱落し（スペイン同様に千ページ以上の規模に達していたが）、以後は独自の目録を作るのをやめ、もっぱらローマ目録に頼ることとなった。

新たな標的

目録（ローマやイベリア半島における禁書目録や部分削除目録など）に関するこうしたさまざまな拡張と改良の試みと並行して、十七世紀には他の検閲政策も進展した。ヴァリエールのように、査読や検閲（あるいは部分削除）の対象となる書籍が未処理のまま際限なく増え続ける状況に不満を抱く人がいる一方で、もっと多くのものを検閲の俎上に載せたい人も常に存在した。純粋に出版物の内容に憤ったというだけでなく、自分の正当性が確かで知識が豊富だと、上位の聖職者にアピールする狙いもあったようだ。書籍検閲の取り組みが受け入れられ、（少なくともカトリック当局者の間では）尊重されるようになると、新たな告発がひきもきらず、担当者たちが積極的に調査の範囲を広げようとするのは当然の成り行きだった。とりわけ目録省という常勤の検閲組織が確立するとその傾向は顕著になり、じきにプロテスタントの神学的誤りを排除するだけでは飽き足らず、新しい標的を求めるようになった。結果的に、新たにいくつかの重要な分野のテキスト（および図像）が禁じられることになるが、この件については本書の第二部で詳しく検証する。

だがここでは、禁書目録誕生のきっかけとなった「問題のある神学書」に限定しても、検閲の拡大現象は容易に見てとれる。十六世紀末には、明らかな「異端」であるプロテスタント（どのみちトリエント基準により全面的に禁止されたので個別に掲載する必要はなかった）に加えて、カトリック聖職者の間でも正統教義をめぐって、微妙であるからこそ厄介な論争が盛んになった。たとえば「助力」（De auxiliis）論争〔「恩恵（もしくは、恩寵）論争」の名称のほうが知られているが、本書では原著に従い「助力論争」とする〕は、生み出された資料の量という観点で言えば、単一の問題としては長い禁書目録の歴史のなかで、教皇権、異端審問、目録省顧問の仕事を最も増やしたようだ。これは、人間の救済を助ける（つまり助力を提供する）うえでの自由意志と神の恩恵の役割に関する複雑な問い、あるいは問いの積み重ねだった。すでにルターは、カルヴァンなど他の宗教改革の指導者と同じく、救済に必要なのは「恩恵のみ」（sola gratia）という概念をプロテスタント神学の基礎と位置付け、人間が救われるかどうかは予め定められている（救済をもたらす信仰は神の贈り物である。つまり人間は神の恩恵によって救済に与かっているかいないかのどちらかである）と主張するまでになっていた。一方、カトリックは、神の恩恵はなんらかの形で必要であるとは認めつつも、救いを得るためには善行（教会への献金を含む）を積むといった自由意志や個人の努力が常に重要であると主張する傾向にあった。しかし今回の論争では、両陣営の論者とも熱心なカトリック信徒であった。したがってその立場の違いは実に微妙なものであり、最終的に教皇クレメンス八世とパウルス五世（在位一六〇五―二一年）はどちらの肩も持つことはできないと宣言し、関係者に論争の中止を命じざるを得なかった。この煮え切らない決定ですら下されるまで何年もかかったが、その間にも大量の検閲書類が発行された。

この騒動の発端はスペインのイエズス会士ルイス・デ・モリナ（一六〇〇年没）の教えだった。（神の恩恵とは対照的に）自由意志を強調した彼の教えは、神学の一派を形成し、モリナ主義として知られるようになる。彼が一五八八年に出版した四巻本『恩寵の賜物と自由裁量との調和』（De liberi arbitrii cum gratiae donis, divina praescientia, providentia, praedestinatione et reprobatione concordia）は即座に動揺を引き起こし、特にスペインのドミニコ会士の間で激しかった。多くのドミニコ会士にとって、恩恵と自由意志の問題は、中世のドミニコ会修道士トマス・アクィナスによってすでに権威ある教義が確立されており、プロテスタントから教会を守るために有効なこの正統教義は調整の必要などなかったのである。さらに彼らは、自由意志と個人の行ないに比重を置きすぎると、キリストの「真の教会」に正式に属する必要性がなくなり、倫理的に正しければカトリック信徒でなくても（さらには「善良な」非キリスト教徒までも）天国に入れる可能性が生じると懸念した。これに前々からのイエズス会とドミニコ会の対立が追い討ちをかけた。すぐに教皇も巻き込まれ、多くの議論を経た末クレメンス八世はひとまず解決を断念し、一五九四年までに少なくともスペインに対して、「助力」論争の一時停止を呼びかけた。

しかし事態はなかなか収束せず、一五九八年クレメンスはさらなる対策の必要性を迫られた。実際、「助力」問題の解決は非常に困難であったため、教皇は教皇庁の異端審問官や教皇宮廷神学顧問に意見を求める代わりに、この問題を学問的に検証するための専門会議「恩寵論検討委員会」（Congregatio de auxiliis gratiae）を教皇庁内に新たに招集した。参加者のなかには他ならぬペーニャもおり、会合について手書きの覚書を大量に残している。それ以外にもトマス・デ・レモスやディエゴ・アルバレスなどの著名な神学者が名を連ねた。[1] それでも、十年近くも議論を重ね何千枚にも及ぶ文書が作成されたにもかかわらず、解決には至らなかった。クレメンスの死後、一六〇七年に新教皇パウルス五世は再び停戦を呼びかけた。「恩寵論検討委員会」は解散し、一六一一年この問題について さらに言及することは正式に禁じられた。この件に関してカトリック教会は事実上自らの検閲を決断したことになり、今後発行される禁書目録を通して、特定の分野の神学的思索に対するこの全面的な禁止について、カトリック信徒に繰り返し注意を促すことになる。

「助力」論争だけでなく他のさまざまな知的・道徳的な問題についても、時には印刷物を通して議論が続けられた。やはりここで問題となるのは、対象分野が拡大し続ける状況で書籍の内容を把握し必要に応じて検閲を行なうという、シーシュポス的〔ギリシア神話の登場人物にちなみ、無駄な仕事が果てしなく続くことを意味する〕任務にいかにして取り組むかだった。そこで十七世紀には、目録省とその関係者は基本的に部分削除計画を断念し、二重のやり方を採用した。まずは、スペインほどではなくても禁書目録はある程度定期的に更新され、同じく定期的に著者や書名が追加され拡大されることが求められた（とはいえ、もはや細かい修正のための普遍的指針を提供しようとはしなかった）。その結果、あきれるほどさまざまなローマ目録が出版され、一六〇七、一六一一、一六一四、一六一八、一六二〇、一六二七、一六三二、一六四〇、一六四四、一六四九、一六五三、一六五七、一六六四、一六六五、一六六七、一六七〇、一六七七、一六八一、一六八三、一六八五年と更新版が登場するたびに徐々に拡大していき、ついには五百ページを超えるまでになった。はじめのうちは一五九六年のクレメンス版を再版するだけだったが、時を経るごとに新しい禁止項目が少しずつ追加され、時にはトリエント公会議のカノン〔教理問題に関する公会議の決定〕が一緒に綴じられることもあった。また一六〇三年のクラクフ版やフランスやドイツのさまざまな版のように、地域の用途に合わせて特別版が作られたが、ほとんどがクレメンス版をもとにしていた。検閲のための実用的な道具として長く使えるように、ローマの禁書目録を改訂、改良するための本格的な取り組みは、トリエント目録発行百周年にあたる一六六四年まで待たなければならなかった。

後援者であるアレクサンデル七世（在位一六五五―六七年）に因んで名付けられた一六六四年の「アレクサンデル」目録では、混乱を招く従来の並べ方がようやく廃止された。これまでは、各アルファベットの下位区分でさらに複数のアルファベットリストが挿入されていたため（第一級著者、一部検閲対象著者、タイトル順に並べられた匿名著書）、特定の著作を探すのにばかばかしいほど時間がかかった。今後、禁書対象の著者（この目録でも姓ではなく、クリスチャン・ネームまたは名で記載されている）と禁書の書名は、一続きのアルファベット順に記載されることとなり、多くの項目で最初に検閲を受けた日付に関する詳細も付記された。この数十年間正式な改訂が行なわれず、新たな禁止事項が書かれた不完全な補遺や暫定的な更新が入り乱れた現状に留意し、アレクサンデル七世は新しい版にはローマの検閲の最新の決定事項をすべて盛り込むと発表した。しかし、一六六四年版目録は意欲的であったがゆえに、かえって別の問題を引き起こした。すでに四百頁を超えているところに、毎年のように新たな禁止項目が登場していたため、新しい項目を古いリストにアルファベット順に統合することなど不可能だったのである。おかげでアレクサンデル版には、ひとつではなく三つのアルファベット順のリスト（二番目、三番目のリストは近年追加されたもの）が収められ、大判の四切判で一巻本にまとめられた。さらに補遺として、トリエント目録の完全復刻版と、およそ一世紀の間に教皇、異端審問官、目録省、教皇宮廷神学顧問が発行したローマの検閲教令の写しなどが加えられた。

このように、アレクサンデル版は従来のローマ目録よりも多少は使いやすくなったものの、ひとたび多種多様な内容が盛り込まれてしまったからには、もはやポケットサイズの簡便なものではなくなってしまった。一六六四年の目録は、同時期に作成された非常に複雑なスペイン版と同じく、おもに「レファレンスブック」としての意味合いが強かった。つまり（著者名と書名のリストだけでなく）あらゆる検閲法令や補助資料を詳細に調べなければならない専門家に対応できるよう、カノン法など他の書物とともに事務室に保管して使用する目的で作られた。こうして禁書目録は、プロテスタントの著書を取り締まるため書店の強制捜査や船の積荷検査を行なう取締官が携帯していた、比較的粗く単純な道具から、知的混乱の絶えない困難な時代にカトリック検閲の管理と維持を任された一部のエリート学者のための、高度な知識の供給源へと進化した。

ジョヴァンニ・バッティスタ・ガウリ《教皇アレクサンデル七世（ファビオ・キージ）》、17 世紀、油彩、キャンバス

一六六四年のアレクサンデル版の巻末には数十の検閲教令が掲載されていたが、これらはバロック時代の教皇庁が禁止項目を最新の状態に維持するための、もうひとつの手段であった。書物に関する禁令は、目録の次の改訂を待たずに、準備ができ次第目録省が発行する特別教令の形で発表された。同様の教令は、検邪聖省、教皇、教皇宮廷神学顧問、そしてごく稀だがその他の教皇庁職員から直接発行されることもあった。この種の法令は、単にある著作や著作群が禁じられたことを周知させるものだった。告知文は署名、押印、日付、そして（常にではないが）禁書に至った理由を示す覚書を付され、保管するだけでなく、公の場で読み聞かせ、教会の扉や壁に掲示できるよう、片面刷りのチラシとして大量に印刷された（そして一六六四年以降に発行された目録に転載された）。それゆえきわめて広範囲への配布が可能で、それぞれの法令は、増刷し継続的に配布するようにとの指示とともに遠く新世界にまで送られた。[2]しかし、こうした短期掲示用の印刷物は風雨に晒されれば長くはもたないため、列をなしてミサに向かう教区の人々にしてみれば、すぐにぼろぼろで判読困難な古いポスターのように背景と化し、必ずしも多くの人の目に留まらなかった可能性はある。とはいえ少なくとも書籍文化に興味のある人々、学者、聖職者、学生、知識人といった、最新の禁令を知りたいと願う人々の関心を引いたにちがいない。

こうした法令の具体例と重要性を示すために、十七世紀最後の数十年間に再び「助力」論争をめぐって多くの執筆と検閲が行なわれた過程を見てみよう。しばらくは不満を燻《くすぶ》らせた沈黙が続いていたが、いわゆる「ジャンセニスム」論争という形で再び議論が勃発した。きっかけとなった神学者コルネリウス・ヤンセンは、スペイン領オランダのカトリック司教で、一六三八年に死ぬまでルーヴェン大学で教えていた。ヤンセンは『アウグスティヌス』という題の遺稿のなかで、原罪と神の恩恵の必要性に関する聖アウグスティヌスの著作は、反モリナ主義的予定説を強く支持していると解釈した。これは、神に

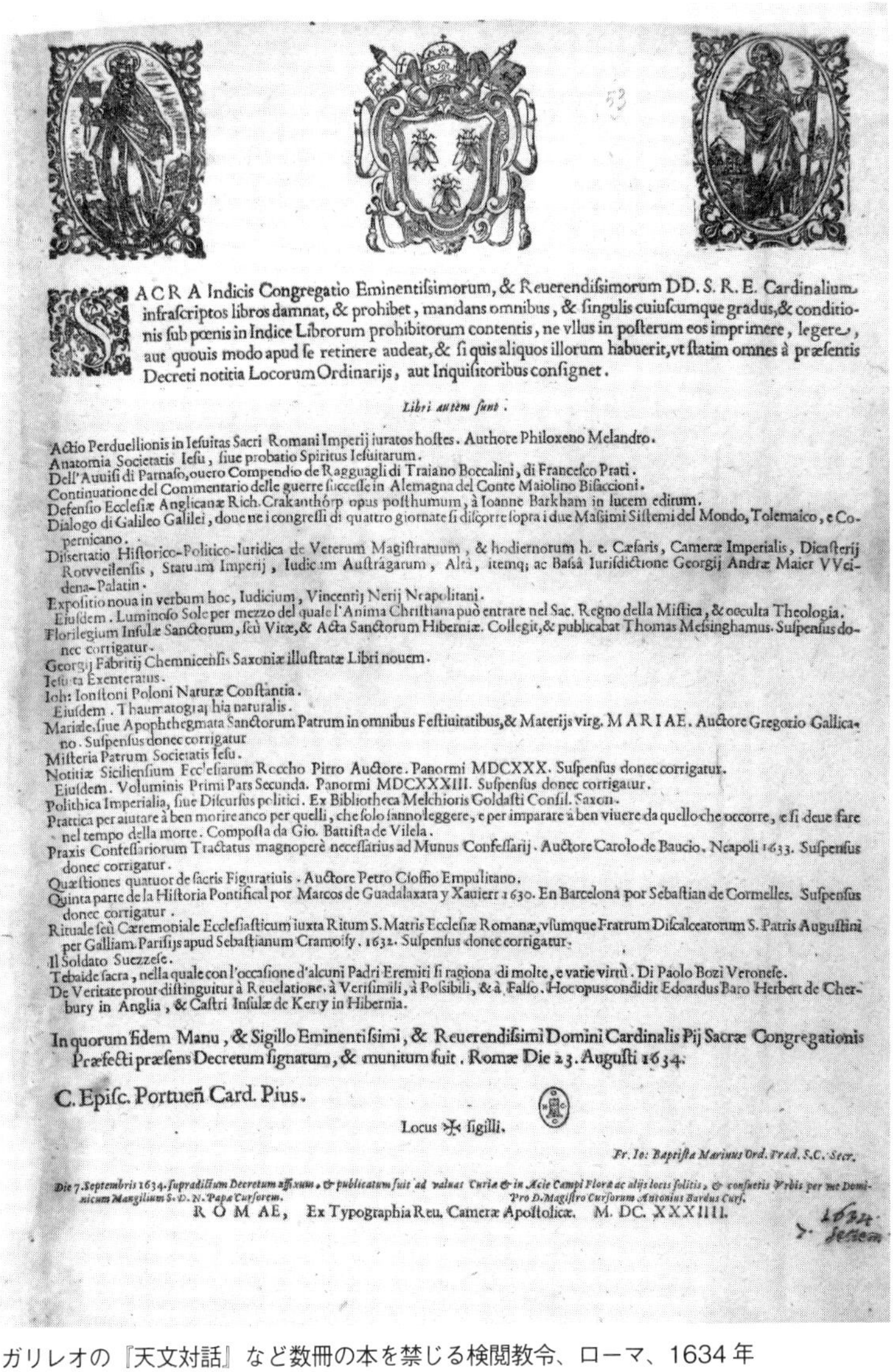

SACRA Indicis Congregatio Eminentissimorum, & Reuerendissimorum DD. S. R. E. Cardinalium infrascriptos libros damnat, & prohibet, mandans omnibus, & singulis cuiuscumque gradus, & conditionis sub pœnis in Indice Librorum prohibitorum contentis, ne vllus in posterum eos imprimere, legere, aut quouis modo apud se retinere audeat, & si quis aliquos illorum habuerit, vt statim omnes à præsentis Decreti notitia Locorum Ordinarijs, aut Inquisitoribus consignet.

Libri autem sunt.

Actio Perduellionis in Iesuitas Sacri Romani Imperij iuratos hostes. Authore Philoxeno Melandro.
Anatomia Societatis Iesu, siue probatio Spiritus Iesuitarum.
Dell'Auuisi di Parnaso, ouero Compendio de Ragguagli di Traiano Boccalini, di Francesco Prati.
Continuatione del Commentario delle guerre successe in Alemagna del Conte Maiolino Bisaccioni.
Defensio Ecclesiæ Anglicanæ Rich. Crakanthorp opus posthumum, à Ioanne Barkham in lucem editum.
Dialogo di Galileo Galilei, doue ne i congressi di quattro giornate si discorre sopra i due Massimi Sistemi del Mondo, Tolemaico, e Copernicano.
Dissertatio Historico-Politico-Iuridica de Veterum Magistratuum, & hodiernorum h. e. Cæsaris, Cameræ Imperialis, Dicasterij Rotvveilensis, Statuum Imperij, Iudicum Austrágarum, Altâ, itemq; ac Bassâ Iurisdictione Georgij Andræ Maier VVeidena-Palatin.
Expositio noua in verbum hoc, Iudicium, Vincentij Nerij Neapolitani.
Eiusdem. Luminoso Sole per mezzo del quale l'Anima Christiana può entrare nel Sac. Regno della Mistica, & occulta Theologia.
Florilegium Insulæ Sanctorum, seù Vitæ, & Acta Sanctorum Hiberniæ. Collegit, & publicabat Thomas Messinghamus. Suspensus donec corrigatur.
Georgij Fabritij Chemnicensis Saxoniæ illustratæ Libri nouem.
Iesuita Exenteratus.
Ioh: Ionstoni Poloni Naturæ Constantia.
Eiusdem. Thaumatographia naturalis.
Mariale, siue Apophthegmata Sanctorum Patrum in omnibus Festiuitatibus, & Materijs virg. MARIAE. Auctore Gregorio Gallicano. Suspensus donec corrigatur
Misteria Patrum Societatis Iesu.
Notitiæ Siciliensium Ecclesiarum Reccho Pirro Auctore. Panormi MDCXXX. Suspensus donec corrigatur.
Eiusdem. Voluminis Primi Pars Secunda. Panormi MDCXXXIII. Suspensus donec corrigatur.
Polithica Imperialia, siue Discursus politici. Ex Bibliotheca Melchioris Goldasti Consil. Saxon.
Prattica per aiutare à ben morire anco per quelli, che solo sanno leggere, e per imparare à ben viuere da quello che occorre, e si deue fare nel tempo della morte. Composta da Gio. Battista de Vilela.
Praxis Confessariorum Tractatus magnoperè necessarius ad Munus Confessarij. Auctore Carolo de Baucio. Neapoli 1633. Suspensus donec corrigatur.
Quæstiones quatuor de sacris Figuratiuis. Auctore Petro Cioffio Empulitano.
Quinta parte de la Historia Pontifical por Marcos de Guadalaxara y Xauierr 1630. En Barcelona por Sebastian de Cormelles. Suspensus donec corrigatur.
Rituale seù Cæremoniale Ecclesiasticum iuxta Ritum S. Matris Ecclesiæ Romanæ, vsumque Fratrum Discalceatorum S. Patris Augustini per Galliam. Parisijs apud Sebastianum Cramoisy, 1632. Suspensus donec corrigatur.
Il Soldato Suezzese.
Tebaide sacra, nella quale con l'occasione d'alcuni Padri Eremiti si ragiona di molte, e varie virtù. Di Paolo Bozi Veronese.
De Veritate prout distinguitur à Reuelatione, à Verisimili, à Possibili, & à Falso. Hoc opus condidit Edoardus Baro Herbert de Cherbury in Anglia, & Castri Insulæ de Kerry in Hibernia.

In quorum fidem Manu, & Sigillo Eminentissimi, & Reuerendissimi Domini Cardinalis Pij Sacræ Congregationis Præfecti præsens Decretum signatum, & munitum fuit. Romæ Die 23. Augusti 1634.

C. Episc. Portueñ Card. Pius.

Locus ✠ sigilli.

Fr. Io: Baptista Marinus Ord. Præd. S.C. Secr.

Die 7. Septembris 1634. supradictum Decretum affixum, & publicatum fuit ad valuas Curiæ & in Acie Campi Floræ ac alijs locis solitis, & consuetis Vrbis per me Dominicum Mangilium S. D. N. Papæ Cursorem. *Pro D. Magistro Cursorum Antonius Bardus Curs.*

ROMAE, Ex Typographia Reu. Cameræ Apostolicæ. M. DC. XXXIIII.

ガリレオの『天文対話』など数冊の本を禁じる検閲教令、ローマ、1634 年選ばれた者だけが救われるのであって、原初的な神の選択は、自由意志によって善行をなすという人間の決定には影響されないということを意味する。しかし、教会の忠実な息子であったヤンセンは、ローマの正統見解から逸脱することは望まないとはっきりと遺言に残していた。この著作はカトリックの神学者の審査を受けることになるが、ヤンセンはあらかじめ、教皇に命じられればどのような変更にも従うと決めていた。つまり自ら文字通り検閲を「招いた」ことになる。

実際、一六四〇年の『アウグスティヌス』の出版は、イエズス会、ドミニコ会、その他「助力」問題に関わった敬虔な神学者たちの間に燻っていた対立感情に、再び油を注ぐ結果となった。ヤンセンの友人で支持者でもあったジャン・デュヴェルジエは、この問題に関して扇動的な説教をしたために、すでにフランスのリシュリュー枢機卿によって投獄されており、数学者のブレーズ・パスカルら著名な作家も即座にこの論争に加わった。『アウグスティヌス』はパリ大学の神学部やルーヴェン大学のヤンセンの元同僚から支持されたが、一六四二年（検邪聖省による調査の後）教皇ウルバヌス八世の介入を受け、大勅書「イン・エミネンティ」（In eminenti）によって正式に断罪された。ウルバヌス八世は神学問題には詳しく踏み込まず、ヤンセンの文書は「助力」論争の継続を禁じた、先のパウルス五世の命令に違反すると宣言した。しかしコルネリウス・ヤンセン（Cornelius Jansen）が禁書目録に掲載されるまでさらに二十二年の歳月を要し、最終的に一六六四年の改訂版ローマ目録に（リスト一の「C」の下に）、ジャン・デュヴェルジエ（リスト二、Ioannes として「I」の下）とともに掲載された。それまでの間、ヤンセンに対する禁令については、ウルバヌスの大勅書か、その後インノケンティウス十世（在位一六四四‒五五年）の時代に繰り返し出された非難宣告によって情報を得ていた人しか知らなかった。一六五四年四月ローマ異端審問が発表した教令はそのうちのひとつで、四切版で三ページに及び、アレクサンデル目録の巻末にも転載されている。たとえ「助力」論争に関する六十年前のクレメンス八世の禁令について、カトリックの善良な読者がまったく覚えていなくても、教皇庁は「原罪や予定説について論じること、なによりヤンセンの『アウグスティヌス』等の本を読むことを禁ずる」という基本的なメッセージが周知されるよう尽力した。禁書目録自体はそのための手段のひとつに過ぎず（しかも対応に時間がかかる）、即座に結果を出すには教令の掲示が不可欠だった。

ヤンセンの支持者がクレメンス、ウルバヌス、インノケンティウスやその異端審問官の裁定を無視もしくは拒絶し続けたため、最終的にジャンセニストの著作への弾圧は長く苛立たしい経過をたどる。この問題に関してパスカルが一六五六年に偽名で発表した『プロヴァンシアルの手紙』は親ヤンセン主義的であったため、翌年異端審問官の教令により正式に糾弾された。この教令は広く流布し、後に一六六四年のアレクサンデル目録に転載されたが、パスカルの名前ではなく、「E」の下（この著書のラテン語名 *Epistolae decem & octo Gallico idiomate inscribantur*『フランス語で書かれた十八の手紙』に従って）に記載された。一方フランス王室の検閲官も介入し、一六六〇年には『プロヴァンシアルの手紙』はすべて破棄するよう命じられた。次に一六七三年、アイルランド系イタリア人枢機卿エンリコ・ノリスが『ペラギウス派史』を出版して、再び爆弾を落とす。この著作はモリノ主義者へのあからさまな攻撃で、ノリスは彼らの考えが古代の異端ペラギウスの自由意志の主張に非常に近いと考えた。この時までにローマの神学者の間では風向きが変わっていた。教皇クレメンス十世（在位一六七〇–七六年）は直接ノリスと謁見したうえで、最終的に彼の主張を受け入れた。禁書処分となるどころか、ノリスはローマ異端審問所の審査官（qualificator）に任ぜられた。さらにトスカーナ大公コジモ三世の宮廷神学顧問に任命され、ついにはバチカン図書館員となる。ただしスペイン異端審問は反ヤンセン主義であったため共感は得られず、ノリスの名が即座にスペイン目録に載ることこそなかったが、スペイン教会ではその著作は受け入れられないとの大方の合意がすぐに広まった。ヤンセンとノリスの正統性（もしくは非正当性）

をめぐる激しい対立はその後も続き、スペインとローマの両異端審問が立て続けに発行した法令を含めて、その後も数十年にわたって新しい文書が続々と生み出された。

その後十七世紀を通して、カトリックの書籍検閲はますます大掛かりで精緻で広範な事業となり、教会の最も優秀で聡明な人々の関心を広く集めるようになった。トリエント公会議以前の王や教皇は、中世の異端やプロテスタントによる危険な書物の排除を想定していたが、新しい「禁書（および、少なく

FR.HENRICVS S.R.E. PRESBYTER CARDINALIS NORIS
ORD. EREMITARVM S. AVGVSTINI. VERONENSIS
EIVSDEM S.R.E. BIBLIOTHECARIVS
CREATVS DIE XII DECEMBRIS MDC.XCV.
Obiit die 23. February 1704.
B.Farjat Sculp.
Dom. de Rubeis Heres Io.Iacobi de Rubeis formis Romę ad Templ. S.tæ M.æ de Pace cum Priuil. S.P. et Sup. perm.

ブノワ・ファルジャ《枢機卿エンリコ・ノリス》、版画、マリオ・グァルナッチ著「ローマ教皇と枢機卿の生涯と業績 第一巻」（1751 年）挿絵

ともスペインでは「部分削除」）目録」の編纂はその範囲を大きく超えて、あらゆる分野に関わる知的活動の場となり、後で見るように聖書、科学論文、小説からカトリック教義の微妙な点を扱う複雑な論考に至るまですべてが審査の対象となり、果てしない論争が繰り返された。検閲活動は禁書目録という出版物の枠を超え、正式な教令や布告のチラシがひんぱんに教会の壁に貼られる（そしておそらく司祭室で埃をかぶる）ようになる。こうしたチラシは対立的な著作をできる限り追跡し処分するというカトリック教会の普遍的な目的に役立ったが、それでもなお混乱と対立は解消されなかった。たとえばノリスの『ペラギウス派史』といった書物の正統性について、教皇や異端審問官でさえ合意に至らず矛盾したメッセージや決定が公布されるとしたら、敬虔なカトリック信徒はどうすればよいのだろうか。

海賊版と批判

実際のところ、包括的な検閲があまりに複雑で欠点が多いことは誰の目にも明らかであり、批判的な人々はすぐさま「カトリック禁書目録」を風刺や体制批判に利用した。すでに十六世紀には、プロテスタントにとっては完全な「良書」を弾圧するカトリック検閲を周知し非難するために、禁書目録の海賊版が作られた[3]。ピエトロ・パオロ・ヴェルジェリオは遠いスイスのポスキアーヴォ村のランドルフィ社で、一五四九年に独自の禁書目録を印刷して密かに持ち込み、同じ年ヴェネチア目録が出版される前に警鐘を鳴らした。その後も同様の目的で、注釈付きの「プロテスタント版」禁書目録を複数発行したが、そのなかには一五五九年の厳格なパウルス・ローマ目録も含まれていた。そして一五八六年ハイデルベルクで、一五七一年のアントワープ部分削除目録の写しが、ルター派のザクセン＝コーブルク公ヨハン・カジミールへの献辞とカルヴァン派の神学教授フランシスクス・ユニウス（父、フランソワ・デュ・ジョン）による紹介文とともに刊行された。この偽禁書目録は後にストラスブール（一五九九年、一六〇九年）やハーナウ（一六一一年）でも再版される。ソミュールの印刷業者トマ・ポルトーも、一五八四年に発行されたキローガのスペイン部分削除目録を一六〇一年に無許可で作成し、自ら序論を加えて、この目録が無害な文章や瑣末な文言を削除しようとしていることを強調している。その他のプロテスタントによる海賊版としては、一六一二年のスペイン・サンドバル版の複製が一六一九年ジュネーヴで出版された。プファルツ選帝侯フリードリヒ五世（イングランド王ジョージ一世の祖父）に献呈されたこの版には、ジュネーヴの著名な神学教授ベネディクト・トレティーニ（一六三一年没）の紹介文が掲載されている。これらの海賊版は、いずれも自分たちに都合の良い改竄や極端な書式変更は加えていないようで、スペイン目録やローマ目録の冒頭に説明書を加えてプロテスタントの読者に提供しさえすれば、十分に批判の対象になると考えられたようだ。

プロテスタントにとってカトリックの禁書目録の利用価値は、宗教論争の枠を超えて広がった。一六二七年、オックスフォード大学ボドリアン図書館の初代館長トーマス・ジェイムズは、書誌情報源として「カトリック禁書目録」を入手し、独自の版を印刷した。あらゆるプロテスタントの優れた著作を長期にわたりリスト化してきた禁書目録編纂者の仕事を、ジェイムズは肯定的に捉え、その成果を書籍収集のガイドとして、言うなれば当時の最も優れた神学書のウィッシュリストとして利用するよう司書仲間に提案したのである。ジェイムズによる版は、スペイン版とローマ版をもとに両方の項目を統合して単純なアルファベット順に並べた、カトリック目録の折衷案のようなものであった。また、オックスフォードでの神学研究書の収集計画を具体化するために、まだ公式の禁書目録に組み込まれていないローマの法令を参照するなど、できるだけ情報の更新に努めた(4)。したがって、カトリックの宗教検閲を逆手にとった英国国教会のリストは、後にアレクサンデル目録に採用される編集構成上の改革の一部をいわば先取りしていたと言える。

ローマ・カトリック側では、こうしたプロテスタントの不正利用には神経を尖らせ、（自ら欠点を認めながらも）自分たちの努力に対するこの種の恥ずべき批判を防ぐために尽力した。もちろん禁書目録の海賊版自体が禁書となった。たとえば一六六七年にこれもまたトレティーニによって作成されたジュネーヴ目録の海賊版が、一六七七年スペイン異端審問によって禁じられた。しかし、善良なカトリック信徒のために発行された禁書目録であっても、問題があれば規制する必要があった。一五五七年のロー

伝ギルバート・ジャクソン《トーマス・ジェイムズ》、17世紀、油彩、キャンバス

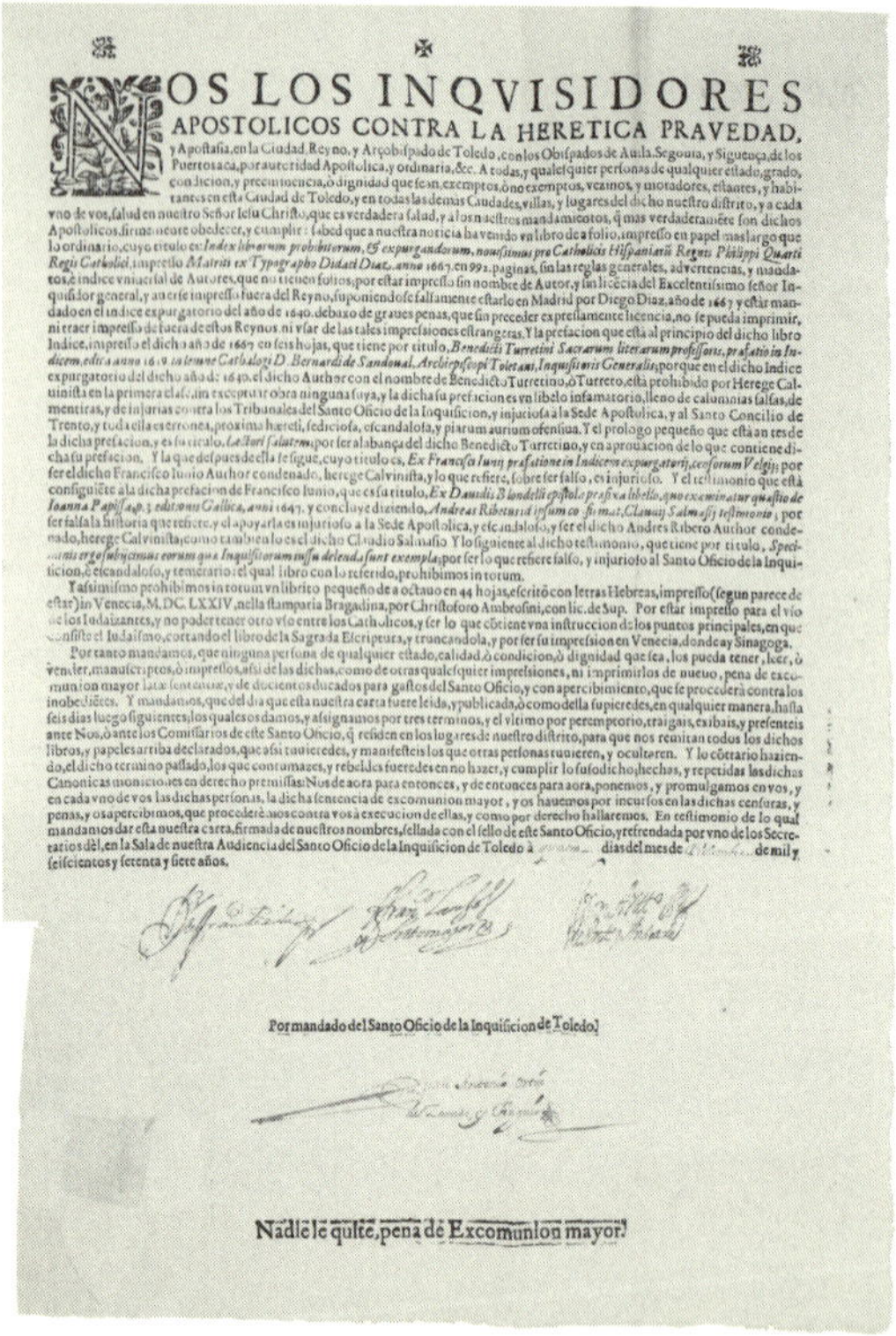
NOS LOS INQVISIDORES APOSTOLICOS CONTRA LA HERETICA PRAVEDAD, y Apostasia, en la Ciudad, Reyno, y Arçobispado de Toledo, con los Obispados de Auila, Segouia, y Siguença, de los Puertos aca, por autoridad Apostolica, y ordinaria, &c. A todas, y qualesquier personas de qualquier estado, grado, condicion, y preeminencia, ò dignidad que sean, exemptos, ò no exemptos, vezinos, y moradores, estantes, y habitantes en esta Ciudad de Toledo, y en todas las demas Ciudades, villas, y lugares del dicho nuestro distrito, y a cada vno de vos, salud en nuestro Señor Iesu Christo, que es verdadera salud, y a los nuestros mandamientos, q mas verdaderamente son dichos Apostolicos, firmemente obedecer, y cumplir: sabed que a nuestra noticia ha venido vn libro de a folio, impresso en papel mas largo que lo ordinario, cuyo titulo es: *Index librorum prohibitorum, & expurgandorum, nouissimus pro Catholicis Hispaniarũ Regnis Philippi Quarti Regis Catholici*, impresso *Matriti ex Typographo Didaci Diaz, anno* 1667. en 992. paginas, sin las reglas generales, aduertencias, y mandatos, è indice vniuersal de Autores, que no tienen folios, por estar impresso sin nombre de Autor, y sin licẽcia del Excelentissimo señor Inquisidor general, y auerse impresso fuera del Reyno, suponiendose falsamente estarlo en Madrid por Diego Diaz, año de 1667 y estar mandado en el indice expurgatorio del año de 1640. debaxo de graues penas, que sin preceder expressamente licencia, no se pueda imprimir, ni traer impresso de fuera de estos Reynos, ni vsar de las tales impressiones estrangeras. Y la prefacion que està al principio del dicho libro Indice, impresso el dicho año de 1667 en seis hojas, que tiene por titulo, *Benedicti Turretini Sacrarum literarum professoris, præfatio in Indicem, edita anno 1619 in tomo Cathalogi D. Bernardi de Sandoual, Archiepiscopi Toletani, Inquisitoris Generalis*; porque en el dicho Indice expurgatorio del dicho año de 1640. el dicho Author con el nombre de Benedicto Turretino, ò Turreto, està prohibido por Herege Caluinista en la primera clase, sin exceptuar obra ninguna suya, y la dicha su prefacion es vn libelo infamatorio, lleno de calumnias falsas, de mentiras, y de injurias contra los Tribunales del Santo Oficio de la Inquisicion, y injuriosa à la Sede Apostolica, y al Santo Concilio de Trento, y toda ella es erronea, proxima hæreti, sediciosa, escandalosa, y piarum aurium ofensiua. Y el prologo pequeño que està antes de la dicha prefacion, y es su titulo, *Lectori salutem*, por ser alabança del dicho Benedicto Turretino, y en aprouacion de lo que contiene dicha su prefacion. Y la que despues de ella se sigue, cuyo titulo es, *Ex Francisci Iunij præfatione in Indicem expurgatorij, censorum Velgij*; por ser el dicho Francisco Iunio Author condenado, herege Caluinista, y lo que refiere, sobre ser falso, es injurioso. Y el testimonio que està consiguiẽte a la dicha prefacion de Francisco Iunio, que es su titulo, *Ex Dauidis Blondelli epistola præfixa libello, quo examinatur quæstio de Ioanna Papissa, p. 3. editionis Gallicæ, anni* 1647. y concluye diziendo, *Andreas Riberus id ipsum confirmat, Claudij Salmasij testimonio*; por ser falsa la historia que refiere, y el apoyarla es injurioso a la Sede Apostolica, y escandaloso, y ser el dicho Andres Ribero Author condenado, herege Caluinista, como tambien lo es el dicho Claudio Salmasio. Y lo siguiente al dicho testimonio, que tiene por titulo, *Specimenis ergo subijcimus eorum quæ Inquisitorum iussu delenda sunt exempla*; por ser lo que refiere falso, y injurioso al Santo Oficio de la Inquisicion, è escandaloso, y temerario: el qual libro con lo referido, prohibimos in totum.

Y assimismo prohibimos in totum vn librito pequeño de a octauo en 44 hojas, escrito con letras Hebreas, impresso (segun parece de estar) in Venecia, M.DC.LXXIV, nella stamparia Bragadina, por Christoforo Ambrosini, con lic. de Sup. Por estar impresso para el vso de los Iudaizantes, y no poder tener otro vso entre los Catholicos, y ser lo que cõtiene vna instruccion de los puntos principales, en que consiste el Iudaismo, cortando el libro de la Sagrada Escriptura, y truncandola, y por ser su impression en Venecia, donde ay Sinagoga.

Por tanto mandamos, que ninguna persona de qualquier estado, calidad, ò condicion, ò dignidad que sea, los pueda tener, leer, ò vender, manuscriptos, ò impressos, assi de las dichas, como de otras qualesquier impressiones, ni imprimirlos de nueuo, pena de excomunion mayor latæ sententiæ, y de docientos ducados para gastos del Santo Oficio, y con apercibimiento, que se procederà contra los inobediẽtes. Y mandamos, que del dia que esta nuestra carta fuere leida, y publicada, ò como della supieredes, en qualquier manera, hasta seis dias luego siguientes, los quales os damos, y assignamos por tres terminos, y el vltimo por perentorio, traigais, exibais, y presenteis ante Nos, ò ante los Comissarios de este Santo Oficio, q residen en los lugares de nuestro distrito, para que nos remitan todos los dichos libros, y papeles arriba declarados, que assi tuuieredes, y manifesteis los que otras personas tuuieren, y ocultaren. Y lo cõtrario haziendo, el dicho termino passado, los que contumazes, y rebeldes fueredes en no hazer, y cumplir lo susodicho; hechas, y repetidas las dichas Canonicas moniciones en derecho premissas: Nos de aora para entonces, y de entonces para aora, ponemos, y promulgamos en vos, y en cada vno de vos las dichas personas, la dicha sentencia de excomunion mayor, y os hauemos por incursos en las dichas censuras, y penas, y os apercibimos, que procederèmos contra vos à execucion de ellas, y como por derecho hallaremos. En testimonio de lo qual mandamos dar esta nuestra carta, firmada de nuestros nombres, sellada con el sello de este Santo Oficio, y refrendada por vno de los Secretarios dèl, en la Sala de nuestra Audiencia del Santo Oficio de la Inquisicion de Toledo à dias del mes de de mil y seiscientos y setenta y siete años.

Por mandado del Santo Oficio de la Inquisicion de Toledo.

Nadie le quite, pena de Excomunion mayor.

禁書に関する検閲法令（禁書目録の偽刊記についても書かれている）、トレド異端審問所（スペイン）、1677 年

マ目録の失敗や、一五九〇年のシクストゥス目録の頓挫についてはすでに見てきたが（一六〇七年の部分削除目録の失敗は言うまでもなく）、教会当局は、信者の間でスキャンダルやその他の問題を引き起こすとなれば、自ら発行した目録を密かに検閲することを躊躇しなかった。一六五五年にフランスのイエズス会士トマス・デ・アウグスティニスは、「一六三六年から五五年まで禁書目録聖省の教令で禁じられた全書籍のアルファベット順のリスト（Librorum omnium in sacrae indicis congregationis decretis prohibitorum ab anno 1636 usque ad annum 1655 elenchus ordine alphabetico digestus）」と題して、便利なダイジェスト版を無許可で出版しようとしたが、一六五八年、まさに不完全という理由で目録省の教令によって禁書となり、後に一六六四年のローマ目録に書名を掲載されてしまった。

こうした説明だけでは、禁書目録が宗教的、知的論説の完全管理という教会の目標を後押しするどころか、時に教会を混乱させただけだったという実態を、十分に伝えているとは言い難い。十七、八世紀には包括的な検閲の限界と課題が次々と明らかになり、禁書目録が出るたびに誤りや不適切な記載が積み重なるにつれ、たとえ善意からでも人間の書くものをすべて管理しようという考えは、思い上がりで不条理であることが、宗派を問わず多くの人の目に明らかになった。アウグスティニスの不運な例や、より成功したフランスのレコレ派修道士ジャン＝バティスト・アンノによる小型の「ローマ大禁書目録ならびにその唯一の補遺から忠実に抜粋した禁書目録」（Index librorum prohibitorum ex magno indice Romano et appendice unica fideliter excerptus、一七一四年）などの縮小版は、エリート教育や教皇庁の神学者の助力を得られない地方の聖職者の実用のために、非公式の取り組みとして出版され続けた。だがそれは、しばしば勝ち目のない戦いに思われたにちがいない。多くの審問官や検閲官が、際限なく増え続ける責務に、恐れと諦めが入り混じった気持ちで向きあったことだろう。嘲笑はなんの役にも立たなかった。禁書目録が存続するためにはさらなる変化が必要だった。

禁書目録を啓蒙する

十八世紀初め、禁書目録の改革はローマやその他の地域で新たな急務となりつつあった。プロテスタントの嘲笑を浴びつつカトリックの検閲官が、増え続ける目録や法令集に延々と並ぶ著者名、書名、補遺の中から必要な情報を必死で探し出そうとしている間に、ヨーロッパの書籍文化そのものが急速に変化していたのである。おかげで検閲リストの管理は再度見直しをせまられた。

印刷技術の普及の流れは、異端審問の検閲官にとっては最大の恐怖であると同時に最大の武器、いわば両刃の剣であったのに対し、ヨーロッパの知識人には追い風となり、彼らは、十八世紀初頭には威信、影響力、自信の面で隆盛を極めていた。当時新たに出現した「学問の共和国」(十六〜十八世紀にかけて、西欧の学識人・知識人たちが宗派や国境を超えて、学問という共通の基盤の上に築こうとした、仮想の共和国)は国や言語、(時には)宗教の枠をも超えて広がった。パリ、マドリード、ローマの学者は、ロンドン、アムステルダム、ライプツィヒで活躍する学者の最新の成果を鋭く意識し、当然のことながらアメリカ大陸、アフリカ、アジアで活躍する探検家や学者から日々送られてくる新たな知識についても強い関心を抱いていた。カトリックの学者もさまざまな方面でこの発展を担い、人間の理性への信頼という「啓蒙主義」を特徴づける流れに全面的に加わったが、一方で、神の啓示を軽視する昨今の瀆神的な風潮として、それを非難する学者もいた。この人々にとって、物理的な実験や理性的な観察という新たな流行を許容できたのは、教会の伝統という単純な権威に基づいて受け入れられていたはずの、真理が揺るがされるまでのことだった。

こうした懸念は必然的に禁書目録の発展にも影響を与え、ローマとスペインの目録はともに十八世紀を通じて、更新と印刷をくり返した。これまで以上に厳しく徹底的な検閲が必要と感じる保守的な検閲官が多かったことから、かなりの継続性が保たれた。そういうわけで、一七〇七年と四七年のスペイン目録は、相変わらずそれぞれ千頁を超える二巻本の大作となった。しかし、近代化したブルボン王朝の誕生により、スペイン異端審問の職務や手続きは大規模な再編を余儀なくされた。一七九〇年版スペイン目録は大幅に縮小され、三百ページほどの簡便なものになった。この版には「最後の禁書目録」(Index ultimo de los libros prohibidos)といういささか不吉な題が付けられていたが、本当に最後になるなら結構なことだと多くの関係者が考えていたことは明らかだった。一方、ローマでは目録省の活動は頂点に達し、一七〇四、一七一一、一七一四、一七一七、一七二六、一七四四、一七四七、一七五二年と、新たな禁書目録が次々と発行された。大半は以前の版の焼き直しに過ぎなかったが、ヨーロッパや植民地の印刷所から新たな書物や作家が誕生するたびに、教皇による懸念を周知するべく次々に発行された、大勅書や教令も含んでいた。

相変わらず最優先課題はカトリック神学の正統性を守ることであったため、過去の論争の残響が啓蒙時代を通して聞こえていた。しかし教皇クレメンス十一世（在位一七〇〇-二一年）は、一七一三年に大勅書「ウニジェニトゥス」（Unigenitus）を発してジャンセニスト論争に再度決着をつけようとし、キリスト教会の一致のために各派に沈黙を求めた。翌年、クレメンスの新しい目録によって、十七世紀の間に出版されたジャンセニストと反ジャンセニストの重要な文書のいくつかが――エンリコ・ノリスの著作だけは相変わらず干渉を免れたが――禁書とされた。しかし一七四七年、これまでで最も挑戦的なスペイン異端審問の禁書目録のなかで、異端審問所長官ペレス・デ・プラドは大胆な一歩を踏み出し、ノリス枢機卿の『ペラギウス派史』を「第一級」の異端として断罪した。カトリックの高位指導者の著書をめぐり、ローマとマドリードが意見を異にするのはこれが初めてではなかったが（たとえば、ローマ目録はカランサ大司教のカテキズム〔教理問答書。キリスト教の真理や教理をわかりやすく問答形式で要約したもの〕に関する著書の禁書処分をはるか昔に撤回したが、報復を目的とした異端審問のせいで名誉を汚されたこの司教の名前が、スペイン目録から削除されることはなかった）[5]、大胆な行動であったことには変わりはない。あとは教皇ベネディクトゥス十四世（在位一七四〇-五八年）がこの餌に食いつき、終わりの見えないジャンセニスト論争が再燃するかどうかが問題だった。

一六七五年生まれのベネディクトゥス十四世（本名プロスペロ・ランベルティーニ）は多くの点で典

ジュゼッペ・マリア・クレスピ《教皇ベネディクトゥス14世（プロスペロ・ランベルティーニ）》、1740年、油彩、キャンバス

型的な啓蒙時代の教皇だった。本を愛し、バチカンが所蔵する膨大なオリエント写本コレクションの目録作りに着手し、バチカンの蔵書に自分の蔵書三三〇〇冊を追加した。プロテスタントの著書も読み、モンテスキューなどの「啓蒙」思想家とも交流があった。ベネディクトゥス十四世として、一七四一年にガリレオの著作全集の印刷を許可し、次いでコペルニクスの太陽中心説に関する書物に長年課されてきた禁令を撤廃した（これは十九世紀の教会当局によるガリレオ復権の契機となった）。アメリカ大陸の先住民の奴隷化に反対し（ただしユダヤ人やアフリカ人に対する処遇は好意的とは言い難い）、さまざまな側面からキリスト教徒の生活を改革しようと努めた。その一方でベネディクトゥス十四世は厳格な神学者であり、伝統的なトマス主義〔トマス・アクィナスの思想体系およびその思想を継承し発展させた学派〕を信奉し、異端審問検閲の価値を確信していた。また、カノン法学者として教育を受け、ロタ法院とローマ異端審問所の両方で顧問を務めた経験もあった。一七一二年にはミケーレ・ギズリエーリ、すなわち悪名高い異端審問官教皇ピウス五世の列聖を支持した。彼の書簡からは、ノリスの件でスペインが教皇の権威に逆らったことに我慢がならなかったことが窺える。

ベネディクトゥスにとって、検閲は協調と規律をもって真剣に実行されるべきものであった。くだらない政治的な点数稼ぎのために用いるなど許せることではなく、教会の内部分裂を助長するおそれがある場合にはなおさらだった。スペインの異端審問官が命令を無視した時、教皇は躊躇することなく直接ブルボン朝の国王フェルナンド六世に対して最後通牒を突きつけた。国王はむしろこの機会を利用し教皇以上に非妥協的な異端審問官の制御を狙ったとみえて、要求に従ったため、しかるべく罰が下された。ノリスの名前は二度とスペイン目録に載ることはなく、ただちにスペイン異端審問はすべての一七四七年版目録からノリスの名を削除することとなった。ここでもまた、カトリックの検閲官は他宗派の著作だけでなく自分たちの作品をも検閲したことになる。

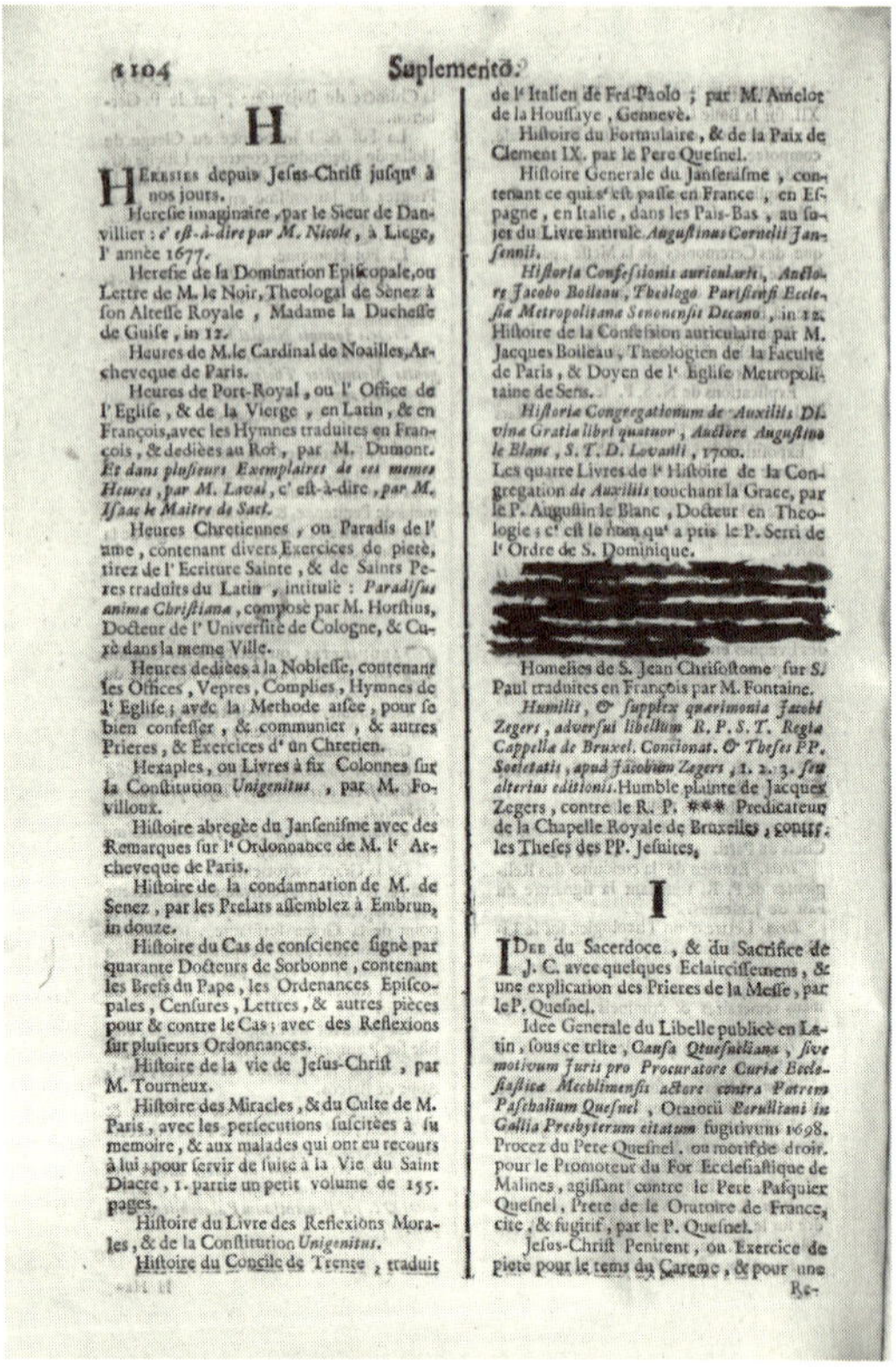

1104 Suplemento.

H

HERESIES depuis Jesus-Christ jusqu' à nos jours.

Heresie imaginaire, par le Sieur de Danvillier : *c' est-à-dire par M. Nicole*, à Liege, l' année 1677.

Heresie de la Domination Episcopale, ou Lettre de M. le Noir, Theologal de Senez à son Altesse Royale, Madame la Duchesse de Guise, in 12.

Heures de M. le Cardinal de Noailles, Archeveque de Paris.

Heures de Port-Royal, ou l' Office de l' Eglise, & de la Vierge, en Latin, & en François, avec les Hymnes traduites en François, & dediées au Roi, par M. Dumont. *Et dans plusieurs Exemplaires de ces memes Heures, par M. Laval*, c' est-à-dire, *par M. Isaac le Maitre de Saci.*

Heures Chretiennes, ou Paradis de l' ame, contenant divers Exercices de pieté, tirez de l' Ecriture Sainte, & de Saints Peres traduits du Latin, intitulé : *Paradisus anima Christiana*, composé par M. Horstius, Docteur de l' Université de Cologne, & Curè dans la meme Ville.

Heures dediées à la Noblesse, contenant les Offices, Vepres, Complies, Hymnes de l' Eglise; avec la Methode aisée, pour se bien confesser, & communier, & autres Prieres, & Exercices d' un Chretien.

Hexaples, ou Livres à six Colonnes sur la Constitution *Unigenitus*, par M. Fovilloux.

Histoire abregée du Jansenisme avec des Remarques sur l' Ordonnance de M. l' Archeveque de Paris.

Histoire de la condamnation de M. de Senez, par les Prelats assemblez à Embrun, in douze.

Histoire du Cas de conscience signé par quarante Docteurs de Sorbonne, contenant les Brefs du Pape, les Ordenances Episcopales, Censures, Lettres, & autres pieces pour & contre le Cas; avec des Reflexions sur plusieurs Ordonnances.

Histoire de la vie de Jesus-Christ, par M. Tourneux.

Histoire des Miracles, & du Culte de M. Paris, avec les persecutions suscitées à sa memoire, & aux malades qui ont eu recours à lui, pour servir de suite à la Vie du Saint Diacre, 1. partie un petit volume de 155. pages.

Histoire du Livre des Reflexions Morales, & de la Constitution *Unigenitus.*

Histoire du Concile de Trente, traduit de l' Italien de Fra-Paolo; par M. Amelot de la Houssaye, Gennevè.

Histoire du Formulaire, & de la Paix de Clement IX. par le Pere Quesnel.

Histoire Generale du Jansenisme, contenant ce qui s' est passé en France, en Espagne, en Italie, dans les Pais-Bas, au sujet du Livre intitulé *Augustinus Cornelii Jansenii.*

Historia Confessionis auricularis, Auctore Jacobo Boileau, Theologo Parisiensi Ecclesia Metropolitana Senonensis Decano, in 12. Histoire de la Confession auriculaire par M. Jacques Boileau, Theologien de la Faculté de Paris, & Doyen de l' Eglise Metropolitaine de Sens.

Historia Congregationum de Auxiliis Divina Gratia libri quatuor, Auctore Augustino le Blanc, S. T. D. Lovanii, 1700. Les quatre Livres de l' Histoire de la Congregation *de Auxiliis* touchant la Grace, par le P. Augustin le Blanc, Docteur en Theologie; c' est le nom qu' a pris le P. Serri de l' Ordre de S. Dominique.

[redacted]

Homelies de S. Jean Chrisostome sur S. Paul traduites en François par M. Fontaine.

Humilis, & supplex quarimonia Jacobi Zegers, adversus libellum R. P. S. T. Regia Cappella de Bruxel. Concionat. & Theses PP. Societatis, apud Jacobum Zegers, 1. 2. 3. *seu alterius editionis.* Humble plainte de Jacques Zegers, contre le R. P. *** Predicateur de la Chapelle Royale de Bruxelles, contre les Theses des PP. Jesuites.

I

IDEE du Sacerdoce, & du Sacrifice de J. C. avec quelques Eclaircissemens, & une explication des Prieres de la Messe, par le P. Quesnel.

Idee Generale du Libelle publiée en Latin, sous ce titre, *Causa Quesneliana, sive motivum Juris pro Procuratore Curia Ecclesiastica Mechliniensis actore contra Patrem Paschalium Quesnel*, Oratorii *Berulliani in Gallia Presbyterum citatum* fugitivum 1698. Procez du Pere Quesnel, ou motif de droit, pour le Promoteur du For Ecclesiastique de Malines, agissant contre le Pere Pasquier Quesnel, Prete de le Oratoire de France, cite, & fugitif, par le P. Quesnel.

Jesus-Christ Penitent, ou Exercice de pieté pour le tems du Careme, & pour une Re-

ノリス枢機卿の著作に対する禁令が削除されたことを示す例、スペイン目録（1747年）第2巻p. 1104

次いでベネディクトゥス十四世は、数年かけて目録省の全面的な再編を行なった。一七五三年に大勅書「ソリチタ・アク・プロヴィダ」（Sollicita ac provida）を発してまったく新しい規約を提案し、パッシオーネイ枢機卿（ベネディクトゥスは検閲の訴訟の際の彼を「高慢な専制君主」と呼んでいる）による職権乱用を断定し、代わりにクェリーニ枢機卿を目録省の新しい長官に任命した。[6] 改革の成果は一七五八年に大々的に出版された革新的な禁書目録にはっきりと表れていた。効率性と一貫性を重視したことで、この目録では一五五〇年代以来初めて、著者名が姓によるアルファベット順に掲載された（一七九〇年版スペイン目録もこれに倣った）。なにより、ベネディクトゥスが目録省のための新しいガイドラインを加えたことが大きく、そのなかに含まれた「ソリチタ・アク・プロヴィダ」の写しやいくつかの教令は、以後すべてのローマ目録に掲載されることになる――つまりクレメンス八世以来初めて、教皇が検閲の原則に大きく寄与したことになった。たとえば、特定のカテゴリーに属する書物（プロテスタントを支持する書物、グラナダのサクロモンテ洞窟で発見された偽アラビア語鉛板の真偽をめぐる論争、「助力」論争を扱った文書など）はまとめて禁書とされ、以後著者名や書名を禁書目録に明示する必要がないことがはっきりと示された。

ベネディクトゥスの目録は拡大の一途をたどっていた前任者たちの方針も転換した。一七五八年版目録は、アルファベット順に並べられた単一のリストが掲載されているだけで、混乱や補足文書の数も以前と比べて少なく、三百五十七ページにまで縮小された。[7]論議を呼びそうな名前（バールーフ・デ・スピノザやゴットフリート・ヴィルヘルム・ライプニッツら偉大な哲学者や、敬虔なフランス大司教フランソワ・フェヌロンなど）が新たに追加されてはいたが、今後禁書目録への追加にはいっそうの注意と精査が必要なことが告げられた。[8]少なくともひとまず窮地は脱した。教会は攻撃を仕掛ける際に慎重になり、穏健な霊的反対派は（神学以外の分野で既存の見解に異議を唱える科学者も同様に）、かつてのように明らかな攻撃対象ではなくなったように見えた。

科学はベネディクトゥス十四世にとって関心の高い分野のひとつで、教会の未来のためには近代的な考え方に抵抗し続けるよりも、少なくともいくつかの側面で適応する能力が必要だと理解していた。彼は一部の研究者に禁書の閲覧許可を与え、前任者たちよりも熱心にその研究を支援し、その過程でイタリアは、解剖学や医学といった分野での実験拠点として新たな名声を獲得することとなった。しかし常

ローマ目録の四段階の進化の過程。（左から右に）トリエント版（1564年）、クレメンス版（1596年）、アレクサンデル版（1664年）、ベネディクト版（1764年）

に限界はあったし、ナポリの貴族サンセヴェーロ公ライモンド・ディ・サングロ（一七七一年没）に対するベネディクトゥスの支持が揺れ動いたように、教皇の認可は必要に応じて取り消されるおそれがあった。この華やかな啓蒙君主は、化学や生物学から芸術や軍事戦略まで幅広い分野に強い関心を抱き、その上錬金術やフリーメイソンの奥義といった秘義的な知識にも手を出していた。当初ベネディクトゥス十四世は進んでその研究を支援し、このような科学的精神を持つ高位の貴族の研究を妨げるような規則のいくつかを撤回した。ナポリの人気観光名所のひとつサンセヴェーロ家の華やかな家族用礼拝堂には、彼の大胆な革新性がはっきりと表れている。また、サンセヴェーロ公は幅広く著作をものし、とりわけ一七五〇年に発表した『弁明書簡』（*Lettera apologetica*、ペルーの結縄文字《キープ》（紐に結び目をつけて記すインカ帝国で使われた記録法）の意味と役割について、秘義的だが学問的に弁証している）は、当時の人々の注目を集めた。最終的には、オカルトや怪しげなフリーメイソン思想への傾倒を疑われて教皇の寵愛を失ったが、その運命は一、二世紀前とは大きく異なっていた。ライモンド・ディ・サングロは処刑もされなければ、禁書目録に掲載されることもなかったのである。著作が目録省の調査を受けた後、今後の行動制限について司祭から助言を受けただけだった――その助言も、彼は一部しか受け入れなかった。その後執筆への熱意はやや衰えたものの、教皇の支援を受けずに研究を続けた。カトリックの学問統制の観点から見て、イタリアにおいてさえ教皇の絶対支配の時代は――少なくとも高位の貴族の間では――明らかに終わろうとしていた。

もちろん、後の章で見るように、十八世紀に錬金術やフリーメイソンなど、「異端」的な新思想に手を染めたカトリック信徒はサンセヴェーロ公だけではなかった。ヴォルテール、ディドロ、ルソーといった啓蒙主義を代表する悪名高い因習破壊者たちは、最終的にすべて禁書目録に掲載された（しかしヴォルテール Voltaire に関しては、スペインの異端審問官は著書を実際に見たことがなかったようで、少なくとも禁令のひとつでは Bolter と誤って記載されたため、彼が禁書処分になったと気付かなかった者もいたようだ）[9]。禁書目録に掲載された結果、イタリア、スペイン、ポルトガルおよびその植民地の多くで、フランス啓蒙主義の古典的著作を入手することが若干困難になり、フランスでも反教権主義や無神論を理由に検閲を受けることになった。もっとも、こうした検閲の責任を負っていたのは教会だけではなかった。フランスでディドロの事務所の強制捜査を行ない、あの『百科全書』を処分しようとしたのは世俗権力であった[10]。さらに衝撃的なことに、一七六六年に自由思想の青年貴族フランソワ＝ジャン・ド・ラ・バールに、ヴォルテールの『哲学辞典』ごと（恐ろしいことに刑の一環としてこの本は彼の胸に釘で打ちつけられた）公開火刑を宣告したのは、フランスの世俗裁判所だったのである[11]。

二百年のうちに禁書目録は、数十人のプロテスタントや他の不適切な著者の名が記された、小型のローカルな手引書から、あらゆる種類の本と著者を分類し、禁じ、修正する一大目録（スペインでは複数巻に及んだ）に膨れあがった。それが十八世紀半ばには新たな展開を迎え、再び禁書目録はより明瞭で扱いやすい手引書となる。その間も、全体的な目的は変わらず、禁書目録は敬虔なカトリック信徒に、さまざまな分野の疑わしい書物を避けるよう、またどうしても必要な場合には司教の許可を取るよう、警告を発し続けた。とはいえ、フランチェスコ・ペーニャやプロスペロ・ランベルティーニのような優れた専門家が教会の検閲機構の中心を占めるようになるにつれ、その任務は、プロテスタントの神学思想を特定するだけだった時代よりも、はるかに複雑で繊細なものとなっていった。なかには、できるだけ多くの内容を後世に残したいと考え、疑わしい書物の部分削除や修正について、またその方法について、何年も悩みぬいた専門家もいる。カトリックのモリノ主義者、ジャンセニスト、啓蒙思想家の正統性について取り組んだ者もいた。その間にも文書業務は山と積まれ、革装の分厚い禁書目録が膨れ上がるだけでなく、布告を貼る地方教会の掲示板、各地の異端審問所や目録省の資料室に溢れかえった。

矛盾や混乱が重なっていくと、時には禁書目録事業全体が蝕まれ、本来なら検閲が未然に防ぐべきさまざまな嘲笑や攻撃を受けることとなった。またご多分に漏れず、検閲に発言権があると自認する教皇、異端審問官、顧問の間だけでなく、目録省内部でも意見の相違により対立が起こった。ペーニャとベラルミーノ枢機卿の間の激しい対立は、禁書目録の長い歴史のなかで、主役や状況を変えて何度も繰り返されることになる。スペインとローマの禁書目録が並立し、時に意見が対立したため、真実の独占権についてのカトリック教会の主張には、さらなる欠陥があることが露呈した。時にはローマ教皇でさえ、時の経過とともにいまや不適切と考えられるようになった前任者の断罪を見直す必要に迫られた。

それでも、そうした苦労は決して無駄ではなかった。この取り組みの多くは、人間のあらゆる知識を分類し修正するという不可能に近い目標を課せられた、一流の知識人たちの真摯な努力を反映している。その任務は最終的に失敗に終わったかもしれないが、彼ら自身も、自身が検閲した人々と同じく知の歴史に消えない刻印を残した。彼らの判断は、ある時代のある場所である作品の普及を妨げた。また書物の内容を改訂し、古典的作品の読み方にも影響を与えた。それでも、浅慮な裁判官なら即座に焚書にしそうな作品を含めて、多くの著作の流通を許可し、その結果比較的無傷なまま次世代に受け継がれたものもある。彼らが抱く論拠やその活動は、良くも悪くも実質的な変化をもたらした。したがって、彼らの働きについてできる限り詳しく調査を続け、どのような検閲が、誰によって、いつ、どこで、どのように、なぜ行なわれたのか、理解を深めることが重要となるのである。

第4章　書籍の検閲方法

一六六二年七月二十九日、ベルギーのドミニコ会士ヨアンネス・バプティスタ・フェルヤイスは、ドイツ出身の同じドミニコ会士で当時ローマに滞在していたレオンハルト・ハンセンに小包を送った(1)。小包の中には、彼の注意を引いた出版されたばかりの本の扉が同封されていた。封筒に収まるようきれいに切り取られた扉には、以下の文字が印刷されていた。

愛の勝利と栄光の階梯《はしご》、
あるいは魂の万能薬。
殉教者であり隠者、聖フランシスコ会第三会会員聖ラモン・リュイによる

霊的な宝、書物の中の書物と呼ぶべき（聖書に次ぐ）比類なき偉大な書物、在俗者・修道者を問わず万人に不可欠の書。天の国に至る真の道と、過去、現在、未来、そして世の終わりに至るまでの、あらゆる信仰心を測る試金石が記されている。

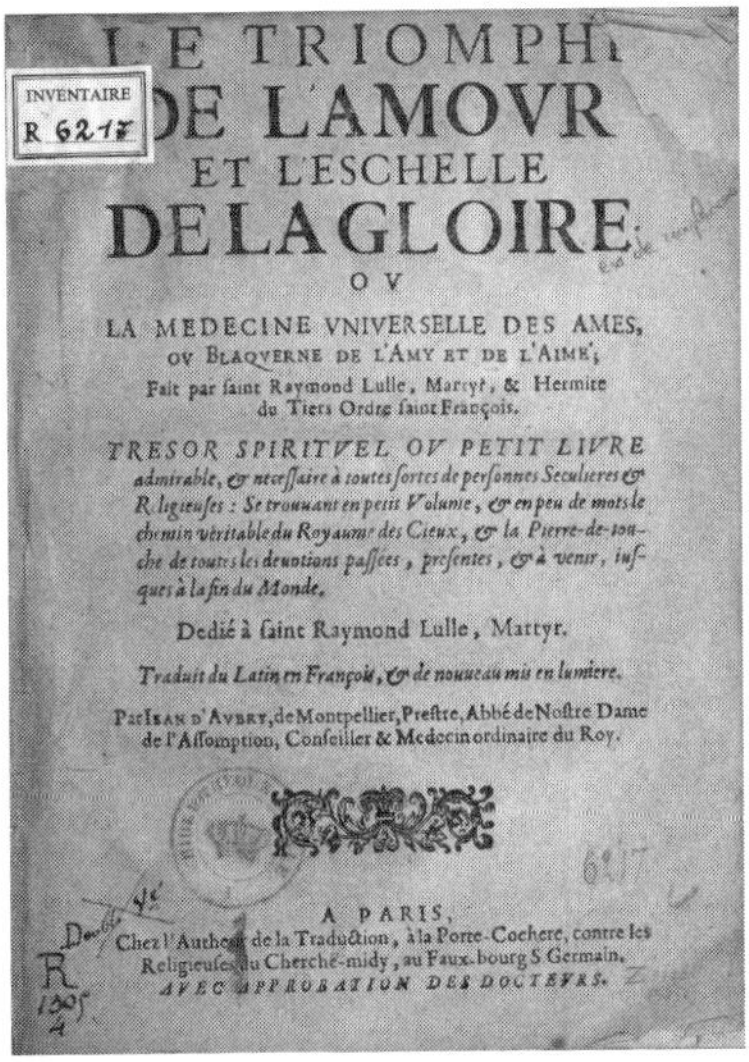
LE TRIOMPHE
DE L'AMOVR
ET L'ESCHELLE
DE LA GLOIRE
OV
LA MEDECINE VNIVERSELLE DES AMES,
OV BLAQVERNE DE L'AMY ET DE L'AIMÉ;
Fait par saint Raymond Lulle, Martyr, & Hermite
du Tiers Ordre saint François.
TRESOR SPIRITVEL OV PETIT LIVRE
admirable, & necessaire à toutes sortes de personnes Seculieres &
Religieuses : Se trouuant en petit Volume, & en peu de mots le
chemin véritable du Royaume des Cieux, & la Pierre-de-touche de toutes les deuotions passées, presentes, & à venir, iusques à la fin du Monde.
Dedié à saint Raymond Lulle, Martyr.
Traduit du Latin en François, & de nouueau mis en lumiere.
Par IEAN D'AVBRY, de Montpellier, Prestre, Abbé de Nostre Dame
de l'Assomption, Conseiller & Medecin ordinaire du Roy.
A PARIS,
Chez l'Autheur de la Traduction, à la Porte-Cochere, contre les
Religieuses du Cherché-midy, au Faux-bourg S. Germain.
AVEC APPROBATION DES DOCTEVRS.

ラモン・リュイの『愛の勝利と栄光の階梯』の本扉、ジャン・ドーブリー訳、(パリ、日付不明)

殉教者、聖ラモン・リュイに捧ぐ
司祭、聖母被昇天修道院院長、国王の相談役兼正医師であるモンペリエのジャン・ドーブリーの手でラテン語からフランス語に訳され、再び世に出ることになった。

同封されていたヨアンネス・バプティスタによる添状には、小さな字で自らの懸念が綴られていた。この『愛の勝利』(*triomphe de l'amour*)という新刊書の正統性に強い疑念を抱き、特にその原著者である中世の神秘思想家ラモン・リュイが、フランス人翻訳者が熱心に主張するような聖人でも殉教者でもないと確信しているというのだ。さらにフェルヤイスは、アブラハム・ブゾヴィウスの複数巻からなる権威ある教会史『教会年代記』(*Annales ecclesiastici*)にあたって、すでに中世の教皇グレゴリウス十一世が「我々の修道会の異端審問官アイメリック(Aymeric、ニコラウス・エイメリクスのこと)」の助言に従って、リュイの多くの誤謬を異端として断罪していたことを知っていた[2]。それならば、このような危険な作家について誤解を招くような説明をしている『愛の勝利』を正すために、何らかの手を打つ必要があるのではないか。

この手紙は友人間のたわいないない噂話や、秘義の書に関する学者同士の情報のやりとりではない（その可能性もないわけではないが）。これはローマの異端審問への告発状だった。実際にレオンハルト・ハンセンは、ドミニコ会の中心拠点のひとつ、ローマ異端審問所が置かれていたサンタ・マリア・ソプラ・ミネルヴァ大修道院の重要人物で、ドミニコ会の亡命イギリス管区名義管区長と、ドミニコ会総長の僚友（socius、側で支える補佐官のようなもの）を兼任していた。ハンセン自身、著名な神学者であり、疑わしい著作について興味深い情報を伝え、訴訟を進める上で適切な人の手に渡すのに必要な人脈をもっていた。一六六二年九月十七日、フェルヤイスの手紙はピエル・フランチェスコ・デ・ルベイス（ロッシ）に正式に転送された。彼は教皇庁の権威あるカノン法学者であり、検邪聖省の顧問で、ほどなく教皇の列聖調査審問検事（fidei promotor、信仰の証明者、いわゆる列聖調査における「悪魔の代弁者」）に任命されることになる。四ページにわたってびっしりと書かれたデ・ルベイスの査定は、本扉、添状、封蠟を押されていたブリュッセルからの封筒とともに、現在もバチカン市国中心部にある教理省のアーカイブに保管されている。これは、C・L（Censurae librorum 書籍検閲）部門の「一六六一―一六六二年」の区分に保管された、膨大な資料の束に収められていた四十一のケース・ファイルの最後のもので、脆《もろ》く黄ばんだ羊皮紙に包まれ、二本の太い茶色の革紐でくくられている[3]。

現存する『愛の勝利』の調査記録は、禁書目録の対象範囲や影響力が最高頂に達した時代の書籍検閲の実態について、わずかではあるが垣間見せてくれる興味深い窓のようなものだ。ここでは、中世の作家（リュイ）による古い著作の新たに印刷された版が問題となっている。リュイの名前は当時の禁書目録には見当たらないが、その著作が数世紀前にニコラウス・エイメリクスによって糾弾されたことは知られていた（フランチェスコ・ペーニャや、エイメリクスを引用したブゾヴィウスらの影響で、当時彼の意見が再び利用されるようになっていた）。フランス語に訳されてパリで個人的に出版されたこの霊的な詩集は、百一ページと薄く、どうやら二人の神学部教授の承認を得ており、フェルヤイスのような注意深いフランス語圏の情報提供者の働きがなければ、スペインやローマの異端審問官の目を引くことはなかっただろう。フェルヤイスがこの本を入手した経緯や理由については不明であり、彼の動機についても残念ながらその簡潔な告発文には十分に書かれていない。大昔に死んだカトリックの神秘主義者を誤って聖人とした人がいることに、純粋に腹を立てるか危機感を持ったのだろうか。それとも実際にこの本を読み、重要な信仰上の問題で人々を惑わすおそれがあると考えたのだろうか。あるいは、ドミニコ会に比べてフランシスコ会やイエズス会はリュイの著作を肯定的に捉える傾向にあったため、競合する他の修道会に対して優位に立とうとしただけか。フェルヤイスは同じドミニコ会士ハンセンに対して、リュイは「我々の修道会の異端審問官」によって断罪されたとさりげなく語っているため、理由としては最後の可能性が高いように思えるが、もちろん動機がひとつとは限らない。

　いずれにせよ、この件を提訴するための第一歩として、ローマへ証拠が送られたが、おそらくこれは計算の上だった。フェルヤイスは、スペイン領ネーデルラントの支配者であるフェリペ四世の臣下であり、直接スペイン異端審問に告発文を送ることも可能だったからだ。しかし、おそらくそれは賢明ではないと考えたのだろう。フェリペ四世自身は神学的、宗教的な事柄に興味や熱意を示すことはほとんどなかったが、伝統的にスペイン国王はリュイの著作が断罪されそうな時には常に擁護に回ったからだ。それゆえスペインの審問官はリュイの再審には消極的で、今回のような告発は歓迎されない可能性が高かった。したがってスペインではなく、ローマの信頼できる高位のドミニコ会士に直接依頼することは、フェルヤイスにとっては妥当な選択だった。

ローマの書籍検閲アーカイブに保存されている他の多くの事例と同様に、最初の情報提供者から問題の書籍の全文が提供された痕跡は見当たらない。さらなる調査の必要があれば、ローマの検閲官が自分で入手するだろうと考えて、フェルヤイスは本扉だけを切り取って送ったのかもしれない。本はかさばるため、（禁書密輸の罪に問われる危険性はもちろん）ヨーロッパの端から端まで疑わしい文献を輸送する手間と費用を考えると、これが一般的なやり方であったと思われる。時には書籍本体が検閲官に送られることもあったようだが、大部分は失われたり、破損したり、バチカンのその他の蔵書に紛れてしまった。とはいえ今回の場合は、該当書を参照する必要はないと判断されたようだ。

評価を下すにあたって、ピエル・フランチェスコ・デ・ルベイスが『愛の勝利』の内容をわざわざ調べた形跡はない。『愛の勝利』は、神秘主義的な愛の詩を集めたリュイの『愛する者と愛された者についての書』（*Llibre d'amic i amat*）という短いカタルーニャ語の詩集を、ほぼそのまま翻訳したものであることがわかっている。彼はパリ大学の教授ジャン・ル・コントとロベール・ベルトロに、この翻訳書にインプリマートゥル（出版許可）を与えた理由を問い合わせることも、検閲案件として目録省に持ち込むこともしなかった。その代わりに、この異端審問所顧問はローマで利用できる一般的な歴史や法学の資料——おもにブゾヴィウスの著作、アイルランドのフランシスコ会修道士ルカス・ウォディングの全八巻からなる『小さき兄弟会年代記』（*Annales minorum*、一六二五–五四年）、一五八二年に教皇庁が行なったリュイの正統性に関する調査記録——を参考にして、本当にリュイは殉教者で聖人なのかという点に絞って調査した。デ・ルベイスはまた、エイメリクスの『異端審問規定書』にあたることも忘れず、権威ある「我々の修道会の異端審問官」（とその編者フランチェスコ・ペーニャ）がこの問題についてどのように述べているのか、慎重に確かめている。結局、デ・ルベイスの判定は曖昧なもので、ドミニコ会士にとって喜ばしいものではなかったようだ。リュイは確かに殉教者であったが（チュニジアでの宣教の旅の途上でイスラム教徒に石で打ち殺されたとされる)、カトリックの聖人とは正式に認められていなかった。したがって彼を聖人と呼ぶことは誤りだが、それだけでリュイとその翻訳者、また『愛の勝利』を、近々出版予定のローマ(アレクサンデル版)目録や、その後のスペイン目録に掲載することはできない。おそらくヨアンネス・バプティスタ・フェルヤイスとレオンハルト・ハンセンはそれぞれ他に関心を移し、この件に関してそれ以上の働きかけはなかったようだ。

ローマの基準

もちろん、この例ひとつでローマ・カトリックの書籍検閲における「慣例」を示しているとはいえないし、少なくとも十六、七世紀に慣例といったものが存在したとは言い難い。前述のように、デ・ルベイスは顧問(consultor、イタリア語の consultorio)もしくは審査官(qualificator)として知られていたが、より注目度が高く論議が沸騰するような難しい案件には、こうした顧問を多数動員して正式な評価を下す必要があっただろう。中世以降、このような神学の専門家がその場その場で動員され、書物を読んで審問官に意見することが求められた。こうした神学者は、高位聖職者としてふさわしい地位に就いている場合もあれば、単に学者としての評判が高い場合もあった。十六世紀にはローマの異端審問官枢機卿は、著作の正統性について自分たちで論議する前に、少なくとも教皇宮廷神学顧問とそれ以外におそらく二、三人の(フランシスコ・ペーニャのような)顧問の判断を仰ぐことが一般的となった。こうした議論は、教皇が出席して毎週木曜日に開かれるローマの異端審問会で行なわれることが多く、時には同じ議題が会議をまたいで論じられ、数年とはいわないまでも数か月に及ぶこともあった。論議の骨子については、少なくともパウルス四世の死をきっかけに教皇庁の記録がほぼすべて失われた一五五九年以降、特にある程度規則的に議事録が作成されるようになった十七世紀以降に関しては、今でも教理省のアーカイブ（ACDF）に（すべてではないが）数多く残されている。

一五七一年以降、検閲に関わる案件は目録省でも審理されるようになったが、目録省は異端審問に従属した地位に置かれることも多く、問答無用で審問官の決定を受け入れることも少なくなかった。また目録省に書籍が持ち込まれても、会議の開催が不定期で出席者も少ない状態では、議題に上がり審査にかけられるまで数か月から数年待たされることもあった。目録省次官が作成した議事録は、現在ACDFの「プロトコル」部門に保管されている。これらの記録には、個々の書籍検閲の賛否に関する議論の詳細はめったに残されていないが、時にメンバー間に生じた意見の相違や混乱について教えてくれる貴重な資料であることが、先行研究によって示されている。今後、新たに閲覧可能となったファイルの研究が進めば、初期近代の教皇庁検閲の舞台裏についても遠からず明らかになるだろう。

ジャン・ドーブリーによるリュイの『愛の勝利』の訳詩は、一般的に知名度は低く、過去百五十年にわたって激しく弾圧されたプロテスタントの著書や、（数えればきりはないが）同年代のコルネリウス・ヤンセンの『アウグスティヌス』に対する厳しい処遇とは対照的に、比較的速やかに評価が下され、その扱いも穏便だった。異端審問も目録省も、審査の厳しさに関して常に一貫していたわけではない。しかし今回の案件は、最初のトリエント目録で定められ、その後すべてのローマ目録に掲載されることになる「基準」に、いろいろな点で合致している。

一五六四年の一〇箇条からなるトリエント基準は内容の幅が広く曖昧な点も多かったが、以後教会検閲に携わる人々にとっては、少なくとも基本方針と言えるものを提供した。往々にして美麗なラテン語で書かれていたが、概要としては以下の通りである。
一、一五一五年以前に教皇または公会議によって断罪された書籍は、禁書目録に記載がなくても事実上すべて禁書とみなす。

二、一五一五年以後に誕生した異端の主導者や指導者の著書はすべて禁書とみなす（そのような異端として、すべてのプロテスタント指導者のリストが挿入された[4]）。それ以外の異端者や棄教したカトリック信徒の著書も禁書とされるが、内容が宗教に関するもの、またはカトリック当局から認可されていないものに限る。

三-五、各言語に訳された聖書も、序文やコンコルダンスといった解釈に関わる文章とともに一部禁書とされるが、許容されるものもある（聖書に関する複雑な規定については第五章で詳しく述べる）。

六、カトリックとプロテスタントの間の神学論争に関する記述を俗語で広めること、翻訳することを禁ずる。

七、みだらで猥褻な書物は全面的に禁止する。

八、書籍の部分削除に関する覚書。問題のある箇所を削除するか修正すれば、カトリック信徒に貴重な本を提供することが可能となる。

九、魔術や占いに関する書物は全面的に禁止する。

一〇、一五一五年のレオ十世による大勅書「インテル・ソリチトゥーディィネス」の確認。すなわち、教会の承認を得て印刷するには、すべての書籍は事前検閲と認可が求められる。

この基準からすると、明らかにラモン・リュイの著作は（実際に禁書目録に掲載されてしまった他の多くの作家と同様に）、トリエント公会議の指導者が定めた教会検閲のおもな対象には含まれない。もちろん、一五一五年以前にローマ教皇から断罪されたことが証明されれば別であり、フェルヤイスが手紙で主張したのがまさにその点だった。しかし中世のグレゴリウス十一世が行なったとされる断罪に関しては、すでに調査が行なわれ、不当であると判明していたため、エイメリクスとブゾヴィウスを引き合いに出したフェルヤイスの主張は説得力を欠いていた。もっと執拗な検閲官であれば、『愛の勝利』自体に異端、猥褻、魔術などの要素がないか詳しく調べるなり、パリの権威筋に現地の印刷許可が本物か確認するなりしただろう（この本は許可を受けたと主張しているが、日付も印刷業者も記されていない）。しかし、こうした細かい調査を多忙なローマの顧問がしたとは考えられず、特に対象となる著作が、知名度が低く、フランス語などの外国語で書かれ、流通しているのが遠方である場合はなおさらだった。

シクストゥス五世による大幅な修正（教皇の提案による新たな二二の規準が含まれていた）が失敗した後、一五九三年教皇クレメンス八世の下で、トリエント基準にさらなる所見、指示、方針が追加された。[5] このクレメンス版の追加には、なにより規準第四と第九に関する説明と、特定のユダヤ教書籍の検閲に関する具体的な注意事項が含まれている。またそれぞれ検閲、部分削除、印刷の担当官の任務と手続きについて、さらに詳しく述べられている。十七世紀後半のアレクサンデル版では細かい変更と追加があり、第三章で触れたようにベネディクトゥス十四世は「啓蒙主義的な」一七五八年版目録に収録するため、新たに長文の規約を起草した。[6] しかし、後から加えられた文書は、ほとんどがトリエントで定められた最優先事項を補ったにすぎない。つまり、プロテスタントによる危機的状況下において特に注意すべき主題を扱ういくつかの分野の著書に対して、教会による公的な監視を適切に実行することが求められた。すなわち、中世の異端、プロテスタントの神学思想、誤った聖書の読み方（対象はおもにプロテスタントのものだが、ユダヤ教やその他の聖典も含む）、さらには不道徳な書物や悪魔の書物を根絶し、その普及を規制することは、すべてのカトリック信徒が担うべき責務であった。しかし、最終的な権限は教皇庁の当局者、地方の司教、異端審問官に属すると明確に定められていた。

検閲における行動規範

基準を定めても、それを実行するための現実的な手段がなければ意味はない。すでに述べた通り、もともと中世キリスト教世界では、各地の司教や異端審問官（世俗権力も含む）が自らの権限において、疑わしい書籍をその場に応じて検閲してきた。ただし、教皇庁が書籍検閲や禁書の管理全般に責任を負う場合は、その権限は教皇宮廷神学顧問に属すると解された。また当初は、告発に応じ、新しい書籍を出版前に詳細に調べれば、十分に効果があると考えられていた。理論上は、一五一五年以降にローマで印刷される書籍はすべて、事前に教皇宮廷神学顧問の認可を受けることになっており、他の都市では同様の事前検閲（censura praevia）は――『愛の勝利』がどうやらパリ大学の教授の認可を受けたように――、地方教会（もしくは世俗）の当局者が行なうことになっていた。新刊を発行する際の認可の取得は、初期近代を通じて書籍出版における基本的なチェック機能の役割を果たし、現在でも多くのローマ・カトリックの宗教文書に対し、公式認可の印を与える慣行とともに続いている。今でも、ラテン語のインプリマートゥル（imprimatur、「出版許可」）とニヒル・オブスタット（nihil obstat「問題なし」）という言葉は、教会から正式に認可を受けた神学書の最初のページに見られる。もちろん現在ではカトリックの作家も、望むなら教会の承認なしに非カトリック系の出版社から本を出すことは可能だ。ただしカトリックの修道会に属する人が宗教書を出版する際には、事前に上長の許可が求められる。

しかし今日と同様に、十六世紀にも規則は必ずしも守られなかった。「インテル・ソリチトゥーディネス」が発されても、無認可の書籍や、許可印の真偽が疑わしい書籍の流通を完全に防ぐことは不可能であり、カトリックの検閲権などおかまいなしのプロテスタント共同体が誕生したことで、状況は悪化する一方だった。一五二〇年代以降、書籍取引そのものの急成長とプロテスタントの創作活動の急増が結びつき、ヨーロッパ市場に無認可の本が溢れることになる。フランクフルトで毎年開催される盛大なブックフェアは、プロテスタントが支配するスイスや低地諸国の都市と同じく、無認可書籍の流通の中心地となり、少なくとも一五四〇年代までは、危険な書物がカトリック諸国にも公然と輸入されていた。名目上はカトリックの主要都市であるヴェネチア、パリ、リヨンなどでも、多くの印刷業者がプロテスタントに共感し、書籍産業が経済力を増していることで相対的に守られていると考えて、初期の数十年間は教会をほとんど無視する形で問題書を出版することも多かった。もちろん、こうした状況こそが検閲のための目録が生み出された一因であった。

小型の禁書目録が印刷されるようになると、地方のカトリック当局は自信を持って精力的に禁書の輸入を取り締まれるようになった。記録に残されていない活動も多いが、書籍の強制捜査が成功したという証拠は特にヴェネチアに数多く残されている。最初はためらいを見せたものの、一五四七年以降、異端審問官と貴族の代表からなる「異端に関する三賢人」(Tre Savi sopra eresia) 小評議会が協力して、違反者の特定と裁判に当たるようになった。当初は独自のヴェネチア目録(一五四九年、五四年に印刷)が使われたが、一五六四年にトリエント目録が採用された。禁書目録を手にした司祭が、貨物船の定期捜査を行なう港の役人に同行し、時には疑わしい私設ライブラリー、印刷所、書籍商の捜査も行なった。禁書の製造や販売で有罪となった者は、ほとんどが罰金を課せられ在庫を没収され、押収された本は定期的にサン・マルコ広場やリアルト橋の周辺で焼却された。しかし、少なくとも十六世紀後半の二つの事件では、本の密輸に関与した人物がそれぞれ、いかにもヴェネチアらしい方法で処刑された。ピエトロ・ロンゴという書籍商とジローラモ・ドンツェッリーニという医師は、供述の際に反省の色を示さなかったため、夜間に市外に連れ出され、固く縛られて海に放り込まれ、二度と姿を現すことはなかった。

ヴェネチアにおける禁書目録の厳格な実施は、他の地域と同じく長い年月の間に一進一退を繰り返した。禁書を取り締まるための異端審問やその他の取り組みが実際にどの程度の効果を上げたのかは、時とともに変化する地域的要因に左右されるため、ひと括りに述べることはできない。港の役人や教会指導者は、他に優先度の高い問題が発生して気をとられれば、締めつけがゆるむこともしばしばだった。その結果、特に違法書籍の輸送が比較的容易でかつ実入りが良ければ、密輸が盛んになった（時には偽の本扉で偽装することもあり、よほど慎重な検査官でもない限りたやすくごまかすことができた）。しかし時には政治的な事情から、教会と国が力を結集して弾圧を行ない、厳しい監視と処罰を課すこともあった。それぞれ一五八七年、八八年に起こったドンツェッリーニとロンゴの事件は、ミシェル・ド・モンテーニュ（一五八〇年にローマに入ったとたん、著書が没収され部分削除の対象となったことで知られる）の事例と同じく、カトリック支配層がプロテスタントの影響に対し警戒を強め、特に緊張が高まった十年間の出来事だった。その後も折にふれて書籍の押収は行なわれ、たとえば一六四三年にナポリ沖で、アムステルダム船籍のロマーナ号がヘブライ語の書籍をリスボンへ輸送している疑いで強制捜査を受けた(7)。それでも密輸は続き、十八、九世紀には、望めば誰でも比較的容易に禁書を入手できることがますます明白になった。個人の蔵書はもちろん、あらゆる船の積荷や書籍商を常に監視することは、割り当てられる有能な調査官の数が限られていたため、あまりにも負担が大きすぎた。特に、分厚く重たい禁書目録を持ち歩かなければならなかった十七世紀中頃はなおさらだろう。

このように、禁書目録による検閲が行なわれた四世紀の間に、歴史的現実の移り変わりに応じてさまざまな慣行が生まれ、取り締まりの厳しさも変動した。それ自体は驚くべきことではないが、だからといって、この組織的な取り組みがある程度の一貫性を保ち、ますます洗練されていったことを否定すべきではない。特にローマでは、書籍やその他の文化的作品（およびその作者）に対して最終的な弾圧を加える前に、公正かつ原則に基づいた評価を下せるよう、少なくとも理論上は定められた規則に従う努力がなされた。すでに見てきたように、一五四二年に常設のローマ異端審問、一五七一年に目録省が設置されたことで、複数の専門家の目に頼ることが可能になったが、これは検閲の責務に尽力する教皇と教皇宮廷神学顧問を助けるための真剣な取り組みの一環だった。毎週開催される異端審問の会合には、一度に最大十二人の異端審問官枢機卿（定足数は変動する）のほか、補佐をする専門家が参加し、しばしば教皇自身も加わった。目録省の会合は不定期だったが、原則として七人の枢機卿、九人の顧問、次官そして教皇宮廷神顧問が出席することになっていた。また随時、追加の顧問を招聘することもできた。たとえば、一五八七年のシクストゥス五世の大勅書「インメンサ」（Immensa）では、必要に応じてパリ、ルーヴェン、ボローニャ、サラマンカ大学の教授に相談するよう明確に指示している。この援助は大きく、教授たちが全力で取り組めば、提供できる霊的、知的説得力はかなりのものだった。

また、「助力」論争やジャンセニスム論争に見てきたように、あらゆる決定が機械的に行なわれたわけでも、『愛の勝利』の調査のように手早く処理されたわけでもない。特に、ジョルダーノ・ブルーノのさまざまな著作、イングランド王ジェイムズの『忠誠の誓いへの弁明』（*Apologia Pro Iuramento Fidelitatis*）、ガリレオの『星界の報告』といった注目度の高い書物は、裁定を下すまでに幾度となく会合を重ね、時には激しい論争が繰り広げられた[8]。議案によっては、対立する派閥が激しく衝突することもあった。しかしこれは例外で、多くの場合、とりわけ強い教皇の治世には、最も検閲を必要とする場所と時期について、ローマのそれぞれの検閲機関で職務上のコンセンサスが得られていたようだ。異端審問所の枢機卿は、サンタ・マリア・ソプラ・ミネルヴァ修道院のドミニコ会神学者（教皇宮廷神学顧問もそのなかの上位者から選ばれた）から詳細な助言を受け、会合も同修道院で開かれることが多かったから、大半の問題では大筋で意見が一致する傾向にあった。さらには目録省の記録を担当する次官も通常はドミニコ会士であった。個人的な対立はともかく、異端審問官と目録省の間の共同任務も、関係者全員が比較的結束の固いローマ教会の上層部に属していたため円滑に行なわれた。彼らは同種の庇護や役職を求めて競い合い、その結果最も成功した者は、仕事仲間といつどのように妥協すべきかをたちまちのみこんだ。ある本に裁定を下すにあたり、他の高位聖職者と対立することの政治的な損得は、書籍に含まれる教義上の長所や欠点と並んで、常に考慮すべき要素であった。

そういうわけで、この数世紀の間、実際にどのような手順をへて各書物が各禁書目録に掲載されていたのか、一般論を述べることは難しい。また、すべてが機械的に問答無用で、迅速に処理されたと仮定することにも意味はない。できることは、いくつかわかりやすい例を挙げて、禁書目録がどのように機能したのか、少なくとも何通りかのパターンが把握できるように、丁寧にモンタージュ写真を組み立てていくことぐらいだ。今後、新たな研究が進めばより成果が得られるだろうが、出発点としてまずは一六六一年と六二年のローマ異端審問の検閲記録（『愛の勝利』の資料が収められている）を見るだけでも十分だろう。この分厚いフォルダーは、新たに出版された『ローマ・ミサ典礼書』（*Missale Romanum*）のフランス語訳を一方的に非難するアレクサンデル七世の手書き原稿と印刷された法令から始まる。少し後に収められているかなり長めの一連の文書（フォリオ三八–五四番）は、あるドミニコ会士の複数巻からなる論考に対する異端審問官の調査報告だ。この案件は、この書籍が最初にヴェネチアで（おそらく通常のすべての認可を受けて）出版されてから二十年後の一六五八年に始まり、審査が長引いた。問題の著作は帝室神学者サンテス・マリアレスによる『教会博士聖トマス・アクィナス『神学大全』注解』（*Biblioteca interpretum ad universam summam theologiae D. Thom. Aquinatis Ecclesiae Doctoris*）で、「助力」論争に関わる記述が含まれていると言われていた。この査定にはローマとヴェネチア、二か所の異端審問官が関与していたため、より複雑化した可能性がある。(9)

最終的にこの著作は軽い規制を受けるにとどまった。上巻のみが禁書とされたが、「問題の序文を削除すれば」(nisi expuncta controversia prologomena) 禁書処分が解除されるとの条件も付けられた。異端審問官による簡潔な提言が目録省に伝えられ、同省は一六六二年六月二十日付けで教令を発布して、他に禁書となる十二冊の本とともにこの決定を公表した。クイリナーレ宮殿で目録省長官マルツィオ・ジネッティ枢機卿と教皇宮廷神学顧問ライモンド・カピツッキの署名を受けたこの法令は、一六六四年のローマ目録にも加えられ、マリアレスの著書は目録の補遺に正式に掲載された。(10) しかし話はそれで終わらず、この著書についてはスペインの異端審問が独自に調査を行ない、一六六九年に百六十四ページにおよぶ批評をまとめた。(11)

他のファイルには、また他の物語がある。しかし、現代人の目から見て特に印象的なのは、教皇庁の検閲記録の多くが略式でくだけた書き方なことだろう。教皇に選ばれた神学者による専門的な意見書が、大きさもまちまちで、多くは数ページに満たない手書きの紙切れの形をとっている。またこれらの学者の任務が、基本的に現代における学術文献の読者レポートや書評に相当する報告書の提出だったことが、一見してわかる。その際、検閲官があらゆる関連資料や先例を確認しつつ調査したと示せるよう、学術的な引用を一定数提示することが求められた。問題の本が特別に重要であるか物議を醸すようなものでない限り、こうした報告書の提出だけでおそらく十分であり、検閲の対象になるかどうかの判断は、後日目録省または検邪聖省(もしくは両省)の会合で決定した。一方、危険性が高いとされた時には、すでに述べた通り、目録省や他の顧問団あるいは教皇自身を交えて長期にわたって協議されることもあった。

スペインの規定

もし『愛の勝利』がローマではなくマドリッドに送られていたら、いささか異なる規則や慣例が適用されていただろう。一五五九年以来、スペインの禁書目録は独自の原則を適用していたが――すべてではないがトリエントの一〇箇条と類似するものが多かった――、それらの指示は目録の具体的な禁止項目の間に点在していたため、当初は見過ごされがちだった。つまりそれらをすべて知るには、一五五九年版目録全体（ありがたいことにごく短い）に目を通す必要があったのだ。より長い一五八三年版スペイン目録では、異端審問所長官キローガがトリエント基準に倣って、より明確に定義した十四の「原則」（Reglas generales）を禁書リストの冒頭に提示するほうが望ましいと判断した。最初期の原則は以下の通りである（複雑なスペイン語の原文を大幅に簡略化している）。

一、一五一五年までに禁書とされた異端の著作に対する禁止（トリエント規準第一に則る）。
二、近年のプロテスタント指導者による著作の禁止（トリエント規準第二の冒頭部分に類似しているが、異端者名のリストはない）。
三、それ以外のプロテスタントの神学書に対する禁止の繰り返し（トリエント規準第二の後半部分に見られる）。
四、ユダヤ教、イスラム教のさまざまな著作、特にタルムードに対する禁止（タルムードや以下の聖書に対する禁止については第五章を参照）。
五、無許可の版の聖書に対する禁止（トリエント規準第三とは多少異なる）。
六、無許可の聖書翻訳の禁止（トリエント規準第四と多少異なる）。

七、時禱書など俗語の聖書本文を含む信徒用ハンドブックの禁止。
八、俗語での神学論の禁止（トリエント規準第六に則っているが、イスラム教のクルアーンに関する論争の禁止が追加されている）。
九、魔術や占いに関する書籍の全面禁止（トリエント規準第九に則る）。
一〇、不敬な歌や物語の全面禁止（トリエント規準第七の興味深い変型版）。
一一、作者不明の本、もしくは著者名・印刷業者名・出版日時の記載がない本の全面禁止（一五八三年以降に出版された書籍が対象で、それ以前の本には適用されない）。
一二、不敬な、もしくは神学的に問題のある画像、メダイヨン、その他の図像の全面禁止。
一三、神学的誤りのある著作の全面禁止。カトリック信徒の著作を含む。
一四、これらの禁令は原書だけでなく、あらゆる言語の翻訳書にも適用される旨の注意書き。

しかし、一六六二年『愛の勝利』が案件にあがった頃には、規定は多少変更されていた。たとえば、ユダヤ教とイスラム教の著書に関する規定第四は一六一二年に削除された（したがって、一六一二年版目録には原則として一三箇条のみが記されている）が、一六三二年版では修正されて規定第一三として再び登場し、それに伴いカバラ関連の書籍など、とりわけユダヤ教文書に対する禁令がより厳しく詳細に定められた。一六四〇年のソトマイヨール目録では「原則」は再び改訂され、全部で一六箇条となる。最初の一四条の順序が変更され、その後に、崇高な学術的動機から禁書を利用するための許可について、および禁書の部分削除に関する詳細な指示について、新たに二つの条項が加えられた。

これらの規定は、フェルヤイス修道士にとってはなんの役にも立たなかっただろう。彼は、中世の神秘主義的な詩の無名のフランス語翻訳書の扉に記された、誤解を招く表現を正そうとしていたからだ。

しかし、ローマとスペインの禁書目録の原則に則れば、実際の対象範囲はある程度限られていたことを認識する必要がある（とはいえ、異端審問官や教会指導層の権威はキリスト教徒の霊的、道徳的規律のあらゆる面に及ぶため、彼らに対しある程度の自由裁量を許す程度には曖昧だった）。禁書目録は本来、特定の歴史状況における特定の問題に対処するために導入されたもので、将来的な拡張を見据えた条項も基本的には同じ路線に沿ったものだった。しかし、ヨアンネス・バプティスタ・フェルヤイスやレオンハルト・ハンセンといった、高い教育を受け人脈もあるドミニコ会の神学者が、規準や規定の起草者がおそらく気にも留めなかったような書物を糾弾し調査を求めたという事実も、また多くを物語る。すでに見た通り、十七世紀を通じて禁書目録に関わる検閲官の投網はますます広がっていった。『愛の勝利』の事例のように、後に獲物の一部を見逃さざるを得ないこともあったようだが、たいていは一度網にかかったら逃れるのは容易なことではなかった。

イベリア半島での検閲の実態

独自の原則を作成し適用するスペイン異端審問の独立性は、検閲の別の側面にも及び、ローマと著しく異なる決定がなされることもあった。他のカトリック諸国と同様にイベリア半島でも教皇の権威は尊重され、イタリア人だけでなくスペインの神学者（多くの異端審問官を含む）も、トリエント目録の誕生やそれに続く教皇庁各省への人員補充に貢献する一方で、スペインではローマ異端審問の誕生に先駆けて、完全に独立した集権的な異端審問制度が教皇の祝福を受けて確立していた。同様にスペインでは、禁書のリスト化や部分削除のための仕組みは、教皇庁が類似の機構を整えるより前に十分に整備されていた。トリエント公会議以降、スペイン目録は教皇による禁書目録の影響を継続的に受けつつも、無条件に合意するわけではなかった。一方ポルトガルの異端審問は、初期の段階では独立色が強かった

（かつきわめて厳格だった）が、トリエントの用例と基準を忠実に受け入れ、一六二四年以降は独自の目録を完全に廃止した。これ以降ポルトガルの書籍検閲はローマとほぼ同じ発展をたどるため、本書ではこれ以上取り上げる必要はないだろう。

ポルトガルと同じくスペインでも、当初はイタリアに比べ激しく容赦ない検閲が行なわれた。部分削除については、境界線上にある著作や「大部分が」許容できる著書に対してはある程度寛容になったものの、書物の告発と裁定となると、スペインの審問官たちは常に可能な限り厳格に対処する傾向にあった。また、対象範囲も全般的に広かった。たとえばすでに見たように、イベリア半島では他のキリスト教地域に比べ、イスラム教やユダヤ教の著作物に対して、早い段階でよりさしせまった懸念が浮上したが、理由は言うまでもない[12]。さらに、スペインの異端審問は王権によって注意深く監視された高度に集権的な組織だったが、一方で地理的に分散した非常に多様な組織でもあった。そのため、取り組み方は必然的に異なり、さらに時間的、地域的に範囲が限定されるとはいえ検閲の決定では内部矛盾が起こることは避けられなかった。

スペイン異端審問検閲の「通常の」実施方法とそこから逸脱した例については、ラモン・リュイの著作に関わるもうひとつの事例によく表れている。一六六三年、『愛の勝利』がフェルヤイス修道士の注意を引いたちょうど一年後、リュイによる中世の論説集が、軍人学者アロンソ・デ・セペダ・イ・アドラダによってスペイン語に訳され、今度はブリュッセルで出版された。おそらくフェルヤイスや現地の他のドミニコ会士がこの『学問の樹』（*Arbol de la ciencia*）に対して行動を起こすことはなかった。しかしスペインでは審査対象となり、最終的には委員会が招集され詳細に論議されることになった[13]。そして、『学問の樹』の出版が起こした衝撃波はやがて地球を半周して、新大陸のスペイン植民地に届く[14]。

中世の作家のカタルーニャ語による書物がスペイン語に訳されてベルギーで印刷され、初版発行からわずか数か月後にメキシコシティに到着したことは、それ自体が驚くべきことであり、初期近代の「学問の共和国」では多種多様な書物がかなりの速度で流通し、たとえ難解でも新思想や秘義をもたらす書物を当時の読者層が熱望していたことを示している（『愛の勝利』とは異なり『学問の樹』は六百ページを超える大作で、軽い読み物とは言い難い）。しかしより興味深いのは、その後セペダの『学問の樹』がメキシコの審問官の注意を引いた際の扱われ方だった。現行の禁書目録に書名や著者名の記載がないにもかかわらず、『学問の樹』は異端の可能性があるとして即座に四人――ドミニコ会士三名、アウグスチヌス会士一名――のカリフィカドール（calificador、審査官）がそれぞれに動き、綿密な調査が行なわれることになった[15]。ここでもエイメリクスの『異端審問規定書』が参照され、すぐに彼らは望む記述を見つけ、全読者に向けて正式に『学問の樹』を禁書とする旨を宣言した。その後、現地で押収された書籍はおそらく公の場で焼かれたと思われる。ただしこれで終わりではなく、次のステップとして、このメキシコの決定がスープレマ（Suprema、異端審問最高評議会）で承認され最終的に次のスペイン目録に掲載されることが期待された。

この段階で、行きすぎた現地の検閲は是正されることが多かった。実際に、メキシコのカリフィカドールによる『学問の樹』の評価はマドリードに伝えられるまでにかなりの時間がかかり、その後も熱心に審議されることはなかった。宮廷や教会の親リュイ派からの圧力など政治的な介入があったのか、単にスープレマのメンバーが新世界の同僚の神学的見解に同意を示さなかったのか（書物の内容はもちろんのこと、彼らの主張をじっくり読んだという前提で）、審問会議の記録が十分に残っていないため知ることはできない。だが結果は明確で、一六六七年以降のスペイン目録には引き続きラモン・リュイの名前はなく、それ以降も『学問の樹』が旧大陸で検閲を受けた痕跡は見当たらない。ただし、リュイを熱狂的に褒め称える過剰な賛辞が検閲の対象になることはあった。たとえば、一六八八年のペドロ・ベナサールの『敬虔な隠者であり尊敬すべき殉教者ラモン・リュイの誕生、生涯、殉教、忘れられた崇拝についての簡潔かつ包括的な回答』（*Breve ac compendiosum rescriptum, nativitatem, vitam, martyrium, cultum immemorabilem pii haeremitae, ac venerabilis martyris Raymundi Lulli complectens*）は、一六九〇年に異端審問の法令により禁じられ、一七一六年にクレメンス十一世のローマ目録に掲載された。

『学問の樹』の例にせよ、数世紀にわたってスペイン異端審問で扱われた他の多くの事例にせよ、現在残っている記録は、スペイン帝国全土の地方や都市部の審問官が実際に作成した何千もの調査記録《エクスペディエンテス》のほんの一部にすぎない。先に見たように書籍の告発は、現地主導でなされ、その地のカリフィカドールによる予備審査にかけられることもあった。これらが危険な航海やその他初期近代の旅のさまざまな不確定要素を乗り越え、スープレマにたどり着いたとしても、理論上はさらなる審査と裁定を受けることになっていた。しかしマドリードの神学者は多忙であったため、書物によっては（メキシコの修道士が気にかけたリュイの最新翻訳本のように）議題に取り上げられないものがあっても不思議ではなかった。

スープレマが、自らの判断にせよ地方の異端審問所の告発に賛同したにせよ、ある書物の禁止を決定した場合、次に取る処置は基本的にローマと同じだった。法令を印刷して教会の扉に掲示するための準備である。告知のビラには署名と日付が付され、装飾（たとえば聖ペトロと聖パウロの絵の省略）や言語（ラテン語ではなくスペイン語の使用）以外は、同時代のローマのものと酷似している。こうしたビラは、個人や組織の所蔵で数多く現存している。[16] またマドリードから各地の異端審問所や司教に対しては、「秘密指令」の形で指示を送り、必要に応じて地域版を印刷するよう知らせることもできた。もちろん、新しい禁書目録を準備する時はいつでも最新の禁止項目を掲載できるように、検閲に関する法令の写しはすべてスープレマの中央記録保管庫に収められた。

スペイン異端審問の禁書目録は広く配布され、世界各国のライブラリー、印刷所、積荷の調査に使用された。しかし『学問の樹』に対するメキシコの検閲官のように、熱心な聖職者のなかには目録の勧告を超えてしまう者もあった。こうした熱烈な検閲を示すもうひとつの例が、スペインのバリャドリッドにある亡命イギリス人イエズス会士の聖オルバン神学校図書館に残されている。ここには審問官による検閲の物理的証拠が豊富にあって、一六三三年以降に審査や部分削除の対象となった多くの書物の扉部分に、インクで visus（確認済み）と書き込まれている。しかし、聖オルバンのイエズス会士は禁書目録の要求を超えて、これまで審問官の注意を引かなかったイギリス史の書籍の一部を独断で削除した（『学問の樹』と同じく明らかにこの著作も、スープレマは今後の禁書目録に加える必要がないと判断した）。こうした「異例の」検閲は安易に行なわれたわけではなく、事前に異端審問の正式な承認を得るよう配慮されていた。たとえば、一六七一年に聖オルバンのT・モリノー神父はバリャドリッドの異端審問官から、ウィリアム・キャムデンの『ブリタニア』の部分削除の許可を与えられた。続いてジョン・スピードの『グレート・ブリテン史』、フランシス・ゴドウィンの『イングランド王ヘンリー八世、エドワード六世、メアリー時代の年代記』（*Rerum Anglicarum Henrico viii, Edwardo vi et Maria regnantibus Annales*）が対象となり、スペイン無敵艦隊や火薬陰謀事件といった都合の悪い部分が完全に削除された[17]。

このようにして教会の検閲官は、十六世紀から十九世紀、そしてそれ以後もカトリック世界のいたるところで、さまざまな形で活動した――またこうした活動は常に、世俗権力による同時代の書籍検閲や、時には書籍支援の流れのなかで行なわれた。おそらく各地の異端審問所や目録省の調査官は、疑わしい書物を根気強く追跡したのだろう。有名無名を問わず（あるいは存在すらしない）さまざまな文献が、ただ一人か二人の査読者の独断的な助言に基づいて、判断されたこともあったかもしれない。場合によっては判定が長引き、カトリック神学に関わる知識階級全体が長い論争に巻き込まれることもあった。すべての本が等しく調査対象になり得るわけでもなく、もしある地方で出版された本が、ラテン語もしくはたまたま担当審問官が理解できる俗語で書かれていなければ、かなりの確率で検閲の網を逃れることができただろう。よほど知名度の高い書籍（または芸術作品）以外は――その著作が遵法精神の高い著者自身の手で、事前検閲のためにすでに提出されていようといまいと――、審査はフェルヤイス

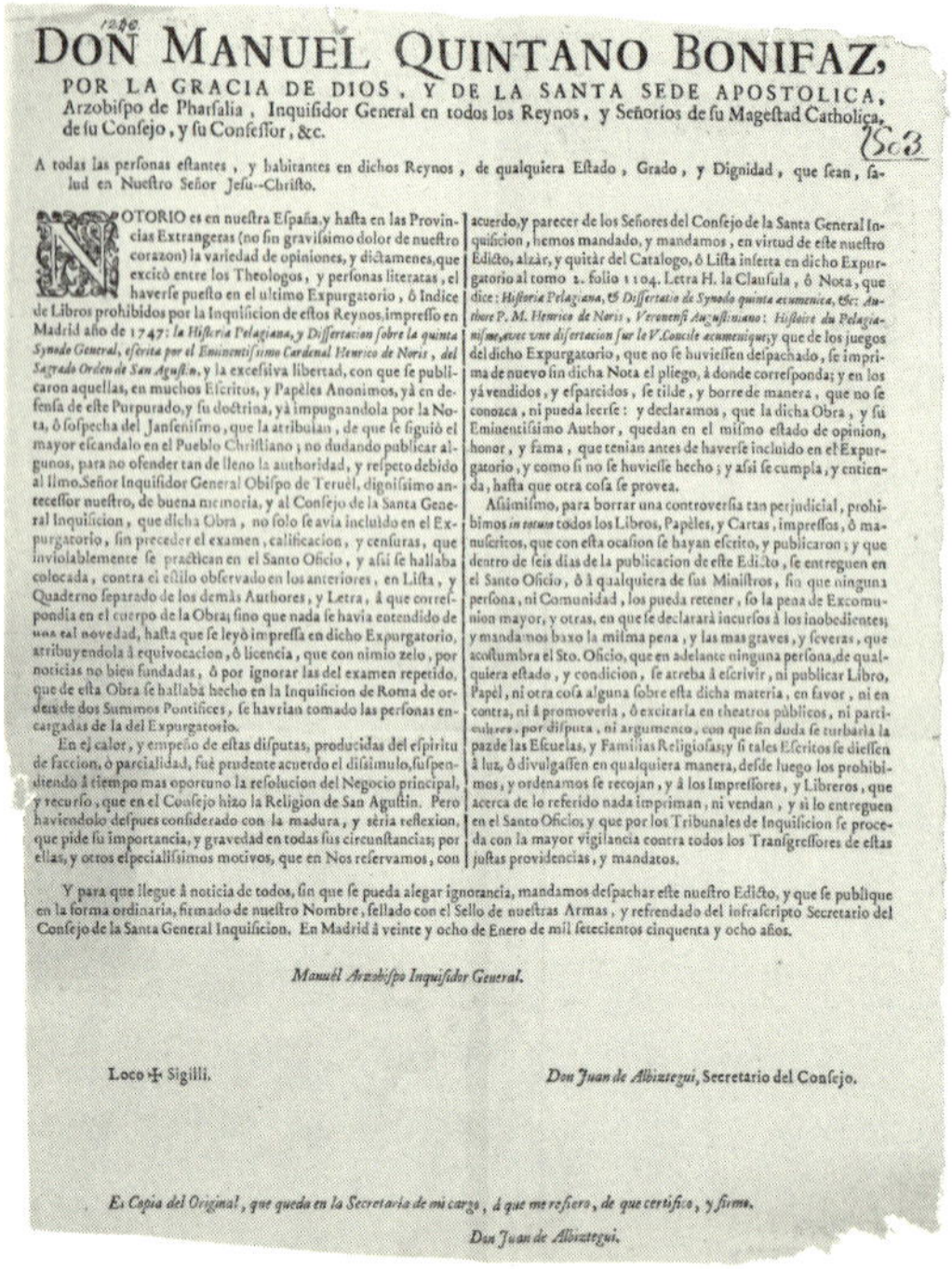

DON MANUEL QUINTANO BONIFAZ, POR LA GRACIA DE DIOS, Y DE LA SANTA SEDE APOSTOLICA, Arzobispo de Pharsalia, Inquisidor General en todos los Reynos, y Señorios de su Magestad Catholica, de su Consejo, y su Confessor, &c.

A todas las personas estantes, y habitantes en dichos Reynos, de qualquiera Estado, Grado, y Dignidad, que sean, salud en Nuestro Señor Jesu-Christo.

NOTORIO es en nuestra España, y hasta en las Provincias Extrangeras (no sin gravissimo dolor de nuestro corazon) la variedad de opiniones, y dictamenes, que excitò entre los Theologos, y personas literatas, el haverse puesto en el ultimo Expurgatorio, ò Indice de Libros prohibidos por la Inquisicion de estos Reynos, impresso en Madrid año de 1747: *la Historia Pelagiana, y Dissertacion sobre la quinta Synodo General, escrita por el Eminentissimo Cardenal Henrico de Noris, del Sagrado Orden de San Agustin*, y la excessiva libertad, con que se publicaron aquellas, en muchos Escritos, y Papèles Anonimos, yà en defensa de este Purpurado, y su doctrina, yà impugnandola por la Nota, ò sospecha del Jansenismo, que la atribuian, de que se siguiò el mayor escandalo en el Pueblo Christiano; no dudando publicar algunos, para no ofender tan de lleno la authoridad, y respeto debido al Ilmo. Señor Inquisidor General Obispo de Teruèl, dignissimo antecessor nuestro, de buena memoria, y al Consejo de la Santa General Inquisicion, que dicha Obra, no solo se avia incluido en el Expurgatorio, sin preceder el examen, calificacion, y censuras, que inviolablemente se practican en el Santo Oficio, y assi se hallaba colocada, contra el estilo observado en los anteriores, en Lista, y Quaderno separado de los demàs Authores, y Letra, à que correspondia en el cuerpo de la Obra; sino que nada se havia entendido de una tal novedad, hasta que se leyò impressa en dicho Expurgatorio, atribuyendola à equivocacion, ò licencia, que con nimio zelo, por noticias no bien fundadas, ò por ignorar las del examen repetido, que de esta Obra se hallaba hecho en la Inquisicion de Roma de orden de dos Summos Pontifices, se havrian tomado las personas encargadas de la del Expurgatorio.

En el calor, y empeño de estas disputas, producidas del espiritu de faccion, ò parcialidad, fuè prudente acuerdo el dissimulo, suspendiendo à tiempo mas oportuno la resolucion del Negocio principal, y recurso, que en el Consejo hizo la Religion de San Agustin. Pero haviendolo despues considerado con la madura, y sèria reflexion, que pide su importancia, y gravedad en todas sus circunstancias; por ellas, y otros especialissimos motivos, que en Nos reservamos, con acuerdo, y parecer de los Señores del Consejo de la Santa General Inquisicion, hemos mandado, y mandamos, en virtud de este nuestro Edicto, alzàr, y quitàr del Catalogo, ò Lista inserta en dicho Expurgatorio al tomo 2. folio 1104. Letra H. la Clausula, ò Nota, que dice: *Historia Pelagiana, & Dissertatio de Synodo quinta œcumenica, &c: Authore P. M. Henrico de Noris, Veronensi Augustiniano: Histoire du Pelagianisme, avec une disertacion sur le V. Concile œcumenique*; y que de los juegos del dicho Expurgatorio, que no se huviessen despachado, se imprima de nuevo sin dicha Nota el pliego, à donde corresponda; y en los yà vendidos, y esparcidos, se tilde, y borre de manera, que no se conozca, ni pueda leerse: y declaramos, que la dicha Obra, y su Eminentissimo Author, quedan en el mismo estado de opinion, honor, y fama, que tenian antes de haverse incluido en el Expurgatorio, y como si no se huviesse hecho; y assi se cumpla, y entienda, hasta que otra cosa se provea.

Assimismo, para borrar una controversia tan perjudicial, prohibimos *in totum* todos los Libros, Papèles, y Cartas, impressos, ò manuscritos, que con esta ocasion se hayan escrito, y publicaron; y que dentro de seis dias de la publicacion de este Edicto, se entreguen en el Santo Oficio, ò à qualquiera de sus Ministros, sin que ninguna persona, ni Comunidad, los pueda retener, so la pena de Excomunion mayor, y otras, en que se declararà incursos à los inobedientes; y mandamos baxo la misma pena, y las mas graves, y severas, que acostumbra el Sto. Oficio, que en adelante ninguna persona, de qualquiera estado, y condicion, se atreba à escrivir, ni publicar Libro, Papèl, ni otra cosa alguna sobre esta dicha materia, en favor, ni en contra, ni à promoverla, ò excitarla en theatros pùblicos, ni parti[illegible], por disputa, ni argumento, con que sin duda se turbarìa la paz de las Escuelas, y Familias Religiosas; y si tales Escritos se diessen à luz, ò divulgassen en qualquiera manera, desde luego los prohibimos, y ordenamos se recojan, y à los Impressores, y Libreros, que acerca de lo referido nada impriman, ni vendan, y si lo entreguen en el Santo Oficio; y que por los Tribunales de Inquisicion se proceda con la mayor vigilancia contra todos los Transgressores de estas justas providencias, y mandatos.

Y para que llegue à noticia de todos, sin que se pueda alegar ignorancia, mandamos despachar este nuestro Edicto, y que se publique en la forma ordinaria, firmado de nuestro Nombre, sellado con el Sello de nuestras Armas, y refrendado del infrascripto Secretario del Consejo de la Santa General Inquisicion. En Madrid à veinte y ocho de Enero de mil setecientos cinquenta y ocho años.

Manuèl Arzobispo Inquisidor General.

Loco ✠ Sigilli.

Don Juan de Albiztegui, Secretario del Consejo.

Es Copia del Original, que queda en la Secretaria de mi cargo, à que me refiero, de que certifico, y firmo.

Don Juan de Albiztegui.

枢機卿エンリコ・ノリスの『ペラギウス派史』に対する禁書処分を取り消し、またそれ対するいかなる反論をも禁ずる旨の検閲法令。マヌエル・キンターノ・ボニファス、スペイン異端審問所長官、1758 年

修道士のような熱心な情報提供者による偶然の告発をきっかけに行なわれることが多かった。

　ローマやスペインの禁書目録の規定は、検閲の対象や目的に合わせて時代とともに変化した。つまり検閲に対する教会の姿勢はむやみに厳しいものでも、一貫して変わらないものでもなかった。それどころか検閲は、何世紀もかけて、何百人何千人もの神学者や教会法学者の協力を得て慎重に発展した。これらの知識人は、書籍文化に深く傾倒していた人も多く、自らの任務にできる限り合理的で専門的に正当と認められる基準を適用しようと努めた。だが、すぐにその任務がいかに難しいか痛感することになる。審査官、異端審問官、司教、枢機卿、教皇はそれぞれ、自分たちの目に留まった書物を公正に評価しようとしたが、そんなことは実行不可能だと、十六世紀末には誰の目にも明らかになった。要するに書物はあまりにも多く、有能な検閲官は不足し、割ける時間が足りなすぎたのである。おかげで、対応が遅い上におざなりで一貫性のない評価や、恣意的な決定、つまらない間違いや見落としが頻発することになった。リュイの著書のように、本によっては正統性に疑いがあっても、政治的に護られていたか、他により重大な案件があるかして、無事に審査を通ることもあった。このように一貫性がなく行き当たりばったりで、時に滑稽で、しばしば恐ろしくもあった制度が存在した四百年の間には、さまざまな本や図像に対する検閲が行なわれたが、その実態を検証する際には、禁書目録制作の現実が絶えず変化していたこと、目録の管理と更新を任された人々が厳しい制約に直面していたことを、十分に考慮に入れなければならない。

第二部

第5章　聖書を検閲する

一五八八年、スペインの無敵艦隊《アルマダ》がイギリスの沖合で大敗を喫したことは、ウィリアム・アレンの経歴において最悪の出来事だった。アレンは高名なカトリックの枢機卿で、祖国イングランドに侵攻し、エリザベス一世のプロテスタント支配から「解放」するために長年活動していた。もし成功していれば、アレンは間違いなくカトリック復権の立役者となり、カンタベリー大司教や英国大法官を務めていたことだろう。しかしそうはならず、アレンは失意のうちに、信仰を護るための学術的な探求に引きこもるようになった。プロテスタントが勝利を祝い、自分たちが神に支持されている証だと声高に主張する一方で、アレンはバリャドリッドの聖オルバン英国神学校の共同創設者（一五八九年）やバチカン図書館長（一五九〇年）を歴任し、目録省の職務を担い、清貧のうちに六十二年の生涯を閉じた（一五九四年）。

海戦に対する失意はともかく、アレン枢機卿は生涯を通じてカトリックのために尽力した。おそらく彼にとっての最高の栄誉は、カトリック教会で使用を公認された初めての英語完訳聖書を支援したことだろう。この「ドゥエ・ランス聖書」の登場は、英語などの俗語聖書の統制をはじめとして、聖書制作

上：ジョセフ・ジョン・ジェンキンス（トーマス・ローレンスの原画に基づく）《ウィリアム・アレン枢機卿》、19世紀、点刻彫版

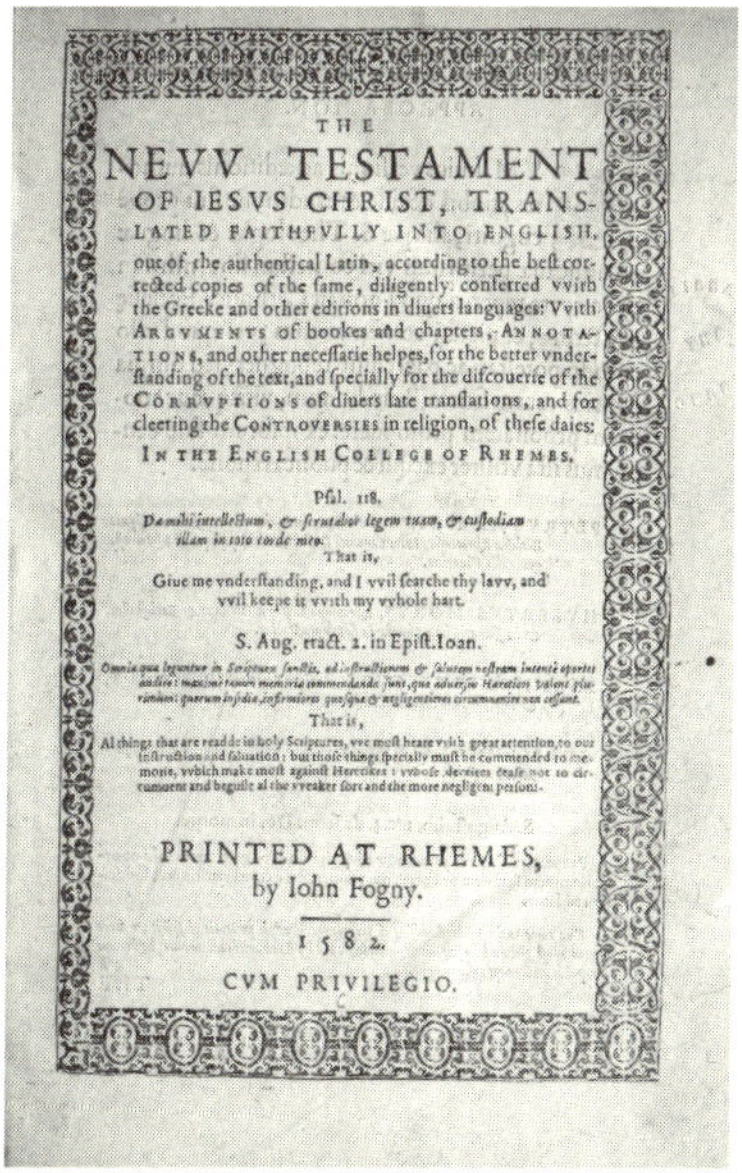
THE
NEVV TESTAMENT
OF IESVS CHRIST, TRANSLATED FAITHFVLLY INTO ENGLISH,
out of the authentical Latin, according to the best corrected copies of the same, diligently conferred vvith the Greeke and other editions in diuers languages: Vvith ARGVMENTS of bookes and chapters, ANNOTATIONS, and other necessarie helpes, for the better vnderstanding of the text, and specially for the discouerie of the CORRVPTIONS of diuers late translations, and for cleering the CONTROVERSIES in religion, of these daies:
IN THE ENGLISH COLLEGE OF RHEMES.

Psal. 118.
Da mihi intellectum, & scrutabor legem tuam, & custodiam illam in toto corde meo.
That is,
Giue me vnderstanding, and I vvil searche thy lavv, and vvil keepe it vvith my vvhole hart.

S. Aug. tract. 2. in Epist. Ioan.
Omnia quæ leguntur in Scripturis sanctis, ad instructionem & salutem nostram intentè oportet audire: maximè tamen memoriæ commendanda sunt, quæ aduersus Hæreticos valent plurimum: quorum insidiæ, infirmiores quosque & negligentiores circumuenire non cessant.
That is,
Al things that are readde in holy Scriptures, vve must heare vvith great attention, to our instruction and saluation: but those things specially must be commended to memorie, vvhich make most against Heretikes: vvhose deceites cease not to circumuent and beguile al the vveaker sort and the more negligent persons.

PRINTED AT RHEMES,
by Iohn Fogny.

1582.

CVM PRIVILEGIO.

左：「ドゥエ・ランス新約聖書」の本扉（ランス、1582年）

を検閲、管理するために長年尽力してきたカトリック教会に、ささやかな転機をもたらした。この注目すべき聖書の翻訳は、新約部分の印刷が始まる一五八二年には、翻訳の中心人物であるグレゴリー・マーティンによってひとまず完成していた。旧約部分の出版は資金やその他の理由で一六一〇年まで遅れたが、企画は成功し英語圏のカトリック教徒に高く評価された。やがて、このカトリック訳の単語や表現が、プロテスタントの卓越した英訳聖書、すなわちあの有名な「欽定訳（キング・ジェイムズ訳）」（一六一一年）に採用されることになる。しかし宗派を超えた平和への道程は限りなく遠かった。神の言葉を英語（ほか特にドイツ語、フランス語）で広めようとすれば、男も女もカトリック教会から迫害を受け、処刑されることすらあった。違法の聖書やその注解書に対する規制は、禁書目録の歴史を通じて常に最大の課題であった。

中世から初期近代にかけて、聖書に対する、また特に神の知恵が収められているとされるその他の古い（また比較的最近の）書物に対する、教会指導者の考えは複雑だった。一方で聖書は神からの輝かしい贈り物であり、人間の救いのための貴重な指針であり鍵であった。しかし他方では、恐ろしく難解で誤解を招きやすく、素人が読めば混乱や異端の誤りに陥り、大切な魂が地獄に落ちる結果になりかねないと考えられていた。そのため、聖書を読む権利は聖書のメッセージを伝えることを生涯の使命とする聖職者自身によって慎重に守られてきたし、特に翻訳や印刷による読者の増加は、手放しで喜べることではなかった。最悪の場合、司祭や信徒を問わず読みやすい聖書が急速に広まることは、教会にとってかつてないほど深刻な脅威とみなされ——実際にその考えに沿って対処された。それゆえアレンの英語聖書が受け入れられたのは多くの点で異例のことであったが、後述するようにこの種の例外がまったくないわけではなかった。長い間さまざまな状況下で、さまざまな聖書に対して実施された検閲は、禁書目録の歴史の多くの事柄と同様に、複雑で時には不条理に見えるだろう。しかし全体として基本となる論理があった。すなわち、神に関する言葉の影響力がきわめて強いことを考えると、聖書の肯定的な価値はいかなる状況においても、常に誤用される危険と比べて判断されるべきであった。言い換えるなら、聖書やその関連書籍は広く利用できるようにすべきだが、それは真のカトリック信徒の信仰を阻害しないよう管理された状態に限るということだった。

すべての国々に

マルコによる福音書一三章一〇節や新約聖書の関連箇所を読めば、キリスト教徒ははじめから福音すなわち「良い知らせ」を世界中の人々に（それゆえ、おそらくあらゆる言語で）広めることを求められていたことは明らかであり、原始教会の時代には、当時の技術的、政治的、地理的制約の範囲内で、可能な限りそれが実行されていた。ユダヤ教の聖書は、当時すでに難解になっていたヘブライ語からギリシア語（七十人訳聖書《セプチュアギンタ》）やアラム語（タルグム）に翻訳されていたが、それにさまざまな方言で流布していたキリスト教徒のテキストが加わった。そこにはギリシア語や、アラム語（おそらくイエスや弟子たちが使った言語）から派生したシリア語だけでなく、まもなくコプト語、ゲエズ語、アルメニア語、ペルシア語、アラビア語などのテキストも含まれるようになる。コンスタンティヌス帝の改宗に後押しされて、キリスト教聖書は少なくとも四世紀初頭には部分的にラテン語に訳されていた（「古ラテン語訳聖書（Vetus Latina）」）。五世紀の初めに、聖ヒエロニムスは聖書全巻をラテン語に訳し、古ラテン語訳聖書を改訂した。以後この聖書は「ウルガタ訳聖書」（ウルガタは「広く普及した」の意。比較的粗いラテン語の語法で書かれていたため）と呼ばれる。

　キリスト教の広まりやローマ帝国の国教化を受けて、中世初期には翻訳が大幅に進んだ。ヒエロニムスの翻訳が完成する前に（異端の）アリウス派の司祭ウルフィラによってゴート語訳が作られ、九世紀には聖キュリロスと聖メトディオスによって、東ヨーロッパの人々のためにスラブ語聖書とそれを読むための「キリル文字」が新たに生み出された。また、初期中世のサクソン人の学者や王も、少なくとも聖書の一部を古英語や中英語に訳し変えたようだ。[1] ラテン語訳聖書は中世後期までに流布したさまざまな言語の聖書のひとつに過ぎず、ラテン語訳でも写本によって本文が異なることはよく知られていた。九世紀のカール大帝の宮廷学者たちが試みたように、十三世紀にはパリのドミニコ会がウルガタ訳聖書の本文を統一しようとしたものの、手書き写本の時代に完全な複写は達成不可能な目標であることを認めざるを得なかった。

十二世紀から十三世紀にかけて、一部のキリスト教徒が聖書本文の新訳を普及させ始めたが（多くの場合、小型の祈禱書や時禱書などの形で、詩編の断片や福音書の一部が含まれていたにすぎない）、それ自体は特に警戒すべきことではなかった。問題は、これらの翻訳の多くが異端の説教者の手によるもので、教会の規範的な教えに挑戦しているとみなされるようになったことだった。特にヴァルド派は、無学な大衆に対して無許可で聖書について説教し教えることで知られていた。そのため、フランス語やオック語に訳されたヴァルド派の聖書は、幾度となく異端審問官に調べられ、押収された。ジョン・ウィクリフに従うロラード派や、後のボヘミアのフス派も、聖書を自分たちが暮らす地域の言語に、つまり英語とチェコ語（おそらくハンガリー語にも）に翻訳しようと努めた。彼らはいずれも異端審問による審査と処罰の対象となったが、その理由は翻訳そのものよりも、彼らが組織的な教会の腐敗や誤りとみなしたものを攻撃する際に、武器として聖書の言葉を利用したためだ。

したがってマルティン・ルターが一五二二年にドイツ語訳聖書の新約部分を、一五三四年には聖書全巻を印刷しようとしたことは、先例のないことではない。グーテンベルクの印刷機で最初に刷られたのはラテン語聖書で、少なくとも一四六六年以降には俗語のドイツ語訳聖書もヨハネス・メンテリンなど名だたる印刷業者によって流通していた。しかしルターの聖書は誕生の背景に明らかな宗教対立があったため、無条件に警戒された。従来の「正典」にも大きな変更が加えられ、ルターが個人的に「外典」と判断したテキストは、省かれるか、旧約と新約の間の「中間時代」に移された。とはいえ、自らが「真の」聖書テキストと考えるものを、人々が受け入れやすいように改善しようとしたのは、ルターだけではない。ルターの改革が始まる前から、ジャック・ルフェーブル・デタープルやデジデリウス・エラスムスといった人文主義の学者は、ラテン語聖書の意味を明らかにするため、ヘブライ語やギリシア語の語学勉強を活かし、これまで知られていなかった写本にも当たっていた。一五〇八年から二二年にかけて、アルカラ・デ・エナレスのコンプルテンセ大学では、スペインの専門家チームがいっせいに多言語聖書（ヘブライ語、ラテン語、ギリシア語、アラム語）の制作に取り組んだ。この印刷聖書は歴史的に「コンプルトゥム多国語対訳聖書」として知られている。エラスムスやルターに触発され、ウィリアム・ティンダルやマイルズ・カヴァーデールといったイギリスの翻訳者は、早くも一五二五年には独自の新訳プロジェクトを立ち上げたが、これもまた教会にとっては深刻な懸念材料だった。これらの翻訳聖書は初期「プロテスタント」運動に携わった人々によって作られ、カトリック聖職者の権威を傷つける危険があった。この先、過ちや混乱、魂の破滅といった事態を招くのは必至だった。

禁書となった聖書

こうした状況下で、特定の聖書に対する最初の正式な禁令が出されたが、その進行過程はまだ遅々としていてまとまりもなかった。ルターのドイツ語訳聖書は、（ローマ・カトリックの指導者から見て）完全に異端の神学的解釈が表されており、どちらにせよ一五二一年にルターが破門されたからには、彼のすべての著作と同じく禁書とされる可能性があった。しかし、当初ルターの聖書が特に注目されることはなく、宗教改革初期の数十年間は、多くの教会指導者が不必要に宗教対立を煽ることを望まなかった。したがって、エラスムスなど破門を免れた人文主義者による聖書の編集や翻訳は、一部で物議を醸したものの、十六世紀前半を通じて広く許容された。この時代、聖書の検閲は場当たり的で、問題のある編者、翻訳者、印刷業者に対して、各地の権力者が必要に応じて厳しく対処することもあったが、教会の上層部から、政策についての一致した指示があったわけではなかった。

しかしひとたび処罰が下されるとなると、過酷なものになりかねなかった。ウィリアム・ティンダルの英訳新約聖書は、ヘンリー八世によって検閲官に任命されたロンドン司教カスバート・タンスタルによって、一五二六年有罪宣告を受けて公衆の面前で破棄された。ティンダル自身も異端の罪で一五三六年にブリュッセルの近郊で火炙《ひあぶ》りにされた（ただし聖書翻訳がおもな原因だったのかは不明である。ティンダルはヘンリーの離婚に公然と反対していたため、何年もの間、教会と王権の両方から逃げ回っていた）。印刷業者のエティエンヌ・ドレも、一五四六年パリで異端の罪で絞殺されたのち遺体を焼かれたが、少なくともその原因のひとつにフランス語新約聖書の出版があった。ルフェーヴル・デタープルやロベール・エティエンヌなど他の聖書翻訳者も、時代の兆候を読み、即座に安全な地域へと逃亡した。さらに明らかな兆しとして、神聖ローマ皇帝カール五世は、異端の聖書を断罪する旨の告知やビラを領内のすべての主要都市に掲示し始めた。その中には、少なくとも二つの部分的な翻訳聖書、すなわち一五二九年に断罪されたフラマン語新約聖書（アドリアン・ファン・ベルゲン、クリストフェル・ファン・ルールムント、ヨハネス・ゼルという印刷業者による、おそらく三つの異なる版がある）と、一五四〇年にセバスティアン・ミュンスターが作成した注釈付ヘブライ語版「マタイによる福音書」についての記載があった(2)。神聖ローマ帝国による、ルター（一五二六年）やヘリウス・エオバヌス・ヘッスス（一五四〇年の詩編のラテン語訳で知られる）ら異端の著作に対する全面的な断罪も、聖書の翻訳者や出版者に対する検閲の例に数えられる。

とはいえ、初期の禁令は聖書そのものを対象とはしていなかった。カール五世のビラに挙げられていた著者、翻訳者、印刷業者のほとんどはプロテスタントの神学者であり、彼らは必然的に聖書に関する執筆に多くの時間を費やしたため、結果として彼らの出版物には聖書の注解や抜粋が含まれることが多く、この種の著作は検閲の対象となる可能性が非常に高かった。しかし、ラテン語にせよ他の言語にせよ、すべての非公認聖書を完全に流通から排除しようとする動きはまだ見られない。敬虔なカトリック信徒もプロテスタントも、立場を決めかねていた人文主義者も、どのような形でも聖書を読みたいという思いは共通で、わかりやすさや正確さの点で現行の聖書テキストは改善が必要だという点では、おそらく多くの人が一致していた。それゆえ聖書の改訂・翻訳事業は、エラスムス（長い間敬虔なカトリックの皇帝カール五世に気に入られていた）やロベール・エティエンヌ（カトリックのフランス王フランソワ一世の王室印刷業者として、一五四七年王が亡くなるまで保護と援助を受けた）が手がけたものを含めて、世界的なベストセラーとして広く評価されたものもあった。カトリックのなかで最も保守的な旧ウルガタ聖書の擁護者でさえも、ヘブライ語やギリシア語などより古い版の調査を通してわかりづらい箇所の解明を目指す、正統派神学者や言語学者の取り組みを評価していた。一五二七年にイタリアのドミニコ会士サンテス・パニーノが出版した「新訳旧新約聖書」（Veteris et Novi Testamenti nova translatio〔ラテン語訳聖書〕）は、前述の「コンプルトゥム多国語対訳聖書」と同じく、聖書改訂に対するカトリックの関心の高さを表している。こうした関心は多方面に及び、一五三〇年代末にはローマの聖職者のなかにも、エチオピアの学者テスファ・セヨンなど分離教会の外国人専門家に熱心に相談する者もいたほどで、一五四八年セヨンによるゲエズ語の新約聖書は検閲を受けることなくローマで出版された。

したがって、最初期のフランスの禁書リストでは、疑わしい聖書についての言及は少なかった。たとえば、一五四二年に試験的に作成されたパリ大学の検閲リストには、数十冊の聖書注解書が記載されているが、禁書とされた聖書本文は三冊のみだった。この三冊とは、クレマン・マロによる評判の（そしてほぼ間違いなく冒瀆的な）フランス語詩編、エティエンヌ・ドレ（まもなく処刑される）が印刷したフランス語新約聖書、翻訳者不明の「モーセ五書」〔旧約聖書の創世記から申命記までの五つの書の総称。ユダヤ教聖書ではトーラー（律法）と呼ばれる部分にあたる〕のフランス語訳——ルフェーヴル・デタープルによる一五二八年のフランス語モーセ五書を指している可能性もある——であった[3]。パリで印刷された最初期の禁書目録（一五四四、四五、四七、四九年）でも、一見したところ特に聖書の検閲に関心はないように見える。どの目録にもルター、ティンダル、カヴァーデールといったプロテスタントの有名な俗語聖書についての記述はない[4]。

しかし、プロテスタントが定着し、プロテスタントの聖書に関わる文献が書籍市場に積み上がるようになると、明らかに危機感が高まっていった。ゆえに一五四四年以降のパリ目録には、「聖書はいかなる言語で書かれていても本質的に神聖で善いものであるが」、無学で単純な人々（idiotis & simplicibus）のために「通俗的な」言語で読めるようにするのは——聖書に対する彼らの適切な信仰心と謙虚さが損なわれるおそれがあるため——危険であるという趣旨の、短い注意書きが付されていた。ソルボンヌの神学者は、ヴァルド派やアルビジョア派といった中世の異端に対するいまだ生々しい記憶や、彼らが謬説とともに撒き散らした危険と悪意を思い起こし、こうした翻訳は検閲対象とするべきだと断じている[5]。この付記はやや不明瞭で、長々と続く禁書リストを目で追うなかでともすると見落としがちだが、以後起こる出来事の最初の兆しでもあった。

最初のルーヴェン目録には、前述のパリの注意書きに当たる記述は見当たらないが、おそらく以後教会全体で聖書の出版と翻訳を注視するという決定が、トリエント公会議ですでに下されていたためだろう。一五四六年四月八日、正典とその適切な使用に関して公式に二つのトリエント教令が発表された。最初の教令では、一部の書を外典としたプロテスタントの分類を鋭く否定しつつ、「カトリック教会で普通に読まれている、ラテン語訳ウルガタ版に従って」聖書に含まれる書を明確にしている。二番目の教令ではさらにいくつかの所見が述べられた。「公の朗読、論議、説教、解説」においてはウルガタ版のみを使用すべし。「勝手気ままな意見」によって聖書の意味を曲げてはならない、違反した場合司教により罰せられる。編者、翻訳者、印刷業者は、新しい版の聖書を出版する場合には、常に自分の名前で（そして適切な許可を得て）行なわなければならない。そして、カトリックの修道会に属する人々が聖書を独自に出版する場合のより詳細な追加規定が続き、最後に教令は次のように結んでいる。

さらに、公会議は、中傷、野蛮で空虚な空想、甘言、誹謗、迷信、不敬で邪悪な呪文、占い、くじ、中傷文などに利用する目的で、聖書の言葉や文言が変えられ歪曲されるといった分別を欠く行為の抑制を望む。こうした不敬や侮辱を払拭し、将来、前述の、もしくは類似の目的で聖書の言葉を利用する者がないよう、こうした行為を行なうすべての者、神の言葉を汚す者や冒瀆する者は、司教により法的処罰を受けるべきことを公会議は命じ、規定する。[6]

公会議の教令は、実際にはウルガタ以外のすべての聖書を禁じているわけではなかった。多国語対訳や、エラスムス、パニーノ、エティエンヌの聖書などウルガタ以外のラテン語訳も（ギリシア語、ヘブライ語などと並んで）、個人的な学習用として許可されており、まもなく出版されるエチオピア語のセヨン新約聖書も同様であった。俗語訳であっても、「歪曲」や不適切な目的での使用、非合法の制作に当たらないと判断されれば、容認されることもあった。しかしながら、この警告の内容は適用範囲が広すぎて、個々に応じてかなりの主観を招く要因となった。また、この教令の文言そのものが、聖書の流通は異端書の流通と同様に信徒に対する重大な懸念材料である（またあるべき）ことを明確に示していた。今後、聖書の監視と検閲はますますカトリックの規律の中心を占めるようになる。

そのため、一五四六年に発行された最初のルーヴェン禁書目録では、導入部分がすべて禁書とされた新約聖書、詩編、聖書に当てられ、その数は四八にのぼった。なかには、ヤン・バトマンやシモン・コックのフランドル語新約聖書、スイス・プロテスタントの拠点バーゼルで印刷されたラテン語聖書、ロベール・エティエンヌがパリで印刷したいくつかの版など、多くの地方版が含まれる。[7] 一五五〇年版と五八年版には、この聖書のリストが禁書目録の中心に置かれた。[8] さらに興味深いことに、フランスやベルギーのリストにはドイツやイギリスの聖書は見当たらない。異端審問検閲の現場でも言えることだが、こうしたリストはほぼ例外なく、普遍的で網羅的な内容を目指すよりもそれぞれの地域の信徒が直面する脅威に焦点を当てていた。ミラノ版やヴェネチア版などイタリアの最初期の禁書目録も同様で、各目録にはいくつかの聖書が含まれていたが明らかに最優先事項ではなかった。たとえば、一五五四年のヴェネチア目録は、三つの聖書とその他に聖書の引用（Phrases scripturae sanctae）を含むいくつかの文書にのみ言及している。[9]

イベリア半島では、有害なプロテスタントが蔓延することへの懸念と相まって、トリエント教令に対してより顕著な反響が見られた。フランスと同じく、この地域の俗語聖書に対する検閲は、すぐに公会議の慎重な対応をしのぐようになる。現存するポルトガル最古の禁書目録（一五四七年）では、二種類のルター派の聖書（「ヘリウス・エオバヌス・ヘッススによる詩編」と「ミュンスターの注釈付き聖書」）について具体的に言及しているが、いずれも一五四〇年の神聖ローマ帝国のビラですでに警告されていた。しかし、ポルトガルの異端審問官はパリの大学教授と同様に、俗語の（em lymgoajem）新約聖書や聖書に対して全面的に警鐘を鳴らした。[10] さらに、一五五一年に印刷されたポルトガル目録には「あらゆる俗語で書かれたすべての聖書」(sacrae scripturae omnes libri in quacumque lingua vulgari) に対する、より徹底した禁止とともに、多くの書名が加えられた。[11]

一方スペインの審問官は、一五五一年版目録の最後に「ラテン語聖書」専用の短いセクションを設けたが、リスト本体に適宜挿入されたものも何冊かあった。彼らが異端の聖書や不適切な聖書の出版事情に精通していなかったことは、おそらくこの目録の内容が一五五〇年のルーヴェン目録の丸写しであることからも明らかだ。そして、曖昧だがより包括的な文言で、「異端の匂いがする」(omnes libri sapientes haeresim) すべての書物を禁じるとともに、フランスやポルトガルと同じく、簡潔な言葉であらゆる俗語の翻訳聖書 (「スペイン語およびその他あらゆる俗語による聖書」Biblia en romance castellano en otra qualquier vulgar lengua) に対して全面禁止を適用している。[12] しかし、この問題に対するスペイン人の関心は口先だけではなかった。一五五二年に行なわれた一連の強制捜査と押収によって、主要な港湾都市セビーリャでは少なくとも四百冊、アラゴンの比較的のどかな町サラゴサでも二百冊を超える聖書が没収された。[13] こうした捜査から、スペインでもプロテスタントの聖書が広く普及していたこと、その大部分(九〇%以上)がフランスからの輸入であることがすぐに判明した。その結果、一五五四年にスペインの異端審問官によって、禁じられた聖書だけを対象とした別刷りの目録が、「近年の異端が聖書の中に撒き散らした誤謬全般に対する検閲」(Censura generalis contra errores quibus recentes haeretici sacram scripturam asperserunt) という名称で発行された。[14]

ローマの禁書目録からは、それ以前のミラノ目録やヴェネチア目録と同様に、プロテスタントの聖書(地元で出版されたもの輸入されたものを問わず) に対する差し迫った脅威はあまり感じられない。パウルス四世の一五五七年と五九年の禁書目録には禁じられた聖書のリストが含まれ、地域特有の目を引く追加が多少あるものの（一五五四年のスペイン異端審問のリストに掲載されたばかりのイジドーロ・キアーリのヴェネチア聖書など）、大部分がルーヴェン目録の写しにすぎない。それでも、ローマ異端審問による特別な認可がない限り、「ドイツ語、フランス語、スペイン語、イタリア語、英語、フラマン語、その他俗語によるすべての聖書」は全面的に糾弾されることが追加された[15]。より穏健な一五六四年版トリエント目録では、この部分は削除され、聖書のリストも存在しない。それどころか、こうした場合に従うべき一般原則として、これまでの聖書検閲のやり方に代わってトリエント規準第三および第四が定められた[16]。規準第三によれば、「排斥された」（異端の）著者によるラテン語聖書であっても、「健全な教えに反することを含んでいなければ」許可される可能性がある。特に旧約聖書に関しては、ウルガタ訳のテキストや聖書の本意について理解を深めるために、司教に「信心深い学者」と認められた人が他の版を参照することは、有益だと認められた（とはいえ、禁書目録の第一級異端者が編集した新約聖書は、危険のほうが大きいと判断された）。ウルガタ聖書の注釈に問題がある場合は、大学の神学者や異端審問官が審査し必要に応じて削除することが定められた。さらに、フランソワ・ヴァタブルの非ウルガタ版ラテン語訳（ロベール・エスティエンヌによる印刷）と、イジドーロ・キアーリが編集したウルガタ版（不適切な序章を削除したうえで）が、有資格者に対し利用を許されたのは、著しい方針転換だった。

規準第四では、俗語聖書に対するそれ以前の全面禁止も、撤回されたか少なくとも緩和されたように見える。トリエントの指導者は「各国語に訳された聖書の使用を無差別に許可すれば、益よりも害が多いことは、経験によって明らかである」（デンツィンガー・シェーンメッツァー『カトリック教会文書資料集』より）と述べつつも、教区民に対するこの種の翻訳聖書の利用の可否については、教区の司教や異端審問官は専門家の意見を聞いたうえで、裁量権を行使できるとしている。動機が敬虔な信仰心によるもので、書物を当局に隠さない限りは、翻訳聖書を読むことは許容される。カトリックの修道士の場合はさらなる許可が必要で、販売や貸出に関する規定についても簡潔に述べられている。

このように、二十年を超える歳月の間に、人文主義者やプロテスタントによる聖書関連の書籍が信者の魂を堕落させるのではないかという懸念が徐々に膨らみ、少なくともいくつかの種類の聖書（特にラテン語、ギリシア語、ヘブライ語以外の言語で印刷されたもの）を広く禁じる方向へいったん傾いた後、トリエント公会議はその会期の終わりに信徒のための妥協的な案を成立させた。カトリックの聖書解釈は根本的に間違っているとプロテスタントが常に主張していたため、聖書が誤読される危険性はいまだ明白だった。しかし、カトリックの信仰が聖書に基づくことには変わりなく、敬虔な信徒がこの最も神聖な書物を「正しく」読むのであれば、認めないわけにはいかなかった。もちろん何をもって「正しい」とするかは、教皇、司教、異端審問官から下位の聖職者までそれぞれ異なり、聖書の利用に監視や審査を課すという考え自体が、多くの反感をかった。プロテスタントの聖書が増え続け、カトリックの支配地域でも容易に聖書を入手できるという誘惑と常に隣り合わせであったため、カトリック当局による聖書の検閲は不可欠であると同時に、やっかいなものと見なされるおそれがあった。トリエントの曖昧な妥協案はこうした深刻な懸念に対する一時しのぎでしかなかった。

聖書問題を解決する

はたして教会の指導者が、信徒が利用できる聖書をより厳しく管理しようとするまで、時間はかからなかった。プロテスタントが提供する数々の魅力的な聖書に対抗するために、公認の標準聖書が必要だと考えると同時に、この問題に関するトリエント基準が比較的寛容であることを懸念して、異端審問官教皇ピウス五世は、次々と新しい出版物を発行させるべく速やかに動いた。なかでも重要なのが一五七〇年の『ローマ・ミサ典礼書』で、これにより以後カトリック司祭がミサで使用するラテン語の文言が厳密に定められた（一九六〇年代に改訂されるまで）。神学教義の標準化も重要な課題であり、トマス主義がすべてのカトリック研究者にとっての解釈の枠組みであると公式に決定した（すでに公会議で合意を得ていた）。こうした展開に伴い、いわゆる「ピオ版」（editio Piana）として知られるトマス・アクィナスの著作が数多く出版された（一五七〇年）。さらに、新たな公認標準版の教父著作集、教会法令集、その他カトリックの基本教理文書なども、近いうちに出版される予定だった。

この取り組みはピウスの後継者グレゴリウス十三世（在位一五七二−八五年）に引き継がれ、グレゴリウスは暦だけでなく聖書そのものの改革にも着手した。一五八二年に「ドゥエ・ランス新約聖書」が出版され、伝統的なラテン語ウルガタ版の全面改訂計画が立てられたのは、この教皇在位中のことである。新たな改訂ウルガタ訳聖書を強く求める声は、トリエント公会議ですでに上がっており、早くも一五六一年には事業計画を監督する教皇庁の委員会が設置されたが、初めのうちは計画は遅々として進まなかった。転機となったのは、一五八六年にグレゴリウスの後継者シクストゥス五世が即位し、その直後新しい「シクストゥス版」七十人訳（旧約聖書）を承認し、改訂事業の最初の成果を主張したことだった。一五八五年グリエルモ・シルレトが死ぬと、事業を引き継いだアントニオ・カラファ枢機卿（パウルス四世の甥）を中心に、この意欲的な教皇の在位期間中ウルガタ改訂の作業が続けられた。シクストゥス自身も個人的に強い関心を寄せ、専門家たちの進捗状況に我慢できなくなると、自ら編集作業に関わるようになり、一五八九年十一月末には改訂聖書の全草稿を直接目録省へ送り、査読を依頼した。しかし、ウィリアム・アレンら目録省のメンバーは、多くの問題点を指摘し、出版を数か月保留するよう助言した。シクストゥス版ウルガタ聖書は一五九〇年春に印刷されたが、シクストゥスは何度も修正を提案し、教皇庁の他の人々も、その夏の終わりに教皇が死ぬまで強い懸念を抱き続けた。結局枢機卿団は後継者を選出する前に出版許可を取り消し、さらには死んだ教皇の念願だった新しい聖書をすべて破棄させたのだった。

シクストゥスの死後は三人の短命な教皇が続いたため特に目立った動きはなかったが、一五九二年にクレメンス八世が即位し、ついにこのウルガタ計画を完成させる。もちろんそれまでの期間も編集作業は続けられており、クレメンティーナ版（あるいはシクスト・クレメンティーナ版）ウルガタ訳は教皇の戴冠式からわずか数か月後に、禁書目録の検閲官ロベルト・ベラルミーノの序文とともに、ようやく確信をもって出版された。一五九二年十一月九日、大勅書「クム・サクロールム」（Cum sacrorum）によって、この版は今後カトリック教会で許された唯一の聖書となること、以後印刷する際には傍注を含めて一字一句変更してはならないことが宣言された。また聖書の正典についても、外典に関するトリエント教令に若干の調整を加えて、明確に定められた。これは二十世紀まで忠実に守られ、今でもカトリック教会で公式に使用されている聖書はすべて、おもにこのクレメンティーナ版ウルガタ訳を土台としている（多少の修正はあるが）。

このように、聖書本文の単一性を強硬に主張した結果、禁書目録に適用するにあたってトリエント基準をいくらか修正する必要が出てきた。一五九〇年、禁書目録を全面改定するに当たり、早くもシクストゥス五世は規準第三と第四を書き直して番号を変更し、異端者が作成したすべての聖書の利用を禁じ（その内容が正統であっても）、俗語聖書の利用許可を与える権限は教皇のみが有すると定めた[17]。クレメンス八世は大部分をトリエント基準に戻しつつも、この最後の修正だけは、一五九六年版ローマ目録に加えた「所見」（Observationes）に残した。これ以降カトリック信徒は、善意の学術研究のために特別に必要だと教皇に認められない限り、公認のウルガタ訳以外のラテン語聖書や俗語聖書の利用を基本的に禁じられた[18]。それでも、こうした全体主義的な意向にもかかわらず、問題が――そして抜け道も――

残っていた。

たとえば、一五八二年にすでに出版されていた「ドゥエ・ランス英訳聖書」は、クレメンスの指示に対する明らかな例外であったが、プロテスタント支配下の英語圏で「国教忌避の」カトリック教徒が信仰を維持するためには特別な助けが必要だったから、使用の継続は正当化できたし、実際にさしつかえないとされた。同様にポーランドのカトリック信徒にも例外的な配慮がなされ、最終的にイエズス会士ヤクブ・ヴイェクによる新しいポーランド語の完訳聖書が一五九九年に印刷されることとなった（この事業はすでにグレゴリウス十三世から承認を受け、一五九三年には先行して新約聖書が出版されていた）。一六一四年にケルン大司教は、ルター派から改宗したカスパー・ウレンベルクによる新しいドイツ語訳を許可したが、この活動も地域のプロテスタントの脅威に配慮して容認された。もうひとりのイエズス会士ジェルジ・カールディも、一六二六年にハンガリーのカトリック信徒のために、同じく「特別扱い」の翻訳聖書を作成した。一六四五年には（かつてグレゴリウス十三世によって提案された）カトリックのアラビア語訳聖書の出版計画が進んでいたが、テスファ・セヨンのゲエズ語聖書や、カトリックに改宗したエチオピアの王子、セエラ・クレストによるラテン語福音書注解のゲエズ語訳（一六一三年）などの、東方の聖書注解書に対しては、誰もあえて対処しようとはしなかったようだ（ポルトガル人宣教師の間で何十年にもわたって使われ続けていた）。こうした東方の俗語聖書は、当面ヨーロッパのカトリック信徒に対する脅威とはならず、しかもアフリカや中東のキリスト単性説派との論争においては、武器として利用できるかもしれないと判断されたのである。

分離教会やプロテスタント支配（またそれに伴う大量の異端聖書）が問題とならなかったイタリアやイベリア半島の各地域では、十七世紀を通じて俗語聖書はほとんど許可されなかった。ときおり、一五六九年にバーゼルで印刷された「レイナ・ヴァレラ」スペイン語聖書など、プロテスタントの違法な翻訳聖書が流通することもあったが、信徒のためのカトリック公認のスペイン語聖書が作成されることは一八二五年までなかった。フランスでは、少なくとも、ジャンセニストの学者アントワーヌとルイ・イザークのル・メートル・ド・サシ兄弟によって、一六六五年に（論争を引き起こした）「詩編集」、一六六七年に「新約聖書」が出版されるまで、カトリック信徒はあえて教会の指導者に逆らう覚悟がなければ、自国語で聖書を読むことはできなかった。続いて一六九六年、三二巻からなるフランス語の聖書全巻が同じくルイ・イザーク・ル・メートル・ド・サシによって出版された。この出版はブレーズ・パスカルなど他のポール・ロワイヤルのジャンセニストとの共同で行なわれ、「ポール・ロワイヤル聖書」として知られる。この聖書は即座にローマから糾弾され、その注解がカルヴァン主義的であるとしてイエズス会士はもとよりそれ以外からも激しい非難を浴びて、最終的には禁書目録にも掲載されたが、フランス教会は独立主義（ガリカニスム〔フランス国家教会主義〕）が強かったおかげで、国内では流通し続けた[19]。一六九六年にジャンセニストの学者アエギディウス・デ・ヴィッテによって密かに印刷されたオランダ語新約聖書も、同じく糾弾されたが（最初は先制して地元の大司教から、最終的に一七一二年教皇によって）、それでもカトリック信徒の間で流通し続けた。広い意味でのジャンセニスム論争の一環として、長々とビラの応酬が続き、一七一三年に教皇クレメンス十一世が反ジャンセニストの大勅書「ウニジェニトゥス」（Unigenitus）を発表したが、部分的な解決にとどまった。この大勅書はとりわけ、もうひとりの優れたジャンセニストである、パスキエ・ケネルの著作に含まれる聖書本文のフランス語訳や、「聖書は誰もが利用できるようにするべき」というケネルの主張を糾弾している。一七五八年のローマ目録には、もはや「ポール・ロワイヤル聖書」は掲載されず、ケネルの著作も禁書となったのは一冊だけだったが、スペイン異端審問の目録には十九世紀に異端審問自体が廃止されるまで掲載され続けた。

他宗教の聖典に対する検閲

カトリック支配層が再び態度を軟化させ、徐々に聖書翻訳を一般に許可するようになるのは、クレメンス十一世（在位一七〇〇–二一年）とその被庇護者であるベネディクトゥス十四世（在位一七四〇–五八年）の時代だった。貴族出身の教皇庁在籍者を含めヨーロッパの上流層に啓蒙文化が定着するにつれ、聖書を信徒から厳しく遠ざけようとする旧来の姿勢は、現実的でないばかりかますます見当違いに思えてきた。ルターやトリエント公会議の時代から二世紀が経つ間に、識字率は格段に向上し、かつてないほど安価な印刷物が広く手に入るようになった。プロテスタントはキリスト教の一部として事実上受け入れられていた。まだほとんどの国で宗教的寛容は公式の方針にはなっていなかったが、強制的に宗教改革を覆すというカトリックの初期の望みは、ますます非現実的とみなされた。したがって、ベネディクトゥス十四世はイタリアから俗語聖書を排除することにこだわっていたが（一七四八年にはアルバーニ枢機卿が提案したイタリア語訳パウロ書簡の出版すら拒否している）、最終的には態度を軟化させた。一七五七年、アントニオ・マルティーニによる聖書全巻のイタリア語新訳を承認し、この聖書は一七六九年から八一年にかけて最終的に二三巻本で出版された（ウルガタ訳ラテン語テキストと対訳の二段組で）。ベネディクトゥスは、一七五八年の新しい禁書目録では、トリエント規準第四の当初の意図からさらに進んで、以後俗語聖書の認可には地元司教の許可のみを必要とすると定めた。これは小さな一歩にすぎず、無許可の聖書に対するカトリック当局の検閲は、近代に至るまで折にふれて実施された。しかし、十九世紀には読みたいと望む人々から聖書を遠ざけておくことはもはや不可能であり、検閲は——主としてできるだけ信徒が遵守すべき教会の優先事項や方向性を示すものとして——ますます象徴的な意味合いが強くなっていった。

各禁書目録にせよカトリックの書籍検閲にせよ、その主眼は明確であり、常に検閲官が信仰の「真の」教義と考えるものを維持し守ることに置かれていた。したがってキリスト教旧新約聖書に収められているキリスト教の聖典が（その神学的注解とともに）彼らの活動の中心にあった。しかし、プロテスタントに対してカトリック教会の主戦線が確立されつつあった時期でさえ、すでに一部の指導者の目には非キリスト教の書物に対しても、より厳しい監視と禁止が必要なのは明らかだった。当時はまだこの懸念は、カトリック信徒の霊的幸福を実質的に脅かすとされる文書にほぼ限定されており、そもそも教会にはこれまでに生み出された非カトリックの文書をひとつひとつ分類して断罪する能力も意志もなかった。ところが、初期近代に入り海外植民地主義や（たいていは強制的な）世界宣教への野心が、ヨーロッパ・キリスト教の間で顕著になってくると、誰を「信徒の共同体」の一員とみなすべきかという考えも拡大し、それと同時に共同体のなかで最も脆弱な人々にとって教会が「脅威」とみなす書籍の範囲も広がった。その結果、不幸なことに時には深刻な文化的不寛容や、今日《こんにち》では文化的大量殺戮《ジェノサイド》と認識されるような行為を招くこととなった。

ユダヤ教の文書に関しては第一章で見たように、十三世紀のタルムード裁判と、それに関連したラビ・モーセス・ベン・マイモン（マイモニデスの名でも知られる、略称 RaMbaM）の著作の検閲を発端として、すでに中世には没収、破棄、部分削除などがキリスト教徒によって行なわれていた。タルムードにはイエスや聖母マリアを侮辱する文言があるという主張に対し、うまく釈明して切り抜けることもあれば、そうした文言をタルムードから削除することで決着することもあった。タルムードの焚書に関する逸話は、衝撃と犠牲は大きかったが、概して散発的で長続きしなかった。たいていの場合ユダヤ人指導者は教会当局を説得し、タルムードはユダヤ人の宗教生活に必要だと認めさせることができた（このこと自体は大勅書「シクウト・ユデイス」（Sicut judaeis）などの教皇の声明によって、少なくとも原則的には長年保証されていた）。さらに、ヘブライ語（およびアラム語）のユダヤ教書籍が神学研究に役立つと考え、積極的に重用するキリスト教学者もいた。

中世以来、少数のキリスト教ヘブライ学者は、旧約聖書本来の歴史的意味や字義通りの意味（ヘブライカ・ウェリタス **hebraica veritas** として知られるようになる）を深く理解したいと考え、ユダヤ教聖書やタルムードなどの宗教書を探し求めた。初期近代の人文主義者もこの伝統を受け継ぎ、ヘブライ語の「字義どおり」の聖書解釈と、口伝で蓄積されたユダヤ人の寓意的解釈を学ぶために、ユダヤ教のラビや賢者を頼った。時には対面で助言を請うこともあったが、マイモニデス、トロワのソロモン・ベン・イサク（シュロモ・イツハキ、**RaSHI** ラシ）、ダヴィッド・キムヒ（**RaDaK** ラダック）などユダヤ教のラビが著した聖書解釈に関する著作も求められた。さらに神秘主義的なカバラに関する文献を探究するキリスト教徒もいた。結局のところ、最初に神から聖書を授かり、聖書が編纂された当時の言語を話す（少なくとも理解する）人々以上に、聖書のガイドとしてふさわしい者がいるだろうか、というわけだ。

キリスト教の既存の教義に代わるものを提供し得るユダヤ教の知恵は、教会支配層にとって常に、魅力的であると同時に心配の種でもあった。十六世紀の初めの数十年間に、キリスト教ヘブライ学者のヨハネス・ロイヒリンと、ラビからカトリック神学者に転身したヨハンネス・プフェファーコルンとの間で繰り広げられた激しい論争のように、ユダヤ教文献（特にタルムードに関する著作）には危険で瀆神的な内容が含まれるのではないかという古くからの疑念が、時おり蘇った。一三九一年に起こった一連のユダヤ人虐殺事件の後、スペインに住む多くのユダヤ人が強制的に洗礼を受けさせられたため、問題はより複雑であった。その上、一四九二年にスペイン、一四九七年にはポルトガルで大規模なユダヤ人追放が起こり、さらに多くのユダヤ人が不本意な改宗を迫られることになった。つまり、何万人もの敬虔な元ユダヤ教徒が、たとえキリスト教の教義を信じていなくても（あるいは理解していなくても）、形式的にはキリスト教徒とみなされるようになったのである。すでに述べたように、スペイン異端審問は、これらの「新キリスト教徒（コンベルソ）」のなかで密かにユダヤ教信仰を維持している者の探索をおもな目的として、十五世紀の最後の数十年間に設置された（一五三六年ポルトガルの異端審問もこれに続く）。以後、ヘブライ語文献や他言語に翻訳された「ユダヤ教の」文献（タルグムを含む）の所持は、隠れユダヤ教徒を示す有力な指標のひとつとして、異端審問官による監視の対象となった。このように「あらゆるヘブライ語文献と、ユダヤ教の祭儀を含むあらゆる言語の書籍」[20]に対するイベリア半島の禁書目録の姿勢は、イタリアに比べてはるかに厳しいものであった。

ほどなく、イスラム教の書籍に対する検閲も同様の過程をたどる。キリスト教神学者は大半が、単に自分たちが「真の」聖典と認めていないという理由で、イスラム教の聖典クルアーンや、クルアーンを学ぶために何世代にもわたって構築されてきた膨大な（ほとんどがアラビア語の）解釈学的な文献を無視する傾向にあった。ユダヤ教の聖書は時代も古く、キリスト教聖書の教えの土台を形成しているため、簡単に無視することはできないが、クルアーンは成立時期が比較的新しい「誤謬」集として片付けられ、ヨーロッパではほとんど普及していなかったこともあり、異端の書物であっても脅威にならないとみなされていた。もちろん例外もあり、特にイスラムと境を接する地中海沿岸地域ではクルアーンを読むキリスト教徒もいたが、一般にラテン・キリスト教世界では中世から初期近代にかけて、イスラム教全般をあえて無視する姿勢を維持していた（もちろん、この習慣は今日でも広く見られる）。

十六世紀の間にイベリア半島では、クルアーンや他のアラビア語書籍（宗教的教えの有無は関係なく）がもたらす潜在的な脅威が、深刻に受け止められるようになった。ひとつにはユダヤ教文書に対する異端審問の監視が高まったことの余波であり、自分たちの都合次第でこの二つの宗教を類似のものとして扱うという、イベリア半島に根付いていた慣例の一端を示している。また他方では、イスラム教オスマン帝国（および、そこまではなくても北アフリカの小さいながらも裕福な独立諸公国）の勢力の増大と、その国々に対する一部のキリスト教徒の関心の高まりを反映している。十六、十七世紀には、イスラム圏で身を立てたいと望むレネガード（renegado 背教者、「トルコ人となったキリスト教徒」としても知られる）の現象は、スペインの高位聖職者やイタリアの教皇からイギリスの劇作家に至るまで、誰もが知っていた。[21] しかし、何よりもモリスコの問題があった。彼らはキリスト教の支配を受けるスペインのイスラム教徒で、その共同体はバレンシアのように十三世紀から続く例もあるが、多くは一四九二年のグラナダ陥落によって比較的新しく誕生した。当初は降伏の条件として信教の自由を約束され、キリスト教に改宗する動きはほとんどなかったが、一四九九年から一五二六年にかけてたび重なる反乱に失敗したのち、アラビア語を話す数十万人のイスラム教徒が強制的に洗礼を受けさせられることとなった。その結果、改宗ユダヤ人と同様に、不本意な改宗を迫られたイスラム教徒も、全面的に教会や異端審問の注目を受けるようになった。突如として、アラビア語の文書であればどんな短い断片でも、潜在的な教会への背信の証拠として、またキリスト教信仰を内側から汚すための「隠れイスラム教徒」による武器として、疑われるようになった。早くも一四九九年には、何千冊ものアラビア語文献が、強硬派のトレド大司教フランシスコ・ヒメネス・シスネーロスによって速やかに処分され、その後数年の間、状況は変わらなかった。

そうしたわけで、スペインとポルトガルではすでに最初の禁書目録から、版の種類や細かい指定もなく、アルコラーヌス（Alcoranus、クルアーンのこと）は全面的に禁書とされた。[22] 異端審問官を含め大多数のキリスト教徒はアラビア語が読めず、どのみちクルアーンのテキストを識別することができなかったため、「ユダヤ教」文献と同様に、イスラム教の教えが書かれている可能性のある書籍（「アラビア語の書物、もしくはマホメットの宗派の誤謬が含まれるあらゆる言語の書物」）もすべて禁じられた。へブライ語もしくはアラビア語が書かれた紙きれ一枚だけで、異端審問が全力で追求する可能性があり、異端者として処刑されるおそれがあった。こうして、宗教的伝統や文化的固有性のみならず、言語や文学の貴重な伝統まで、共同体全体から暴力的に奪われた。ヘブライ語文献やラビ文献の時と同様に、クルアーンやその他残ったイスラム文献を、家の中の秘密の小部屋に塗りこめてでも保存しようとする懸命な努力がなされた。[23] しかし十七世紀が始まる頃には、スペインにおけるイスラム教やユダヤ教の豊かな遺産は、禁書目録の指示と権威に後押しされた熱心な異端審問官によってほとんど破壊されてしまった。

皮肉なことに教会の上層部にも、非キリスト教の宗教文書が没収され処分されるのを目にしつつも、その価値を認めている人々はいた。コンプルトゥム多国語対訳聖書は、後のアントウェルペン版すなわちプランタン版多言語聖書（一五六八‐七二年）と同様に、ヘブライ語とアラム語の資料に大きく依拠している。また、また検閲官兼バチカン図書館司書のグリエルモ・シルレトは言うに及ばず、アルフォンソ・デ・サモラ（一五四四年没）、サンテス・パニーノ（一五四一年没）、ベニート・アリアス・モンターノ（一五九八年没）などのヘブライ学者は、その知性によって教皇庁でも王宮でも高く評価されていた。初期近代を通じていくつかの主要な大学では恒常的にヘブライ語講座が開かれ、カトリックにせよプロテスタントにせよウルガタ訳やその他の聖書の改訂には、ヘブライ語の学問的知識が不可欠だった。タルムード、ラビの注解書、カバラ文献などと並んでヘブライ語聖書が、キリスト教徒とユダヤ教徒双方に向けてキリスト教印刷業者の手で印刷されることもあり、その多くはスペインやポルトガルの異端審問を逃れたユダヤ人から直接専門的な助言を受けていた。

タルムードやユダヤ教関連書籍に対する反感は、十六世紀半ばユリウス三世（在位一五五〇‐五五年）の時代に復活した。ローマやイタリアの諸都市では公に焚書が行なわれ、「タルムード」（Talmuth）は

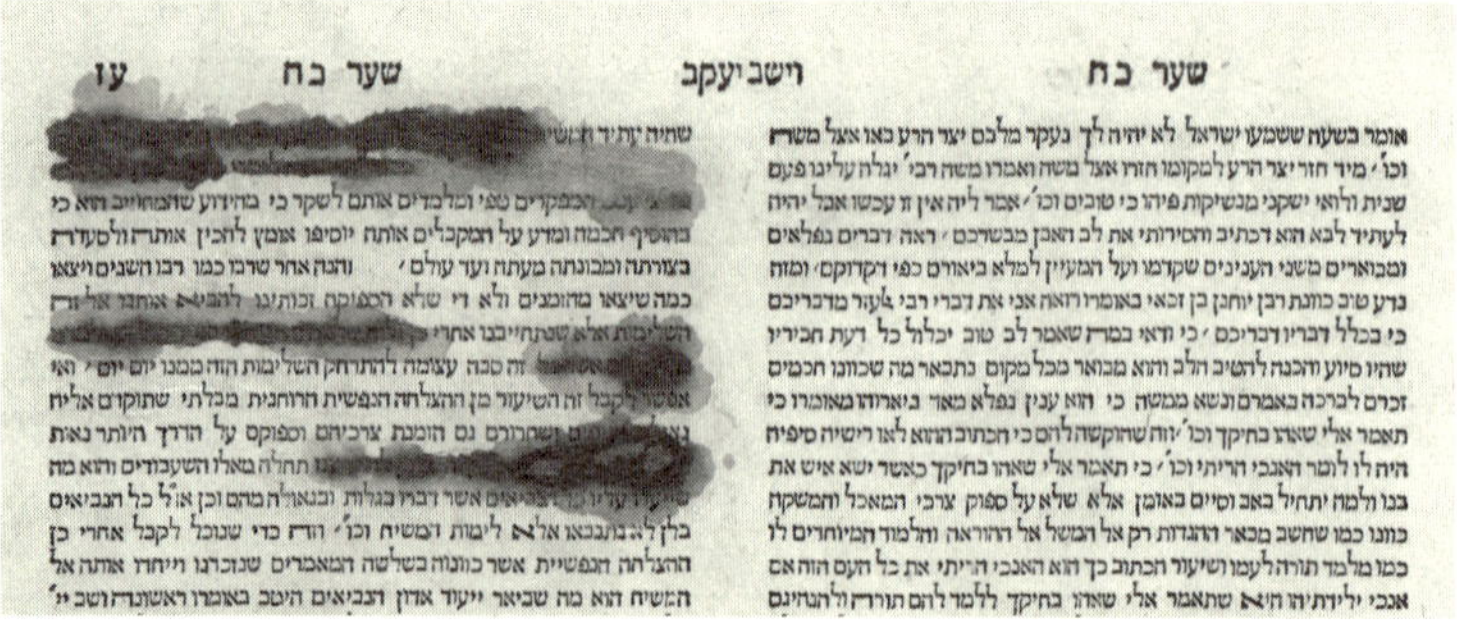
שער כח　　　וישב יעקב　　　שער כח　עז

[redacted]

ラビ・アイザック・ベン・アラマ「イサクの犠牲」(*Akedat Yitzak*)(ヴェネツィア、1546年)より、ドメニコ・イェルシャルミによって部分的に削除されたページ。

一五五四年のヴェネチア目録や、一五五七年、五九年のパウルス四世のローマ目録に掲載されることになった。ただし一五六四年のトリエント目録では、「タルムードという書名を付けず、キリスト教への侮辱や中傷を含まない限りにおいて許容される」という形で禁令が緩和されることになる[24]。つまり、今後ヨーロッパ・カトリック圏では、ユダヤ教の重要な宗教文書は教会検閲によって部分削除を受けたものしか出版できなくなり、無修正のタルムードの流通はほぼ、イスラム教のオスマン帝国内に限定されることとなったのである。一五九二年教皇クレメンス八世は、タルムードの部分削除に関するトリエント公会議の立場を繰り返し述べ、さらにユダヤ教の祈禱集(マハゾール)の俗語訳を、善良なキリスト教徒(および改宗したユダヤ人)を誤らせるおそれがあるという理由で禁止した[25]。また、プロテスタントのポール・ファギウスが訳したラシやダヴィッド・キムヒによる中世の聖書注解は、一五八一年にポルトガル目録、一五九六年にはローマ目録に掲載された[26]。ヘブライ語の書籍はユダヤ教徒、キリスト教徒双方のために十七、十八世紀を通して制作されたが、検閲(一六二一年に死んだ悪名高いドメニコ・イェルシャルミのような改宗ユダヤ人学者の手によることが多い)の痕跡は、現存する多くの書物にはっきりと残っている。キリスト教検閲は、ヨーロッパに住むユダヤ人の知的活動に大きな影響を与え、ヘブライ語やユダヤ教の書物の利用は常に検閲の対象となり得た。

クルアーンはというと、ローマではスペインほど真剣に扱われることはなかった。一五五九年版目録に「マホメットのアルコラーヌス」（Alchoranus Mahometis）と記載されてはいるが、この禁令は、一五四三年にまさにマルティン・ルターの序文とともにバーゼルで印刷された、中世のラテン語訳のプロテスタントによる改訂版にのみ適用されたようだ[27]。さらに一五九六年のローマ目録には、審問官の特別な許可がない限りクルアーンの俗語訳やそれに「類する」書物を禁止する旨が加えられた[28]。一方、カトリックとプロテスタントの学者はともに、「オリエントの」言語、すなわちアラビア語、ヘブライ語、ギリシア語、アラム語（カルデア語としても知られる）、コプト語、アルメニア語、ペルシア語、そしてゲエズ語やアムハラ語といったエチオピア言語などの有用性に、新たに関心を持ち始めていた。これらの言語が、聖書やそれ以外の知恵の書の神学的、言語学的な謎を解く鍵となるのではと期待されたのである。また、異国の宮廷や、同盟者となりえる人々――たとえばオスマン帝国の周辺や内部に暮らす東方キリスト教徒など――との交流にも役立つとされた。さらに、こうした異国の言葉の習得は、全人類の魂に普遍的な影響力と責任をもつと主張するローマ教皇権にこそふさわしいと考えられた。そのため、一五八四年ローマ教皇グレゴリウス十三世は、アラビア語を話すマロン教会の聖職者のためにローマ神学院を設立し、十八世紀初めにはクレメンス十一世のもとでバチカンのオリエント書籍コレクションが大いに増加した。そして、教皇や異端審問官がこぞって強く反対したにもかかわらず、一六九八年ついに目録省は、高名な神学者で教皇聴罪司祭のルドヴィコ・マラッチによる二巻本のクルアーン本文、その翻訳、そして（きわめて敵対的な）注解の出版を許可することとなった。つまり、スペインでは異端審問官がアラビア語やヘブライ語の本の所有者を容赦なく迫害し、検閲官が目録に載せるべき書籍について協議していた一方で、ローマではそうした本の一部が嬉々として図書目録に分類され、調査され——選ばれた専門家だけを対象に——慎重に出版されたのである。

植民地の検閲

スペインやポルトガルでは、イスラム教徒やユダヤ人の共同体が、強制的な改宗、文化的同化、暴力、虐殺によって破壊されたが、こうした先例は後にアメリカ大陸やアフリカ、アジアの一部で行なわれた大量虐殺を伴うヨーロッパ植民地主義の練習場としての役割を果たすことになる。タルムードやクルアーンと同様に、時に現地の人々の宗教や文化の保全に不可欠な文書が禁じられ、それらを生み出した共同体から奪われることもあった。植民地での経緯については禁書目録にはほとんど記録が残されていない。いわゆる「異教徒」に関する文書は、ほぼ例外なく聖書に基づく教育しか受けてこなかった人々にとって、「聖典」と認識されなかったためだ。また、現地の文化的創造物の多くは、たとえ文字で書かれていても、教会の検閲官には「書物」として認識されていなかった可能性がある。禁書目録に掲載されるのは、実際に先住民の文書がヨーロッパ言語に翻訳され、物理的に近代ヨーロッパのコデックス（冊子本）の形で印刷された場合など、ごく例外的な事例に限られた。たとえば、『北アメリカの未開のイロコイ族の長、チオコイヒコイの黙示録』（*Apocalypse de Chiokoyhikoy, chef des Iroquois sauvage du nord de l'Amérique*）と呼ばれる文書が[29]、一七七七年フィラデルフィアで出版され、一七九〇年スペイン異端審問の禁書目録で禁書となった。しかしいずれにせよ、膨大な破壊が行なわれ、それを正当化するために禁書目録検閲の先例と論理が利用されたのだった。

アメリカ大陸では、ディエゴ・デ・ランダやファン・ペレス・ボカネグラら宣教師が、キリスト教以前の慣習をすべて排除しようとするあまり、（偶像や神殿だけでなく）マヤ・コデックスやインカのキープの破壊を主張した。こうした破壊は、はっきりとスペインのコンベルソやモリスコを引き合いに出して、新改宗者は背教の危険が高いという理由で行なわれることもあった。こうした根絶運動は当然のことのようになされ、アメリカ先住民の禁じられた情報やその伝達手段については、禁書目録に記録すらされなかった。破壊する側が時間を割いてまで対象物の著者や題名を知ろうとすることはめったになかったからだ。旧世界では徹底して行なわれた文化的大虐殺は、ここでは場当たり的に、時には無造作に行なうことが可能だった。しかし抵抗が無駄に終った場合でも、必ずしもすべてが破壊されたわけではない。教会の支配層の間で、キリスト教の学者にとって先住民の書物が価値をもつ可能性が問われれば、ユダヤ教やイスラム教の書物と同じく、常に例外を設けることができた。伝統文化の伝達を阻止することで、現地の改宗者の霊的な幸福を「守った」後は、新世界の資料を珍しい見本としてヨーロッパ本国の図書館の蔵書目録に分類し、保存すればいいだけのことだった。マヤ、アステカ、インカなどアメリカ先住民の貴重な文献が残されている図書館の中でも、教皇庁の豊かな蔵書がその事実をなにより物語っている。

共同体固有の情報伝達の流れから非キリスト教の文書を排除することは、植民地の「新キリスト教徒」をその「危険な」内容から守るための第一歩に過ぎなかった。これらの文書を正統な教えに置き換える仕事が残されていたが、改宗者（その多くが新しい信仰に熱心とは言えない）が自分勝手な判断で正当な教えを乱用する危険もあった。イベリア半島の改宗者や、プロテスタントに脅かされたヨーロッパの「古い」キリスト教徒に対するのと同じく、新たに洗礼を受けた先住民に対して、教会の指導層はその宗教生活をどう管理し規制するべきか、という問題に直面した。どうすれば問題の多い翻訳聖書に頼らずに聖書のメッセージを効果的に教えることができるだろうか。スペイン系ユダヤ人の場合、問題は比較的簡単だった。大半のユダヤ人は主要なロマンス諸語をすでに習得していて、ウルガタ訳聖書でさえ「古い」キリスト教徒と同じように理解することができたからだ。農村地帯のアラビア語を話すモリスコの共同体では同化は遅く、十六世紀後半には実験的に、アラビア語の特別なカテキズムが導入された。これは説教者が「とらわれの聴衆〔放送や話などを無理に聞かされる聴衆・視聴者〕」に対して、キリスト教の簡単な教えを発音通りに読み上げるというものだった。禁書目録により聖書翻訳が全面的に禁じられていたため、福音書に基づいた高度なメッセージを伝えることはほぼ不可能だった。複雑な宗教的真理を、初歩的なカテキズムという半端な手段で、しかも説教者自身が十分に理解できない言語で伝えるという試みに対し、すぐに不満があらわになる。バレンシア大司教フアン・デ・リベラのような熱心な宣教者でさえ、最終的にカテキズムによる教育の失敗を認めざるを得ず、その上モリスコは愚かで頑固で、善良なキリスト教徒にはなれないと結論づけた。その結果、強制的に洗礼を受けさせられたイスラム教徒のうちまだ異端審問官の犠牲になっていなかった者は、一六〇九年から数年の間にスペインから追放され、北アフリカのイスラム圏の港へ渡った。

これもまた、アメリカ大陸での悲劇の先例となった。トラテロルコのサンタ・クルス学院に所属するアステカ人とスペイン人学者との間で、初期には実りある知的交流が行なわれていたが、後に禁書目録が俗語聖書を禁止したため、聖書を現地の言葉に翻訳する可能性はほぼなくなった[30]。代わりに十六世紀後半には、ひと握りの宣教師を除けばほとんど理解できない言語を話す人々に信仰の基本原理を伝える手段として、おもに簡略化したカテキズム（それ自体が厳しい検閲の対象となる）が使用された。後に先住民の共同体に彼らの言語で聖書を提供する取り組みも見られたが、これはほぼプロテスタントの手によるものだった。たとえ先住民と入植者の間に処遇の公平性や友好関係の裏付けがなくても、聖書そのものに奇跡を起こし改宗を促す力があると信じられていたためだ。たまたま、こうした先住民の言葉で書かれたプロテスタントの宣教用聖書や関連する宗教書を見つけた場合、スペインの異端審問官はそれらを禁止するための措置を講じた。[31] こうした対応の失敗は予想どおり目を見張るもので、何世紀にもわたる誤解と軽蔑の土台が築かれることになった。ヨーロッパの植民者は、断片的で理解しづらい方法で教えた宗教を、先住民が必ずしも完全に受け入れないという理由で、彼らが知的に劣ると確信するようになったからである。しかも教える人々の大半は現地の言葉を話すことができず、代わりに暴力や盗み、伝染病の拡散を通して伝えたのであった。

アフリカやアジアの多くの地域は、地理的人口学的要因、生物学的疾患、政治競争といった多種多様な要因によって、植民地主義による恐怖を「新世界」ほどは受けなかった。とはいえ、初期近代ヨーロッパのカトリック教徒が植民地入植者として自らの地位を確立し、自らの宗教体制を押し付けようとした地域では、いずれにせよ似たりよったりの姿勢が見られる。北アフリカのイスラム地域では、一五〇九年にスペインの軍隊がオラン（現在のアルジェリア）でアラビア語の書物を焼いたように、十字軍的な暴力と人種差別的な行動様式が定着し、そのまま残っていた。一方アンゴラ、カーボベルデ、モザンビークなどのポルトガル植民地では、十六世紀を通して、現地の人々は無視されるか、数は少ないが同化することもあった。たとえばコンゴやアンゴラでは、少数だがポルトガルとラテン語を十分に学び、司祭となったアフリカ人もいた。しかし、教会が聖書や神学の教義を細部にわたって完全に管理しようとした結果、まもなく、中途半端に同化したアフリカ人が信仰を「堕落」させるのではないかという疑念が生じることになった。結果としてアメリカ大陸の先住民と同じく、アフリカ人が司祭になる道（ひいては聖書を読むこと）は、十六世紀末以降ますます制限されることになる。キリスト教国であるエチオピアでも同じ動きが見られた。当初エチオピアはオスマントルコに対する同盟が期待され、特に一六二二年に皇帝スセニョス一世がカトリックに改宗して以降その傾向が強まった。しかし、スセニョスの顧問であったポルトガル人イエズス会士が、軽率にも何度かキリスト単性説派の書物を押収して燃やしたことで、じきに現地の聖職者や民衆がローマ教皇による正統性の基準に従う意志がないことが明らかになった。彼らは反乱を起こし、報復として宣教師の本を焼き払った。その結果、ローマ教会とエチオピア教会の交流は、それまで何世紀にもわたって続いてきた状態、すなわちカトリック側としては、ときおり行なわれる使節団の派遣や学術交換といった、教皇の図書館に異国の資料が加わる時に意識される程度の関係に戻ってしまった。

一方、アジアでは、フィリピン、日本、中国、インドの一部で、カトリック宣教師の小部隊が最前線で現地の人々の改宗に取り組んでいたが、ここでも自分たちの宗教を新しい文化や言語の文脈にどう変換するかという問題に直面した。いわゆる「マラバル典礼」「マドゥライ典礼」「中国典礼」をめぐって論争が起こり、イエズス会を中心とする一部の教会指導層は、表面的、文化的に（服装、儀式、宗教用語など）キリスト教を現地の望みに沿う形に適応させる必要があると主張したが、これは異端に続く道だと考える者もいた。フィリピンではイスラム教徒がいたために問題はより簡単で、モロ〔フィリピンのイスラム教徒〕と呼ばれる人々についてはスペイン本国のモリスコと同じに扱えばよいとされた。インドでも、タミル・アルウィー語（修正アラビア文字を使用）で書かれたイスラム教の書籍は、たんに没収し焼却された。ただしインドでは、より古い時代のシリア語（マラバル語）聖書を使う「トマス派」キリスト教徒の存在が明らかになり、さらに仏教徒、ヒンドゥー教徒、ユダヤ教徒が長年にわたって共存していたことから、状況は複雑だった。最終的にポルトガルの異端審問官は、一五九九年のディアンペル教会会議の後、ネストリウス派の異端を理由に数多くの現地のキリスト教書物を、禁書目録に掲載することもなくあっさりと焼却してしまった。しかし同時にロベルト・ノビリのようなイエズス会士は、ヴェーダなどヒンドゥー教の聖典には価値がある（また、おそらくキリスト教の霊的な意味合いを含む）と主張した。ノビリの寛容な宣教方法は強い抵抗を受けつつも、一六一六年教皇パウルス五世によって、一六二三年には再度グレゴリウス十五世によって承認された。その結果、批判や議論は長いこと収束しなかったものの、ヒンドゥー教の書物が公式に教会の検閲対象となることはなかった（インドの政治や人口の現実を考えれば、いずれにせよ強制は不可能だっただろう）。

同じように中国や日本でも、マテオ・リッチらイエズス会士が、仏教や道教、そしてなにより儒教の慣習とキリスト教の規範を効果的に融合させることは可能だと主張した。さらに、『論語』など儒教の書物を、キリスト教の霊的、哲学的伝統との類似性を強調する形で翻訳、翻案する者もいた。ここでもまた、文化的適応の問題をめぐる「中国典礼」論争は、禁書目録の紙上ではなく、カトリックの修道会（おもにイエズス会、ドミニコ会、フランシスコ会）や教皇庁における神学論争という形で行なわれた。それでも、最終的に決着をつけたのは禁書目録だった。はじめにクレメンス十一世（一七〇四年）、次いでベネディクトゥス十四世（一七四二年）が「東方典礼」の許容に反対を表明して、以後この件について議論することを禁じ、その決定は一七五八年のローマ目録の一般教令に明記された[32]。イエズス会士がこれらの典礼を許容することに対する論争も検閲対象となった[33]。つまり、この場合の検閲は、中国（あるいは他の「東洋」）の宗教書そのものではなく、それらについて論じようとするヨーロッパのカトリック教徒を対象としていたのである。いずれにせよ、アジアの大半の地域では教会が政治的な影響力を持たなかったことを考えれば、中国などで非キリスト教徒の間に現地の宗教書が流通し続けるのは防ぎようがなかった。また、イエズス会の翻訳者による書き換え・削除・改訂の技術が優れていたおかげで、最終的にヨーロッパで流通することになったものについては、概してキリスト教徒の感性に障るものではなく、通常の禁書目録の検閲は不要であった。例のごとく、東アジアにおける教会の検閲は、カトリック指導層によって別のカトリック指導層を対象に、カトリックの読者のために行なわれたため、基本的にほぼ内部の問題だった。しかしそれは、非キリスト教徒の共同体にも長期にわたって影響を与えることになる。

これまで見てきたように、禁書目録は、十六世紀半ばまでヨーロッパで支配的だったカトリックの教義と対立する「異端」的な印刷物を食い止めるための手段として始まり、やがて必然的にプロテスタントによる「聖書」そのものの出版、翻訳、研究に対する検閲へと広がった。しかし、あらゆる敬虔なキリスト教徒にとって聖書が魅力的なことは否定しがたく、カトリックが使用できるのは伝統的なラテン語ウルガタ訳聖書のみというトリエント公会議の一見強硬な主張には、たちまち多くの「物言《ものいい》」がつけられた。新しい英訳カトリック聖書の普及に努めたウィリアム・アレンや、プロテスタントの支配地域で活動するその他のカトリックの聖書訳者の取り組みは、教会に受け入れられたが、その一方で、異端審問官はこうした俗語聖書に対し――また実際に教皇の承認を受けたラテン語のウルガタ聖書の改訂に対しても――慎重な監視と流通の制限を主張した。めまいがするほど複雑な初期近代の聖書研究の世界に関して言えば、聖書本文を管理するための戦いは、おそらくきわめて重要なだけでなく非常に厄介でもあった。

聖書の非ヨーロッパ言語への翻訳は、それ自体はさほど目新しいものではなかったが、同じ時期に植民地政権が、発展しつつあったヨーロッパ文化の優越性の概念とキリスト教の両方を新しい土地に広め始めたため、より大きな関心を集めた。時には、聖書の真意を新たに発見するために、喜んで異なる版の聖書や補助的な聖典を研究する者や、アフリカ、アジア、アメリカの現地の知識人と（さらにイスラム教徒やユダヤ教徒とさえ）協力することで、霊的な洞察を分かち合えるかもしれないと考えるカトリックの神学者もいた。しかし、こうした交流は往々にして弾圧され禁じられた。ヘブライ語やアラビア語の書物に関しては、特にユダヤ教やイスラム教からの新改宗者の疑念を煽るおそれがあるとされ、タルムードやコーランに関わる文献は、同時代のキリスト教徒には独占的に利用され続けていたにもかかわらず禁書目録で全面的に禁じられた。その他、非キリスト教の宗教書や分離教会に関する書籍も、大量に押収、破棄されたが、こうした検閲の記録が禁書目録に掲載されることはほとんどなかった。植民地の高等学校や神学校は、当初は新改宗者や聖職者候補にキリスト教の神秘を教えることを目的としていたが、教会主導の「検閲」が主張を増すなかで、結局は閉鎖され、学生用の宗教的な論文や聖書の高度な翻訳も抑制された。その代わりにごく表面的な宣教用カテキズムと質の低い（しばしば非人道的な）ミッションスクールが出現することとなり、予想通りの結果を招いた。

　非キリスト教の聖典や、エチオピアやインドの「異端」とされたキリスト教の聖典を、ほとんど（もしくはまったく）文書に残さず、手続きもふまずに押収して焼却することは、体系的で規範的な禁書目録検閲の実施とはかけ離れていた。マルティン・ルターやウィリアム・ティンダルなど、ヨーロッパのプロテスタントの聖書や聖書注解（その他、物議を醸すことの多いラモン・リュイやデジデリウス・エラスムスといったカトリック信徒による霊的著作）はすべて、教会による公式の規制対象として、指定された専門家が慎重に調べて正式な報告書をまとめた。しかし非ヨーロッパ系文書は、十分に理解や管理ができない文書を潜在的に脅威ととらえる教育レベルの低い祭司によって、現地で処理されてしまうことが多かった。その結果、口頭伝承に加えて貴重な写本や碑文がほぼ完全に失われ、植民地の人々はさまざまな面で古くからの宗教的霊的伝統から永久に切り離されることになったが、公式の禁書目録の記録にはそうした排除の痕跡すら明確に残されていない。

　このような、非人道的で場当たり的で無分別な破壊行為は、すべての地域で行なわれたわけではなかった。植民地支配が不可能な（もしくはなかなか進展しなかった）地域では、カトリック宣教師が非ヨーロッパ系の宗教書に接するようになり、「東洋学」研究の持続的な向上につながった。特に十七世紀以降、儒教やヒンドゥー教、その他インドや日本の異なる宗教伝統に接触した際にそれが顕著だった。決定的な違いは、これらの書物が主としてヨーロッパのカトリック社会に、またグローバル化が進む教会の多くの洗礼志願者に対して、どの程度脅威となり得るかという点にあった。そのため、ラテン語で書かれた難解な中国の学問のダイジェスト版がヨーロッパの知識人の間で流布しても、スペインのモリスコが保持していたクルアーンとは対照的に、検閲官の注意を引くことはなかった。そもそも儒教の書物に関して言えば、中国国内での流通を阻止することなど不可能であり、「中国典礼」の擁護者には全面的に受け入れられていた。同様に、英語（やその他のヨーロッパ言語）の翻訳聖書は、教会当局の承認がある限りは、ウィリアム・アレンのような厳格なカトリックの検閲官にも受け入れられ、望ましいとさえ考えられた。こうした聖書がなければ、その地域のキリスト教徒は容易に入手できるプロテスタントの聖書を頼ってしまうと考えられたからだった。

しかしこのような配慮は、近代に至るまでスペインやイタリアのキリスト教徒には適用されなかった。より効率的にプロテスタントの書物を遠ざけ、ラテン語ウルガタ聖書だけを受け入れさせることができると期待されていたのだ。何より悪いことに、南北アメリカ大陸などの植民地では、キリスト教を新しい環境に適応させるのではなく、先住民の言語や文化を破壊する方向に教会当局が傾いていったせいで、こうした気配りは一切なかった。禁書目録に正式な記載がないにもかかわらず、先住民の霊的な文書や、聖書の現地語翻訳に対する検閲は、カトリック教会が新世界に与えた損害のなかで最も影響が長引いたもののひとつとなる。このような非寛容な態度は、多分に盗用的なオリエンタリズム研究がもたらす歪んだ影響、あらゆる種類の「異端」的なキリスト教思想に対する禁書目録検閲の直接的な影響とあいまって、必然的に「大航海時代」における多くの知的共有の可能性を閉ざし、その過程で人類の精神史を非常に貧しいものにしてしまった。

第6章　魔術と科学を検閲する

一六〇〇年二月八日、ひとりのドミニコ会修道士が公式に身分を剝奪された。彼は宗教的権威を示すすべての印を剝ぎ取られ、修道服やトンスラだけでなく、かつて聖油を塗られた指や手のひらの皮膚まで削り取られた。さらに、異端審問の禁令により、今後この元修道士の数多くの著作（『魔術論』、『キルケーの呪文』、『傲れる野獣の追放』といった挑発的な題名が並ぶ）は禁書となることが告げられた。その九日後の「灰の水曜日」、ローマ中心部のいつもは賑やかな市のたつカンポ・デ・フィオーリ広場で、男は口を封じられ、木の杭に縛られて、生きたまま焼かれた。今日この場所にはノーラのジョルダーノ・ブルーノの死を記念するブロンズ像が立ち、広場に集まる花売りや観光客の上に暗い影を落としているが、多くの人々は四百年以上も前にここで起こった恐ろしい出来事を知らない。

しかし、ブルーノの著作はそう簡単に禁書となったわけではない。彼は黒魔術や悪魔召喚に精通した大胆な自由主義者であるとしても、同時に深い霊性をもった優れた科学者としても知られており、カトリック教会内部でもさまざまな立場の人々がその扱いをめぐって争い、審議には数年を要した。ブルーノが最初に疑われたのは、一五六六年、まだ十代の修練士の頃に自分の独居房から聖像をすべて撤去し、宗教上の問題で周囲と争ったことがきっかけだった。その後、この若い修道士は、禁書を密かに読んだという理由で（その中には彼が修道院の便所に隠していたエラスムスの『聖書注解』もあった）告発され、最初はジェノヴァ、次にヴェネチア、そして一五七九年プロテスタントのジュネーヴに逃亡を余儀なくされた。しかし、スイスのカルヴァン派の間でも受け入れられず、その後フランス、イギリス、ドイツを旅し、自分の科学理論を広めてゆく。一五九二年、最終的にヴェネチアに戻り、ラモン・リュイによる記憶術を教えて金儲けを目論んだが、金持ちの後援者と仲違いしたあげく地元の異端審問官に告発され、逮捕された。数か月後、ブルーノはローマの異端審問に引き渡され、さらに七年の裁判を経て、教皇クレメンス八世と異端審問官枢機卿によって最終的に有罪判決が下された。

　衝撃的な処刑の後も、非効率な手続きのせいで、ブルーノの名前が禁書目録に載るまでには時間がかかった。一六〇三年、教皇宮廷神学顧問（ブルーノと同じドミニコ会士、ジョヴァンニ・マリア・グァンツェッリ）によって、彼の全著作（opera omnia）を他のさまざまな著者の文書とともに禁ずる長い法令が出された。しかし、発令があまりに遅かったせいで、クレメンス目録の再版と一六一二年のスペイン目録には掲載されなかった。教皇アレクサンデル七世のローマ目録の改訂版に「ノーラのヨルダヌス・ブルーヌスのすべての書籍と論文」（Iordani Bruni nolani libri, & scripta omnia）が追加されたのは、ようやく一六六四年のことである。一方、禁書の知らせはスペインにも届いたが、どうにも不正確な形で伝えられた。一六三二年のスペイン目録では、「Iordanus Bruerus Holanus, phil.」（ヨルダヌス・ブルエルス・ホラーヌス、学者）という人物の著作が糾弾されている。この誤りは、誰のことだかわからないまま書きつがれていったことで、ついに一七九〇年には、「Bruerus (Jordanus), Holland.Philol.1 cl.」（「ブルエルス（ヨルダヌス）、オランダ、文献学者、第一級」）という、実在しないオランダ人文献学者が第一級の非難を受けることとなる。(1)

　ブルーノが格段に厳しい扱いを受けた原因についても、完全に明らかではない。彼の不従順さ、知的なプライド、強情な性格も一因だろうし、プロテスタントと公然と広く付き合っていたことも、不利に働いただろう。しかし、ブルーノの裁判に関する重要な書類の一部は、残念なことに、後にナポレオンに押収されてパリに送られるローマの異端審問記録の中にあった。これらは、ワーテルローの戦いの後に、ボール紙用にパルプ化されるか、魚の包装などに使われて散逸してしまった[2]。ブルーノの裁判とその過酷な結末を理解するためには、告発の概要やその他の付属資料に頼らざるを得ない。これらの資料

エットーレ・フェラーリ《ジョルダーノ・ブルーノ像》、1889年、ローマ

から、死刑判決のおもな要因が彼の宗教的異端性、魔術、科学的革新性のいずれにあるのか、研究者は長いこと議論してきた。しかし、この三つの境界線は、当時の審問官にとっては今よりもはるかに曖昧だった。「魔術」（さらには「悪魔の技」）に関する著作が、今日では「科学」史において画期的な成果とされる書物や考えと並んで禁止されたが、こうした状況を理解するためには、中世末から初期近代の人々にとって、魔術や科学という言葉が何を意味したのかを知る必要がある。数学、物理学、医学、社会学など、現在「科学」と呼ばれているものはすべて、前近代の教会当局の目には、宗教と密接に結びついていた。そして、より邪悪で神秘的な力とも結びつく可能性があったのである。

ブルーノやガリレオ・ガリレイなどの有名な例から、ジェロラモ・カルダーノやジョヴァンニ・バッティスタ・デッラ・ポルタのようなやや知名度の低い人物まで、禁書目録では多くの著者や文書が（宗教的、虚偽的内容ではなく、むしろ）「科学的」な内容を理由に検閲対象となった。教会当局は、今日「魔術」と呼ばれるような知識や行為に対しても、（決して全面的にではないが）難色を示した。同時に、この検閲の性質と範囲については、過去にしばしば見られたような誇張は避けるべきだろう。カトリック教会は全体として、露骨な「反科学主義」ではなかったし、一部のプロテスタントや近代の世俗主義者が主張したよりも、実際には多くの魔術師や魔女に対して寛容であった。それどころか、ローマは初期近代のほとんどの時期を通じて、最先端の科学思想の中心地として知られていたし、教皇や高位聖職者のなかには、知識や研究の分野で当時の最も熱心な後援者に数えられる人々もいた。さらに、カトリックの国々でも魔術師が訴えられる危険は常にあったが、実際に最も激しい「魔女狩り」の一部は、プロテスタントや世俗権力が主導したものだった（一六九二年頃マサチューセッツ州セイラムで行なわれた魔女狩りなど）。カトリック教会の科学や魔術に対する考え方は、その種類に関わらず、曖昧で、複雑で、首尾一貫しなかった。検閲の多くの点と同様に、あらゆる知的逸脱を根絶しようという狙いはもちろんあったが、（少なくとも）それと同じくらい、教会の権威を維持し、キリスト教徒の魂の幸福とされるものを守ろうとする傾向が強い。したがって、目録に掲載されたものだけでなく、省かれたものやその理由について注視することもまた、興味深い。

魔術の検閲

ラテン語のマグス（magus）はもとはペルシアの賢人を意味し、通常は現在のイランに当たる地域のゾロアスター教の祭司を指す言葉だった。聖書では、マタイによる福音書二章一－一二節に、星の印を読み取り東方からやって来た「マギ」（magi）が、赤ん坊のイエスを礼拝する物語が語られる。異なる宗教的伝統を持つ賢者には不思議な力があるのではないかという考えは、前近代のヨーロッパでは一般的で、必ずしも悪いことではなかった。あらゆる職業や階層の人々が超自然的な力を信じ、こうした力を使えるのは秘密の知識を持つ人々だと信じていた。遠い国から来た人々は、まさにこの種の知識を持っている可能性があるとしてしばしば探し求められた。聖書の時代から古代ローマ時代を通して、ペルシア人は偉大な魔術師であるとされ、中世にはユダヤ人やイスラム教徒もしばしば同様に考えられた。植民地時代にも状況は変わらず、初期近代のアフリカ、アメリカ、アジアの賢人たちは、貴重な奥義に通じているとみなされた。

こうした人々が使える「魔術」（magia）はさまざまであり、種類に応じて評価された。中世では多くの人が、ある種の超自然的な行為は違法ではなく、賞賛に値するとさえ考えていたため、知られている限りでは「魔術」の全面的な禁止はなかった。たとえば、星や自然現象（地、火、水、手相など）を専門家に解釈してもらえれば、未来の予測や問題の解決に役立つかもしれず、ほれ薬を使えば恋愛の障害を克服できるかもしれない[3]。同様に、特別な言葉、薬草、石やその他の物質には治癒力があると信じられ、それらを組み合わせ、時には像やお守りといった特別な形に整え、星が正しい位置にある時に使用すると、効果が高まると考えられた。今日ではこれらは魔術のように思えるが、中世のほとんどの人々にとっては、治療や社会の向上といった良い目的のために使われる知恵にすぎなかった。つまり、現在我々が考える「科学」とほぼ同じものである。問題となるのは、悪い魔法を使って文字通りの「悪事（maleficium）」〔maleficiumには「黒魔術」という意味もあった〕が行なわれた場合である。賢者が呪文や薬草、石などを用いて人を呪う、毒を盛る、騙すなどした場合（あるいは媚薬を用いて望まぬ人を思い通りに操った場合）、犯罪者と見なされ、厳しく罰せられる可能性があった。しかし、「魔術」そのものは問題ではなく、悪用して人に危害を加えることが違法だったのである。魔術は善にも悪にも使える道具であったが、「本物か」と疑う人はもちろんのこと、その使用に疑問を抱く人もほとんどいなかった。

一方Scientia（スキエンティア）は、広く「知識」を意味するラテン語だが、とりわけ大学や修道院で学者が習得するような専門知識を意味していた（ただし、見習い制度などを通じて習得される専門技術を含む場合もあった）。近代の実験的手法が登場するはるか以前、最も博識な学者に求められたのは、なによりも書物に記されている古代人の教えから知識を得ることだった。たいていは「古いほど良い」とされ、「曖昧であるほど良い」とされることもあった。当時はまったく正統派の学者であっても、失われたあるいは隠された秘密の知識を習得できるという考えに心躍らせる人は多かった。たとえば、後に「驚異博士」（Doctor mirabilis）と呼ばれたイングランドのフランシスコ会士ロジャー・ベーコン（一二九二年没）が挙げられる。彼は古代知識の探究や時に魔術的ともいえる奇抜な実験で知られていた。また、聖トマス・アクィナスの師であるアルベルトゥス・マグヌスも同様である。アルベルトゥス（一二八〇年没、一九三一年に列聖され教会博士の称号を贈られる）はドイツのドミニコ会士で、神学のみならず占星術や錬金術、占いなどの知識で広く知られていた。実際にその名声は非常に高く、後に魔術に関する多くの著作が彼の名前で流布するほどで、なかには禁書目録に掲載されたものもあった。[4]

十三世紀末にはより邪悪な種類の、とりわけ悪魔の力を借りる類の魔術に対する懸念が高まった。神学者たちは一見問題のない魔術でも実際には悪魔の力に頼っていると強く主張するようになり、その結果一二九〇年にはパリで、『金星の十の円環について』(*Decem annulorum veneris*)」や「恐ろしい呪文や忌むべき儀式」に関する秘義的書物と並んで、さまざまな占いの方法が司教や異端審問官によって断罪された。[5] 一三〇七年テンプル騎士団に課せられた数多くの罪状のなかには、このような邪悪な慣習も含まれていたし、教皇ヨハネス二十二世は在位中に(一三一六-三四年)、魔術師として毒殺やその他の悪事を働いたと訴えられた人々(高位聖職者を含む)に対して幾度も裁判を開いた。一三二六年、ヨハネス二十二世は悪魔召喚を行なう者はすべて破門に処す旨の大勅書を発し、以後この種のネクロマンシー〔死者や霊を介する魔術、交霊術。もとは死者から知識を得る方法だったが、しだいに悪魔の召喚を指すようになった〕──またこれと関わるあらゆる種類の魔術──は異端的背教行為の一種と見なされるようになった。[6] つまり善良なキリスト教徒なら、教会そのものと神の恵みをもたらす教会の秘蹟だけを頼るべきであり、悪魔の助けを求めてよそに目を向けることは、(たとえ良い結果を得るためであっても)本質的に罪深い行為で、神から離れることを意味した。

ニコラウス・エイメリクスの一三七六年の『異端審問規定書』はこうした傾向を反映し、いくつかの重要な章で、審問官による悪魔召喚者の告発の必要性が述べられている。[7] さらにエイメリクスは書籍検閲についての記述のなかでいくつかの魔術書を挙げ、自分が悪魔的とみなした諸々の俗習のうち、ネクロマンシー、土占い、火占い、水占い、手相占いに関する書物を全面的に禁止するよう(一二九〇年のパリ宣言を直接引用して)審問官に進言している。[8] 同様の見解は、ヨハネス・ニーダーの『蟻塚』(*For-*

micarius）や作者不明の『カタリ派の誤謬』（*Errores gazariorum*）といった著作を通して、一四三一年のバーゼル公会議でも広く共有された。こうした著作は、多くの魔術師や特に魔女たちの間で、悪魔と取引をしてキリスト教信仰を全面的に棄てる傾向が強まっていると警告している。教会に対する悪魔の戦争が予告され、問題の根絶を目指し各地で魔女裁判が開かれた。十五世紀末にはヨーロッパの多くの地域で魔女狩りが盛んになり、一四八六年の『魔女に与える鉄槌』（*Malleus maleficarum*）といった文書が流布したことも、こうした取り組みを後押しした。同様の裁判やマニュアルは初期近代を通じて見られた[9]。

しかし同時に、魔力への憧れは依然として上流階級の間で根強く、実際にそうした傾向は深まっていたようだ。エイメリクスの世俗の主君であったアラゴン王ペドロ四世（在位一三三六－八七年）とその後継者フアン一世（在位一三八七－九六年）は定期的に魔術師に助言を求め、とりわけ彼らがユダヤ人やイスラム教徒の場合は、小うるさい異端審問官を邪魔に感じて追放している。治療のできる魔術師は広く評価され高い報酬を得ていたし、未来を予言できる宮廷占星術師も同様で、彼らは世俗の宮廷だけでなく（おそらく、特に）教養ある聖職者や教皇の間でも評価された。魔術の知識に関して、上流階層による学術行為と村の治療師の民間の知恵との間には、以前から分岐点が存在していたが、古代の秘義を伝えると称する新文書が発見（もしくは創作）されたことで、違いはより鮮明になった。こうした秘義はプラトン、アリストテレス、ソロモン王、そしてヘルメス・トリスメギストスの名で知られる神秘主義的な古代エジプトの魔術師などに関係があるとされていた。

ルネサンスによって新プラトン主義やヘルメス主義的な知識に対する熱意が高まり、さらにユダヤ教のカバラへの傾倒が加わった。五章で述べたように中世後期から初期近代にかけて、一部のキリスト教徒はカバラ文書を使って聖書の理解を深められるのではと考えた。また、カバラは神秘の知識の源として大きな可能性を秘めていると主張する者もいた。このように書物をもとにした高度な魔術の多様化が進んだのは、一四七一年ヘルメスの『ピマンデル』(*Pimander*)を初めてラテン語に翻訳したフィレンツェのマルシリオ・フィチーノ(一四九九年没)、その同業者ジョヴァンニ・ピコ・デラ・ミランドラ(一四九四年没)、ドイツ人ヨハネス・トリテミウス(一五一六年没)とその教え子ハインリヒ・コルネリウス・アグリッパ・フォン・ネッテスハイム(一五三五年没)らが主導したことによる。

しかし、実際にこの四人の有名な魔術の先駆者のうち、十六世紀中に禁書目録に載ったのはアグリッパだけだった。彼の名前は早くも一五四四年の最初のパリ目録に登場し、『学問の虚しさについて』(*De vanitate scientiarum*)を含む三冊の本が明記されている。皮肉なことに、アグリッパはその著書のなかで、違法な魔術だけでなく、より無難な魔術も否定している。こうした姿勢は珍しくなく、すぐにその真の目的が自己防衛のための策略だと知られるようになった。一五四六年、最初のルーヴェン目録の編纂者は、彼の三部からなる『オカルト哲学』(*De occulta philosophia*)を禁じたが、この書物は魔術師の手引き書として初期近代を通じて悪名をはせることになる。アグリッパによるラモン・リュイの注釈書は一五五八年のルーヴェン目録で禁じられ、一五五九年以降のローマ目録でその全著作が禁書とされた。こうした警戒にはもちろん根拠があったが、十六世紀を通じて、その他のヘルメス主義作家の名が禁書目録にあまり登場しないことから、教会当局の強い葛藤がうかがえる。確かに、『哲学者アリストテレスからその弟子アレクサンドロス王への戒めと教え』(*Les commendements & doctrine du philosophe Aristote, a son disciple Roy alexandre*)といった、知名度が低く秘義的な知識を含んでいるかもはっきりしない著作の題名が、さまざまな目録にわずかに見られる程度である。占星術師、医師、数学者であったジェロラモ・カルダーノの著作については、『事物の精妙さについて』(*De subtilitate rerum*)が一五五一年のパリ目録に掲載され、以後数十年のうちに何冊か他の著作が掲載された(ただし「貴重な」医学論文のほとんどは除外された)。しかしトリエント公会議後の数十年間は、魔術に関する検閲はそれ以外には驚くほど少なかった。一五八〇年以降、パラケルスス（一五四一年没）に対する禁令が散見され、一五八三年スペイン異端審問によってデッラ・ポルタの『自然魔術』（*Magia naturalis*）が禁じられたように（この著作は一時的に一五九〇年と九三年のローマ目録にも加えられたが、デッラ・ポルタの名声は一六一五年に死ぬまで保たれた）、単発的な禁令なら常にあった。それでも、トリテミウスの『ステガノグラフィア』（*Steganographia*）がローマの法令で禁書とされたのは、彼の死後一世紀近く経ってからであり（一六〇九年）、一六一二年以降スペイン目録にも掲載されたということは、依然として多くを物語っている。[10]

少し後のジョン・ディー（一六〇八年没）のような悪名高い人物だけでなく、フィチーノやピコといった有名なヘルメス主義学者が禁書目録にまったく登場しなかったのは、不思議ではない。トリエント目録の規準第九――「魔術、毒薬調合（*veneficia*）、占い、予言、呪文（一部「航海術、農耕術、医術に役立つ見解と自然観察」だけは例外とされた）」とともに、土占い、水占い、気象占い、火占い、姓名判断（名前の魔術）、手相占い、ネクロマンシー、占星術に関する書物が禁じられた――に見られるように、ときおり大々的に非難表明がなされたものの、相変わらず多くの権力者は魔術書を使う占い師や占星術師を頼りにしていた。さらに、教会や国家の指導層も、最も忌まわしいとされた一部の錬金術（一般的に悪魔の力を借りる）を除き、非難対象としてほとんど関心を示さなかった。ジョルダーノ・ブルーノ自身は、当初フランスのアンリ三世（その母カトリーヌ・ド・メディシスは熱狂的なヘルメス主義者として知られていた）やイギリスのエリザベス一世などの宮廷で歓迎された。エリザベスはジョン・ディーなどの魔術師の技能や予言を重んじ、流行の先端であったプラハの宮廷でも魔術師は皇帝ルドルフ二世（在位一五七六－一六一二年）に重用された。プラトン主義の哲学者フランチェスコ・パトリッツィ（一五九七年没）もまた、ヘルメス主義の英知に深い関心を抱いていながら（もしくは、だからこそ）、グレゴリウス十三世からクレメンス八世までの在位期間中に教皇庁で受け入れられ、名声を

作者不明《ハインリヒ・コルネリウス・アグリッパ》、16世紀、エングレービング。ここに記載されている没年は誤りであることに注意。

博した。パトリッツィはその著作『新普遍哲学』（*Nova de universis philosophia*）が一五九六年版ローマ目録に載った後、多少なりとも教皇の不興をかい、自著の正当性を擁護しようとしたものの、政治的な理由と病死によって叶わなかった。彼の著作の大部分はその後も流通し、一六一二年以降のスペイン目録で多少削除を受けただけだった。このように、教会の指導層がさまざまな魔術的慣習に強い疑念を抱き、魔女狩りが激化し、一五七八年以降エイメリクスの『異端審問規定書』の再版を受けて（第三章で述べたようにフランシスコ・ペーニャの注釈付）[11]、伝統的な占いでさえ再び悪魔との関係を疑われるようになってはいたが、常に例外が設けられ、パトリッツィの著作よりはるかに疑わしいものを含めて、「魔術的」なヘルメス主義思想に着想を得た専門書はとりわけキリスト教社会の上層部で流通し続けた。

科学の検閲

パトリッツィの『新普遍哲学』にはヘルメス主義の影響が見られるものの、この種の文書が検閲を受けた理由は、魔術的というよりもおそらく今日では科学的な問題と認識される、十六世紀後半から十七世紀にかけての議論と密接に関連している。まずパトリッツィは、地球は地軸を中心に回転しながら移動していると考えた。この説は聖書の教えに反するとして、ドミニコ会士ペドロ・ファアン・サラゴサとイエズス会士ベネデット・ジュスティニアーニによって、クレメンス八世の教皇宮廷神学顧問バルトロメオ・デ・ミランダへの報告書のなかで否定された。パトリッツィは、伝統的なアリストテレスの自然哲学やプトレマイオスの天文学に対しプラトン主義的な攻撃を加えたことで、（おもに教会主導の）科学界全体の威信と権威を傷つけたとして非難された。もちろん、地球が移動していると主張したのは彼が最初でも最後でもなかったが、こうした動きは一部の教会指導者から深刻な脅威とみられるようになっていた。したがってパトリッツィが直面した検閲はまさに時代の趨勢を表していた。後に「科学革命」と呼ばれる事柄に関連する著作や理論は、十七世紀初頭の教会当局にとって、禁書目録初期のプロテスタントやその他の疑わしい宗教文書と同じくらい、重要な攻撃対象となりつつあった。

しかし前述したように、最前線で関わる人々にとって、科学（あるいは魔術）と宗教を明確に区別することは困難だった。サラゴサやジュスティニアーニやその同僚たちは、神の被造物の中心にある地球が固定されておらず動くという見解を受け入れた場合の、宗教的影響——すなわち善良なキリスト教徒の霊的な幸福を無責任に脅かす——を考えた。彼らもパトリッツィと同様に、このような理論がヘルメス主義者やピタゴラス派の魔術師の古代の著書に由来するだけでなく、最新の物理的観測に基づくことは確かにわかってはいた。コペルニクスは一五四三年に『天球の回転について』（*De revolutionibus orbium coelestium*）を著し、惑星の公転・自転とともに革命的な太陽中心説を提唱したが、パトリッツィ（カルダーノや、ジョルダーノ・ブルーノなどの自称天文学者を含む）もコペルニクスと同様に、一六〇九年以降新たな天文学理論を飛躍的に発展させることになる望遠鏡を、まだ利用することはできなかった。それでも、パトリッツィやブルーノのような哲人魔術師も、コペルニクス、ブラーエ、ケプラー、ガリレオ、ニュートンといったより高名な近代の観測・実験科学の先駆者たちと同じく、自然界に関する最も基本的な教会の通説に異を唱え、当時の知的傾向の高まりに寄与した。結果としてこれらの人々は禁書目録に名前を連ねることになる。

教会側の対応は必ずしも徹底的でも、迅速でもなかった。最終的にコペルニクスは死後七十三年経ってから、一六一六年の法令によってローマ目録に加えられたが、掲載されたのは「修正待ち」とされた『天体の回転について』だけだった。コペルニクスについて論じたヨハネス・ケプラーの『コペルニクス的天文学要綱』（*Epitome astronomicae copernicanae*）もまた、一六一九年（最終巻の出版に先立ち）禁書となったが、より影響力のあった『新天文学』（*Astronomia nova*）（一六〇九年）などは特に禁じられていない。ケプラーの前任者ティコ・ブラーエの著作も、スペインで部分削除を受けたものの、流通は許されていた。[12] こうした検閲は徐々に態度が硬化していったことを表しており、ガリレオ・ガリレイの訴訟で頂点に達する。一六一〇年ガリレオは『星界の報告』(*Sidereus nuncius*) を出版したが、その驚くべき観察結果とコペルニクスの説を強力に支持する主張は、ローマ教皇庁内部で深刻な派閥争いを引き起こした。その六年後ガリレオは異端審問の法廷に立つことになるが、ちょうどその頃ついに教皇の検閲官が(多少躊躇しつつも)コペルニクスの説を禁書目録に掲載する方向に舵を切ったことと、無関係ではないだろう。

異端審問や禁書目録とガリレオの関わりについては多くの資料が残されているが、しばしば歴史書の読者にもちゃんと理解されていない。たとえば、当時の教会指導者の意見は賛否両論あった。教会を批判する者は話を単純化して、カトリックは本質的に科学の敵という、いわゆる「黒伝説」を主張する際の論拠として利用してきた。しかし、ガリレオ裁判は科学思想、信仰、法的議論、政治対立、経済的利益、そして人間的対立などのすべての要因の絡まる非常に複雑な歴史的悲劇であり、ガリレオのキャリア、つまりピサでの初期の研究に始まり、フィレンツェのメディチ家の宮廷における恵まれたキャリアを経て、アカデミア・デイ・リンチェイの会員となってローマ教皇と交流を持つようになり、最後に一六一六年と三二年の二度にわたる高度な異端審問の公判に至るすべての段階が、この悲劇に深く関わっていたというのが真実だ。

この問題を詳しく扱うことはこの章の限界を超えるため、ここでは以下のことを指摘するだけで十分だろう。ガリレオは、教会の高位の支持者からはたぐい稀な天才と賞賛される一方、他の人々からは傲慢で危険な自己宣伝家であり、教皇の権威や周囲との見解の一致よりも(たとえプロテスタント相手であっても)怪しげな自説の売り込みを優先させる人物として不信感を持たれていた。彼らにとって権威と見解の一致は総じて教会の利益とほぼ同義であったからだ。どちらの人物像にも複雑な事情やもっともな点はあるだろうが、いずれにせよ結果は変わらない。一六一六年ガリレオはコペルニクスの太陽中心説に関する最も大胆な主張を撤回するよう勧告され、(かつての「助力」論争の際に沈黙を強いられた神学者と同じく)今後この問題について論じることを禁じられた。しかし、ガリレオはその後も研究を続け、一六二三年にかつての友人ウルバヌス八世が教皇に即位すると、『天文対話』(*Dialogo sopra i due massimi sistemi del mondo*)の出版を決意する。一六三二年に出版されたこの著作は、先に課された制約に違反し教皇を個人的に侮辱する行為だと広く認識され、一六三四年に断罪されたが、実のところガリレオの全著作のなかでローマ目録に掲載された唯一の作品だった(コペルニクスやケプラーと同様にガリレオもスペイン目録に載ることはなかった)。この天文学者はその後の人生を自宅に軟禁された状態で過ごしたが、一六四二年に亡くなるまで執筆を続けた。ガリレオの最後の重要な研究である『新科学対話』(*Discorsi e demostrazioni matematiche intorno a due nuove scienze*)は、一六三八年密かにプロテスタントのオランダの出版社に送られ、カトリックの検閲による干渉を免れて広まった。

コペルニクスの説が禁書目録に掲載されガリレオが異端審問に告発されるやいなや、誕生したばかりの国際的な「学問の共和国」のいたるところで非難の声が上がり、最終的に太陽中心説が科学的な正説として認められたのちは、この出来事はカトリックの誤謬の象徴とされるようになった。一方ジョルダーノ・ブルーノの魔術的、霊的実験は、複数の太陽系の存在、他の惑星の生命体、月の植民地化の可能性といったテーマをめぐる彼の突飛な思考と同様に、最近まであまり共感を得られなかった。実際に、大胆な新理論や実験が首尾良く現代の科学的成果として確立した後で、振り返って賞賛するのは簡単だ。しかし、そうではない場合、いかさま師や夢想家の戯言として簡単に否定されてしまう。十七世紀に活躍した検閲官は、その時代の最良の科学的コンセンサスとされていたものに従い、社会に害を及ぼしかねないジャンクサイエンスを抑制した。今日我々が彼らの決定に賛同できないのは当然だし、彼らが引き起こした損害を嘆くのも無理はない。特に明らかに政治的な影響や能力不足によって公正を欠く結果となった場合はなおさらだろう。しかし、彼らの行動の原因、結果、意味を十分に理解するためには、そのように行動せざるをえなかった歴史的背景の現実についても、考慮する必要がある。

このことは天文学以外の分野にも当てはまる。残念なことに、ガリレオの事例は禁書目録では比較的軽い扱いにもかかわらず、多くのより重要な事例を目立たなくしてしまっている。ジェロラモ・カルダーノは、主として天文学や占星術に関する著作のために異端的だとして告発されたと思われるが、禁書処分は全著作に及んだため、違法性のない彼の数学的発見（主として確率と代数に関する）の普及も阻害されてしまった。ボナベントゥーラ・カヴァリエーリの数学的研究も、後にニュートンによる微積分の発展に不可欠であることが判明するのだが、論争の末、一六三二年に彼の無限小理論はイエズス会とその多くの学校で教えることを禁じられた[13]。この禁令は、その数か月後にガリレオの断罪を画策するのと同じ学者たちによって同じような理由でもたらされたが、結果はさほど劇的ではなかった。このたびのイエズス会の禁令が禁書目録に正式に載ることはなかったが、それでも、宇宙の構造についてカトリック教会の見解を脅かすおそれがある場合、天文学だけでなく数学的革新も許されないということが、カヴァリエーリやその他の学者に対し明確に示された。とりわけブルーノの死やガリレオの軟禁を受けて起こったカリキュラムの抑制、脅迫、自主検閲は、新しい発想を一時的に抑圧するという意味で、時には禁書目録そのものと同じくらい効果的であったことがうかがえる。

政治色の薄い医学の分野でも、脳の物理的構造を最初に図解付きで記述したヨハン・ドリアンダーの『人頭解剖学』（*Anatomia capitis humani*）が、一五四六年に早くも禁書目録に掲載されている。その後もなく、レオンハルト・フックス（一五六六年没）の数々の医学書（『ガレノスとヴェサリウスによる人体の構造提要』*De humani corporis fabrica ex Galeno et Vesalio epitome* に掲載されているヴェサリウスの著書の要約を含む）も目録に加えられた。ヴェサリウスの代表作『ファブリカ』（*De humani corporis fabrica*、一五四三年）の第一巻も一時期禁止されていた可能性があるが、一五五四年のヴェネチアとミラノの目録にある「Vesseli to. primo」の記載が解読困難であるため正確なところは不明だ。確かに『ファブリカ』の第五巻十五章（女性の生殖器系に関する箇所）は、一七四七年版スペイン目録で、比較的軽い部分削除の対象となった。こうした検閲のなかには理由が不明確なものもある。ドリアンダーとフックスは、医学への貢献だけでなく、プロテスタントであったために禁止された可能性がある。一般的に医学の評価は高く、多くの場合教会は解剖を受け入れていた。したがって、一五五四年と一七四七年の禁書目録にヴェサリウスが一時的に掲載されはしたが、ほとんどの場合著者もその読者も禁書目録検閲の対象にはならなかった。しかし公式には容認されていたものの、『ファブリカ』に掲載されている解剖図が、時に地方の異端審問官や本の所有者、熱心すぎる図書館員によって、場当たり的な検閲を受けていたことが最近の研究で明らかになっている。[14]

その他にも検閲を受けた医学書が禁書目録に散見されるが、十七世紀初頭の太陽中心説（と数学）に対するような継続的な動きは見られない。ただし、医術に関する著書に教会の尊厳を損なう内容が含まれていた場合、深刻に受け止められた。たとえば、アマトゥス・ルシタヌスの『医療の数百年』（*Curationum medicinalium centuriae*、一五五一–六一年に七巻本で刊行された）には、妊娠した修道女についての言及があったため、部分削除を受けた。[15] もちろん、検閲を受けた医療行為のなかには、実際に疑わしいものもあり、その場合禁書処分は必ずしも悪いことではなかっただろう（今日のジャンクサイエンスにも当てはまるが）。禁書目録が「迷信的」な慣習に対して発した通常の警告は、少なくともある程度は、弱者を食い物にする偽医者を対象としていたことは間違いない。しかし、医学書全般に対する禁書目録検閲の研究は始まったばかりである。審問官が医学研究の全面的な排除を目指していたとは思えないにしても、権力の監視下における自主検閲の効果はもちろん、貴重な知識が細かい訂正や部分削除を受けた場合の影響は目に見えにくく、常に評価が難しい。

「科学」に関する検閲の事例を検証する際には、悪魔研究や魔術研究（どちらも将来性の高い学問分野として真剣に研究されていた）に対する関心の継続と、慎重な取り締まりにも留意しなければならない。なぜなら同一人物が両分野で検閲の対象となることも少なくなかったからだ。実のところ科学革命や啓蒙主義によって秘義の探求が下火になることはなかった。一五五〇年代スペインとローマの検閲官は、霊を召喚するための呪文や方法を記した『ソロモンの鍵』（*Clavis Salomonis*）を最初期の禁書目録に掲載したが、一世紀経ってもこの書物の人気は衰えず、トリテミウスやパラケルススなどの引用を盛り込んだ、あからさまに悪魔学的な『ソロモンの小さな鍵』などの類書を生み出した。また一六三二年から一七九〇年までのスペイン目録でも、アブー・マーシャル・ジャファル・イブン・ムハンマド・イブン・ウマル・アル・バルキー（八八六年没、目録には「アルブマサール・アラブス、別名ジャファル」Albumasar Arabs, alias Japhar と記載）の占星術に関する書物が禁じられたが、彼の論説『大気の変化について』（*De mutatione aeris*）は、検閲官が気象学や医学的価値があると考えたため、例外とされた[16]。

初期近代の悪魔研究の擁護者たちは、熟練の専門家が行なう限り自分たちの研究は無害であり、潜在的な価値があると主張し続けた。アグリッパの教え子で医学博士のオランダ人ヨーハン・ヴァイヤー（一五八八年没）は、『悪魔の眩惑について』（*De praestigiis daemonum*）を著して魔女の迫害に反対し、魔女に関して信じられていること（『魔女に与える鉄槌』に書かれているようなこと）のほとんどは、単なる妄想だと主張したが、自分の著作に「悪魔の偽王国」（Pseudomonarchia daemonum）という補遺を加えることには躊躇しなかった。そのなかで彼は悪魔の力について、細部にわたって「科学的」に記述

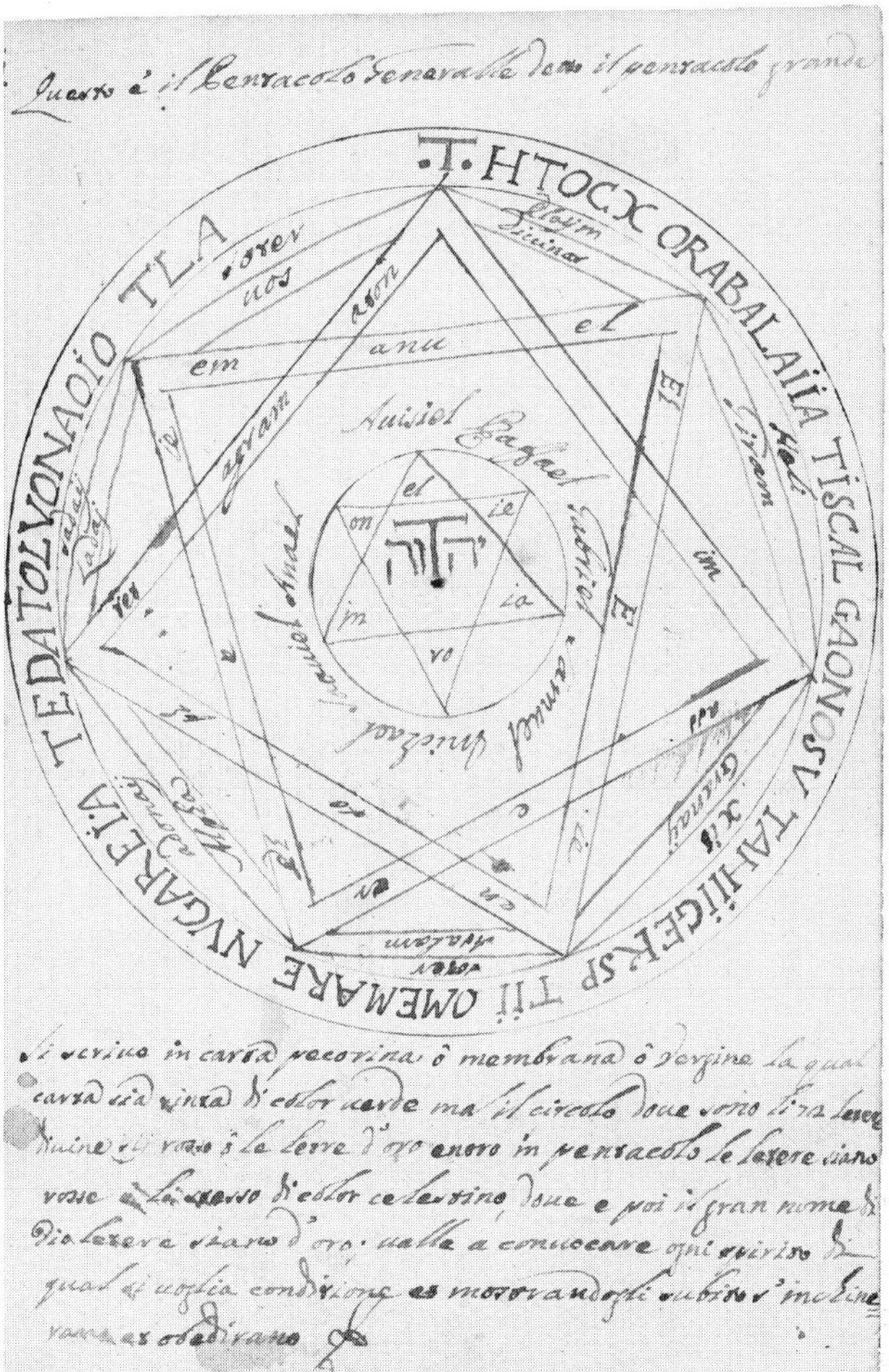

魔法図と文書、『ソロモンの鍵』のイタリア語訳『ダビデの子イスラエルの王ソロモンの鍵』（*Clavicolo di Salomone Re d'Israel figlio de David*）より、18 世紀

し、悪魔を召喚・制御する方法についても詳しく説明している。異端審問官はこれを承認せず、『悪魔の眩惑について』は出版後すぐに一五六九年のアントワープ目録に掲載された（この禁令はその後、一五八三年にスペイン、九六年にはローマでも適用された）。フランスの歴史家、政治家、アマチュア悪魔学研究家のジャン・ボダン（一五九六年没）は、『悪魔狂』を著してヴァイヤーを激しく批判したが、ボダンの著書も一五九〇年のローマ目録に掲載された[17]。しかしこうした検閲や発禁処分も、イングランド議会の議員レジナルド・スコット（一五九九年没）が一五八四年に出版した『魔女術の発見』の中で、ヴァイヤーの考えを全面的に支持し引用する妨げにはならなかった。『魔女術の発見』もまた、後のイングランド国王ジェイムズ一世に、多大な興味と嫌悪をもって読まれることになる[18]。

魔法科学の地位と悪魔との接触の危険性（もしくは有用性）をめぐる論議は、他の科学的な論議と同じく時代とともに発展した。しだいに悪魔祓いへの関心が悪魔召喚に取って代わり、十八世紀には悪魔祓いが少しずつ検閲の新たな対象分野として浮上した。教皇パウルス五世は一六一四年に『ローマ儀式書』（*Rituale Romanum*）を発表し、カトリックの悪魔祓いの標準的な手順を定めようとしたが、その後も、フランシスコ会の異端審問官ジローラモ・メンギによるイタリア語の『悪魔祓い術概要』（*Compendio dell'arte essorcistica*、一五七六年）やラテン語の『悪魔の鞭』（*Flagellum daemonum*、一五七六年）など、既存マニュアルが使用された。しかし、悪魔の正しい取扱いに関する専門家の意見や専門的水準は以後百年の間に変化し、過度に複雑なルネサンス時代の儀式（呪文、お守りの像、薬の調合など）は、時代遅れというだけでなく非常に危険であり、悪魔を拘束して悪事をさせようとする人々に悪用される危険性が高いと考えられるようになった。そのためメンギの悪魔祓いの書は、ヴァレリオ・ポリドーロの『悪魔祓いの実践』（*Practica exorcistarum*、一五八二年）など他の数冊の書物とともに、一七〇四年、一七〇七年にローマ教皇教令で禁書とされた。一七二五年ドミニコ会出身の教皇ベネディクトゥス十三世は認可なき儀式の全面禁止を決定し、一七九〇年のスペイン目録には、新たに禁じられた悪魔祓いのマニュアルの名が追加された――これらはすべて、正しく「科学的」に悪魔祓いが実施されるよう徹底するという名目で行なわれた[19]。

人文科学に対する検閲

このように、とりわけ十七、八世紀の禁書目録には、ありとあらゆる類の科学書が数多く掲載されており、ここですべてを紹介し、分析することはできない。しかしざっと目を通すだけでも、科学革命から啓蒙時代にかけてヨーロッパの知識が発展した経緯や、それを管理しようとあがく教会の試みについて、多くのことがわかる。数多くの著作を残したフランス（およびフランスびいき）の哲学者は、大局的に見ればあからさまな無神論者ではなかったとしても、往々にして反因習的で反教権的であり、その科学書の出版は禁書目録の検閲官にとって特に深刻な問題だった。しかも、理論科学や自然科学に加えて、これらの「啓蒙された」自由思想家たちは伝統的な人間科学や社会科学の境界を押し広げ、時にはまったく新しい学問分野に光を当てた。禁書目録の検閲官は、カトリックの伝統的権威を蔑《ないがし》ろにする彼らの姿勢だけでなくその「唯物論」にも脅威を感じ、第三章で見たように、ヴォルテール、ルソー、ヒューム、カントといった著名な作家や、ディドロやダランベールの百科全書派をすべて、増大し続ける目録に追加していった。なかには無名の人々の名も含まれ、皮肉なことに禁書目録に記載がなければ、おそらく人類の知識への貢献が今日ほぼ知られることのなかった人々も含まれている。

歴史学はいわゆる「人文科学」のなかでは、宗教的な観点から最も危険な学問であったため、すでに最初期の検閲に非正統的な歴史書が含まれ、一五四〇年代のパリとルーヴェンの目録でまっ先に標的にされたのも当然といえる。カトリック教会にとって「誤った」歴史認識が及ぼす政治的、宗教的な影響は明らかだった。たとえば、歴史を語ることで、教皇の指導的役割を批判し、教会が異端と見なす人々や運動を支持することもできた。現代人の目には瑣末で馬鹿げて見える禁令もなかにはある。たとえば、アンドレアス・アルタメールによる古代ローマの歴史家タキトゥスに関するあまり知られていない解説書、アキレス・ガッサーの『全世界の歴史と年代記の概要』（*Historiarum et chronicorum totius mundi epitome*）、ユリウス・カエサルの『ガリア戦記』（*De bello gallico*）に関するヨハネス・レリカヌスの注釈などが挙げられる。この三人はいずれもプロテスタントだったために（おまけにガッサーは有名な地動説支持者だった）、一五四四年と四九年のパリ目録や一五五〇年以降のルーヴェン目録にそれぞれ掲載されたと思われる。[20] より深刻だったのは、マティアス・フラキウス・イリリクスをはじめとするルター派の学者による『マグデブルク諸世紀教会史』だった。この人気も影響力もあったプロテスタントの教会史は、教皇権を悪魔の職務だと真っ向から非難している。『マグデブルク諸世紀教会史』は、一五五九年に最初の巻が刊行されるやいなや、アントワープ、ポルトガル、スペイン、ローマの禁書目録に掲載され、フラキウスの全著作は、早くも一五五四年にはヴェネチア目録で禁書となった。もちろん、シャルル・ドロン（一七〇九年没）、フィリップ・リンボルク（一七一二年没）、ジャック・マルソリエ（一七二四年没）が著した、異端審問に対する批判的な歴史書も禁書目録で相応の扱いを受けた。[21] 歴史家に対するこのような検閲は、プロテスタントか否か無名か有名かを問わず、禁書目録の歴史を通じて絶えず行なわれ、そのなかにはオリヴァー・ゴールドスミスやデイヴィッド・ヒュームによる『イングランド史』、ギボンの『ローマ帝国衰亡史』など、一七七〇年代に出版された重要な啓蒙主義の著作に対する禁書処分も含まれる（ただし、いずれもイタリア語に翻訳されるまで異端審問官の注意を引かず、ヒュームの著作が禁書となったのは一八二七年だった）。

政治理論の本も、霊的側面だけでなく、教会の世俗権の主張に異議を唱えるものとしても、潜在的な脅威となり得た。そのため、十四世紀の神聖ローマ皇帝ルートヴィヒ四世とヨハネス二十二世の闘争で皇帝側についた、ダンテ、パドヴァのマルシリウス、ウィリアム・オッカムといった中世の作家は、一五五〇年代半ばに禁書目録に掲載された。マルシリウスの名はすでに一五五〇年のルーヴェン目録に見られる（ただし一五九六年のローマ目録からは削除された）。マキァヴェッリの『君主論』（一五三二年）も有名な論争事件へと発展し、国政術の傑作として知られるこのルネサンス期の著作をめぐって、多くの審問官や禁書目録検閲官が論戦を繰り広げた。その内容が明らかに不道徳で、教会の重要人物を侮辱的に描写しているため絶対に禁じるべきだという主張がある一方で、マキァヴェッリの支持者は多く、イエズス会の異端審問官ロベルト・ベラルミーノなど影響力のある人々のなかにも、この著作を燃やしてしまうには惜しいと感じている者もいた。長年にわたり、マキァヴェッリの親族や、ユストゥス・リプシウス（一六〇六年没）、カスパー・ショッペ（一六四九年没）といった作家が、部分削除や修正を試みたが失敗に終わり、リプシウスやショッペの修正版も十七世紀のローマ教令で禁じられた(22)。しかし、禁書目録に掲載されたもののマキァヴェッリの著書は広く流通し続け、時にはマキァヴェッリを批判する者も批判された。たとえば、ユグノーのイノサン・ジャンティエの『巧みな統治についての方法論』（Discours sur les moyens de bien gouverner いわゆる『反マキァヴェッリ論』、一五七六年）は、まずは一五七七年出版のラテン語版が一六〇五年の教令によって禁じられ、その後ようやく目録省がフランス語の原文に気づき一六九五年ローマ目録に掲載された(23)。

より新しい禁書目録は、まさにヨーロッパの政治理論家名鑑のようで、いずれもその著書に、ローマやスペインの審問官がカトリックの読者には読ませられないと判断した内容が含まれていたために有罪とされた。ジャン・ボダン（悪魔学だけでなく歴史や政治に関する著書も禁じられた）、グロティウス（一六四五年没）、ホッブズ（一六七九年没）、プーフェンドルフ（一六九四年没）、ロック（一七〇四年没）、モンテスキュー（一七五五年没）、ジョン・スチュアート・ミル（一八七三年没）、その他今では専門家以外にはほぼ知られていない人々、たとえばポーランドの共和主義者アンジェイ・フリチ＝モドジェフスキ（一五七二年没）、ドイツ皇帝の廷臣カスパー・ファキウス（一六四六年没）、イングランド王国議会の議員アルジャーノン・シドニー（一六八三年没）、スペインの改革者ガスパール・メルチョール・デ・ホベリャーノス（一八一一年没）などの名も数多く掲載されている。政治学に付随する分野も禁書目録送りとなった。ヨハネス・カルヴァン（十六世紀の改革派の神学者ジャン・カルヴァンとの混同に注意）、フーゴー・グロティウス、ジョン・セルデン、ジャン・バルベラック、ジェレミー・ベンサムといった重要な法学者・思想家の著作もすべて禁じられた。近代犯罪学の父チェーザレ・ベッカリーアも、一七六六年ローマ教皇教令により禁書とされ、後にその革新的な著作『犯罪と刑罰』がローマ目録に掲載された。

経済理論も検閲の対象となった。この分野で掲載されているものの大部分がイタリア語、フランス語、スペイン語の著作なのは、単に啓蒙時代の異端審問官が、プロテスタントが出版するその他の地域の書物までわざわざ調べなかったためである。それゆえ、アントニオ・ジェノヴェージ（一七六九年没）、ポンペオ・ネリ（一七七六年没）、アベ・レイナル（一七九六年没）、ペドロ・ロドリゲス・デ・カンポマネス伯爵（一八〇三年没）といった名前が後のローマの教令に見られるが、いずれも教会の財産権の制限を提案したことがおもな原因だった。[24] スコットランドの著名な経済学者アダム・スミスも、少々複雑な経緯をたどり後のスペイン目録（ローマ目録に載ることはなかった）に掲載されることになった。一七七六年に出版された『国富論』は、一七九一年にスペインのパンプローナの書店でフランス語訳が注意を引くまで、カトリック・ヨーロッパの異端審問官には知られていなかった。即座に三人の異端審問のカリフィカドール（審査官）が任命されて内容を査定し、この著作は経済的豊かさの倫理的・形而上学的側面への配慮に欠け、過度に物質主義的だと判断した。これを受け一七九二年に「M. de Smith, Recherches sur la nature et les causes de la richesse des nations, traduit de l'anglois: impr. en Lóndres, año de 1788」(「M・ド・スミス、国富の本質と原因についての研究、英語から〔フランス語へ〕の翻訳、印刷ロンドン、一七八八年」)を禁ずる法令が出された。このいささか紛らわしい禁令は、かなりの時間を経た後、異端審問制度廃止後の一八七三年版スペイン目録(第八章を参照)に掲載されることになった。しかし、一七九四年のスペイン語訳の出版が検閲によって阻まれることはなく、異端審問による禁止はフランス語訳のみの適用だからスペイン語版(または英語版)は自由に読めるはずだと主張する者もいた。当時、スペインの異端審問は明らかにエリート読者層に対する影響力を失っており、アダム・スミスの資本主義についての考えは、教会による明確な非難にもかかわらず、十九世紀の激動の数十年間を通じてスペインの経済学者にかなり好意的に受け入れられたようだ。

作者名や書名はもちろんのこと、数世紀にわたってなんらかの理由で禁書目録に掲載されることとなった科学分野は数え挙げればきりがない。フィリップ・クリューヴァー(一六二二年没)などの地理学者や、有名なメルカトルの「地図帳」(一五九五年)も禁書とされた(この地図帳はまさにジョルダーノ・ブルーノの著書を禁じた一六〇三年の禁令に掲載されている)が、一方でこうした書籍に含まれる貴重な情報を、カトリックの専門家が得られるようにするための方策もしばしば模索された。[25]旅行記や、世界のさまざまな地域についての記述も、教会当局に都合の悪い内容が含まれる場合はたびたび検閲の対象となった。時には禁書となった理由が不明なものもあるが、ローマ教皇庁教理省の文書館には将来的にさらなる情報が得られる可能性を秘めた資料がいくらかは残されている。ウーゴ・バルディーニとリーン・シュプラウトによる初期調査からすでにその可能性は期待できるが、さらなる研究が必要だろう。[26]

確かにジョルダーノ・ブルーノの事例は例外的で、一般的には科学的な（また明らかに魔術的な）書物を出版しても、そこまでひどい扱いを受けることはなかった。職業的な魔女は火炙りにされるおそれはあったし、有力な庇護者や頼るもののない女性であればなおさらだった。しかし、エリート学者（当時はほぼ男性）であれば、宇宙に関して異端的な見解を含む書籍を読み書きしても、ガリレオのように軟禁されるか、厳しい警告を受ける程度ですんだだろう。ガリレオの裁判自体も、二度目の告発をめぐって展開したこと、さらにコペルニクスの宇宙論をめぐる論争のリスクがかつてないほど高まった時期に行なわれたという点で、例外的だった。もちろん、プロテスタント（あるいは隠れユダヤ教徒）と疑われるか教会に公然と反抗すれば危険度は上がり、厳しい処遇が待っていた。しかし、カトリック信徒であれば執筆の中止を命じられて終わることがほとんどで、著者がとっくに死んだ後で検閲を受けることも多かった。他にも禁書目録にふさわしい書物は山ほどあったが、無視されるか制度上の限界によりり長い間放置された。当然ながらプロテスタントは禁書目録の禁令を無視し、カトリックの読者も、正当な科学研究のために必要だと地域の司教や審問官を説得できれば、閲覧許可を獲得できた。

ブルーノの裁判は偶然のめぐりあわせという面もあった。彼の処刑は不幸な出来事が積み重なった結果で、そのすべてを予見するのは、（どうやら）熟練の占星術師であっても難しかったようだ。もし逮捕されると予測していたら、彼はヴェネチアに戻ってはこなかっただろう。ガリレオと同じくブルーノは、エリート知識人である自分は教会内の有力な庇護者や同盟者にとって価値があると考えていたし、それは（ガリレオについても言えるが）長い間正しかった。しかし、宗教だけでなく学術分野での統制力も失うかもしれないという、対抗宗教改革時代に広まっていた懸念が教会上層部に浸透するにつれ、二人を取り巻く歴史的状況は悪化していった。とりわけウェストファリア講和（一六四八年）に至るまでの半世紀は、宗教戦争が激化し、悪魔の陰謀に対する恐怖が高まるなか、カトリック上層部は自らの尊厳や権威を脅かすものに対してどんどん非寛容になっていき、非正統的な研究者は異端と同じくらい厳しい検閲を受けるようになる。一世紀後、新たに登場した唯物主義的で明らかに無神論的な世界観がもたらす脅威へと、検閲の関心がいくらか移った結果、啓蒙主義の思想家が禁書目録検閲のおもな標的となるが、その一方でベネディクトゥス十四世のように、この新たな学問のなかで自ら最良と思うものを保護しようとした「啓蒙主義」の教皇たちもいた。フランス革命と、その後十九世紀から二十世紀にかけてカトリック教会が被った大きな損失は、多くの伝統主義者の目にはこうした懸念を完全に証明するものとして映った。

検閲官の論理では、神の創造した自然界とその仕組みについての虚偽の記述は、神自身についての妄言と同じくらい、キリスト教徒の魂に危険を及ぼす。教会の権威を傷つける言葉もまた同様に危険視されたが、その理由は教会の権威とそれが支持する組織が、(同じ論理で言うと)真の宗教と惑わされた人々を待ち受ける地獄との間に立つ、最も重要な防壁であるとされたためだ。したがって、現在ではとても受け入れられないだろうが、政治的な意味合いでの書籍弾圧も、宗教的、科学的な理由と結びつけて正当化されたのだった。

カトリック教会とその検閲官は、「科学的」もしくは「魔術的」な本に対して無差別に敵視したわけではない。最終的に書物を没収、焼却、削除する前に、時には時間をかけて根本的な問題が検討された。そしてこうした問題に対する解釈は時代とともに変化した。検閲官同士の意見の対立から禁書目録に齟齬《そご》が生じて混乱や困惑を引き起こすこともあった(ガリレオの『天文対話』が一八二二年にローマ目録から削除されたように、最終的に撤回されることもあった)。状況の変化に従い、最終的にカトリック教会のほとんどの組織で、近代科学は(伝統的なアリストテレス科学と並んで)重要な地位を獲得することになる。しかしそれには、第八章で見るように、さらなる時間や努力を要し、その間も人間の思考の歴史に深刻な被害を与え続けた。ガリレオやブルーノの著書は生き延びて、新しい世代の思想家に影響を与えたかもしれない。しかし、検閲のないパラレルワールドがあったら、彼らが他にどのような本を書いたかはわからない。皮肉なことに、トマス・モアの『ユートピア』やトマソ・カンパネラのユートピア的な『太陽の都』（*Città del sole*）、そしてブルーノが想像した異世界の存在は、すべて禁書目録検閲の対象となった。しかし、自分の信念を貫くために究極の代償を支払った時、修道士ジョルダーノは眼前にこのような理想郷の幻を見ていたと、つい想像したくなるのだ。

第7章　性、信仰、芸術を検閲する

時は西暦二四四〇年。司祭も修道士もいない。教会もない。奴隷制度は廃止され、戦争は過去のものとなった。物乞いはもはや存在せず、男も女も誰でも自由に愛し合うことができ、政治腐敗などの不正は消え失せた。そして、慈悲深い哲人王〔プラトンが『国家』において思い描いた理想国家の君主〕が議会の助力を得ながらすべての人のために穏やかに統治する。芸術もまた純化され、金持ちのパトロンにへつらう必要はなくなった。唯一の不満は、コーヒー（もしくは紅茶や煙草）がないことだ。

これは——紅茶や煙草がないというくだりですぐにわかるが——ジョン・レノンの「イマジン」を体現した文章ではない。実際にはルイ＝セバスチャン・メルシエが一七七一年に発表した小説『二四四〇年　この上ない夢』（*L'an 2440: rêve s'il en fut jamais*）の中のユートピア構想だ。一七七二年、ウィリアム・フーパーという人物がこの本を英訳したが、どうしたことか書名を「二五〇〇年の回想録（*Memoirs of the Year Two Thousand Five Hundred*）」に変更してしまった。メルシエの物語は、思索的なタイムトラベラーが突然未来のパリで目覚め、街中を歩き回って（おもに）改善された社会の変化に驚くというものだ。この本には、組織的な宗教、伝統的な結婚、既存の王政に対する控えめとは言い難い批判が含まれていたため、当然ながら即座に国際的な検閲の対象となった。フランス王ルイ十五世、教皇クレメンス十四世、スペイン王カルロス三世はいずれもこの作品を禁書とし、カルロス三世にいたっては自らの手で本を燃やしたと言われている。クレメンスの教皇令により、このSFの先駆けともいえる問題小説が一七七三年以降のローマ目録に掲載されることは確実になったが、スペイン異端審問が非難を表明するまでにはしばらくかかった。出版から七年後の一七七八年三月七日、ようやくスペイン異端審問の法令が発布されることになり、この問題作は一七九〇年版スペイン目録に正式に登録された――とはいえ、マドリード王立図書館に参考用図書として保存を認めるという、寛大な但し書きが付けられていた[1]。

芸術――小説、その他の創作文学、絵画、彫刻、音楽演奏を問わず――が秩序を乱す可能性については、最初期の禁書目録編纂者は、差し迫った問題ととらえていなかった。すでに見たように、検閲官は人間の想像力の翼を抑えることよりも、プロテスタント神学、聖書の利用の規制、神学と関わる科学書、といったことがらを重視する傾向にあった。しかし、ヨーロッパ、植民地を問わず、カトリック世界で禁書目録が日常的規範として完全に定着するにつれて、ここでもまた支配層は、時に宗教や知的分野と同程度に芸術分野における自由を危険視するようになった。結局のところ信仰は、誤った教えの拡散と同じく道徳観の堕落によっても簡単に損なわれるものだ。さらに芸術作品は、学術文書と同じく、誤謬、疑い、権威に対する反抗心を容易に引き起こすおそれがあり、とりわけ大衆への影響が強かった。検閲官の仕事が、異端の書物の誘惑や虚偽からキリスト教社会を守ることだとすれば、芸術家の恥ずべき影響から信徒の目や耳や想像力を守るために尽力することも、当然の役割ではないか。

メルシエが描いたユートピア的な未来像は、キリスト教の信仰や道徳を脅かす可能性があるという理由で禁書目録に掲載された、数多くの芸術作品のひとつに過ぎない。このような書物や図像は、現在の体制に代わる想像世界を提供することで、これまでの規範的な世界とはまったく別の世界に人々の心を開かせる危険があった。教会上層部は、必然的に「別の世界」に関する考察に懸念を示し、スキャンダルを起こし伝統的な道徳観を揺るがすといった、カトリック教会の権威とその正式な聖職者制度を侮辱するおそれのある作品の制作と普及を、ことあるごとに妨げようとした。メルシエの空想小説は、トマス・モアの『ユートピア』（一五一六年）やフランソワ・ラブレーの風刺の効いた『ガルガンチュアとパンタグリュエル』シリーズ（一五三二–五二年）など初期の禁書目録に掲載された書籍の仲間入りを果たした。モアの著作はおもに宗教的寛容を認める姿勢ゆえに、一五八〇年代以降ポルトガルやスペインの目録に掲載されたが、ラブレーの著作はそれよりも早く、パリ（一五四四年）、ローマ（一五五九年）、そしてスペインの目録（一五八三年）に記載された。トマソ・カンパネラのユートピア的な『太陽の都』はその他全著作とともに、まさにジョルダーノ・ブルーノの著書を断罪したのと同じ教令によってローマ当局に禁書とされた。この堕落した世界で可能な限り完全な状態を保っていると主張し、あらゆる批判を無視して現状を維持しようとするキリスト教社会には、別のユートピアがありうるという危険な思想が許される余地はなかった。[2]

性意識の変化

当然のことだが「伝統的」な道徳観、政策、霊性に対する姿勢や考え方は変化するため、芸術に関しても、修正や禁止の対象となる書物、図像、音楽の種類は時代と共に変化する。たとえば過度に自由で奔放な性風俗は初期近代の検閲官にとっては間違いなく懸念すべき対象で、その傾向は今も残っている。しかし、性描写の「正常」とされる範囲や、少なくとも目立たない（ゆえに許容可能な）範囲は、時代によって大きく異なる。古代ギリシアでは男性の同性愛は全面的に認められ、むしろ歓迎された。また男女の裸体も賞賛され、彫像などが盛んに作られた。古代ローマの伝統的な性に対する姿勢はやや異なり、不倫や一部の同性愛は好ましくないとされたようだが、一般的な異性間の性愛は文学や視覚芸術において驚くほど赤裸々に描写された。中世には、カトリック・キリスト教世界では霊的美徳として(特に聖職者、修道士、修道女を対象に)禁欲、すなわち性の放棄が推奨されたが、一般的にはさまざまな性行為に対してかなり寛容だったようだ。中世後期には(色欲 luxuria と形容されるような)過度な性的快楽はしだいに罪悪視されるようになったが、プライバシー観念が希薄で、小さな子供ですら、人間ではないにしても家畜の交尾を日常的に目にするような社会では、そもそも後世のような性への慎みは思いも寄らぬことだった。上品な社交の場などではセックスや性的快楽の話題は避けるべきとされていたかもしれないが、生殖行為は共同体の存続に不可欠であり、婚姻関係にある夫婦は若いうちから頻繁に性交するよう奨励される風潮があった(非公式な関係性においても同様で、これは下層階級で顕著だったが階級に限定されるものではなかった)。欲望や、愛する者同士の快楽的な結合(文字通りの性交)はあらゆる文学において、たとえばラモン・リュイの『愛する者と愛された者についての書』といった神学書から『薔薇物語』のような宮廷ロマンスにいたるまで、時にあけすけに時に寓意的に扱われた。また医学書においても、人体や生殖機能についてためらうことなく詳細に論じられた。

現代社会にいまだ根強く残る、性に対する「ヴィクトリア朝風」の考え方とは異なり、古代や中世の文化はルネサンスや対抗宗教改革時代のカトリック世界に、官能的で時に猥雑な芸術的伝統を数多く残した。古典主義の復活によって、裸体は人体を表現するための洗練された手法として、初期近代を通じて宗教施設を含めて広く受け入れられた。人文主義の学者は、ラテン語やギリシア語の美しい文体に夢中になったが、あからさまに扇情的で同性愛的な内容が含まれることも少なくなかった。また、宮廷恋愛叙事詩や牧歌には、快楽的な男女の密会(しばしば不倫)がわかりやすい隠喩の形で散りばめられていたが、これらはセルバンテスやシェイクスピアの新たな表現方法によって焼き直されて、十七世紀になっても広く好まれた。[3] その間バロックの芸術家は、肉体的、精神的恍惚の瞬間をより精緻に描こうと追求し続け、ジャン・ロレンツォ・ベルニーニの《聖テレジアの法悦》（一六五〇年頃）は言うまでもなく、ピーテル・パウル・ルーベンスの《ヴィーナスとアドニス》、アルテミジア・ジェンティレスキの《眠れるヴィーナス》（ともに一六三〇年頃）などの優れた作品が生み出された。

このように、前近代のヨーロッパ文化においては、性の表現や裸体は必ずしも社会的期待に反するものではなかった。とはいえ、（当時も今も）性は人間にとって扱いが難しく、インスピレーションを与えると同時に安定を乱す力がある。官能的な題材や人物描写に理解を示し、楽しむ人が大勢いる一方で、度を超えて奔放で無秩序な性的思考や性行為は、既存の社会的、政治的、宗教的秩序を乱すおそれがあると考える者もいた。それゆえ、初期近代以降の異端審問制度下では、芸術における性描写は――たとえ婉曲表現や寓意的であっても、とりわけ裸体や一部裸体の画像を伴う場合は――（常にではないが）徐々に検閲を受けることが多くなった。一五四四年にパリの神学者がラブレーを検閲した理由に性的放縦と不道徳があったが、この分野は四百年経ってもなおカトリック検閲の重大な懸念事項であり続ける。

とはいえ性的不道徳は、禁書目録とその検閲が芸術作品を標的にした、唯一の理由でもなければ一番の理由ですらない。検閲官の第一の目的は、カトリック・キリスト教世界を彼らにとって無傷な状態で守ることであり、確かに性的不道徳は信徒を罪に誘い、聖職者の独身主義や家父長的家族制など既存の制度を蝕むおそれはあったが、それ以外にも、作家、画家、彫刻家、役者、音楽家が教会の権威と安定を揺るがす要因はさまざまあった。聖職者の過ちや偽善（性的な過ちを含む）への嘲笑、教権主義体制への風刺あるいはユートピア的社会改善に基づく政治批判、芸術作品における正統教義の歪曲（意図的かどうかは別として）など、すべてが深刻な脅威とみなされた。スキャンダル、混乱、教義上の誤り、教権の転覆を恐れて、数多くの傑作が――禁書目録への記載がなければ、今日（たぶん当たり前に）忘れ去られていた多くの駄作とともに――カトリックの検閲官によって時に禁じられ、時には部分的に削除されるか完全に破壊された。

スキャンダラスな言葉

前述したように、トリエント規準第七は次のように定めている。

淫らなことや猥褻なことを取扱い、述べ、教えている書物は、読めば信仰だけでなく道徳的にもたやすく堕落する傾向があるため、全面的に禁じるものとする。また、［そうした書物を］すでに所持している者は［彼らの］司教によって厳しく罰せられる。異教徒である古典の著作者によって書かれたものは、その文体の優美さと正しさのため許される。ただし［そのような作品を］子供に決して読ませてはならない(4)。

このように指示が曖昧であったため、その後の数十年間は必然的に混乱やさまざまな解釈が生じ、作家、印刷業者、書籍商、そして検閲官は、何が告発されるほど「淫らなことや猥褻なこと」に該当するのか見極めるのに苦労した(5)。さらに「古典の著作者によって書かれたもの」の特免はより大きな問題を投げかけた。古代の作品のなかで、内容に問題があるがそれを許容できるほどの「優美さ」を備えているものはどれか。その作品が検閲対象にならないとすれば、次に「子供」から遠ざけるためにはどのような対策が必要か。そして、どのくらいの年齢になれば（もしくは分別がつけば）このような優美な作品を読むことができるのか。

オウィディウスの『変身物語』や『恋の技法』といった古典ラテン語のテキストは、明らかに規準第七で免除される作品の候補であり、カトゥルス（ガイウス・ウァレリウス）やユウェナリス（デキムス・ユニウス）のさまざまな著作も同様であった。ホメロスの『イリアス』、『オデュッセイア』は言うに及ばず、数多くのギリシア神話に見られる官能的な詩や時にきわどい展開も、古典としての来歴や文体の質の良さを理由に、中世後期やルネサンスの人文主義者をはじめとする人々から、広く評価された。こうした作品が官能的な喜びをも提供するのであれば、それは多くの読者が喜んで支払う対価であった。ソロモンの「雅歌」に含まれる明らかに官能的な文言に対して、長い間クレルヴォーの聖ベルナルドゥスら聖書注解学者が対処してきたように、あからさまに性的な表現の一部を言い繕う、寓意化するなどの試みがなされた。しかしいずれにせよ、表向き「優美な」文体を学ぶふりをする男子生徒を含めて、さまざまな世代の読者が古代の人々の情事（それ以上に悩ましい性犯罪）を読み、刺激を受け、興奮するのを妨げることは不可能だった。ゆえに、一五八〇年代にオウィディウスの『変身物語』のラテン語版はポルトガルとスペインの目録に掲載されたが、一方でキローガ異端審問所長官は、同じ作者の悪名高い『恋の技法』のほうは俗語への翻訳版のみを禁書とすると定めた。さらに一六一二年には、オウィディウスの作品の最新のラテン語版が、エラスムスやメランヒトンに関する欄外の記述を削除した場合に限り、許可されることがスペインの検閲官によって明確に示された。一方イタリアでは概してオウィディウスに関する記述は禁書目録から省かれていたため、イベリア半島出身の学生もこれらの書籍を日常的に入手することができた。唯一の禁令は『恋の技法』のガエターノ・ヴェルニーチェによるイタリア語訳に対するものだが、その例外によって原則的に許可されていたことがわかる。この版は（一七〇五年頃フランクフルトで違法に出版された）、一七〇八年にクレメンス十一世の在位中のみ禁じられた。

中世の作家ジョヴァンニ・ボッカッチョは、ルネサンス期の学者の間でオウィディウスと並んで人気があり、その代表作『デカメロン』（初版は一三五三年）には読者の興味を引くような好色な話が数多く含まれていた。『デカメロン』は一五五〇年代に正式にイベリア半島とローマの禁書目録に掲載されたが、後のスペイン目録では部分削除を受けていない版またはスペイン語版のみ禁令が適用されると定められている（紛らわしいことに「Nouelas de Iuan Bocaccio」つまりファン・ボカッチョの小説（Nouelas）として「N」の欄に掲載されている）。イタリアでも『デカメロン』に対する民衆のあまりの要望に、全面的な禁止の見直しを余儀なくされ、一五七三年にはヴィンチェンツォ・ボルギーニを代表とするフィレンツェの学者が、異端審問所の承認を得た「修正・校訂」版を印刷業者向けに作成した。修正された箇所（著者としてのボッカッチョの敬虔な意図と思われるものに戻したとされている）には、好色な修道士たちが自分の独房に女性を密かに引き入れる第一話四日目の逸話が含まれていた。ボルギーニ版では、火遊び自体はそのままに、修道士ではなく好色な大学生が女性を寮の部屋に引き入れたことになっている。明らかに、物語の性的な側面よりも反聖職者的な意味合いのほうが問題視されている。とはいえ、ボルギーニの比較的簡易な修正でさえ、簡単に無かったことにされる可能性があった。現存する一五七三年版『デカメロン』の複数の本では、検閲を受けた文書の余白部分に後に読者があえて原作の物語を書き写しているのである。(6)

最初期の禁書目録の検閲官たちが、性的過ちを深刻に考えていなかったことは、後にローマ教皇ピウス二世（在位一四五八–六四年）となるエネア・シルヴィオ・ピッコローミニの著作の扱いからも明白だ。トリエント公会議で彼の著書が議案に上がった時、かつて教皇だった者を検閲にかけることは醜聞となるとして問題となった。しかし逡巡《しゅんじゅん》を乗り越え、政治的に問題視された『バーゼル公会議史』（*Commentarii de Concilio Basileae celebrato*、この公会議は教皇権と対立したことで評判が悪かった）は、ヴェネチア（一五五四年）とローマ（一五五九、六四年）の目録に掲載された。一五八四年にピウス二世のもうひとつの著作『覚え書』（*Commentarii rerum memorabilium quæ temporibus suis contigerunt*）をピウス二世の親族（彼自身も大司教だった）が出版しようとした時に再び問題となり、フランチェスコ・ペーニャが指名されて必要な修正を行なうことになった。ピウス二世の文章には、枢機卿同士の争い、教皇のネポティズム（縁故主義）、品位に欠ける表現などゴシップ的な内容が事細かに記されていたため、ペーニャはショックを受け、全体的に削除や修正を行なったうえで、渋々ではあるが公開を許可した。しかしそれとは対照的に、この教皇が書いた『二人の恋人の物語』（*Historia de duobus amantibus*）という臆面もなく官能的な半自伝的小説は、一度も禁書目録に掲載されることはなく、ペーニャの任務が終了したのちも長いこと、ラテン語版や複数の言語に翻訳されて広く流布し続けた。

だからといって官能的な文学が無視されたわけではない。ラブレーの生々しい文章が（反教権主義的な皮肉と併せて）彼を禁書処分へと追いやる一因となったことは間違いない。さらに一五八〇年にはパルマ目録にルドヴィコ・アリオストの『風刺詩』が掲載された（ただし、この禁令がローマ目録に波及するまでに一世紀かかり、ようやく一六八一年インノケンティウス十一世の目録に掲載された）。一四九九年に出版されたスペイン人フェルナンド・デ・ロハスの『ラ・セレスティーナ』はその猥雑な内容で有名であり、欲望のままに関係を持とうとする未婚の男女を魔術と策略を駆使して後押しする売春宿の女将を軽妙に描き、明らかな検閲対象となった。もっとも、十六世紀後半の不道徳な文学に対するスペイン異端審問官の関心はイタリアほど高くはなく、『ラ・セレスティーナ』に対する軽い修正でさえ、指示が出るまで時間がかかった（一六三二年のスペイン目録にぎりぎり間に合った）。フェリシアーノ・デ・シルバによる『セレスティーナ続編』（一五三六年）はそうはいかず、こちらは即座に一五五九年のスペイン目録に加えられた。イタリア人ピエトロ・アレティーノの大胆なポルノグラフィックな作品も同様で、同性愛や少年愛など自身の性快楽の欲求のために、古典作品の隠喩を楽しんでいたことに疑いの余地はなく、彼の全著作は一五五九年にローマ目録に掲載され、その後も一五六四年のトリエント目録、一五九三年のクレメンス目録、そして一五八三年から一七九〇年までのすべてのスペイン目録で断罪された。

アレティーノが非難されたおもな要因に性的逸脱が含まれることは間違いないが、その風刺詩や好色詩（ソネッティ・ルッスリオーシ sonneti lussuriosi）に宗教的、政治的な含みがあることも警戒心を抱かせた。実際十六世紀の時点では、おそらく純粋なポルノは検閲官の目に留まらなかっただろうし、なかには理解ある笑みを向ける検閲官すらいたかもしれない。それに反して、教会当局がキリスト教社会で守りたい、もしくは目指したいと望むものとは異なる現実を、反因習的、ユートピア的、風刺的に描写したことが原因で、この時代には数多くの作品が、真に偉大な芸術家の著作を含めて繰り返し禁止された。当時の偽善的あるいは堕落した現実に対する批判を主眼としたさまざまな作品——たとえば十四世紀のペトラルカのバビロン・ソネット、バルダッサーレ・カスティリオーネの『宮廷人』（一五二八年）、匿名の『ラサリーリョ・デ・トルメスの生涯』（一五五四年）、ミシェル・ド・モンテーニュの『エセー』（一五八〇年）、フェランテ・パッラヴィチーノの『娼婦のレトリック』（*La retorica delle puttane*、一六四二年）、ラ・フォンテーヌの『風流譚』（一六六六年）、モンテスキューの『ペルシア人の手紙』（一七二一年）、その他あまり有名でない数多くの作品が、十六世紀から十八世紀にかけてさまざまな禁書目録に掲載されている——のなかでは、規範とは異なる性風俗についての議論はあまり注意を引かなかった。

政治的・宗教的テーマを想像力豊かに扱ったことで、それがカトリックの教理に反すると判断され糾弾された作家もいた。プロテスタントの作家をすべてリスト化しようという試みは、十七世紀までにはほぼ放棄されていたが（いずれにしろ異端を理由にひとまとめに禁じられたので）、カトリックの小説家は厳しい監視を受け、時にはカトリックでなくとも目をつけられて目録に加えられる者もいた。そういうわけで、ミゲル・デ・セルバンテスの『ドン・キホーテ』も、一六三二年のスペイン目録ではわずかながら部分削除の対象となり、「不十分な慈善事業にはなんの価値もなく、意味もない[7]」という、神学的に疑わしい箇所だけ削除を要求された。アレクサンダー・ポープ（一七四四年没）はカトリックに改宗したイギリス人で、特にスペインとメキシコで検閲にあったが、彼の名前そのものは一八〇四年ま

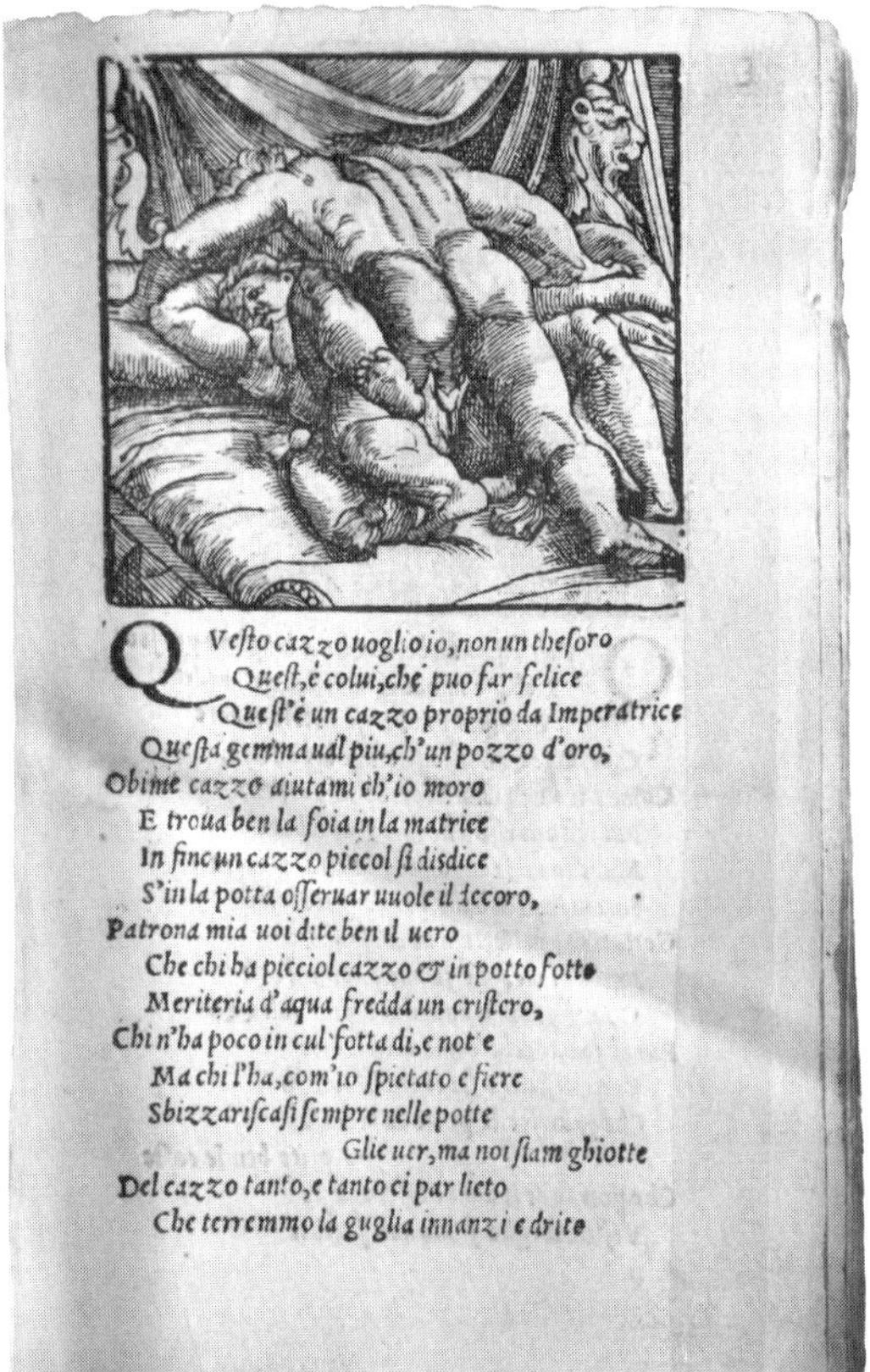
QVeſto cazzo uoglio io, non un theſoro
Queſt, é colui, che puo far felice
Queſt'é un cazzo proprio da Imperatrice
Queſta gemma ual piu, ch'un pozzo d'oro,
Obime cazzo aiutami ch'io moro
E troua ben la foia in la matrice
In fine un cazzo piccol ſi disdice
S'in la potta oſſeruar uuole il decoro,
Patrona mia uoi dite ben il uero
Che chi ha picciol cazzo & in potto fotte
Meriteria d'aqua fredda un criſtero,
Chi n'ha poco in cul fotta di, e not e
Ma chi l'ha, com'io ſpietato e fiere
Sbizzariſcaſi ſempre nelle potte
Glie uer, ma noi ſiam ghiotte
Del cazzo tanto, e tanto ci par lieto
Che terremmo la guglia innanzi e drite

ピエトロ・アレティーノ『ソネッティ・ルッスリオーシ』の「トスカニーニ本」より、エロチックな挿絵。原画はジュリオ・ロマーノの作品をもとにしたマルカントニオ・ライモンディによる版画。本作は無名の画家による複写、16 世紀

で禁書目録に登場することはなかった。[8] 同じくイギリス人でカルヴァン主義者のジョン・ミルトン（一六七四年没）も、その政治的・宗教的思想がカトリック圏で注目されはじめると、禁書目録に掲載されることとなった。ミルトンの死後一六七六年に出版されたラテン語の著作集『イングランドの偽議員クロムウェル、およびその他の裏切り者の名前と命令によって書かれた手紙』（*Literae pseudo-Senatus Anglicani, Cromwelli, reliquorumque perduellium nomine ac iussu conscriptae*）は、一六九四年にローマで禁書となり、一七〇七年以降スペイン目録に「ミルトニウス（Milthonius）」の名で掲載された。しかし、より重要な『失楽園』は *Literae* より十年も前に完成していたにもかかわらず、ローマで検閲を受けたのは一七三二年のことであり、その理由は単に教皇庁の検閲官にも読めるイタリア語訳（*Il paradiso perduto*）が一七三〇年に出版されたためだった。ジョナサン・スウィフトの『桶物語』（一七〇四年）やダニエル・デフォーの場合も同様で、デフォーの一七二六年の『悪魔の政治史』（ミルトンに応える意味もあった）は、一七二九年にフランス語に翻訳された（*Histoire du diable*）結果、一七四三年にローマの異端審問によって禁書となった。さらに、こうした禁令が偶然に左右され一貫性に欠けていた証拠として、検閲と不寛容に対するミルトンの論駁（『アレオパジティカ』一六四四年）や道徳観の低い「堕落した」女性を描いたデフォーの小説[9]（『モル・フランダーズ』一七二二年）がどの禁書目録にも掲載されなかったことに留意すべきだろう。

しかし、十八世紀半ばになると、文学作品に性的なテーマを含ませることは、宗教的にも政治的にも徐々に危険になった。サミュエル・リチャードソンの『パミラ、あるいは淑徳の報い』（一七四〇年）がフランス語で出版されると（一七四二年）、性的に不品行な人物の描写が原因で即座にローマの教令によって禁書とされた（一七四四年）。『パミラ』のあまりの人気に、数多くの反論や模倣作が生み出され、匿名で書かれた『アンチ・パミラ』もその一年後に禁書目録に掲載された（ただし、ヘンリー・

フィールディングが一七四一年に偽名で発表したスピンオフ作品『シャミラ』は完全に無視された)。そのすぐ後一七四八年に出版されたジョン・クレランドの『ある遊女の回想記』(『ファニー・ヒル』としても知られる)はカトリックの検閲官に気づかれることはなかったようだが、おそらく即座にイギリス政府の検閲を受け、二十世紀まで海賊版しか流通しなかったためだろう。

フランス啓蒙主義の哲学者もまた、唯物論的思索の探求を深めるにつれて、人間の性行為に対する規制を含めて、教会によるあらゆる霊的・道徳的教えにあえて疑問を呈する(時に激しく否定する)著作を生み出すようになった。なかでもジャン゠ジャック・ルソーやヴォルテールといった悪名高い人物たちは、『新エロイーズ』(一七六一年)や『カンディード、あるいは最善説』(一七五九年)といった著作に表された、伝統的な結婚や教会に対する彼らの考え方が原因で発禁処分を受けた。よりあからさまにポルノ的なものとしては、ミラボー伯爵オノレ・ガブリエル・リケティ(一七九一年没)による『エロティカ・ビブリオン』など少し後の作品が挙げられる。政治家でフランス革命初期の指導者でもあったミラボーは、一七八三年に聖書を連想させる挑発的で大袈裟なタイトルを付け、出版地を「バチカン印刷所」と記載し、無制限の性的放縦に関する著作を発表した。この本はミラボーの死後、ナポレオン政権下で彼の名声がとうに失墜していた一八〇四年に、教皇の命令によって正式に出版禁止となったが、その他の著作(退屈な政策文書やその他の卑猥な文章など)が禁書目録に載ることはなかった(10)。

ミラボーは扇動と誘拐の罪でヴァンセンヌ城に幽閉され、その間に『エロティカ・ビブリオン』や不倫相手に宛てた数通のポルノ的な手紙を執筆したが、ここでドナスィヤン・アルフォンス・フランソワ、すなわちマルキ・ド・サドとも出会っている。その著作『ジュスティーヌ』(一七九四年)によってサドはのちに「サディズム」の元祖としての評判を確立する。『ジュスティーヌ』は一八〇五年にスペイン異端審問により禁書となったが、教皇庁(一八〇九年までフランス軍の占領と教皇の国外追放への対応に追われていた）の関心を引くことはなかったようだ。一七九八年にニコラ・レチフ・ド・ラ・ブルトンヌがサドに対抗して書いた『アンチ・ジュスティーヌ』もまた、彼の他のエロティックな著作、たとえばルソーに触発された『新アベラール』や『堕落百姓』などとともに、スペイン異端審問官によって禁書とされた（しかし不思議なことに、彼の『ポルノグラフ』や足フェチを称揚した『ファンシェットの足』は禁書とならなかった）。性の解放に対するスペインでの反感は、検察官が『セレスティーナ』を気にも留めなかった時代と比べると明らかに高まっていた。一八〇五年のスペイン目録の補遺には、『遊び女　ポケットガイド』（The Woman's [sic] of Pleasure Pocket Companion）という題の、ロンドンの娼館を紹介する、取るに足らない旅行ガイドが掲載されている（ローマ目録に掲載されることはなかった）。

スキャンダラスな画像

トリエント基準一〇箇条は図像については沈黙しているが、だからといって、教会の検閲官がこの問題に関して黙っていたわけではない。すでに一五五九年版スペイン目録には、「聖母マリアや聖人を貶め、侮辱するような絵や像、肖像はすべて（omnis）」断罪されるという一般見解が（omnis ゆえに「O」の欄にひっそりと）記されている。[11] さらに、一五六三年十二月三、四日に開かれたトリエント公会議の最終会議で「聖人の取次ぎと、崇敬、遺物、聖画像についての」教令が出された。スペインやトリエントの声明の主旨は、（十戒の）第一の戒めを字義通りに解釈しカトリックの聖画像を軽視するプロテスタントへの対応にあった。このような聖画像蔑視は深刻な問題で、場合によっては激しい破壊行為にまで発展し、教会から聖画像が奪われることもあった。「偶像崇拝」について論じた数多くのプロテスタントの神学書も、カトリックの伝統的な聖画像崇敬に対する攻撃とみなされ、長期にわたってさまざまな禁書目録に掲載された。

しかし、一五九六年のクレメンス版ローマ目録から巻頭に指示が追加され、印刷本のイニシャルを「淫らなもしくは恥ずべき画像」で装飾することは認められないと、検閲官にはっきりと警告するようになった[12]。これにより、視覚芸術に対する監視は、単に異端の攻撃から宗教画を守るという範囲を超えて一歩前進することになった。文学における性描写に対して教会の態度が硬化するのと並行して、視覚芸術においても検閲官たちは、自分たちが「淫ら」と考えるものに対し、その後何十年何百年にわたってどんどん目を光らすようになっていった。ただしその任務は容易ではなかった。画像は匿名で制作されることが多かったため、書籍よりも追跡が困難で、検閲の対象として明確に識別するのが難しかった。また、実際に何が「恥ずべき」スケッチ、絵画、彫刻に当たるのかについても、意見は大きく分かれた。その結果、図像に対する禁書目録の検閲は、禁じられた作品の詳細なリストを作成する代わりに、禁止に関する一般的な告知や、検閲者個人の裁量に頼る傾向にあった。

官能的な文学と同じく淫らな画像は、禁書目録で明確に問題とされるはるか以前から、教会関係者の心配の種だった。十五世紀後半には、裸体や他にも淫らと言われかねない木版画が、すでにいくつかの書物の挿絵として印刷されていた。なかでもボッカッチョ『デカメロン』の、当時においてすでに疑わしい版の挿絵や、作者不明の宮廷恋愛寓話『ヒュプネロトマキア・ポリフィリ』の挿絵などが有名だった[13]。ミケランジェロの《ダヴィデ像》（一五〇四年頃）やシスティーナ礼拝堂の壁画《最後の審判》に描かれた多くの裸体が、十六世紀初頭に一部の聖職者の怒りをかったことは有名だ。しかし、ファルネーゼ家出身の教皇パウルス三世はミケランジェロを反対派から守り、この厳かなフレスコ画のただ中に、ある口うるさいバチカンの聖職者をロバの耳をした地獄の住人として、裸体で風刺的に描きこむのを許可している。

前任のクレメンス七世やレオ十世と同じく、パウルスは熱心な芸術の庇護者であり、ルネサンスの巨匠たちの古典様式を裸体を含めて高く評価した。この時期のバチカン宮殿は実に刺激的な画像が溢れていた。なかでもビッビエーナ枢機卿のストゥフェッタ（小さな浴室）の官能的な壁画（一五一六年ラファエッロ作）は特に際どいことで知られていた。また、コンスタンティヌスの間の壁面にも、一五二四年にクレメンス七世が塗り替えさせるまで、しばらくの間一連のポルノ的な絵画が描かれていた（これらの絵は同年、書籍の形で復刻され、一五二七年には常に挑発的なピエトロ・アレティーノとの合作で再版された）。ある意味で自由放埒な時代だったが、変化はすでに始まっていた。カラファ枢機卿は、一五四一年の完成を見る前からミケランジェロの《最後の審判》に手を加えるよう圧力をかけはじめていた。そして一五五五年にパウルス四世として教皇に即位すると、即座に裸体画の検閲を開始し、見つけるたびに彫像を去勢して回ったが、こうした事態をミシェル・ド・モンテーニュは『エセー』のなかで嘆いている。後に元祖「イチジクの葉運動」として知られるものの始まりだった。

一五六三年のトリエント教令には聖像に関して「品位に欠けるものはすべて避けなければならない。すなわち人物を美しく描いたり飾ったりして欲望を刺激してはならない」という一文がある。この文言はおもに聖人像を対象としているが、当時禁欲的な風潮が高まっていたことは明らかだった。トリエント公会議ではシスティーナ礼拝堂の壁画が議題にのぼり、一五六五年、ミケランジェロの死後わずか数か月後、ダニエレ・ダ・ヴォルテッラ（Il Braghettone すなわち「ふんどし画家」の異名を持つ）という画家が裸体を隠すよう命じられ、布や葉が描きこまれた。その後、ローマでは多くの画像にイチジクの葉が加えられるなどの処置が施され、一五九二年クレメンス八世は、公共の場に展示されているすべての彫刻や画像が同時代の「良識」にふさわしいかを確認するために、市内を視察した。その後も十九世紀に至るまで、教皇による同様の取り組みは折にふれて行なわれた。

フランシスコ・ゴヤ《裸のマハ》1800年頃、油彩、キャンバス

しかしスペイン目録が、規定第一一（以前の規定第一二にあたる。第一二はおもに聖人を侮辱・嘲笑するような絵の禁止に関係していた）に「淫らな」画像に関する短い条項を追加したのは、一六四〇年になってからだった。不適切な作品が引き起こす「重大なスキャンダルと少なからぬ弊害をある程度回避するために」、ここでは「淫らな絵画、彫板、像、その他の彫刻」の制作や輸入をすべて厳しく禁じている。違反者には五百ダカットの罰金と一年間の国外追放が課せられた。しかし、こうした警告（あまり強制力がなかった）にもかかわらず、ポルノ画像はスペインとその海外植民地で流布し続けた。十八世紀末から十九世紀初頭のメキシコ異端審問所の現存する記録だけでも、淫らな画像やオブジェの違法な制作・販売に関わる案件が数多く見られる。フランソワ・ソイヤーが述べているように、十九世紀初頭のスペイン異端審問は、その終末期に政治的、社会的正当性を得る手段として、ポルノ弾圧をおもな活動のひとつにしようとしていた。一八一四年、スペインの首相マヌエル・ゴドイの自宅からフランシスコ・ゴヤの傑作、官能的な《裸のマハ》が押収された。この有名な事件は、啓蒙主義時代の終わりにポルノ画像に対する抑圧が異端審問の中心課題となっていたことを明確

に示している。

それでも、反宗教的な芸術による脅威に比べれば、淫らな芸術が公衆道徳に与える脅威は、禁書目録の検閲官にとって重要度が低かった。一五五九年のスペイン目録には「宗教を侮辱する」図像に対する短い非難宣告が記されていたが、その後のスペイン目録では版を重ねるごとにより詳しく明確になり、ついには一七九〇年版の規定（Reglas）では、（淫らな画像とは対照的に）瀆神的な画像に対する検閲について四度も取り上げることになる。規定第八の最後では、「ラミナ（銘板）、印章、メダイヨン、指輪、ロザリオ、十字架、像、肖像画」など迷信的、魔術的な目的に利用されやすいものに対して注意喚起がなされている。魔術的な図像については、魔術書を断罪する規定第九でも言及されている。規定第一一ではさらに、カトリックの慣習や権威を「嘲笑または侮辱」するような「肖像画、小像、硬貨、刻印、装飾イニシャル、小さな飾り、仮面、あらゆる種類のメダイヨン」を禁じている。規定第一六では、検閲官に対して「教皇庁により列福または列聖されていない人物の絵や肖像に、正式に認められた聖人にのみ許される光線、光背、その他の印《しるし》が描かれている場合は」押収または訂正するよう勧告している。

一七九〇年版禁書目録に目を通すと、無許可の宗教木版画に対する禁止処分も散見される（estampas ゆえに「E」欄に記載）。たとえばあまりはっきりしない作品だが、一枚の紙に印刷されている「聖体の印《しるし》（Insignia）と聖母像」（「I」欄の下）がある。またおそらくお守りの作成を警戒して、宝石に「聖像、聖画、聖なる印」を加えることを禁じた一七六七年の禁令について何度も言及されている。さらにこの目録では、柄や刃に聖像が刻まれる可能性を懸念して、カミソリやナイフ（Navajas y cuchillos ゆえに「N」の項目に記載）についても言及されている。これらは「淫らな絵画」（pinturas lascivas）に対する扱いとはまるで対照的であり、後者は同じ目録の規定第一一の最後に短い記述があるだけで、具体的な作品についてはいっさい記載がない。この時期、スペインの異端審問がポルノ画像をかなり深刻に受け止め始めていたことを示す明確な資料的証拠はあるが、禁書目録自体はエロティカに対する関心の薄さを示しているように見える。繰り返すが、厳密な意味での禁書目録は、実際の教会検閲機能全体の一側面を表しているにすぎないと認識しなければならない。

ローマでも、少なくとも禁書目録の記述からは、無宗教的、反宗教的、迷信的な画像は淫らな画像よりも常に警戒されたようだ。前述したように、宗教芸術の乱用については一五六三年のトリエント公会議の最後に討議され、その詳細は、最終会議の第二カノンからだけでなく、教皇庁ロタ法院の一員として会議に出席し後に枢機卿となる、ガブリエーレ・パレオッティ（一五九七年没）の回顧録からもうかがい知ることができる。パレオッティは実際にこのカノンの起草に主導的な役割を果たしたが、後に『聖俗画像論』（*Discorso intorno alle imagine sacre et profrane*）を著して、不適切な芸術作品の印刷を厳しく取りしまる必要性について広く考察している。この野心的な論考が完成を見ることはなかったが、一五八二年にイタリア語の暫定版が出版され、一五九四年には未完のラテン語版が『聖俗画像について』（*De sacris et profanis imaginibus*）という題名で出版された。

その間に、パレオッティ枢機卿は別途、「禁止美術品目録」を提唱したが、それが実現していれば、本書で紹介した検閲の歴史の流れは確実に変わっていただろう。しかし、彼は政治的にシクストゥス五世と衝突して最終的に教皇位獲得に失敗し、代わりにクレメンス八世が即位した。それでもパレオッティの著作は非常に読み応えがあり、十六世紀末のローマにおける芸術文化の実情について多くを教えてくれる。トリエント以降カトリック当局は、少なくとも一五九〇年代までに、芸術（特に宗教芸術）は常に真面目で品位があり、写実的に表現するべきであり、不必要に不安や混乱を煽る装飾や派手な飾

パオロ・ヴェロネーゼ《最後の晩餐》(《レヴィ家の饗宴》)、1573年、油彩、キャンバス

りは信者を迷わせるため排除すべきだと主張していた。パレオッティの世代が死んだ直後に豪華絢爛なバロック芸術が出現したため、この要求はある程度緩められたが、芸術の適切性についてのトリエント目録の一般原則は、近現代に至るまで教会の検閲官に影響を残すことになる。

パウルス四世の方針を受け継いだクレメンス八世などの教皇が、ミケランジェロの《最後の審判》をはじめとする宗教画や古典様式の彫像の裸体を、カトリック教徒の目から隠そうとした（バチカンの個人的な部屋で、より洗練された自分たちの目からは必ずしも隠そうとはしなかったが）経緯についてはすでに見た。しかし、スペインと同様にイタリアにおいても、図像が検閲を受けることになった要因は裸体だけではなかった。パオロ・ヴェロネーゼの《最後の晩餐》を例に挙げれば、一見すると聖書の出来事を敬虔に描いたこの作品に対し、実際にヴェネチアの異端審問官はドミニコ会のサンティ・ジョヴァンニ・エ・パオロ聖堂の食堂の装飾画（この部屋のためにヴェロネーゼは絵を依頼された）としては、まったくふさわしくないと主張した。一五七三年の審問でヴェロネーゼは、なぜ晩餐をとるキリストと弟子たちを、聖書に記述のない多くの人々――たとえば鼻血を流す召使い、武装した兵士（十六世紀のドイツ人の服装）、道化師、そして（なによりも悪いことに）犬――に囲まれる形で描いたのかという点について特に尋問された。このようなルネサンス芸術の傑作に対して、些末とは言わないまでもかなり詳細な批判的な分析を行なうことに、審問官たちが正当性を感じていたことは、きわめて異例だったが、特定の審問官がこの特定の時期にこの特定の芸術家に対して審問することになった裏には、政治的な要因があるかもしれない。

最終的には妥協が成立したものの、これは対抗宗教改革時代の検閲の力とその限界をともに示している。ヴェロネーゼは異端審問官の最初の提案（少なくとも犬の上にマグダラのマリアを描き直すというもの）は受け入れなかったが、その代わりに作品自体は一切修正せずに題を《レビ家の饗宴》と改めた。作品の宗教的な重要性をわずかに下げることで（キリストと使徒たちはそのままだが、問題の食事はもはや聖書の「最後の晩餐」ではない）、どうやら画家は迫害者たちを満足させ、この作品の品格や良識が十分にテーマにふさわしいものであると納得させた。ヴェロネーゼのよく似た作品《パリサイ人シモンの家の宴》（現在はヴェルサイユ宮殿の壮大な壁面を飾り、ここでも犬が目立つように描かれている）とともに、実際にこの絵は手つかずのまま残され、ヴェネチア美術を代表する作品として高い評価を得ている。審問官たちは、問題があると判断した美術品をひたすら破壊するというよりは、自分たちの主張を通すことに重きをおいていたようだ。

一六三三年と四二年にはそれぞれ、異端者と聖人の描写について新たなローマ教令が発表され、一六五六年の教令ではとりわけフランシスコ会の聖人像に焦点が当てられた。その後これら三つの教令はすべて一六六四年のアレクサンドル七世の禁書目録に収録された。そして一七五八年のベネディクトゥス十四世の改訂版禁書目録では、美術検閲に関する従来の声明が繰り返されると同時に、第三部の「目録に明記されていない禁書に関する法令」（Decreta de libris prohibitis, nec in indice nominatim expressis）に分類されることになる、まったく新しい警告が掲載された。スペインではすでに一六四〇年版以降の目録で強調され、一七九〇年版目録でも繰り返されることになるが、ベネディクトゥスはローマ目録でも、列聖されていない人物を聖人と間違うことがないよう、「人物像の光背や後光」について注意を喚起している。[14] また、いっとき問題となったことはあったが、それ以来忘れ去られていたいくつかの分野の宗教画や装飾品の規制についても、具体的に指示が与えられた。たとえば、「神の母マリアの下僕信心会」といった信心会に関わる画像・刻印された硬貨・装飾用の小さな鎖（catenulae）、幼いイエスが教会博士に囲まれている画像、ヨアンネス・カラ（詳細不明の十三世紀の隠者で、当時列聖される可能性があると考えられていたようだ）の画像、書物とロザリオを手にした二人のイエズス会の聖人の間にキリストと聖母が描かれた親イエズス会的な画像などだ。

こうした宗教画（としばしば絵や像に添えられた文言）はたあいないもので、特に手軽に紙片に印刷されたものや、祈禱のために日用品に刻まれたものなどは、現代のわれわれからしたら無害に見えるだろう。しかし、それらには十八世紀の教会指導者が不敬で反抗的で迷信的と考えるような意味合いが含まれるおそれが常にあり、また書物（特にラテン語の）に比べてより多くの人々の手に渡りやすく（読み書きができない大衆にも）、結果として初期近代カトリック・ヨーロッパ世界に広く普及することになった。検閲官にとっては、敬虔な人が首から下げたり素朴な農民の小屋に飾ったりするような、聖母、キリスト、聖人たちの「良い」像と、敬虔な信者の宗教的情熱を異端へと導くおそれのある「悪い」像とを区別することが肝心だった。ベネディクトゥス十四世のリストは、司祭を通じてカトリック信者が「悪い」像を識別し回避できるようにすることを目的としていた。人々が認可されていない者を聖人として崇敬することや、神や本物の聖人であっても不適切な仕方で崇敬することは、教会や教会が主張する宗教的権威の独占を脅かすことに繋がるため、重く受け止められた。

多くの場合、「敬虔な」画像の利用と、完全に「迷信的な」画像の利用を区別することは困難だった。六章で論じたように、苦境の際に神に助けを求める敬虔な訴えと、今でいう「魔術的」な（薬草の使用など、「科学的」と認識されているものもある）信心や慣習との境界線は、曖昧なことが多かったのだ。絵画や置物、お守りに刻まれた像や、床や壁に描かれた模様など、この時代の図像はしばしば「魔術」を行なう際の手法の一部だった。『トビアス・バントリカトの天文図の書』や『プトレマイオスの天文図の書』のような魔術書（またこれらの書物に描かれたり、紹介されたりしている魔術的な絵図）に対するニコラウス・エイメリクスの中世の禁令が何度も繰り返されたことからも、こうした懸念が根強いことがわかる。しかし一般的に、こうした画像は作者や作品名が不明なまま、監視の目を逃れて流通していた。それらは魔女裁判に関連して没収され、処分されることもあったかもしれないが、エイメリクスの書や一六四〇年以降のスペイン目録の規定第八、九に見られるような漠然とした指示を除けば、迷信的な図像が具体的に禁止品目リストに載ることはほぼなかった。[15]

詳しく踏み込むのは本書の範囲を超えるが、キリスト教の検閲官が、世界各国でユダヤ人、イスラム教徒、植民地の「異教徒」が生み出した芸術的な図像を――ここでも不敬で淫らで迷信的な意図を疑い、「真の」信仰を傷つける可能性を恐れて、――数多く破壊したことについても留意すべきだろう。こうした対応もまた、第五章で述べたような非キリスト教の文書に対する検閲官の対応と同じである。それゆえ、どの禁書目録にも具体的な記述はないが、（元）ユダヤ人のコンベルソや（元）イスラム教徒のモリスコが定期的に調査され、花嫁、母親、新生児の手や足や額にヘナで幸運のお守りとして模様を描くといった芸術的習慣が規制されたことは、異端審問や教会や国の記録文書から広く知られている。モスク、シナゴーグ、非キリスト教徒から接収した個人の建物が略奪や破壊を受けたせいで失われた美術品は計り知れないが、コルドバの旧モスク（現在はカテドラル）やトレドのサンタ・マリア・

ラ・ブランカのシナゴーグ（以前は教会で、現在は美術館）といった現存する壮麗な建物を見れば、かつての美しさを想像することはできる。アフリカ、アジア、アメリカ大陸でも何世紀にもわたり、数多くの先住民の儀式用具、偶像、装飾された寺院が、宗教とは無関係の創造的表現ともども、こうした創作品や偶像がもつ潜在的な力を恐れた検閲官によって破壊された。これらの破壊行為は、公式の禁書目録によって明確に指示されたものではなく、ヨーロッパの文物に対して禁書目録が行なったように、破壊対象をわざわざリスト化することさえなかった。しかし、これもまたヨーロッパと同じ教化の論理に由来する行動であり、その影響は深刻であった。

スキャンダラスな音楽

非キリスト教のまじない、歌、音楽、踊りも、スペインや多くの植民地で教会検閲の対象だった。本書の範囲をはるかに超えるが、これもまた調査の途上にある複雑かつ悲劇的なテーマである[16]。しかし、初期近代ヨーロッパに視線を戻せば、音楽の制作や演奏も、とりわけトリエント公会議をきっかけに検閲の対象となったことがわかる。音楽は他の芸術に比べて禁書目録では目立たない。しかし音楽に対するカトリックの検閲は、たとえ必ずしも禁書目録と関連していなくても、他の資料による証拠と合わせて少なくとも注目すべき小さな痕跡をいくつか残している。したがって、以下は――禁書目録と完全に無関係ではないが――あくまで他の研究書で詳細に扱うべき複雑なテーマの概略を簡潔に紹介するにすぎない。

教会音楽は宗教画や彫刻と同じく、トリエント公会議の最優先事項ではないものの重要なテーマであった。一五六二年九月十七日の第二二総会の第八カノンにおいて、カトリックのミサで演奏される音楽は、特定の原則に従うべきことが確認されている。すなわち、音楽の使用目的は信者を霊的に高めるためであり、わかりやすい（霊的に有益な）言葉のみを用い、世俗的なテーマや表現様式は避けるべきとされた。しかし規則としてはあまり厳密でも明確でもなく、その点が問題だった。一年後の一五六三年十一月、それ以上の細則は各地の教会会議が地域ごとに定めるべきと、公会議で決定した。ローマには全世界の教会に対して画一的な音楽演奏を強いる意志も能力もなかった。各地の教会会議ではすでに既存の問題に対し注意を喚起していた。たとえば、演奏の機会を利用して長々とソロパートで技巧を披露する音楽家、明らかに宗教とは関係ない下品なカントリーダンスの歌を要求する教区民、さらには即興芝居で行なわれるミサそのものの低俗なパロディなどである。荘厳な聖体祭儀に対するこうした迷惑行為は、カーニバルや収穫期、あるいは現地の聖職者の不正に対する抗議など、一時的なものであったかもしれないが、教会当局への正式な訴えにはたいていこうした酌量すべき委細は記録されなかった。あまり面白味はないが美的、技術的な問題も争点となった。その内容は、ポリフォニーが過剰で典礼の重要な唱句がわかりづらいという問題から、すべての教会音楽をフリギア、リディア、ドリア、ミクソリディア旋法に限定すべきだという、一五四九年のチリーロ・フランコ司教による提案まで、さまざまであった(17)。

こうした批判やトリエントの少々曖昧な規定は、やがて競争の激しい（また時には実入の良い）典礼音楽の作曲に、大きな影響を与えることになった。初期近代の音楽家は多くの芸術家と同じく、パトロンの好みや意向を無視できなかった。多くの場合その作品は芸術家個人の表現とはほとんど関係がなく、指示に従うことのほうがはるかに多かった。したがって、その地域のパトロンが教会音楽の新しい方向性を決めると、作曲家たちは即座にそれに従ったため、実際問題として検閲は必要なかった。その結果、ジョスカン・デ・プレの「ミサ曲　武装した人　種々の音程による」（**Missa l'homme armé super voces musicales**、中世後期の主旋律を典礼用に編曲した人気曲。一五〇二年出版）に見られるような、ポリフォニー（多声音楽）、世俗的、自国語といった要素はしだいに廃れ、より厳粛でわかりやすい曲へと変化していった。たとえば、グレゴリオ聖歌に見られる単旋律聖歌の様式は、一五八二年に教皇儀典長ジョヴァンニ・ドメニコ・グイデッティ（一五九二年没）が出版した『すべての教会、大聖堂、聖堂参事会教会で使用するための聖歌隊ガイド』（*Directorium chori ad usum omni ecclesiarum, cathedralium, & collegiatarum*）の後押しを受けた。さらに一六一四年に、同じく影響力のあるメディチ版「グラドゥアーレ」が出版されたが、これは当時の簡略化された典礼音楽を、一五七〇年の『ローマ・ミサ典礼書』の規格化されたテキストに合わせたものだった。望ましい変化を達成するには、それ以上公式に働きかける必要はなかった。禁書目録の検閲官も、宗教と無関係の場で歌われる下品な歌を一掃しようなどとは思わなかったようだ。ジョヴァンニ・ピエルルイジ・ダ・パレストリーナ（一五九七年没）らポリフォニーの巨匠たちが、トリエントの新たな指示に合わせてどの程度作風を変化させたのかについては異論も多いが、総じて言えば直接的な検閲や強制はなかったようだ。むしろ、同時期に官能的な図像や文学に対する考え方が徐々に硬化したのと同じく、少しずつ作風が変化していったと思われる。

したがって、禁書目録そのものには音楽に関する掲載例はきわめて少ない。一五五四年パリの最初の禁書目録には、初期プロテスタントの説教者マチュー・マラングル（一五七二年没）の「キリスト者の歌」（Chansons Chrestiennes）と「霊歌」（Chansons spirituelles）が掲載され、この禁令は後にアントワープ（一五七〇年）とスペインの目録（一五八三年）でも繰り返された。マルコ・アントニオ・パガーニも同様の運命をたどり、ソネット集と「天使の勝利」（Triunfo angelico）という歌集が、一五五九年のローマ目録に掲載された。その後もときおり、印刷された歌や賛美歌について言及されることはあったが、特定の作者名が付記されている例はめったにない。例外として、アンドレアス・クラップ（またはクラッピウス、一六二三年没）という、ただでさえ不運な名前〔英語のクラップ crap は「糞」という意味〕を背負っていたドイツ人作曲家が、一六三二年以降のスペイン目録で禁じられている。ローマではクラップとその音楽について関知しなかったか、関心がなかったようだ。スペイン目録では、特に一五八二年に発表された「聖歌」（Cantiones ecclesiae）が断罪されるべきだと述べられているが、審問官の注意を引いた要因は、その作曲の質もさることながら、彼のプロテスタントへの共感が原因であったと思われる。実は、クラップはフィリップ・メランヒトンの甥だったのである。

あらゆる芸術のなかで、十六世紀から十八世紀の禁書目録の出現と発展による影響を、おそらく最も受けなかったのが音楽だった。しかし同時に、教会当局は典礼の秩序を維持することに大いに気を配り、そのためにはしかるべき音楽を伴うことが重要だと考えた。ある特定の芸術パフォーマンスを奨励し報酬を与える一方で、あえて他を援助しないという行為は、必ずしも検閲と直接関わるものではないが、ある程度は同じような結果をもたらし得る。禁書目録には音楽家の名がほとんど見当たらないという事実は、彼らの間で自主検閲が行なわれていたことを示している可能性がある。すでに何度も述べてきたように、自主検閲（および記録に残らない検閲）の影響について評価することは、残念ながら難しい。

思想や創作に対する最も効果的な検閲は、おそらく常に見えない形で行なわれる。芸術家が創作を続けるのに必要な支援や資金を得られなければ、作品は生まれない。あからさまでなくともやる気をくじかれたり脅されたりすれば、往々にして彼らは方向性を変えるだろう。そして、このような妨害が効果的であればあるほど、人々はそもそもそうした作品が存在したことすら気づかないだろう。

そういうわけで、創作物を対象とした弾圧の記録として、また——それが検閲のおもな標的ではなかったとしても——すでに失われてしまった作品そのものの記録として、さまざまな禁書目録を丹念に調査することがいっそう重要になる。作家や芸術家によっては実際に異端審問の審査や検閲から恩恵を受けた者もいて、彼らは結果的に自分たちの作品は人々の興味をそそるような反因習的な特徴を有すると喧伝することができた。ボッカッチョ、ラブレー、サミュエル・リチャードソンなどは、猥褻との評判がたっても本の売れ行きに影響はなかったようだ。その他、モンテーニュ、セルバンテス、ラ・フォンテーヌ、スウィフトもまた、教会検閲を受けても基本的に無傷であった。パオロ・ヴェロネーゼは検閲を煩わしいものとして軽く受け流しただけだった。しかし、その他禁書目録に掲載された数多くの、おそらくそんな大物でない作家や芸術家は、皮肉にも検閲のおかげで、どうにか存在の記録が残ることになった。

禁書目録のリストを掘り下げ、今では専門家にしか知られていない無名の作家に焦点を当てるだけで、これまでと異なる初期近代ヨーロッパ文学史が書けるかもしれない。たとえば、詩人アダム・ズィーバー（ドイツ人、一五八四年没）、ギョーム・ド・サリュスト（フランス人、一五九〇年没）、ジャンバッティスタ・マリーノ（イタリア人、一六二五年没）などは、一六四〇年版スペイン目録に登場する作家のほんの数例にすぎない。初期近代に禁書処分を受けた神学者や科学者のなかに女性はほとんどいなかったが、女性が小説や自伝的、風刺的作品を書くようになると、禁書とされる者も出てきた。たとえば、アンヌ＝マルグリット・デュ・ノワイエの『パリとプロヴァンスの二人の貴婦人による優雅な歴史的書簡』（*Lettres historiques et galantes de deux dames de condition, dont l'une était à Paris et l'autre en Provence*、英語版の題名は『パリの貴婦人からアヴィニョンの貴婦人への手紙』）、アンヌ・ド・ラ・ロッシュ＝ギエムの『ジャクリーヌ・ド・バヴィエール』やフランソワーズ・グラフィニーの『ペルーの少女の手紙』などである（それぞれ一七二二年、二五年、六五年にローマで禁書とされた）(18)。これらの著者やその他多くの作家や詩人は、英語圏の読者をはじめとして今ではほとんど知られておらず、禁書となった彼らの著作は文学史の作品リストにわずかな痕跡しか残していない。しかし、少なくとも禁書目録は、彼らがかつて自らを表現しようとしたことを証明しており、それをきっかけに現代の学生や学者が興味を抱いて新たな研究を始め、文学史にこれまで知られていなかった新章が開かれる可能性が期待できる。禁書目録に掲載されていることを知っていれば、たとえばメルシエの『二四四〇年』のように、しばしば難解で退屈な文書を読み進めるのに必要な、数少ない原動力のひとつとなるだろう。

禁書目録の歴史を通して芸術作品の扱いが一貫していないことは、多くの矛盾を浮き彫りにする。芸術がカトリック信仰にとって脅威となる可能性については早い段階で認識されており、神学書ほどではなくても対処すべき課題だった。しかし、高位の聖職者を含むエリート知識人は芸術作品を高く評価し、最も際どい書物や図像であっても自分たちのために残す価値があると考えた。禁書目録に載るような芸術作品の条件が一般的に非常に曖昧なことからも、それがうかがえる。スペインやトリエント目録の基準では、禁じるべき作品の種類を漠然と示すだけで、具体的な作品リストは作成されなかった。検閲官その他多くの高位聖職者は、許容される作品とそうでない作品に関して、その場の自由裁量で判断を下すことを望んだ。つまり基本的には「見ればわかる」という考え方だ。このため、同時代の嗜好や規範の変化に左右され、時代や地域によって当然ながらばらつきが生じた。

造形芸術の検閲は、とりわけ書物とは無関係な場合、またもや禁書目録計画全体の限界と、往々にして偶然に左右される性質について明らかにしている。検察官は絶えず生み出される出版物や創作物の対応に追われていたため、断罪は何年も、時には百年以上も遅れ、完全に省かれることもあった。本や図像、楽曲を個々に調査できるような人材も手段もなかったため、検閲官は偶然目に留まったもの、入手したもの、理解できたものに応じて（多くは場当たり的に）、個人を選び標的とした。だからと言って、彼らが自らの任務に多くの知的エネルギーを投入しなかったというわけではなく、多くの場合その専門知識と細部へのこだわりには目を見張るものがある。モンテーニュはローマを訪れた際に、『エセー』が専門家の厳しい審査を受けたことに恐れを抱いたし、何百ページにもおよぶセルバンテスの『ドン・キホーテ』から、たった一箇所、問題のある一節を見つけ出した検閲官は、鷹のように鋭い目を持っていたに違いない。しかし、どんなに優れた専門家でも、それぞれの時代、文化、政治的背景の産物である。それゆえ、地球の大半を巻き込んだ何世紀にもわたる検閲活動において、（時には不条理なまでに）矛盾が生じるのは当然の成り行きだった。

禁書目録の検閲官やその協力者がもたらした芸術的損失は、黒伝説を喧伝する人々や典型的な近代主義者が考えるよりも、さまざまな点ではるかに少なかっただろう。厳しい監視下でも人間の創造力はとどまることなく、結果として多くの点で作品を順応させることになった。しかし、破壊されたにせよ、作られなかったにせよ、修正され歪められたにせよ、実際のところ検閲によって何が失われたのかは想像するしかない。何世代にもわたり読者や視聴者は、単に手に入らなかったため、あるいは、検閲によって作者の本来の意図を曲げられた作品を手にしていたため、良くも悪くも失ったものに気づかなかった。これはまさしく悲劇だが、芸術家たちがこれまで常に直面し、今でも世界中で直面し続けている現実と、そうかけ離れてはいないだろう。

第8章　検閲と近代化

一八六四年十二月八日、教皇ピウス九世は、疲弊し、分裂し、時に意気消沈していた教会に二つの爆弾を投下した。ひとつが回勅「クアンタ・クーラ」(Quanta cura) の発布で、そのなかでピウスは現代にはびこる数多くの致命的な誤謬について激しく非難している。もうひとつは、回勅を補足する「シラブス(謬説表)」(Syllabus) で、八十の誤謬が整然と列挙されていた。「シラブス」の最後は、多くの進歩的なカトリック信徒(さらにはプロテスタント、東方正教会、非キリスト教徒)の背筋を凍らせるような一文で締めくくられていた。「第八〇命題」で、ピウス九世はどのような提言であれ「教皇は進歩、自由主義、現代文明と和解し、妥協できるし、またそうしなければならない」(デンツィンガー・シェーンメッツァー『カトリック教会文書資料集』より) という考えは誤謬であると、厳粛に宣言した。すなわち、これらの妥協は不可能であり、教皇は反対者にいかなる譲歩もするつもりはなく、異を唱える者は潜在的な異端とみなすということを意味していた。これは、変わりゆく世界と、ローマ・カトリック教会の権力に挑戦するあらゆるものに対する、事実上の宣戦布告だった。

こうした反近代的な姿勢は、教会内では決して目新しいものではない。七十年以上もの間カトリック教会は、フランス革命とその余波によって(しばしば暴力的に)強いられた悲惨な変化に、なんとか抗

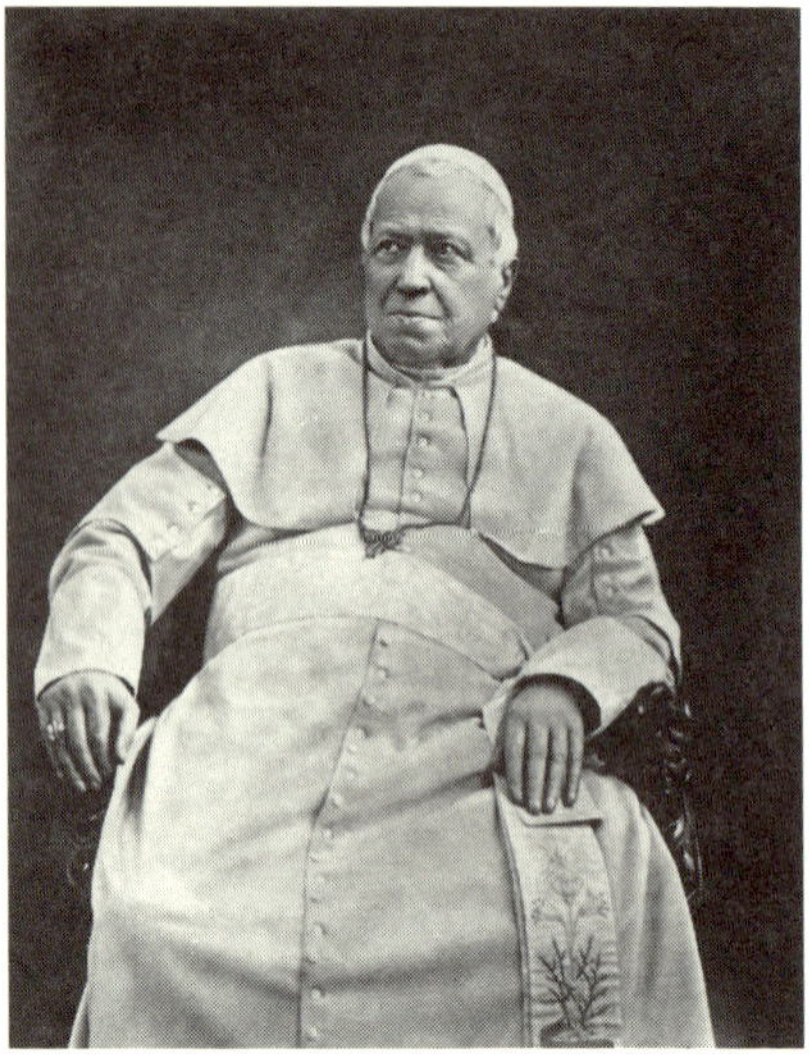

アドルフ・ブロン、「教皇ピウス九世（ジョヴァンニ・マリア・マスタイ・フェレッティ）」、1875年、写真

おうとしてきた。産業革命もまた、多くの技術的、社会的、政治的革新をもたらし、教会の伝統主義者をひどく動揺させた。ルイジ・ランブルスキーニ枢機卿（一八五四年没）ら強硬派は長らく近代文化に対する嫌悪を露わにしてきたし、ピウス自身（一八四六年の教皇選挙でランブルスキーニに勝利したとはいえ僅差だった）も、十年以上にわたり定期的に発行した一連の文書のなかで、「シラブス」と同様の考えを表明し続けていた。つまり「クアンタ・クーラ」も「シラブス」も、ある意味ではローマの既成の方針を明言したにすぎない。

しかし、これらの回勅にはそれ以上の意味があった。間もなくローマ教皇庁で支配力を失うだろうと期待されていた保守派が、総力をあげてその立場を強化したことを知らしめたのだ。実のところ教皇に選出された時点では、ピウスは「リベラル」な教皇になるだろうと目されていた。比較的若く、フランス革命後の世界で育ち、同時代の状況に対し良識的に共感さえ抱いて折り合いをつけるのに十分な資質を備えていた。一七九二年、まさにフランスの急進派が第一共和政を宣言した年に、ジョヴァンニ・マリア・マスタイ・フェレッティは誕生した。そして一八四六年から七八年までという史上最長の教皇（言い伝えを含めるのであれば、三十八年間在位したという聖ペテロだけがこの記録を凌駕する）として就任する前に、いくつも新たな先例を打ち立てた。一八二四年外交上の任務でチリを訪れたことによって、アメリカ大陸訪問の経験をもつ最初の教皇となった。一八三一年に自分の教区で暴動が起こった時にはその後政治犯を解放した。さらには鉄道の旅を全面的に受け入れ、教皇在位中には教皇領内に三百キロメートルにおよぶ鉄道を敷設するために、資金を提供した。ピウスの選出は辛口のフランス人司祭フェリシテ・ド・ラムネー（一八五四年没）らカトリックのリベラル派に熱狂的に歓迎された。人道主義者で民主主義者であったラムネーは、影響力のある「アヴニール」（L'Avenir）紙の創刊に貢献したが、教会政治に対する批判的な見解を理由にすでに検閲を受けていたのだった。ピウスに対し、教会を抜本的に改革し、彼らには不適切と見えるローマ異端審問や目録省の活動を含めて、過去の行き過ぎを一掃してくれるかもしれないと期待する人々すらいた。教皇がユダヤ人への説教の強要を中止し、何世紀も続いたローマのゲットーから出るのを許可した時、これらの大きな期待にも十分根拠があるように思われた。

ピウス九世の方向転換は、一八四八–四九年に起きた革命の経験によるところが大きい。ナポレオンによる支配と、一八三〇–三一年の失敗に終わった共和主義者の暴動という試練を乗り越えてきたとはいえ、旧体制を打倒し、反教権的な民主主義体制を打ち立てようとするこの新たな攻撃は、教皇にとって衝撃的で、カトリック信仰を同時代の文化的発展に適合させる可能性について想定していたことの多くを、根底から見直さざるを得なくなった。暴徒の襲撃をかろうじて逃れ、南イタリアで数か月におよぶ辛い亡命生活を余儀なくされた結果、一八四九年ピウスは、「クアンタ・クーラ」や「シラブス」、そしてほどなく開かれる第一バチカン公会議（一八六九–七〇年）のカノンに至る政策や神学的な見解を、

カール・ブリューロフ、《ローマのデモ（教皇庁宮殿のバルコニーからスピーチするピウス九世）》、1850 年、油彩、キャンバス

徐々に発展させ始める。

近代に入り異端審問や検閲の力が徐々に衰えるのを受け入れるどころか、ピウス（やその後継者で同じく長命なレオ十三世、在位一八七八－一九〇三年）など保守的な教会指導者は、何が真実で何が誤謬か、また厳しい検閲でその誤謬をいかに排除すべきかを決定する段になると、教皇の絶対的権力をいっそう強く主張するようになった。ピウスの治世の終わりからほぼ一世紀の間、宗教、科学知識、芸術に関わる不認可の取り組みは、第一の標的である無神論、唯物論、合理主義から生まれた思想や行動と並んで、禁書目録に掲載され続けることになる。この反近代主義的形勢が最終的に覆るのは、新たなバチカン公会議、一九六二－六五年）を待たなければならず、その直後の一九六六

年、禁書目録は最終的に廃止される。しかしその間多くの論争、闘争、トラウマが繰り返されることになった。

さらなる変化

エリート層と民衆の支持の低下によって、啓蒙時代を通してすでに弱体化していた教会の支配体制は、フランス革命に伴う出来事と、それに続く十九世紀初めのナポレオンによるスペイン、教皇領、イタリアの大部分の占領によって、致命的ともいえる打撃を受けた。すでにブルボン朝の支持を失っていたスペイン異端審問は、その活動の一部である禁書目録とともに、一八〇八年ジョゼフ・ボナパルトの手で廃止された。一八一四年のフェルディナンド七世の復位後、異端審問官は再び活動を許されたが、一時的な猶予にすぎなかった。一八三四年、スペイン異端審問は自由主義的な新政権により永久に廃され、アメリカ大陸でも、メキシコ、ペルー、コロンビアで立て続けに起こった独立戦争のため、その法廷は当時すでに機能しなくなっていた。一方、ヴェネチアの異端審問も一七九七年に機能を停止し、ポルトガルの異端審問も最後は最小限の活動を数十年間続けた後、一八二一年にその幕を閉じた。スペインではその後も禁書目録の新版が発行されたが（ジャーナリストのレオン・カルボネロ・イ・ソルが編集し、司教団が承認した一八七三年の重要な禁書目録を含む）、十九世紀のスペイン教会は、書籍検閲に関わる問題については最終的な指針としてますます最新のローマ目録を頼るようになった。こうしてイベリア半島や各地の異端審問が閉鎖されたため、ピウス九世の前任者グレゴリウス十六世（在位一八三一–四六年）の時代には、教皇直属の検邪聖省と目録省だけが、カトリック唯一の公式検閲機関として残された。

ローマの検閲官の懸念事項や優先順位は、もちろん十九世紀から二十世紀の間に変化したが、さまざまな点で従来のやり方が踏襲された。依然として権威ある公認聖書はクレメンス版ウルガタ訳だけで、新版や新訳は無視することも完全に避けることもできないほど普及していたが、教会当局は教皇庁の承認を得ていないこれらの聖書を異端的革新として糾弾し続けた。神学書や教会の信仰や慣習に関わる著書も、依然として細かく調べられた。特に作者がカトリック信徒で、イタリア語、フランス語、スペイン語（またおそらくドイツ語やポルトガル語）などローマ教皇庁での使用頻度の高い言語で書かれた場合はなおさらだった。英語やポーランド語など、ローマの検閲官に馴染みのない言語でのみ流通している書籍は、読まれる可能性は低く、それだけで検閲を免れることが多かった。

間違いなく禁書目録に掲載される方法といえば、相変わらず、教会の慣習や信仰に対して内部批判を行なうことだった。たとえば、ラムネーは『ローマの問題』（「教会や社会の弊害、またその改善法に関する教皇に宛てた覚書」という大胆な副題が付けられている）などの著作を出版したため、一八三六年に検閲を受けた。「聖母マリアの無原罪懐胎」など、カトリックの教義をめぐっては時に激しい論争が繰り広げられ、その結果トーマス・ブラウン（一八六四年没）などの作家が禁書処分となった[1]。新しい高等批評によって聖書を再解釈することも、検閲を受ける可能性が高かった。たとえば、エルネスト・ルナンの『イエス伝』（一八六三年禁書）やプロスペル・アルファリックの『イエスの問題とキリスト教の起源』（一九三三年禁書）といった「史的イエス」に関連する研究などがあげられる。また宗教と科学の適切な関係も論じるには危険なテーマであった。実際にニューヨーク大学教授のジョン・ウィリアム・ドレイパーは、一八七四年に出版した『宗教と科学の闘争史』が（一八七六年にスペイン語に翻訳されたとたん）禁書目録に掲載された。後述するように、教会と国家について論じた研究書も公式方針である教皇至上主義に沿うものでなければ、検閲を受ける可能性は非常に高かった。ガリレオの著作は一八

科学に関する著作も、教会の脅威になるとみなされれば引き続き禁じられた。ガリレオの著作は一八

二二年正式に禁書目録から削除されたが、反近代主義の聖職者は、自分たちの伝統的な世界観を脅かす新しい考えに対しては相変わらず強く反対し続けた。その結果、ジュール・ミシュレ（一八七四年没）やレオポルド・フォン・ランケ（一八八六年没）といった著名な歴史家だけでなく、ミケーレ・アマーリ（一八八九年没）などやや知名度の低い歴史家の著書も、「実証主義」の父オーギュスト・コントの著作と同様に禁書となった。彼らの分析が過度に唯物論的であり、伝統的なカトリックの見解への共感が不十分だったためだ。有機化学に関するフランソワ・ヴァンサン・ラスパイユの画期的な研究は一八三四年に禁止され、ジュゼッペ・バリッリによる天文学の一般向け入門書は一八七五年に禁書となった。チャールズ・ダーウィン自身の名は禁書目録にないが、彼の祖父エラズマス・ダーウィンは掲載され、その他多くのカトリックの学者も、進化に関する研究について沈黙を強いられた。たとえば、エミール・フェリエールの『ダーウィニズム』（*Le darwinisme*）は一八七二年に、ピエトロ・シチリアーニの『社会主義、ダーウィニズム、近代社会学』（*Socialismo, darwinismo e socologia moderna*）は一八八二年に禁書目録に掲載された。イエズス会士で古生物学者のピエール・テイヤール・ド・シャルダン（一九五五年没）は、進化論や膨張宇宙論といった非正統的な理論の影響が疑われる著書を出版してはならないと命じられた(2)。

医学の分野では、フランソワ・ジョゼフ＝ヴィクトル・ブルセの物議をかもした著作が一八三〇年禁書目録に記載された。「生理学的」医学と炎症理論に対する彼の構想はホメオパシーの発展に影響を与えることになる。新しい心理学の分野も、精神疾患の原因として霊的な側面よりも物質的・経験的要因に焦点を当てたため、多くのローマの検閲官から問題視された。その結果、特にイタリアでこの分野の先駆的な研究が禁じられ、たとえばフランチェスコ・ボヌッチの『人間の魂の生理学と病理学』（*Fisiologia e patologia dell'anima umana*、一八五五年禁書）、ジュゼッペ・ビアンコの『伝染性精神病理』（*Le psico-*

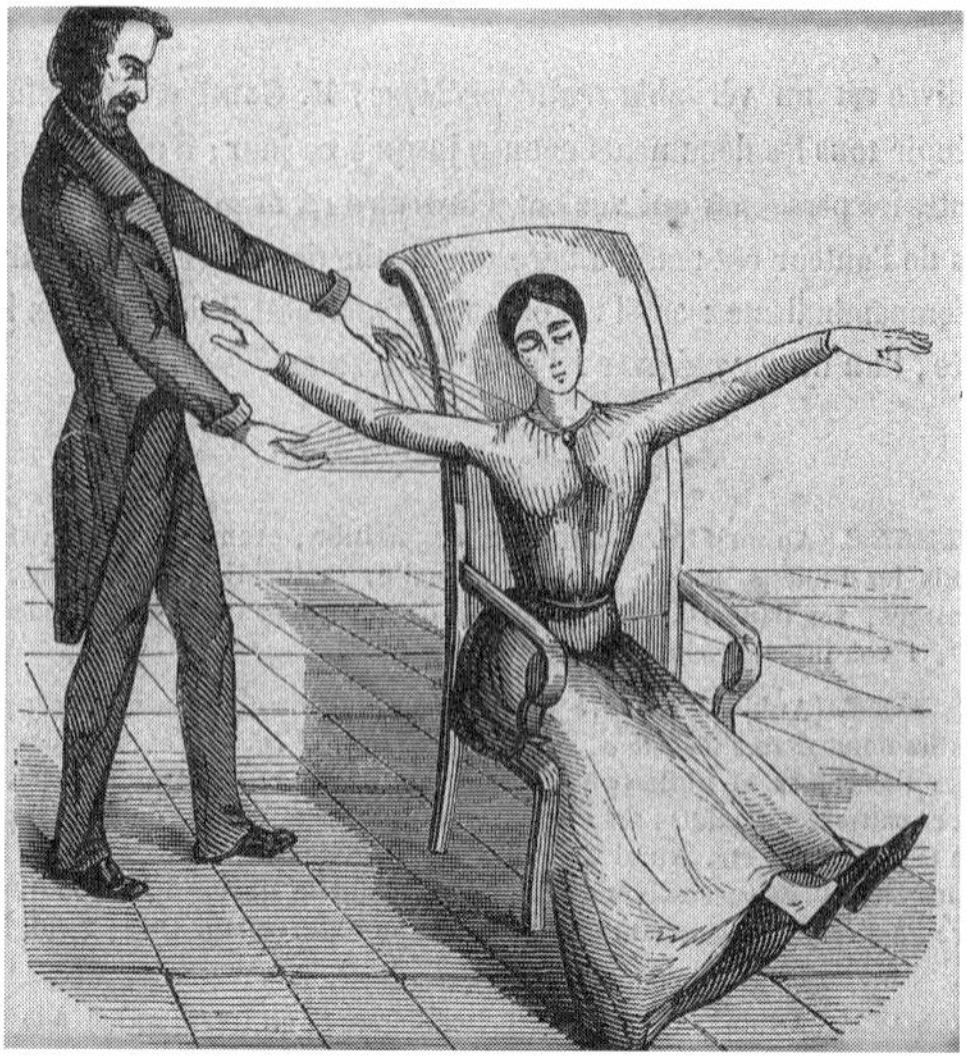

作者不明「動物磁気を用いる催眠術師とその結果ひきつけを起こした女性」、1845年、銅版画

patie contagiose、一八六九年禁書）、ロベルト・アルディゴの『実証的科学としての心理学』（*La psicologia come scienza positiva*、一八七二年禁書）などのほか、前述のピエトロ・シチリアーニのさまざまな著作が一八七八年から八二年にかけて禁書となった。

もちろん現代の専門家から見ても、十九世紀の学者のなかには、結論の多くが客観的に間違っている人々や、それゆえ科学のカリキュラムから除外されても仕方がないと思われる人々もいただろう。十九世紀にも、必ずしもカトリック教会に言われたからではなく、同じように考える人がいたことは確かで、たとえば、大部分の非キリスト教の大学やプロテスタント系の大学からも唯物論的な心理学が排除されたことで、オックスフォード、ケンブリッジ、ハーバードといった大学でさえ心理学の専攻課程の設立が遅れることとなった。実際のところ禁書目録は、学問の歴史の表舞台に名を残した作家だけでなく、「動物磁気」理論の提唱者など、今日では間違いなく偽医者やペテン師と見なされる（かつ一流の学術誌では発表を拒否される）類の「異端児」も対

アンリ・ド・マルヴォスト、「サタンとその信者の宴会」、ジュール・ボワ作『悪魔崇拝と魔術（*Le Satanisme et la magie*）』（1895 年）挿絵、p. 5

象としていた。[3] ジュール・ボワの悪魔崇拝と魔術に関する精力的な研究（一八九六年に告発された）も、このカテゴリーに入るかもしれない。

しかし、十九世紀から二十世紀初頭にかけて、少なくとも人々の目につくところで、最も禁書目録検閲による被害を被ったのは、おそらく芸術だった。この時代は産業革命によって都市化と公教育が進んだ結果（安価な本を出す出版社や連載新聞が飛躍的に増加したことは言うまでもなく）、中産階級の識字率が飛躍的に向上し、小説家や詩人は従来の知識階層の枠組みをはるかに超えて名を知られるようになった。それゆえ、現在と同じく当時の人々にとってもお気に入りの作家の著作が、数十年のうちに次々と禁じられていくのは衝撃的なことだった。ガブリエーレ・ロセッティ（一八五四年没）、ジョルジュ・サンド（本名アマンディーヌ＝オーロール＝リュシール・デュパン、一八七六年没）、ハインリヒ・ハイネ（一八五六年没）、アレクサンドル・デュマ父子（父一八七〇年没、子一八九五年没）、エミール・ゾラ（一九〇二年没）など、一九〇〇年以前に断罪された人物を挙げればきりがない。特に一八六四年は、スタンダール（本名アンリ・ベール、一八四二年没）、オノレ・ド・バルザック（一八五〇年没）、ギュスターヴ・フローベール（一八八〇年没）、ヴィクトル・ユゴー（一八八五年没）といった近代「自然主義」や「リアリズム」作家の著作が次々と禁書目録に掲載された年だった。同年末にピウス九世が回勅「クアンタ・クーラ」を発することになったのは偶然ではない。この時期、禁書目録に記載されることになった作家は、イタリア人よりも（ヴェリズモ〔十九世紀末から二十世紀にかけてイタリア文学で隆盛となったリアリズム運動〕を主導した作家はさほど標的にはならなかったようだ）フランス人が多かったが、当時のフランスのジャーナリズムが概して辛辣であったことと、とりわけ超保守的なルイ・ヴィヨーの「ユニヴェール」紙が文学に対する聖職者の意見の形成に影響を及ぼしたことが一因だろう[4]。二十世紀になってもその歩みは衰えず、ノーベル賞受賞者や候補者さえも断罪された。たとえばモーリス・メーテルリンク（一九一一年受賞、一四年禁書）、アンドレ・ジッド（一九四七年受賞、五二年禁書）、ジャン＝ポール・サルトル（一九四八年禁書、六四年ノーベル賞辞退）などである。

一九二四年アナトール・フランス、一九五六年シモーヌ・ド・ボーヴォワール、一九五七年ミゲル・デ・ウナムーノなど、掲載された作家を挙げればきりがなく、まさに現代作家名鑑といった様相だ――彼らはほとんどがヨーロッパのカトリック信徒だった（トリエント以来、プロテスタントの作家はプロテスタントというだけで事実上禁書とされていたため、ほとんどリストに載らなかった）。もちろん、視点を変えて、他の多くの近代作家、特に世俗権力による厳しい検閲を受けた人々（D・H・ロレンス、ヘンリー・ミラー、カトリックから転向したジェイムズ・ジョイスなど）の名が禁書目録にないことに疑問を持つ人もいるかもしれない。その理由として、ローマの検閲官が同時代の文学に不案内だったから（読めない言語で書かれている場合には特に）とも考えられるし、すでに他の司法組織が取り締まっている作品を改めて禁じる必要性を感じなかっただけかもしれない。多くの場合、調査の過程が秘されているせいで、正式に告発されなかったものについては、どの著者なり作品なりが調査の対象となったか確かめようがない。事例にはそれぞれに重要な内容と興味深い裏話があり、なかには最近になって明らかになったものもある。たとえば、一九五三年に高名な小説家グレアム・グリーン（禁書目録に記載はない）が調べられローマ目録の掲載が検討されたことが現在では知られているが、その理由は、『権力と栄光』（一九四〇年）に登場するアルコール依存症の司祭の人物描写が不適切とされたためだった。グリーンが告発を免れたのは、単に聖務聖省の当局者が、カトリックに改宗したこの著名なイギリス人を断罪してしまうと教会の政治的利益が損なわれることを懸念したためで、代わりに内内に勧告会が開かれた（その場でグリーンは謙虚に、同じ過ちを繰り返さないと約束した）。著者も書物も正式に「禁書目録」に掲載されなくても、事実上の検閲がなされたのである。(5)

近代の演劇、オペラ、音楽の検閲も同様に込み入っていた。後年の禁書目録では、音楽に関する禁止は、高い人気を誇ったピエール＝ジャン・ド・ベランジェの「シャンソン集」（一八二〇年発表、一八三四年禁止）などわずかしかない。激動の十九世紀、はるかに多くの作品が道徳的、政治的、あるいは宗教的な理由で国によって検閲を受けたことが、ここでも禁書目録に掲載する必要はないと判断された理由のひとつと思われる。確かにヴォルテールの『サウルとダビデ』（一七六五年、検閲を受ける前に一度だけ上演された）などの冒瀆的な戯曲は禁書目録に掲載されたが、ラモーの『サムソン』（一七三四年出版、ヴォルテールによる台本）の上演を一度も許さなかったのは国家検閲だった。同じテーマを扱った、より最近のカミーユ・サン＝サーンスのオペラ（「サムソンとデリラ」、一八七七年）も同じく聖書の出来事の描き方が問題となったが、この作品を禁じたのはカトリック教会ではなくイギリス政府で、イギリスでは一九〇九年まで上演されなかった。

検閲と政治

ナポレオン支配後の教会検閲は多くの点で以前と変わらずに実施されたが、十九世紀を通じて反教権主義者、共和主義者、ナショナリスト、社会主義者に触発された民衆の蜂起によって、教会は存亡の危機にさらされたため、検閲の優先順位の一部が抜本的に変化した。十六世紀のプロテスタントとの対立は、戦争や経済力をめぐる対立が加わると政治色が強くなることもあったが、大部分は神学的な相違に根ざした宗教対立だった。その後、第六、七章で論じたように、十七、十八世紀には検閲の関心は、科学知識や芸術、道徳の管理といった新たな対象へ移行する。しかし、禁書目録検閲の四世紀目が始まろうとするこの時、教会が主張する権力と権威に対する直接的、政治的な脅威は、カトリック内部からももたらされ、かつてないほど深刻化していた。時には司祭、司教、そして教皇でさえも、文字通り自身や仲間の聖職者の命のために、また自ら人生をささげた長い歴史を誇る宗教組織の存続のために闘っていると感じるほどであった。

一七九四年にパリの大司教がギロチンで首を落とされるはるか以前から、(宗教的な動機とは異なる)組織的で政治的な反教権主義はさまざまな形で現れていた。しかし、教会権力、その異端審問法廷、そして同盟関係にある国家体制を考えると、こうした活動はカトリック支配の枠組みのなかでは、秘密裏に行なわれる傾向があった。フリーメイソンは、後年のイタリアのカルボナリなどと同じく、反教権的懐疑論者が同好の士と集う一種の民間団体となったが、カトリック当局はすぐに、これらの団体をあらゆる手段を使って弾圧すべき反乱分子の温床と考えた。もちろん検閲はそのなかで(秘密警察の捜査や時に逮捕と並んで)中心的な役割を果たし、その結果メイソンの会員や嫌疑をかけられた著者の、数多くの作品が禁書目録に載せられた。メイソンやその他の秘密結社への入会は、一七三八年大勅書「イン・エミネンティ・アポストラートゥス」（In eminenti apostolatus）によって正式に非難され、後年の禁書目録にガブリエーレ・ロセッティらフリーメイソンとして知られる作家が掲載されたことの、理由の一端（彼らの著作における実際のさまざまな問題点に加え）となっている。

フランス革命による聖職者の大量処刑、特権の剝奪、教会職員や財産の没収、そしてなによりも教会はもはや敵を処罰する権限を有しないという新たな非宗教的国家体制の宣言を受けて、無宗教的・反宗教的な政治運動が公然と行なわれるようになった。そのなかには共和主義者、国家主義者、民主主義者が含まれ、彼らの多くは、宗教は個人的な信仰の問題であり、政府や、経済、公教育、司法といった国家の問題とは切り離すべきだと考えた。検閲を継続するなら、国家や公衆道徳的な理由でのみ行なわれるべきであり、宗教教義を強制するための手段ではないというのである。社会主義、無政府主義、共産主義に結びついた考えはさらに急進的で、組織化した宗教は社会にとって害悪にしかならないため、徹底的に排除すべきだと主張することもあった。

だから、クロード＝アンリ・ド・サン＝シモン（一八二五年没）、シャルル・フーリエ（一八三七年没）、フーリエのブラジル人の弟子ホセ・イグナシオ・デ・アブレウ・イ・リマ（一八六九年没）といった社会主義の作家が、無政府主義のピエール・ジョゼフ・プルードン（一八六五年没）と並んで禁書目録に掲載されたのは当然で、むしろマルクス、エンゲルス、バクーニン、クロポトキンといった名が見当たらないことにこそ驚くべきだろう。とはいえ彼らはすべてカトリック信徒ではないから、ここでもその著作は教会検閲を受けるまでもないと考えられたのだろう。ポール・ベール（一八八六年没）やグスターボ・ボネッリ（一九二六年没）など、教会が運営する伝統的な学校に対して、非宗教的な公教育を擁護する者も厳しく検閲された。リソルジメント（Risorgimento、イタリア統一運動）と結びついた共和主義者や国家主義者による局地的な反乱に対し、教皇がとりわけ脆弱であったことを考えれば、禁書目録の検閲官がニッコロ・トンマゼーオのような扇動的なイタリア人作家の著作を禁じたのも当然の成り行きだった。一八三五年のトンマゼーオの『イタリアについての五冊の本』(*Libri Cinque dell'Italia*)は、検閲を避けるために(結果的に失敗したが)中世のジローラモ・サヴォナローラの著書を装う偽の題名を付けられ、匿名でパリで出版された。ヴィンチェンツォ・ジョベルティ(司祭で大学教授。イエズス会の教育制度に反対した)とジローラモ・マスカーニ(『政治社会の形成、権力、統治についての市民教本』の著者)は、それぞれ一八四九年、六〇年に禁書とされた。ウーゴ・フォスコロ(一八二七年没)やジャコモ・レオパルディ(一八三七年没)などリソルジメントの主導者による哲学書、文学書も禁じられた。

真実と誤りの定義

とはいえ、教会の現在の統治と将来の展望をめぐって教会内部で司祭や知的エリートによって交わされた議論に比べれば、教権に対する外部からの攻撃については、それが非カトリック信徒によるものにせよ、反体制的なカトリック信徒によるものにせよ、十九世紀の検閲教令や禁書目録の更新版で取り上げられた数は多くない。この時代を通して、教皇至上主義者(教会統治における教皇権の至上性や画一的な慣習を、ほぼ全面的に支持する人々)とガリカニスム擁護者(おもにフランスにおいて、各地の司教とその教区民に対し独立性を大幅に認め、多様性を支持する人々)の間で、激しい論争が盛んに繰り広げられた。市民社会のあらゆる側面における教会の指導的(それゆえ支配的)役割を、どの程度まで主張し続けるべきかという点をめぐっても、議論が交わされた。リベラルなカトリック教徒は、停滞し腐敗した聖職者の慣習に向けられた、啓蒙主義者からの批判と革命による暴力を苦々しく思い返し、しだいに一般基準になりつつある信教の自由という近代概念を受け入れ、教会と国家の間の分離が必要だと主張した。具体的には、（イタリア半島の教皇領においても）民主的な政治形態、非宗教的公立学校、教会財産への課税（没収も含む）、制限的な婚姻法の刷新、国家権力による宗教的正統主義の強要（異端審問や禁書目録を含む）の廃止といった改革が論じられたのである。時に「リベラル」だけでなく「進歩的」という言葉でひと括りにされるこの種の提案は、揺籠から墓場まで人間生活のあらゆる面において教会の独占的管理を続けるべき（もしくは拡大するべき）だと――教会の世話を受けたくない人々への譲歩はほとんど考慮に入れず――考える人々からは、当然ながら反対された。

「シラブス」で糾弾された誤謬の背後には、まさにこのような対立があった。そして、教会を率いる保守派は、有害な「近代的」思潮の責任を「唯物論」にかぶせ、この時代に内在する最大の異端とみなして真っ向から攻撃した。彼らの主張によれば、人間社会は世俗的な関心事を優先し、神や（教会が定義する）霊的生活に対して払うべき敬意を払わなくなっている。人々はこうした価値の転換に惑わされており、永遠の幸福を得るには、司祭と神の言葉（これもまたカトリック教会の定義による）に従う他はないのに、より多くの権利と自由、より優れた技術、より高い賃金が役に立つと思い込んでいる、というのだ。一八四九年以降、ピウス九世の立場は回勅によって明らかになったが、もちろんリベラル派やガリカニスム派のカトリック教徒にとって、それは必ずしも重要ではなかった。将来的に教皇が方針を転換すると期待することも、教皇は世界中の教会指導者の反対意見と自らの意見を調和させる必要があると訴えることもできた。教皇至上主義者にとって、こうした意見に対する答えは簡単だった。すなわち、あらゆる分裂を克服するためには、カトリック教徒は教皇の不可謬性という（異論の多い）教理を受け入れなければならない。少なくともある種の重大な意思決定において、教皇が誤ることはないという思想は、第一バチカン公会議の重大な争点となり、一八七〇年、最終的に教皇の不可謬性が教会の公式教義として定められ、あらゆる論争に終止符が打たれた。

第一バチカン公会議に至るまでの論争と分裂、そしてその影響は、その後も長く尾を引き、禁書目録に多くの痕跡を残した。「アヴニール・カトリック」誌の管理者であり教皇至上主義者のルイ・シャイヨ（一八九一年没）や、ガリカニスム派のピエール＝ルイ・ブランシャール（一八二六年頃没）、アンリ・ベルニエ（一八五九年没）、ジャン・ド・ボンヌフォン（一九二八年没）など、急進的な声は両派ともに封じられた。またラムネーの他にも、アントニオ・ベルナベウ（一八二五年没）やエルネスト・ブオナイウティ（一九四六年没）といった著名なリベラル派の司祭が禁書目録に掲載されたが、エマニュエル・バルビエ（一九二五年没）などの超保守派や、シャルル・モーラスの極右雑誌「アクシヨン・フランセーズ」（L'Action Française）も同様であった。ルイ＝オーギュスト・ボスブフは、『偏りなきシラブス』（*Le Syllabus sans parti pris*）を著してバランスをとろうとしたが、名前が一八六六年の禁書目録に載るのを防ぐことはできなかった。ボスブフと同じく公文書保管員（教会法学者でもある）で、自らをリベラリストと公言していたポール・マリー・ヴィオレもまた、一九〇六年『教皇の不可謬性とシラブスについて』を発表したために糾弾された。教皇の不可謬性への反論も同様に禁じられ、アンドレア・ダルタジェナ（一八六五年）、ロッコ・ボンベッリ（一八八七年）、アッティリオ・ビゲイ（一九一三年）、その他多くの作家の著書が禁書となった。失望のうちに司祭を辞したウィリアム・ローレンス・サリヴァンも、このテーマについて『ある近代主義者から教皇ピウス十世聖下への手紙』（一九二一年禁書）を執筆し、禁書目録に載った最後のアメリカ人作家として名を残した。

第一バチカン公会議は保守的な教皇至上主義者が圧倒的な勝利を収めて、教会の反近代的な姿勢を固め、その過程で今後も禁書目録の継続が確実になった。その決定に不服を唱えた者のなかには、（サリヴァンのように）教会を去った者や、（一八九〇年に死んだミュンヘンの神学者ヨハン・イグナツ・フォン・デリンガーのように）破門された者もいた。また、英国のカトリック信徒であるアクトン卿

（ジョン・アクトン）のように、教会に留まりながらも不支持を表明し、結果として禁書目録に掲載された者もいた（ただし、アクトンは公会議後に出版を中止した）。公会議の開催に先立ち「旧カトリック派」として知られる分派が結成されていたが、彼らは教皇の不可謬性と絶対主義は聖書にも教会の伝統にも反すると主張した。そのうちの幾人か、たとえばヨーゼフ・ベルヒトルト（一八九五年没）や、禁書目録史研究の先駆者で元司祭のフランツ・ハインリヒ・ロイシュ（一九〇〇年没）などは、即座に禁書目録に掲載された。

一八七一年、国王ヴィットーリオ・エマヌエーレがイタリアを統一し、教皇は教皇領の直接支配権、すなわち残り少ない世俗権の大半を失ったが、ピウス九世の後継者レオ十三世は、その損害を最小限に食い止めようと奮闘した。レオ十三世は攻勢を強め、検閲に関する法令を次々と発する一方で、近代世界のさまざまな問題に対して独自の声明を発表し続けた。唯物論の誤謬に対する解決策として、一八七九年の回勅「エテルニ・パトリス」（Aeterni patris）において中世の聖トマス・アクィナス研究への回帰を提案し、トマスの穏健な実在論は自然界における人間の役割について、現在流行している近代科学の新潮流よりも霊的で優れた解釈を与えてくれると主張した。レオはまた、世俗の労働政策や社会主義、共産主義がカトリックの労働者階級を惹きつけることも嘆いている。一八九一年の回勅「レールム・ノヴァールム」（Rerum novarum）の中でレオは、資本家による酷使の時代には、中世のギルドに倣って組織されたカトリック組合のもとへ労働者が団結することが、社会的不正のより良い解決策であると主張した。こうした組織は、相互扶助と優れた道徳観（地域の聖職者の慈悲深い指導の下で維持される）の促進が重要であり、結果として労働者と雇用者は共通基盤を見出すことができるとされた。こうした回勅などを通して、新たな中世史研究や新トマス主義研究が盛んになり、近代主義的世俗主義の罠に学生が陥るのを防ぐべく、トマス主義の教育課程に則った新しいカトリック大学が世界中に誕生した。しかし、新トマス主義の学者のなかからも、「誤った」結論に達し、その結果著書が禁書目録に掲載される者が出るのを防ぐことはできなかった。たとえば、「シエンシア・トミスタ」（Ciencia Tomista）誌の編集者でドミニコ会士のルイス・アロンソ・ヘティノ（一九四六年没）は、熱心な信仰心と教会当局に対する絶対的服従にもかかわらず、一九三六年に救いに関する著書が禁書とされた。[6] 後述するが、二十世紀に禁書目録の検閲を受けた聖トマス大学出身のドミニコ会士は、ヘティノだけにとどまらなかったのである。

二十世紀の検閲

教皇至上主義者や保守派はあらゆる変化に対して教会への影響を防ごうとしたが、労働運動や社会正義といった政治力学へのレオ十三世の介入からも明らかなように、現実への対応と調整は必須だった。第一バチカン公会議の勧告に応える形で、一八九七年レオは重要な使徒憲章「オフィチウム・アク・ムーネルム」（Officium ac munerum）を発し、禁書目録の機能にも変更を加えた。レオの在位期間中、これまでも新たな禁書目録の発行や更新は行なわれていたが、この教皇文書では（検閲業務の重要性を説き、新約聖書にさかのぼる教会検閲の歴史を簡単に説明した後）禁書目録の規定を全面的に書き直し、見出し（capitulum）の数も従来の十から十五に増やして二部に分けた。この「書籍の禁止及び検閲に関する一般教令」（Decreta generalia de prohitione et censura librorum）は、ベネディクトゥス十四世の「ソリチタ・アク・プロヴィダ」（その効力は全面的に残された）を除き、古いトリエント基準と、その後の教皇によって追加された所見（Observationes）、指示（Instructiones）、教令（Decreta）、警告（Monitus）をすべて正式に廃止した。レオは、（事前検閲に関する）規準第一〇がピウス九世の時代にはすでにほとんど機能していなかったことを承知していた。さらにこの改訂版では、翻訳聖書や魔術書などさまざまな分野の書物や芸術に対する制限を緩和、効率化、明確化する一方で、新たに新聞の検閲に関する詳細を加えた。基本的に罰則は警告、懲罰、破門に限られていたが、教皇庁がもはや敵対者にそれ以上の刑罰を課すことができないことを事実上認めたようなものだった。一九〇〇年、次の版が出版されたが、目録は著しく縮小され、三千件近くもの時代遅れ、もしくは無効になった項目がひっそりと削除された。

禁書目録に対する次の大きな変革は一九一七年に行なわれ、教皇ベネディクトゥス十五世は異端審問の手続きだけでなく、教会法そのものを全面的に見直した。カトリック教徒の読書に関する新しい規則は、教会で最も重要な法典である最新の『教会法典』(Codex iuris canonici)〔旧教会法典、一九八三年に新教会法典が公布された〕に成文化された。表面的には大規模な組織改革が進められ、教皇の決定「アロクェンテス・プロクシメ」(Alloquentes proxime)によって目録省は完全に廃止された。今後書物や芸術の評価と検閲の責務は、直接ローマ異端審問(ピウス十世のもと一九〇八年に検邪聖省は「聖務聖省」と改称)の手に委ねられることになった。結果として、方針や厳しさの点では実質的な変化は見られなかったが、これらの新しい対策は、これまで常に官僚組織的な遅れや内部対立の影響を被ってきた手続きの効率化を目指していた。

ヨーロッパが第一次世界大戦の混乱に陥り、その直後に世界的な大恐慌が起こると、新たな挑戦が始まった。映画は検閲官にとって前例のない課題であり、カトリック指導者のなかには地方の司教を含めて、このきわめて人気の高い技術の出現に強い反応を示した者もいて、その多くが即座に警鐘を鳴らした。教皇ピウス十一世(在位一九二二―三九年)自身も簡潔な、しかし鋭い警告を発し、青年たちが冒瀆的な書物、ラジオ、演劇と並んで無条件に映画を利用するようになれば、「未熟な若者」を襲うであろう「道徳的・宗教的破滅の危険性」について述べている。この映像への懸念は、一九二九年のキリスト教教育についての長文の回勅「ディヴィニ・イッリウス・マジストリ」（Divini illius magistri）ではあまり目立たないが、続く「ヴィジランティ・クーラ」（Vigilanti cura）（一九三六年）では、特に映画産業の危険性に焦点が当てられた。このなかでピウスは、カトリック・リージョン・オブ・ディーセンシーというアメリカの団体を賞賛し、その熱心なロビー活動（すでに数多くの映画製作の禁止にひと役買い、一九三四年ハリウッドに悪名高いヘイズ・コードをもたらした）に祝福を与えた。以上のように教皇庁は映画に対する自説を大枠で示したが、聖務聖省は映画検閲を正式に自らの権限の一部とはせず、個々の映画が禁書目録に掲載されることもなかった。代わりに、フィルムのカットや上映禁止が必要と思われれば、地元のカトリック活動団体が政府やその他の監視機関への働きかけを担った。

ラジオ（後にテレビ）もまた、カトリックのメッセージを効果的に広める機会を提供する一方で、反体制派や反カトリック派にも利用されたため、重大な危険をもたらすおそれがあると考えられた。一九三一年、ピウス十一世の命を受けた発明家グリエルモ・マルコーニによってバチカン放送局が設立され、さらにカナダ系アメリカ人の「ラジオ司祭」チャールズ・エドワード・カフリンによる放送は、一部の聴衆に絶大な人気を博した。一九二〇年代から三〇年代にかけてミシガン州を拠点に活動したカフリンは、当初、政治的なメッセージはクー・クラックス・クランの燃える十字架やその他の反カトリック的な挑発行為に対する非難に限られていた。しかし、やがてメッセージの幅を広げ、ベニート・ムッソリーニ、フランシスコ・フランコ、アドルフ・ヒトラーといった人物を支持するような、反ユダヤ主義的、親ファシスト的な主張が含まれるようになった。一九三九年、ルーズベルト政権によって検閲を受け、放送の停止に追い込まれたが、カフリンは自分の見解を新聞や雑誌に発表し続けた。一九四二年ついに（ＦＢＩによる捜査と、反ユダヤ的暴力行為を予告したカトリックの扇動者の逮捕に続いて）、地元の教会上層部により沈黙を命じられたが、その名前が禁書目録に載ることはなかった。

当時、多くの教会関係者の間でファシストへの共感が根強かったことは確かだが、実際には極右の著者による特に有害な著作は――とりわけ、教皇が権力を振るえる余地が十分に確保されていない全体主義的な国家形態を支持した場合や、霊的、道徳的な問題において教会の教えに違反した場合には――、敵対勢力である左翼の著書とともに禁書目録に掲載された。一九二五年のファシスト知識人宣言に署名したものの、後にユダヤ人の祖先を持つという理由で冷遇されたグイド・ダ・ヴェローナ（一九三九年没）は、一九二〇年の禁書目録に官能的という理由でその詩が掲載された。ダ・ヴェローナの友人で詩人のガブリエーレ・ダヌンツィオは、ムッソリーニのライバルであり深い影響を与えた人物だったが、早くも一九一一年には検閲を受けている。またアルフレート・ローゼンベルクやエルンスト・ベルクマンといった有名なナチス党員は、伝統的なカトリック教義を否定し、明らかに人種差別的で反ユダヤ主義的なドイツ帝国教会（Die deutsche Nationalkirche）を支持するなど、過激な宗教観を抱いていたため、一九三〇年代に禁書目録に記載された。

第二次世界大戦は、影響を被ったほぼすべての人々（とりわけ、ナチスによる大量虐殺の犠牲となったユダヤ人など）と同じく、多くのカトリック信徒にとっても心に深い傷を負った時代だった。当時の教皇ピウス十二世（在位一九三九–五八年）は、ファシストによる被害を最小限に抑えようと尽力し、ローマのユダヤ人の一部を保護したことで賞賛を受ける一方、ヒトラーやホロコーストに対して明確な立場を取らなかったことで非難された。教会はこの教皇の指導のもとで戦争直後の反省と調整の時期に入った。当初この動きに禁書目録の変革は含まれておらず、十六世紀以来定期的に行なわれてきたように、一九四八年には新たに書名や著者名を加えて新版が発行された。不適切な作品が持ち込まれるたびに、聖務聖省はカトリックの聖職者、信徒、時には関係性の遠い人々についても、異端の疑いがある場合には調査を継続した（ギリシア正教のニコス・カザンザキスの『最後の誘惑』、フェミニストのジャクリーヌ・マルタンの『プレニチュード――愛についての女の証言』、共産主義寄りのカトリック誌「カンゼーヌ」など、これらはすべて一九五〇年代半ばに禁書とされた)。さらにピウスは回勅「ミランダ・プロルスス」(Miranda prorsus)(一九五七年)を発して、現代のマスメディアによる情報伝達、とりわけ映画とラジオ、そして今や新たに加わったテレビがもたらす危険性について懸念を表明し続けた。冷戦が激化するにつれ新たな核兵器による終末の脅威が迫るなど、さまざまな出来事が起こったが、教皇至上主義者によるカトリックの指導的地位は揺るがないように思われた。すぐに変化が起こる見込みはなく、禁書目録は相変わらず権威を保っていた。

禁書目録の終焉

しかし、すでに変化の種は蒔かれていた。結局のところ発芽は時間とタイミングの問題だった。民衆の支持が必要なあらゆる組織と同じく、カトリック教会も常に世論に敏感だった。そして、まさにその性質こそが、スキャンダルを防ぎ批判を黙らせるという禁書目録の存在理由の、少なくとも一端を説明している。本書で見てきた歴史を通して、教会の検閲に不満を抱いていたカトリック信徒は常に存在したが、もちろんプロテスタントからの非難、軽蔑、嘲笑の声は、カトリック内部からの不平に比べてはるかに大きく、激しかった。このような批判に対して、何世紀もの間、教会上層部は(表立って検閲を行なわなくても)ほとんどの場合拒否するか無視してきたが、彼らの主張と信念は必然的に大きな被害を与える結果となった。二十世紀半ばには、宗教、知識、芸術の自由という近代的価値観と、禁書目録検閲という教会の伝統との間のギャップが広く認識されるようになり、もはやこれらを容易にもしくは支障なく退けることは不可能だった。

もちろんプロテスタントは禁書目録の発足時から、「異端的な」書物の出版を全面的に管理しようとするカトリック教会の姿勢を批判し嘲笑してきた。また、すでに述べたように、彼らは禁書目録の行き過ぎと「誤り」を際立たせるために、偽の禁書目録を印刷・配布したこともあった。しかし、十九世紀になると、こうした批判、反体制活動、嘲笑は新しい段階へと進む。ジョセフ・メンダム、ウィリアム・ナップ、フランツ・ハインリヒ・ロイシュ、ジョージ・ヘイヴン・パットナムといった高名な知識人は、禁書目録の歴史について学術的研究を発表したが、そうした研究書には少なくとも暗に批判が込められており、時にはあからさまな非難もあった。元修道士ジョセフ・マッケイブの『カトリック禁書目録の歴史と意味』（一九三一年）などの、露骨で耳障りな文章は明らかに、目録検閲の矛盾と不条理を世間の厳しい目と嘲笑にさらすことを意図していた。ヘンリー・チャールズ・リーを先駆者とする異端審問史に関する、より一般的で学術的な研究のほか、二十世紀初頭にはこれらの著作を通して、問題の多いカトリックの宗教規律の歴史への関心が高まった。同様に禁書目録の不認可の出版も続いた。一八三五年には、廃止となった一五九〇年のシクストゥス五世による目録を、メンダムが新たな注釈をつけて出版し、続いてロイシュも知名度の低い一五八〇年版パルマ目録を、一八八九年に刊行した。一八九〇年代には、ニューヨークのド・ヴィエンヌ社から禁書目録の特別コレクターズ・エディションがいくつか出版され、カトリックの書籍検閲の慣習に対してアメリカのエリート層の不信と侮蔑を煽る結果となった。

それに加えて、ポルノ製作者の問題があった。禁書目録は、今や望めば誰でも見ることができたが、過激な着想を得るために一部の猥褻な世紀末作家や印刷業者に利用され、さらなる権威の失墜と嘲笑を招く結果となった。ヘンリー・スペンサー・アシュビーは、ピサヌス・フラクシという名前で執筆し、『禁書目録——珍書、奇書に関する書誌学的・図像学的・批評的ノート』（*Index Librorum Prohibitorum: Being Notes Bio- Biblio- Icono- Grapho and Critical, on Curious and Uncommon Books*）（一八七八年）という題名の、猥褻な物語集を出版した。一方、禁書目録に掲載されたミラボーによる十八世紀の「エロティカ・ビブリオン」に触発されて、ハリー・シドニー・ニコルズとレナード・スミザーズはエロティカ・ビブリオン・ソサエティを設立した。これはロンドンを拠点としたベンチャー事業で一八八八年から一九〇七年まで多くのポルノ作品を出版した。それ以外にも、ボッカッチョの『デカメロン』など禁書の特別版が数多く出され、それらを飾るためのエロティックな挿絵も依頼が相次いだ。[7] 異端審問を攻撃する「ゴシック」文学の伝統が確立し、特に英語圏とフランス語圏で一世紀以上にわたって人気を博したこともあり、遅くとも二十世紀初頭には、禁書目録は多くのカトリック信徒にとっても迷惑な代物という認識が定着した。アルフォンス・ド・パヴィエの『禁書目録、火消しか灯台か』(*L'Index, un éteignoir ou un phare?*、一九四三年)といった弁明のための小冊子も、こうした風潮を食い止めることはほとんど不可能だった。

このような状況下で、頑迷な保守主義や妥協を許さない姿勢の維持はますます不可能になっていった。第二次世界大戦が終結しピウス十二世の教皇職が終わる頃には、世界中のカトリックの司教がほぼ一致して、教会が現代世界で生き残り尊重されるには抜本的な変革が必要だと考えるようになっていた。この事実はピウスの後継者ヨハネス二十三世(在位一九五八–六三年)が教皇に選出された直後に明らかになった。一九五九年一月、ヨハネスは第二バチカン公会議の招集を発表した。禁書目録自体は第二バチカン公会議の議題に上ることはなかったが、三年間(一九六二–五年)の会期中、保守派とリベラル派の衝突が鮮明になった。少数派の保守派を率いる聖務聖省長官アルフレード・オッタヴィアーニ枢機卿は常に腹を立てていた。ラテン語ウルガタ聖書の独占的な優位性、信教の自由に対する(非)寛容性、状況に応じた政教分離の必要性への理解といった問題について、教会が長年保持してきた方針が、同僚の聖職者たちの投票によって圧倒的な差で次々と覆っていったためだ。したがってヨハネス二十三世も、公会議が始まった直後にその手綱を引き継ぐことになったパウルス六世（在位一九六三－七八年）も、今後検閲政策の変更が求められることは理解していた。

通信メディアに関するパウルスの新しい教令「インテル・ミリフィカ」（Inter mirifica、一九六三年）はこれまでにない調子で、「才能ある人々が神の助けによって成し遂げた、特に現代の素晴らしい技術的発見」を賞賛している。反近代主義は教会にとってもはや譲れない標語ではなく、ついに歩み寄りのための協議が始まった。そして、公会議閉会のわずか数か月後、教皇は聖務聖省の大改革を発表し、以後同省は「教理聖省」（一九八四年、教理省と改名）と呼ばれるようになる。オッタヴィアーニは一九六八

教皇パウルス六世（ジョヴァンニ・バッティスタ・エンリコ・アントニオ・マリア・モンティニ）、1969年、写真

年に辞任するまで職務を続けたが、公会議での敗北によって面目を失い、誰の目にも翼をもがれたことは明らかだった。禁書目録については一九四八年以降、新版は発行されておらず、一九六六年六月十四日、今後新たな発行は行なわないと発表された。その代わりに、カトリック信徒が（できれば適切な宗教指導者の助言のもと）有害な書物を避けるための道徳的勧告としては禁書目録の全体的な趣旨は引き続き有効だが、今後教会は禁書リストの作成や強要を行なわないという旨の告知がなされた。禁書目録は終わった。

しかしその亡霊はしつこく残っていた。第二バチカン公会議に向けて、オッタヴィアーニと聖務聖省は、多くの著名なカトリック知識人を精力的に調査し、時には検閲を行なっていたが、そのなかには、最終的には公会議に招かれ、プレゼンテーションを行なうことになる者まで含まれていた。たとえば、フランスの中世研究家マリー＝ドミニク・シュニュと神学者イヴ・コンガールという「労働司祭」運動に関わった二人のドミニコ会士、イエズス会の神学者カール・ラーナー、アンリ・ド・リュバック、ジョン・コートニー・マレー（政教関係の専門家でアメリカ人）などである。このなかで実際に禁書目録に名が載ったのはシュニュだけ（一九四二年以降）だが、他の者も程度の差はあれ、公式に非難や弾圧を受けた経験があり、たとえば、ラーナーとマレーは出版禁止を命じられ、シュニュ、コンガール、ド・リュバックはカトリック大学での教職を外された。

このようなカトリックの教師や司祭に対する「内部」検閲は、三百五十年前にシュニュやコンガールと同じドミニコ会士であるジョルダーノ・ブルーノを待ち受けていた運命に比べれば穏健に見えるが、それでも深刻な問題だった。そしてこうした慣習は、聖務聖省の改革や禁書目録の廃止を経ても終わらなかった。ハンス・キュング教授は教皇の不可謬性に公然と反対したため、一九六〇年代後半に調査を受け、一九七九年ついにカトリック神学の教授資格を剝奪された。ベルギーのドミニコ会士エドワード・スキレベークスも同様に、一九七〇年代から八〇年代にかけて審問を受けたが、神学に関する著作については公式に弾劾されることはなかった。アメリカ人修道女ジャニーン・グラミックは、レズビアン、ゲイ、トランスジェンダーの権利を擁護する活動を理由に、一九八〇年代後半より繰り返し譴責《けんせき》を受けてきた。もはや宗教上の罪人に対し物理的に処罰し、投獄し、黙らせる力はなかったが、それでも教会は被雇用者に対して絶大な支配力を維持しており、そのキャリアに干渉したり、終わらせたりできる。したがって、禁書目録の廃止にもかかわらず、とりわけ神学や司牧に関わるテーマを中心に、敬虔なカトリック信徒の著作への検閲は根強く残っている。

このように、禁書目録の最後の百年は、禁書目録が絶対主義から廃止へと転じる非常に際立った時代であった。反教権的で過激な革命主義者による壊滅の危機をなんとか脱し、ますます保守的で中央集権的となった十九世紀のローマ・カトリック教会は、人間のあらゆる表現手段に対して、ある意味で中世や初期近代よりも熱心に検閲と統制を行なった。この時期、禁書目録は精緻さを極め、多くのカトリック信徒にとってその卓越性は、近代化の脅威や誘惑と闘うための重要な精神的拠り所となった。その役割はすべてを網羅するほどに広がり、十六世紀の初期の禁書目録編纂者が目にしたら驚愕したことだろう。教皇の不可謬性のように、禁書目録が宗教だけでなく、科学、文学、政治に関わる文書（新聞は言うに及ばず）を検閲し、あらゆる世論を無視して近代文化に挑戦するようになるとは、三世紀前には、最も野心的な教会指導者たちでさえ思いもよらなかったに違いない――パウルス四世やフランシスコ・ペーニャは大喜びしたかもしれないが。

しかし、最終的には世論を受けて、聖務聖省でさえ時の流れと進歩を止めることはできなかった。結末が訪れた時、これまでのキャリアを通じて教皇至上主義的保守主義を当然のこととしてきた教皇庁の関係者にとって、それはあまりに突然で動揺を誘うものだった。もちろん、多くの人々にとっては、第二バチカン公会議をきっかけにもたらされた変化は、あまりにも小規模でかつ遅すぎた。すでに評判やキャリア、人間の知識や創造性、時には人命までもが奪われ、禁書目録が役目を終えた後もこうした危害は多少なりとも続いた。それでも、四百年にわたり慣例となっていた教会検閲を中止するという難しい決断をパウルス六世が下したことは、きわめて重大なことであった――この制度が、同じ名をもつ先人たち、すなわちパウルス三世（異端審問の創始者）、パウルス四世（最初のローマ目録の作成者）、パウルス五世（ガリレオを最初に裁いた教皇）によって、推進され導かれてきたという事実は、なんとも皮肉ではある。そして、この興味深い歴史について語るべきことはまだたくさん残っているが、禁書目録の終わりとともに私たちの物語も終わりを迎える。

終わりに

今日の私たちが「異端審問」や「禁書目録」を茶化すのは簡単だ。すでに五十年以上も前の作品だが、スペイン異端審問をネタにしたモンティ・パイソンのコントは、宗教の独善的で不寛容な性質を揶揄することで、今なお共感とともに人々を笑わせている（主要登場人物のひとりであるヒメネス・デ・シスネーロス枢機卿が、十六世紀スペインのイスラム教の書物を破壊するために実際に果たした役割についてはまったく触れられていない）。禁書目録そのものはすでに大部分の人にとって馴染みの薄い歴史上の事柄で、せいぜい遠い過去に、悪意に満ちた修道士たちが古代の書物を隠匿したり燃やしたりしたことがあったのだろうと、漠然と思い描く程度だ。また、たわいない隠語として使われることもある。日本のアニメの愛好者なら、『とある魔術の禁書目録《インデックス》』というマンガ（原作は鎌池和馬によるライトノベル）の、銀髪の女性主人公の名前としてインデックス（禁書目録）を知っているかもしれない。彼女は膨大な数の魔術書の知識を保管する魔法の器の役割を果たしている。歴史的な禁書目録をポストモダンのファンタジーに再利用すること自体が、すでにその歴史が遠くエキゾチックなものとなっていることと、また、まったく歪曲された形で垣間見るだけでも禁書目録が人々の興味を掻き立てるものであることを示している。ともかく、本書がこの問題に多少なりとも光を当て、禁書目録とは何だったのか明らかにできたなら喜ばしい。また少なくとも、検閲の歴史や宗教対立の本質について、そして何世紀にもわたってさまざまな理由で禁じられた多くの魅力的な作品について、さらに知りたいと思ってくれる人がいれば十分である。

禁書目録は、単に遠い過去に特有の奇妙な制度でも、現代の問題とは無関係な珍奇なものでもない。実際には禁書目録とその編纂者が行なったような「書籍検閲」は――アクエンアテンとニコラウス・エイメリクスの先駆的な試みは別にして――古代や中世には存在せず、実際問題として存在しようがなかった。むしろ、近代特有の比較的最近の現象として理解すべきである。禁書目録は、近代印刷技術の発明、十六世紀にヨーロッパのキリスト教がカトリックとプロテスタントの両陣営へ永続的に分裂したこと、そして初期近代の異端審問制度を通して非寛容な官僚制的専門組織が発展したことをきっかけに誕生した。しかし、この制度は前世紀の後半まで活発に機能し、かつてないほど効果をあげていたのだ。

シカゴのデポール大学の図書館長であったレドモンド・バークは、一九五二年、アメリカの大学生や教授に対し禁書目録の規定を効果的に実施する方法について、すべての優れたカトリック大学の図書館は禁書を収蔵するために鍵のかかった特別な部屋を設け、教区司教またはその代理人による特別許可がない限り、閲覧を制限するべきだ、と書いている。[1] バークは、人を欺くつまらない資料を隔離すれば、研究者が時間を浪費することも、惑わされることもなくなり、学問研究にとって障害どころか最善の解決策になると主張した。このバークの考えは完全に誤りというわけではない。今日、大多数の図書館員が、慎重に選んだ資料だけを蔵書として保管することが図書館員の役割であるという考えには同意するだろう（その分野の第一人者の意見次第で、その妥当性と有用性が時とともに変化する可能性はあるが）。単に書棚に余分な場所がないという理由であっても、本を別の場所に移すか、完全に処分しなければならないこともある。時に檻の形を取るような「禁止」区画の設置は、こうした行為の極端な形ではあるが、歴史的な妥協策であり、アメリカのノートルダム大学やカナダのラヴァル神学大学などの一流の研究機関で一九六〇年代まで使用され、それぞれ「鉄格子」(the Grill)や「地獄」(l'enfer)と呼ばれていた。また、禁書目録に掲載された書籍には、図書館利用者に対して一般流通を防ぐための特別措置が取られていることを警告するために、「Indexed」というステッカーが貼られた。このように、今日

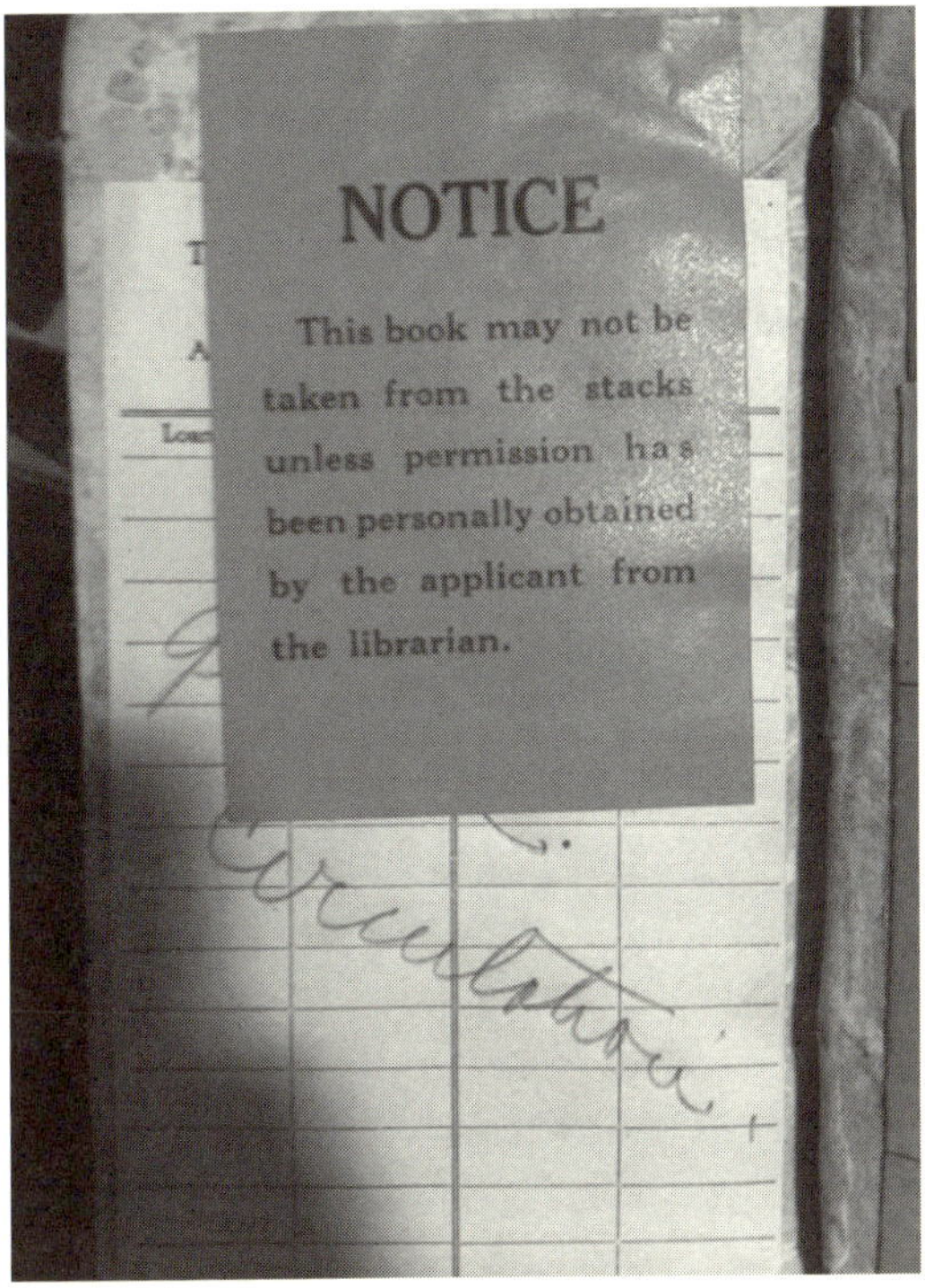

図書館のステッカー。禁書目録に記載された図書を閲覧するには、特別な許可が必要であると書かれている。20 世紀

でも禁書目録の禁令が施行されていたことを直接記憶しているカトリック信徒は多く、実際にこの本を調査する過程で出会い、話した人々の中には、彼らにとって重要な道徳的指針であった禁書目録の喪失を嘆く人もいた。

二十一世紀の生活に検閲問題が存在しないなどということは決してない。近年の監視技術や文化政治の発展により、人々の読書や視聴の習慣は、かつてないほど監視、操作、潜在的な統制を受けやすくなっている。インターネット・ブラウザの履歴から購入記録や図書館の借用傾向に至るまで、今日、私たちが見たり読んだり聞いたりするほとんどすべてのものがデジタルに記録され、その内容に関心を持つ機関に利用される可能性がある。報道関係やなんらかの学術的な調査は言うに及ばず、その目的が政治的圧力にせよ、企業利益を最大限に高めるためにせよ、治安維持（反テロリズムや反ポルノ等）にせよ、こうした情報は、誰がどのような情報を消費しているのかを知るために積極的に利用され得るし、実際に頻繁に利用されている。また宗教的な検閲規則が絶対的な法的強制力を持ち続けている国もある。例外的なケースではあるが、かつてのジョルダーノ・ブルーノのような致命的な結果を引き起こすこともあり得る。

もちろん長い禁書目録の歴史からも明らかだが、検閲の対象となるもの（少なくとも批判的に調査されるもの）やその理由は、時代とともに変化する。たとえば近年カナダのカトリック学校で、人気マンガ『タンタン』シリーズのいくつかの巻が人種差別的な内容に対する懸念から撤去され、予想通り反発を招いた。しかし、このシリーズが最初に製作された時に、まったく異なる種類の厳しい検閲を受けたことは見逃してはならない。一九三〇年代から七〇年代半ばにかけて、フランスの国家検閲委員会は『タンタン』や他の多くのバンド・デシネ〔フランス語で「マンガ」の意〕に対し、暴力的、反社会的、政治的に注意が必要と思われる内容を削除するよう命じた。教会当局もひそかに独自の要求を押し付けていた（特定の季節の号に敬虔なクリスマスの場面を目立つように描くなど）[2]。その後インターネットの普及によって、消費者は膨大な量の潜在的に不快な情報にさらされるようになると同時に、非難を受ける可能性も高まっている。なぜなら、ネット上の何気ない扇動的な発言が、即座に解雇、刑事告発、殺害の脅迫など、本人にとって深刻な結果につながりかねないからだ。私たちは禁書目録の検閲官やその情報提供者とはまったく異なる世界に生きている。彼らは教会の権益を脅かす可能性を見定めるために、おそらく翻訳書が出るのを待って、数少ない印刷本を物理的に見つけ出さなければならず、ようやく目録に掲載しても、それが刊行されるのは何十年も先になるかもしれなかった。ここでは五百年前と比較して、今日の読者や著者の状況が良いとか悪いとか言うつもりはない。とはいえ検閲の目的、性質、プロセスは進化し続けている。

言葉を管理する

禁書目録の当初の目的は、啓示された「神の言葉」を傷つけ損なわせる文書をリスト化することであり、その対象はおもにプロテスタントの著作（聖書の場合は翻訳や編集）だった。ここで「神の言葉」という場合、文字通りの聖書の言葉だけではなく、その真の「意味」をも含んでいる。すなわち、聖書には深く神秘的な神のメッセージが込められているが、人間の言葉ではすべてを伝えることができないため、信頼できる解釈者の助けが必要となる。そして、適切な解釈者は誰か、また彼らにその職権を与える権威を持つのは誰かという問題こそが、宗教改革の時代を通して核心となる問題のひとつであった。ルターとその支持者にとって、キリスト教信仰が拠って立つ土台は聖書だけであり、聖書を解釈しようとする者は誰であれ、その教えが文字通りの意味で聖書本文の言葉にどれだけ忠実に従っているかで判断された。この原則に従えば、聖職者を排し、広く「万人祭司」に置き換えようと考えるのは簡単だった。しかし、聖書の難解さを考えると、最も聖書に忠実なプロテスタントでさえ、「文字通り」読むということが口で言うほど簡単ではないとすぐにわかった。

さまざまな翻訳版や新版の出現により聖書理解はさらに混迷し、必然的に信者は、文字通りかどうかは関係なく、そもそも読むべき聖書を決めるためになんらかの権威に頼らざるを得なかった。結果として再び専門家を頼ることとなり、ルター自身も人々があまりに頻繁に自分と異なる解釈に至ることが明らかになると、全キリスト教徒が聖書を個人的に解釈することを認めるという考えをすぐに手放した。初期近代の宗教戦争は、カトリックとプロテスタントが争っただけではない。双方の内部でも時に激しい派閥闘争があったが、その一方で両派ともに非キリスト教徒に対しては不寛容なままであり、往々にして激しい嫌悪を示した。神の言葉は、必ずしもすべての人に平和と親善をもたらすものではないことが明らかになり、聖なる言葉の力が誤用される危険を避けるために、なんらかの権威による監督といったさらなる対策が必要だと考えられた。

こうした論調は十六世紀のカトリック教会にとって、従来の教会の構造、権威、そして何世紀にもわたる神学研究や著作の集成である注解書の伝統の保持を正当化するものだった。また、不注意にせよ、「真理」の受け入れを頑なに拒否した結果（この場合明らかな異端だが）にせよ、誤謬を助長しかねない著書を排除するためにも、こうした構造、権威、文献を厳しく維持することが正当化された。使徒の時代以来、異端者には二度だけ警告しその後関わりを避けよというテトスへの手紙三章一〇節のパウロの勧告から、信者の汚染を防ぐため収穫時の雑草のように集めて焼却すべしという（マタイによる福音書一三章二四–三〇節の麦と毒麦のたとえに基づいている）中世後期の考え方まで、教会はさまざまな方法を模索してきた。また処分するべき人物を見定めるために、以前は不定期にしか開かれなかった異端審問法廷が恒常的な異端審問制度へと発展を遂げ、本書で見てきたように、その職務は瞬く間に拡大し、人だけではなくその言葉、教え、著作をも審判するまでになった。間もなくプロテスタントの指導者もそうした活動の必要性を理解し、さまざまな教派において信者を統制し有害図書の蔓延を防ぐため、独自の方法が開発された。これは、本書のテーマ以上にいろいろな意味ではるかに複雑な物語だが、詳しく研究すべき重要なテーマである。

ここまで、四世紀にわたる禁書目録の歴史を通して、カトリック教会が神の言葉の管理を書籍検閲の基本目標としてきた過程を見てきた。多くの場合、これはプロテスタント神学者による注解書の禁止を意味していた。彼らは、カトリックの注解者とは異なる仕方で聖書の言葉を読み解き、なによりも、受け入れるべき解釈についての決定権がローマ教皇の率いる教会上層部にあることを否定した。さらには聖書そのものもその対象となり、誤りや悪意によって歪曲されたとみなされた場合には、聖書の全テキストまたは一部が禁じられた。カトリック神学者の著作も、教会の既存の教理に反するおそれがある場合には禁じられる可能性があり、ユダヤ人によるヘブライ語聖書の解釈書も同様だった。その他の非キリスト教の宗教書への関心は概して低かったが、それでも新改宗者を惑わし棄教させる可能性があるという理由で、正式に禁令が出された(記録に残されていない書物も数多く押収された)。また、当時一般的だった全体系的な宗教的世界観では、「神の言葉を管理すること」は聖書や神学書に対応する以上のことを意味した。神が創造した世界について科学的に考えることは、美術品が道徳的罪だけでなく霊的な罪をも招く可能性あるのと同様に、霊的な誤りを犯すおそれがある。さらに、教会と国家の間に明確な区分が確立されていない状況では、政治理念さえも本質的に宗教と無関係ではなかった。したがって禁書目録には、カトリック信徒の魂の幸福を守る責務のある者は、社会のためにひいては神の偉大な栄光のために、有害な教義や思想(映像や音楽を含む)を見つけたら積極的に排除しなければならないという論理が内在していた。

一九四八年以降、禁書目録は発行されず、一九六六年以降、教皇権は新たに名を改めた教理省のもとでその管理や作成を指揮することはもはやなくなったが、その根本的な目標や、カトリック信徒の良心に対する理論上の道徳的権威は変わっていない。教会は相変わらず、自らが「真の教義」とみなすものだけが教会の名において教えられるよう気を配っている。一九六五年十一月十八日に公布されたパウルス六世の「デイ・ヴェルブム」（神の啓示に関する教義憲章、Dei verbum）では、聖書の教えを全世界へ普及させるために重要な譲歩をしながらも、こうした普及は「母の気遣いをもって」、「適切で正確な」テキストを用い、「聖なる教導職の監督のもとで」――教理聖省が告知したように、これは司教のひいては教皇の権威を意味している――行なわれるべきだと明確に述べられている。[3] 現代世界においてこうした警戒の姿勢を維持することの重要性は、憲章の最後に繰り返し述べられており、「教会の司牧者」は、「教会の子らが安全かつ有意義に聖書に親しみ、聖書の精神で満たされるように」「必要かつ十分な説明」をするとともに、「適切な指導」のみを行なう必要があると主張している。

この教義の精神は、一九九〇年の教皇ヨハネ・パウロ二世の使徒憲章「エクス・コルデ・エクレジエ」（Ex corde Ecclesiae）を通して、カトリックの大学における神学教育の指導と統制のために、少なくとも原則的に適用されている。禁書目録はもはや存在しないが、正当な理由がない限り、真のカトリック教徒は禁書目録が断罪した書籍（および断罪したであろう類似の書籍）は控えるべきだという一般原則は残っている。判断に迷う時にはしかるべき聖職者に助言を求めることが望ましい。またカトリックの作家は、特に宗教や道徳的な問題を扱う時には、たとえばカトリックの出版社で神学書を出版する前に正式なインプリマートゥル（出版許可）を求めるなど、相変わらず教会の権威に従うことが望ましいとされている。カトリック大学の教授たちは今日でも、少なくとも建前上は「エクス・コルデ・エクレジエ」の言葉に基づいて、神学を教える際には許可（mandatum マンダトゥムとして知られる）を求める必要がある。しかし高等教育機関における学問の自由の原則が広く受け入れられているため、実際にはこの要求を強制するのは難しい（また、教授たちが宗教的権威を有する古い伝統もあり、初期近代にはパリやルーヴェンといった大学の神学教授たちはその権威を聖職者に対しても行使していた）。しかしそれでもなお、教会の公式方針は変わらないままだ[4]。

不可能な任務

四百年以上もの教会検閲の経験を経てもなお、有害な書物（および図像）による弊害を防ぐことが肝要とする教会指導層の基本見解は、ある意味ではあまり変わらなかったが、その過程でいくつかの教訓が得られたことは確かである。特に、人間の文化的創造のすべてに干渉するという任務が途方もないということは、少なくとも十六世紀末にはすでに痛感されていた。高慢で頑迷な姿勢、組織の惰性化、文化に対する姿勢の硬化が合わさって、その後一世紀以上もの間ますます不毛な努力が続けられたが、プロテスタント宗教改革と科学革命が世界的に展開する時代に、最も危険な書物を禁じるという禁書目録の目的を部分的にでも果たすためには、ある程度焦点を絞る必要があることは明らかだった。

世界中で印刷機が稼働するようになったからには、教会が検閲業務にその人材と財源をすべて投入でもしなければ、本の生産速度に追いつくことなど不可能だった。しかも、十七世紀後半の膨れ上がった禁書目録からもわかるように、ある時点で著者名と書名の膨大なリストは、実際に現場で違法書籍を探す担当者にとって実用的ではなくなった。禁書目録の編纂自体が骨の折れる作業なら、千四百頁に及ぶリスト（しかも十年以上前の情報である可能性が高い）や各禁令の束を参照しながら、書店や図書館あるいは積荷の目録から著者や書名をひとつずつ探す作業もやっかいだった。すでに見たように、事態をさらに深刻にしたのが誤字、脱字、綴りの不統一であった。複雑な修正指示がある著書はさらに大変で、それぞれの書に指示を適切に反映するには、何日もかかるおそれがあった。

一貫性のなさは、おそらく禁書目録プロジェクト最大の失敗であり、時代がくだった後も最も批判を浴びた点であった。なぜ、ある作品が全面的に禁止される一方で、より優先すべき作品が見逃されたりわずかな修正で済まされたりするのか。聖書の禁止は、敬虔な信者(たとえばポール・ロワイヤルのジャンセニストたち)が良かれと思って制作したように思われる場合には特に不当といえるだろう。だが、ローレンス・スターンの『センチメンタル・ジャーニー』のような、五十年も前の取るに足らないイギリス小説が、一八一九年にわざわざローマ異端審問の特別教令によって禁書とされたのはなぜなのだろうか。作者はとっくに死んでいて、彼のセンチメンタルな小説はほとんどのイギリス人から忘れ去られていた。スターンがプロテスタントだったからだろうか(実際、英国国教会の下級聖職者だった)。もしそうなら、長老派教会員でかつフリーメイソンであり、まだ存命の(そしてはるかに多作な)サー・ウォルター・スコットが同時に禁書とならなかったのはなぜか。『センチメンタル・ジャーニー』のどちらかと言えば冗長な語り口の何が検閲官の気に障ったのかわからない。というのも、カトリックの聖職者についての描写でさえ大部分はきわめて敬意に満ちたものであり、性についての遠回しな言及も、当時の他の作品(スターン自身のより有名な『トリストラム・シャンディ』を含む。この作品は禁書目録に載っていない)に比べれば穏当だったからだ。皮肉なことに、スターンは実際には自分の上司である英国国教会のヨーク大主教から、より厳しい検閲を受けていた。大主教は地元の弁護士を面白おかしく風刺した、彼の『ポリティカル・ロマンス』を認めず、出版された本の大半を一七五九年に焼却している。(5) しかし死後スターンが審問官に断罪されたのは、おそらくつまらない理由だった。一八一三年にたまたまこの著作がイタリア語に翻訳されたことで、誰かが訴え出て、そして禁令が出されたのだ。もしこの検閲の正当な理由が他にあって教理省のどこかのファイルに埋もれているなら、いつかその記録が発見され出版されてほしいものだ。それまでこの事例は、異端審問の容赦のない徹底ぶりというよりも、その非効率性と優先順位の整合性のなさを示す好例のひとつとして扱われるだろう。

もちろんガリレオの禁書処分や、ジョルダーノ・ブルーノに対する極端な弾圧など、より深刻な事例もあった。禁書目録とその背後にある異端審問制度が、いかに真っ当な学者に害を及ぼし科学の発展を妨げたのかを示す好例として、これらの事例が引き合いに出されるのは仕方がない。しかし、これまで見てきたように、こうした事例はそれぞれ、より広い文脈のなかで理解する必要がある――これは、教会が犯した過ちの免責のためではなく、むしろ、当時の検閲の多くが、たとえ有名な作家に関するものでも、気まぐれで、一貫性を欠き、偶発的で、時には矛盾していたことを示すためである。ブルーノは悪魔を召喚し、教会の命令に背き、宇宙について荒唐無稽な推測を立て、プロテスタントと交流したかもしれないが、こうした行為は彼に限ったことではないし、その活動のほとんどは、別の聖職者や、ヨーロッパ・カトリック世界の一部の王族からさえ援助や後押しを受けていた。その二十年にわたる冒険主義的行動は見入りの良いものだったが、いきなりその代償を支払わされて、ブルーノは誰よりも驚いたことだろう。ガリレオもまた、優遇されていたのに突然手のひらを返されたような扱いを受けたが、客観的に見てこうした変化は彼の著作の内容だけが原因ではなかった。たいてい禁書目録の禁令の背後には政治が絡んでいたし、偶然、巡り合わせ、そして単なる不運も作用した。各事例について詳しく調べ、その作品が検閲を受けるに至った経緯や理由を正確に知ることは重要だが、時にそうした裏事情は、禁書となった書物の宗教的、知的、芸術的特徴よりも、検閲が行なわれた時代や場所の背景について多くを教えてくれることがある。

十八世紀半ばと二十世紀初頭に、禁書目録を合理化、簡素化する試みがなされたが、根本的な解決には至らなかった。ものすごいスピードで量産され続ける書籍に対し、検閲官はおざなりな対応でも追いつかない状態だった。書物を批判的に調査するには時間がかかる。報告書を書き、必要なら委員会の討論で弁明しなければならない。理想としては、このような段階を経た後に、書籍は有罪宣告や修正を受けるべきだったが、時間に追われていた検閲官は、既存のリストやフランクフルト・ブックフェアの販売カタログから、こっそり書名を抜き出して（たとえ本の内容についてまったく知らず、時には実在しない本であっても）済ますことも多かった。

この問題は教会が普遍性を主張していたためにさらにこじれた。実際に多くの地域で行なわれていたように、各地ではその地域の出版物に対応する試みがなされていた。その一方で目録省を介してローマ教皇庁の後援のもとに書籍検閲を一元化しようとする試みは、最終的にひどい失敗に終わった。ヒンドゥー教や儒教、アフリカやアメリカ大陸の多様な信仰体系といった、ヨーロッパの伝統とは異なる文化の高度な作品を理解する能力は言うに及ばず、世界のあらゆる言語で出版された書物を読む基本能力をも欠いていたため、大量の「異教の」文書や画像を禁書目録に掲載することについて、真剣に検討されることはほとんどなかった。ほぼ（もしくはまったく）記録されていない、植民地時代におけるこうした文化資料の押収や破棄は、禁書目録が関わることはほとんどなかったとはいえ検閲の歴史を通じてカトリック当局が引き起こした最大の悲劇のひとつである。

検閲への意欲

このような明らかな失敗にもかかわらず、教会検閲は初期近代を通じて熱心に続けられた。いつの時代も著名なカトリック神学者が進んでその役割を担い、疑わしい著書や創作物を評価することで、功績を立てて出世した聖職者も少なくない。何世紀もの間、大勢の高い教育を受けた優れた学者（もちろん、取るに足らない学者も多かったが）が禁書目録の作成に関わり、その大部分は自分たちの任務に真剣に取り組んでいた。確かに馬鹿げた間違いや見落としはあった。しかし、ドミニコ会士から選ばれた歴代の教皇宮廷神学顧問（彼ら自身が名のある著作家であることも多かった）は言うまでもなく、グリエルモ・シルレト、ロベルト・ベラルミーノ、フランチェスコ・ペーニャといった優れた人物が、時代を超えて禁書目録の発展に大きく貢献したこともまた事実である。最近の例では、オッタヴィアーニ枢機卿も決して愚かではなかったし、ヨゼフ・ラッツィンガーは——一九八一年から二〇〇五年まで教理省の長官を務め、「エクス・コルデ・エクレジエ」の起草にも協力し、論争の的となった書籍の評価も数多く手がけた——その十分な知識に基づいた神学的著作と見解で今なお広く尊敬されている（二〇二二年十二月、原著が出版された直後に亡くなった）。二〇〇五年にラッツィンガーがベネディクト十六世としてローマ教皇位に就いたことは、賛否両論あったが、検閲と教会法規に関わることは依然としてローマ教皇庁において栄誉であり、その活動が高く評価されていることを示している。

しかし、禁書目録に携わったのは学究的な托鉢修道士や出世第一主義の聖職者だけではなく、ましてや「黒伝説」の唱導者が語るような狂信者だけでもなかったということを、理解することもまた重要である。そもそも禁書目録を最初に生み出したのは大学を基盤とする学界であり、ある意味ではその本質は大きく変わらなかった。すでに見たように、最初の禁書リストはパリとルーヴェンの大学で作成されたが、これは由緒ある伝統の一環であり、中世の大学制度が誕生した時から、大学教授は宗教的正統性の評価を担ってきた（タルムードに対する最初の審判や、ジャンヌ・ダルク裁判を含む）。またローマのさまざまな高等教育機関をはじめとして、ケルン、サラマンカ、ボローニャといった名だたる大学の神学教授が、禁書目録の歴史を通じて書物や著者について評価を下し、オックスフォード大学やケンブリッジ大学の教授も、同大学がカトリックの教育機関であった間は同様の役割を果たした（プロテスタントに改宗した後も、英国国教会の大学教授は、英国国教忌避者の正統性を審査する権限の大部分を保持していた)。

学生の適切な学びのために、教授たちはカリキュラムに残すべきテキストを決定する学術特権を固く守ったし、もちろん今でも学問の自由という彼らの権利の一部としてその権力を保持している。しかし初期近代には、情報の良し悪しを選別できる彼らの専門知識は、より広い範囲に適用され、時には大学の外にも影響力を持つに至った。その結果、大学教授のなかには、異端審問の審査官や目録省の査読者などとして、本書の主題である検閲を支える基礎構造に組み込まれる者もいた。時に大学教授が教会検閲の対象となり、その著書が禁書目録に載ることもあったが、それ以上に彼ら自身が検閲官であり、学者仲間からの批判を封じようとする場合はなおさらであった。

当初検閲はおもに神学教授の領域だったが、マリオ・ビアジオーリが指摘するように、十七世紀の「学問の共和国」の誕生の後は、(大学教授かどうかにかかわらず)科学者もその権限を行使するようになった。[6] その理由のひとつは、おもな知的中心地に組織的な学会が生まれた結果、大学での正式な学部創設に先駆けて、さまざまな科学の分野で科学者が集まって情報交換できるようになったことにある。だがその結果、派閥の形成や専門家同士の争いを助長することにもなった。確かにガリレオが所属していたアカデミア・デイ・リンチェイは閉鎖的なクラブで、ガリレオ自身その会員資格を得るために、またライバルの入会を阻止するために力を尽くした。同様にアカデミー・フランセーズ(一六三五年設立)や英国王立協会(一六六〇年「自然についての知識を改善するためのロンドン王立協会」として設立)も権威ある学術団体であり、どちらも入会者の選別は慎重だった。この種の組織の会員が享受する恩恵は大きく、権威ある学術団体へ加入できれば、大口の後援や出版の機会が約束された。有名な知的抗争は、ロバート・フック、アイザック・ニュートン、ゴットフリート・ライプニッツといった先駆的な科学者が、物理学や数学の分野での新発見について互いに主張しあったことで起こったが、その過程で相手の研究を否定し、時には妨害をも辞さなかった。こうした対立をきっかけに最初のピア・レビュー制度が生まれた。時にニュートンのように妬心の強い編集者や学会会長が、権威ある学術雑誌から敵を締め出すために権力を用いたが、このレビュー制度はそうした状況を打ち破るために設けられたのである。こうして一七三一年、エジンバラ王立学会は医学論文に査読制を導入し、十九世紀から二十世紀にかけて徐々にピア・レビューは学界の規範として受け入れられていく。

ピア・レビューが、異端審問や国家が学術出版物に対して行なった審査に代わる役割を果たしたことで、その原則も部分的にではあるが受け入れられた。十八世紀後半にローマとスペインの検閲が大幅に縮小したことを受け、カトリックの学者のなかには、宗教的、科学的、文化的に誤った考えが、正当な学術研究の仮面をかぶって学問の世界に——さらに悪いことには一般大衆に——浸透しないよう、その代わりを務める必要があると考える者もいた。プロテスタントや無宗教の学者も、ヨーロッパやその他の地域において同じことを考えた。プロイセンのフリードリヒ二世、神聖ローマ皇帝ヨーゼフ二世、ロシアのエカチェリーナ二世といった「啓蒙君主」が（イギリス、スペイン、ポルトガル、その他の国々で優勢だった自由主義的な政府と同様に）、政治関係を除いてほぼすべての検閲から手を引いたことに驚き、多くの知識人が、専門分野における基準を確立し維持することは自分たちの責務だと考えたのである。[7] それゆえ啓蒙時代以降、大学や学術出版業会から学問水準の低い人々を遠ざけることが専門家の重要な役割のひとつとなり、ヨーロッパの卓越した文化資本として、大学を基盤とする科学知識が教会を基盤とする宗教知識に取って代わるにつれ、実際にこうした権限の確立が新たな急務となった。公式のピア・レビュー制度は、外部権力に頼らずにこの目的を達成できる有効な手段のひとつであると考えられ、実際に経験によって実証されている。

しかし、専門の学者（あるいは芸術家）なら誰でも知っているように、多くの場合ピア・レビューは、禁書目録検閲と同じく、研究の客観的な品質や出版の適性を判断する手段として文句なしに公平というにはほど遠い。知的、個人的な対立は現代の大学や芸術委員会でも蔓延しており、ペーニャの時代の目録省やニュートンの時代の王立学会と変わらない（保守主義や真の理解力がまるでない点も同様である）。その結果、不当な検閲やひいきが起こり得る。さらにこうした特権濫用を別にしても、ピア・レビューの機能と効果は、残念ながら禁書目録を含めた検閲の形態とよく似ている。現代の学界や文化界の門番たちは、何を出版し、何に資金を提供し、何を排除するか、その決定権を握っている。つまり、彼らは「母親の気遣い」と「細心の注意」（パウルス六世による「デイ・ヴェルブム」の言葉を彷彿させる）をもって、同業者の論拠、エビデンスの解釈、表現方法の是非、そしてその分野における彼らの貢献が「適切で正しい」かどうか判断を下す。最近では自費出版やインターネット上での個人出版など、従来の方法以外で出版することも可能だが、競争の激しい世界で権威ある学術誌での発表を断られたり、主要な助成金を拒否されたりすれば、承認基準に達しないとみなされキャリアに深刻な影響を与えかねない。言い換えれば、現代の学者、著者、芸術家は、「スペイン異端審問」といった不条理な検閲機関の干渉を恐れる（あるいは期待する）必要はない代わりに、互いに干渉し時には検閲を行なっているのだ。

得られる教訓

これでは禁書目録に関する本書の結論として、あまりにシニカルで役に立たないと思われるかもしれない。この四百年の歴史はそれなりに興味深いものの、現実に得られる教訓は多くはないと見る人もいるだろう。しかし、歴史全般に言えることだが、禁書目録の歴史も注意深く偏りなく見れば実に複雑でやっかいであり、単純な結論を導き出すことなど不可能だ。では、どうしたらよいだろうか。

包括的な禁書目録や宗教上の焚書（あるいは檻）といった形態は確かに一般的ではなくなっているが、恐ろしく、問題も多く、不条理であるにもかかわらず、「検閲」は現代世界においても相変わらず幅を利かせている。最終的にローマ・カトリック教会は、コンピュータが登場する以前の技術でもって不認可の出版物をすべてリアルタイムに追跡するのは、手間がかかりすぎて不毛であると悟った。しかし特にカトリック神学という高度に専門的な自分たちの領域においては、誤謬や危険な知識と判断したものを抑圧するという「原則」を今でもしっかりと維持している。ただし今日では国家権力を使ってその決定を強制することはできないため、信徒や聖職者の善意と服従に頼るしかない。大学教授、出版社、助成機関、ギャラリー経営者も、時には教会と同じように、問題のある作品を抑制しつつ良い作品を奨励するために、専門家としての意見（一般的には善意の）を提供する。しかし彼らもまた望ましい結果を得るために、一般的には物理的な力ではなく提案、高評価、無視といったソフトパワーに頼らざるを得ない。こうした現代の判別方法は、ある意味では今日まで残っている禁書目録の直接の遺産である。数少ない違いは、人材と判断基準が進化したことと、評価対象となる人々が物理的な危害を受ける可能性が大きく減ったことであるが、もちろん、その機関の承認を得ることにキャリアがかかっている場合は別である。会員資格の取得には相変わらず特権と同時に義務が伴う。

さらに大きな問題は、今日でははるかに強力な政府や企業によって、かつてないほど広範囲に及ぶ検閲と操作が可能になり、将来的には全世界の人々のコミュニケーションと自己表現のほぼ完全な統制が可能になるということだ。デジタル監視技術によって、完全な検閲というカラファ枢機卿の夢（あるいはオーウェルの悪夢）が現実になろうとしている。この状況は好転するどころか悪化の一途をたどりそうだ。ただし、無責任に害を与える権威主義的な検閲という最悪のシナリオと、より穏健で優れた識別機能は明確に区別する必要がある。検閲が「最良」の形（仮にそのようなものがあるとして）をとるなら、それほど悪いものではなく、望ましいとさえ言えるかもしれない。たとえば、あらゆる知識、情報、表現をまったく区別することなく完全に平等に扱わなければならないとしたら、それもまた不幸な結果をもたらすだろう。時には善と悪、事実と虚構、良質なものとゴミなどの判断を行なうことは恣意的かもしれないが、しかしそうした区別を無視することが危険な場合もある。識別手段がなければ、生命を救う本物の科学進歩が否定され、いんちきな宣伝が詐欺師によって市場に出回ることも起こり得る。教室やギャラリーは、無作為に選ばれた、意味のない、検証不可能な雑学を、目的もなく共有するだけの支離滅裂な場所になるかもしれず、選挙の開票と集計さえも、陰謀論者に煽られて論争や暴力的な対立の対象となり、数による確固たる事実ではなく見解上の問題になりかねない。私たちは、勧善懲悪的な全体主義にも、完全な不可知論主義にも陥ることなく、社会として競合する価値観や真理要求の間の、どこにどのようにして有効な境界線を引くべきか、時間をかけて考えなければならない。

検閲をなくすことも、「完璧なもの」にすることも現実には不可能だろう。しかし、「禁書目録」の歴史は、検閲のパラメーターが実際には常に変化する可能性を示しており、そのことが現状改革の活動への扉を開くと信じている。

禁書目録検閲は、推進される時も制限される時も、結局のところ個人や集団の決定に左右された。パウルス四世、フランチェスコ・ペーニャ、パリやルーヴェンの神学教授たちは、自らの良心と、自分が属する社会のニーズと価値観の理解に従って行動した。彼らの成功は保証されたものではなく、逆風がなかったわけでもない。パウルス四世は一五五九年のローマ目録を実現させるために生涯をかけて力を尽くしたが、完全に実施される前にこの世を去った。ペーニャはベラルミーノから日常的に妨害を受け、時には（たとえばリュイに関して）フェリペ二世の妨害にもあった。この二人が、後にベネディクトゥス十四世やレオ十三世、また特にパウルス六世が多くの聖職者、信徒、世俗社会からの後押しによって行なった譲歩を目にしたら、戦慄したことだろう。パウルス六世は一九六六年までは理論上は「無謬」権を行使していたが、その権力を使って教会検閲の実施を大きく制限する方向へと舵を切った。制度的な問題、内外からの圧力、その他の歴史的な状況が、良くも悪くも、これらの個人が下すことのできた決断のパラメーターに影響を与え決定づけたことは明らかだった。

現在、検閲を制限しその乱用を最小限に抑える活動に関心のある人々は、歴史においてはすべてが変化するものであり、抑圧的な体制や慣行が何百年も、ましてや永遠に続くことはないということを思い起こし、勇気を持ってほしい。思慮深い識別（つまりは「検閲」のことだが）のみが、その時代の真のニーズと関心に可能な限り合致する目的のために、最小限に、公正かつ透明性をもって行なわれるよう、個人も団体も声を上げることができる。そのためには、専門家と一般社会の両方の意見に対応し、時の経過に合わせて調整する必要がある。科学や学術分野のピア・レビュー（倫理委員会を含む）、メディアの批評や報道、芸術における審査委員会などは、いずれもこの目標を実現するための優れた方法に見えるが、これらも完璧にはほど遠く、審査や改革が必要とされる。また資金供給が事実上の検閲手段として利用されることのないよう配慮が必要だ。研究や創造的な仕事には物質的な支援が必要だが、これもまた結果を歪めるような不当な圧力をかけることなく、公正に透明性をもって提供されるべきだ。だからこそ、少なくとも大学を拠点にする研究者にとって、不都合な研究結果の変更や抑制を求める政治、宗教、そして企業の餌食にならないよう、学問の自由と終身在職権が不可欠なのだ。もし大学や独立芸術家の精神といった比較的自由な空間で生み出される、活力に満ち、専門的で、誠実な作品を守れなくなったら、社会は――禁書目録による抑圧と同程度か、それよりひどい――知的・創造的な喪失に苦しむことになるだろう。

言い換えれば、禁書目録の歴史に対する評価は、現代の目から見て非難すべきか賞賛すべきかといった、独善的な価値判断で片付けるべきではない。むしろ長い間、さまざまな重要な分野において人間の知識を調査し、まとめ、評価し、分類するうえで禁書目録が果たした数々の、そして常に変化し続けた役割について、批判的に検討すべきだろう。知識や創造性の抑圧と検閲が「禁書目録」遺産の大部分を占めており、それはしばしば悲劇的で、最終的には計り知れない範囲に及んだ。しかし、禁書目録がある種の知識を抑圧しようとした時、それは別の知識を助け、推進するために行なわれていたのだ。あらゆる検閲がそうであるように、禁書目録は権力者がその時々で最も重要と考える種類の知識を擁護し、広めるために下した決断の結果である。ある時代から次の時代へ、おもに誰の言葉、誰の図像、誰の価値観が普及するかは、絶え間ない努力と折衝の問題であり、その取り組みは今日も続いている。この研究は際限なく魅力的で、時に力を与えてくれる。過去に何が起こり、検閲が現在どのように進化し続けているのかを理解し、知識を得ることで、未来に残し発展させたいと望む知識や創造性のために、今こそより良い結果を目指して努力しなければならない。

最後に、禁書目録の歴史はさまざまな状況において検閲がどのように機能するのか（あるいはしないのか）、またその理由について、興味深い事柄を教えてくれる。最初にヨーロッパ、後に世界各地でそれと並行して起こった、迫害と不寛容の歴史を理解するのにも役立つ。さらに禁書目録の歴史はさまざまな点で知識や文化の歴史とも交差している。禁書目録は結局のところ、知識人によって他の知識人や芸術家の作品を評価し、管理するために考案され実施された、知的な事業だった。したがってこのリストは、ある一部の知識人たちがその当時最も危険な文化的創造物だとみなしたものについて教えてくれる。トーマス・ジェイムズは一六二七年の時点で、まったく逆の視点から、この種のリストの価値を認識していた。元来の意図は著作の処分を容易にするためだったが、禁書目録はうかつにも、そこに記載がなければとりたてて注意を引かなかったもの、後に完全に失われてしまったものをも数多く掲載している。そのため、宗教史、科学史、文学史、芸術史、文化史の分野にとっても、まだほとんど手付かずではあるが貴重な研究資料となっている。禁書目録の構造そのものの形式や様式の変化を見れば、本と読書の歴史の解明に役立つ。もちろん明らかになることも多いがわからないことも多い。特に女性の歴史については、非ヨーロッパ文化の歴史とともに、少なくとも十八世紀までは「禁書目録」からほぼ除外されている。とはいえ、これはあらゆる歴史資料に言えることだ。すべてを語るものはない。禁書目録とは何か、またそれが何を語っているかを知るためには、禁書目録が属する広大な歴史のパズルの中から、その他のごく小さなピースを探し集めながら、取り組まなければならない。

禁書目録とは何だったのか、また何でなかったのかを明らかにし、そのページにはどんな情報があったのかを明示することで、研究を促進する一助となるなら、本書の目的を果たしたと言えるだろう。語るべき物語、見解は尽きず、導き出される結論もまだまだたくさんある。そのなかには、本書の調査結果を補完するものも、矛盾し修正を促すようなものもあるだろう。当然のことながら、このように広範囲に及ぶ長い歴史には、新たな探求と分析の余地が大いに残されている。その上「禁書目録」に関して言えば、現在さまざまな点で、かつてないほど新しい研究に着手しやすくなっている。ここ二十年の間に、教理省のアーカイブが学術研究者に公開されただけでなく、ほぼすべての禁書目録の電子コピーが無料のインターネットサイトに公開され、技術（と語学力）さえあれば世界中の誰もが参照できるようになった。おかげでここ数年、前途有望な新しい研究の波が生まれ始めている。絶えず古い仮説が修正され、長年の誤りが訂正され、まったく予期しなかった発見が相次いでいる。本書はこうした研究成果をできるだけ取り入れたつもりだが、おそらく筆者が見落としているものも多く、また近い将来にさらに多くの研究が生まれるだろう。

本書の副題は、一五四〇年に創始者である聖イグナチウス・デ・ロヨラが掲げたイエズス会の標語「より大いなる神の栄光と人々の救いのために（ad maiorem Dei gloriam inque hominum salutem）」に由来している〔原書の副題は Four Centuries of Struggle over Word and Image for the Greater Glory of God、「より大いなる神の栄光のための、言葉と図像をめぐる四百年の闘い」〕。この標語は「禁書目録」の検閲官の仕事にもふさわしいと言えるし、実際に検察官の中にはイエズス会士もいた。しかし、本書を締めくくるにはマルティン・ルターを糾弾したレオ十世の大勅書や異端審問の標語に使われた、別のラテン語の一節がよりふさわしいかもしれない。**Exurge Domine et judica causam tuam**（「主よ、立ち上がり、ご自身のために裁きたまへ」）。これは詩編七三編二二節からの引用だ（プロテスタントの欽定訳では詩編七四編にあたり、文言も後のクレメンス版ウルガタ訳とは少し異なる）。禁書目録とそれに尽力した人々が真実、神のため、神のより大きな栄光のため、人類の救済のために、働いたかどうかの審判は、おそらく世の終わりに（そうした教えを信じるなら）神に委ねられるだろう。しかし、利用できる最良の証拠資料に基づき、禁書目録の遺産や、より広範な検閲と迫害の歴史について、自分なりの意見を持つ権利は誰にでもある。少なくとも今のところは……。最後になるが、人類史におけるこの興味深いテーマを深く理解するための自由で弛《たゆ》まぬ努力を、宗教にせよ、政治にせよ、企業にせよ、研究の障害となって阻むことのないよう、私たちがその権利を維持できるよう願っている。

謝辞

このプロジェクトはもともと、親愛なる友人であり、ノートルダム大学の優秀な大学図書館司書でもあった、スコット・ヴァン・ジェイコブのおかげで開始した研究から生まれた。スコットは一九九七年、ハーレイ・L・マクデヴィット異端審問コレクション（もともと書誌愛好家のポルーア家によって収集された）を、ノートルダム大学が入手する際に中心的な役割を果たし、まさに同じ年に筆者は、中世研究所で博士課程を修めるために同大学を訪れた。その後の数年間、スコットは、私の学位論文の責任者であるオリヴィア・レミー・コンスタブル、サビーネ・マコーマック、元バチカン図書館司書のレナード・ボイルといった他の指導者たちとともに、この豊かで多様性にとみ、しかも未研究の資料の探求と理解のために、あらゆる助力をしてくれた。彼らの励ましと指導のおかげで、「異端審問」は固定観念によって一般的に信じられているよりも、はるかに複雑で、はるかに重要な歴史的現象であると理解するようになった。悲しいことに、スコット、レミー、サビーネ、レナードはもうこの世にいない。けれども、二十年以上も前になるが、彼らがきっかけを作った研究の初期の成果を見てもらえたということは、筆者にとって慰めである。

聖トマス大学と、ニュー・ブランズウィック大学では、自身がもともと学ぶつもりだったテーマからは明らかにかけ離れた内容にもかかわらず、異端審問に関するさまざまな歴史資料に喜んで関わってくれるような、学生たちに出会えた。同僚や他大学の仲間の教授たちも、異端審問の歴史や書籍検閲の歴史に関する筆者の考えや議論について、正直に言って不明瞭な点においても、寛大に耳をかたむけてくれた。セッションを開催して、本書の内容の一部を最初に発表する機会を設けてくれた、アラバマ大学のジミー・ミクスソン、ドレスデン工科大学のゲルト・メルヴィル、ニュー・ブランズウィック大学のゲーリー・ウェイトには、特別に謝意を表したい。シェリル・ピーターマンとカリム・バクーシュは初期の段階で調査の協力をしてくれた。また、いくつかの章の初期の草稿に、素晴らしい意見をくれたHistory 3983の学生にも感謝している。教理省文書館とバチカン図書館（ローマ）、国立歴史文書館とスペイン国立図書館（マドリード）、フランス国立図書館（パリ）、メキシコ国立公文書館（メキシコシティ）、ニューベリー大学（シカゴ）、ノートルダム大学の稀少本・特別コレクション図書館への、寛大な閲覧許可と、また特に、ノートルダム大学の図書館におけるエリカ・ホッセルクスとサラ・ウェーバーの助力には謝意を表する。研究資料のための資金と旅費は、カナダ社会科学人文科学研究委員会と聖トマス大学から提供を受けた。ニューブランズウィック大学図書館の資料提供担当のスタッフには、いつも献身的に協力をいただいた。

書籍検閲の歴史、とりわけ現代の大学における学問の自由との関わりについての筆者の考えは、カナダ大学教員協会の会長を二期（二〇一四―一六年）務め、その後、同協会の執行委員を務めるという政治的背景の中で、より鋭く磨かれていった。カナダ大学教員協会とその姉妹組織は、教育インターナショナルの後援のもとに団結し、世界中の学者にきわめて重要な支援活動を行なっている。筆者はそこで多くの素晴らしい仲間と出会い、学ぶことができたことを大変誇りに思う。言葉と図像の統制をめぐって、きわめて重要な闘争は今日も続いている。したがって、本書では歴史的考察を行なうと同時に、大学関係者や彼らが働く社会が異端審問検閲の遺産や反響を無視すれば、それは大きな危険をおかすことになるという、筆者自身の確信を表明している。ただし、本書に含まれる誤り、脱字、意見はすべて筆者個人の責任による。

リアクション・ブックスのデイヴィッド・ワトキンズ氏には、本書を執筆するにあたって、専門家や研究者という狭い枠を超え、より広い読者層を対象にするよう提案してくれたこと、そしてパンデミックの影響で、さまざまな点で遅れたにもかかわらず辛抱強く対応してくれたことに心から感謝している。また、二度にわたって、フランスの田舎に引きこもって執筆するための場所を提供してくれたジョン・ヴォウズとナンシー・ヴォウズに深く感謝する。しかし誰よりも、キム・ヴォウズ・ジョーンズに感謝しなければならない。彼女は（プロの現代美術家として、またレファレンス担当の大学図書館員として）芸術や書籍の検閲について、専門的な見識を提供してくれただけでなく、常にかたわらで支えてくれた。学術研究に必然的に伴うあらゆる喜びや悲しみ、達成感や挫折のなかで、二人の子どもライリーとオーウェン、そして幼い孫のミロとともに、キムはいつも朗らかなパートナーでいてくれた。

訳者あとがき

本書は *The Index of Prohibited Books—Four Centuries of Struggle over Word and Image for the Greater Glory of God*, Reaktion Books, 2022 の全訳である。著者のロビン・ヴォウズは聖トマス大学（カナダ）の歴史学の教授で、専門は中世から初期近代にかけてのスペイン、地中海地方の宗教史である。これまで特にスペイン異端審問、十字軍といった宗教、宗派の対立に根ざしたテーマに焦点をあて、主著に *Dominicans, Muslims and Jews in the Medieval Crown of Aragon*, Cambridge University Press, 2011（『中世アラゴン連合王国におけるドミニコ会、ムスリム、ユダヤ人』）などがある。異端審問と深く関わり、プロテスタントとの争いから生まれた「禁書目録」に著者が注目し、執筆に至ったのは当然の流れといえよう。

本書は「禁書目録」そのものに焦点をあて、その歴史を包括的に扱った初の概説書であり、一般の読者をも対象としている。禁書目録の成立から廃止に至る四百年の歴史を包括的に見るとともに、神学的異端書以外にも禁書目録が扱った対象を、聖書、科学書（魔術書）・芸術全般（小説・絵画・彫刻など）・人文科学といった分野別に検証する。読み進めるうち、メルカトルの「地図帳」やヴェロネーゼの《レビ家の饗宴》など、「えっ、これが？」と思うようなものまで禁書（禁止）の対象となっていて興味深い。こうした詳細な研究が可能となった背景には、一九九八年にバチカンの教理省がアーカイブを公開したこと、禁書目録関連の資料が Jesús Martínez de Bujanda の手で *Index des Livres Interdit*, 12vols としてまとめられ、出版されたことがある（本書も Bujanda の研究成果に大きく依拠している）。さらにインターネットを通して一次資料にアクセスしやすくなったこともあり、今後新たな研究成果が期待される分野である。

著者によれば本書の趣旨は、「禁書目録」とは何だったのか（もしくは、何でなかったのか）、その一端を明らかにすることだ。ところで「禁書目録」と聞いて何を思い浮かべるだろうか。日本の読者には、アニメや小説のタイトルとしてなら聞いたことがある、もしくはまったく馴染みのない、という人もいるだろう。または歴史的事実として知ってはいても、科学や近代文化の発展を阻害した検閲リストとして、漠然と悪いイメージを抱いている人が多いのではないか。西欧をはじめとして禁書目録の影響を被った地域では、教会検閲を担った異端審問と合わせて、ガリレオ裁判に代表される宗教裁判や時代錯誤の不条理な検閲の象徴と考えられ、批判や嘲笑を受けてきた。実際のところ、禁書目録は信徒にとって「ふさわしくない」とカトリック教会が考えた、書物、芸術作品のブラックリストであり、検閲のための道具であり、学問的・文化的・思想的発展を大きく阻害したことはまぎれもない事実である。

けれども本書で繰り返されているのは、禁書目録を忘れ去るべき過去の過ちとして片付けるのではなく、そこから教訓を得なくてはならないということだ。イメージ先行の見方を捨て、資料を通して客観的に研究することで、見えてくるものがある。禁書目録とは膨大な知的作業の産物であり、一部は歴史背景やその時代・地域の良識に照らした結果であった。また何より最大の悲劇（かつ喜劇）と言えるのが、最終的に多くの非難を受けて廃止せざるを得なかったこの制度に関わった人のなかには、当時の一流の学者や知識人も多く、彼らは原著の副題が示すように「より大いなる神の栄光のために」真剣に取り組んでいたことである（原著の副題は Four Centuries of Struggle over Word and Image for the Greater Glory of God「より大いなる神の栄光のための、言葉と図像をめぐる四百年の闘い」で、字数の都合で本書ではカットせざるをえなかった）。

こうした禁書目録の歴史は、本書でも言われているように現在の検閲問題に深い示唆を与えてくれる。訳者自身は検閲というものをそれほど意識せずに育った。今でも宗教権威と規律が市民生活の隅々にまで影響を及ぼしている国や地域があること、中国の「グレート・ファイアウォール」に代表されるような、厳しいネット情報統制が行なわれている国があることは頭で理解していても、実生活で検閲を意識することはほとんどない。「児童ポルノ禁止法」や青少年のインターネット閲覧規制や有害図書指定が話題になる際に、言論の自由と検閲が論じられることはあっても、基本的に現代の日本では憲法二一条二項において検閲は禁じられている。しかし日本でも戦前生まれの、訳者の祖父母の世代は二つの大きな検閲を経験していた。

大正十五年生まれの歌人、春日真木子には戦後を思い出して詠んだ印象的な歌がある。

校正をＧＨＱへ搬びしよわれは下げ髪肩に揺らして

（歌集『何の扉か』KADOKAWA 二〇一八年）

春日は大正三年創刊の短歌結社「水甕」の元代表で、当時は父の松田常憲が「水甕」の主宰をつとめていた。その父の手伝いで、彼女は短歌の校正原稿を持って、おさげ髪を肩に揺らしながら、当時日比谷の第一生命ビルにあったＧＨＱ（連合国軍最高司令官総司令部）の本部に通ったという。この歌で特に印象的だったのが、戦前の国家による厳しい言論統制のみならず、戦後の連合国による統制が市井の人々にも及んだことだ。わずか数年の間に、愛国・軍国主義的検閲を受けていた人々が民主主義的な検閲を受けるようになったのである。『プレス・コードの影　GHQの短歌雑誌検閲の実態』(中根誠著、短歌研究社、二〇二二年)には、GHQの検閲を受けたさまざまな短歌結社とその実例が挙げられている。なかには国粋主義、神道的色彩が強いという理由で検閲を受けた例もあるが、「闇市」「防空壕」などといった単語ひとつで検閲対象となった歌もある。まさに本書の「はじめに」に書かれているとおり、「ナチスの敵である『民主主義的な』連合国」によって占領下の日本も言論統制を受けたのである。

それでも短歌や俳句の結社誌など少数の例外は別にして、活字が情報発信の主流だった時代には、検閲を受ける対象は、作家、学者、ジャーナリストなど一部の人に限られていた。しかしインターネットが普及した結果、すべての人にとって検閲は他人事ではなくなった。誰でも手軽にネットにアクセスし、SNSや動画サイトを通じて広く情報を発信できるということは、だれもが自分の言葉に責任を求められ、検閲を受ける可能性があるということだ。

この問題を考えるとき何より難しいのが、検閲がまったくの悪で、完全に排除すべきとは言いきれないことだろう。二十世紀末にインターネットが一般に普及しはじめてから、すでに三十年近くが経過した。その間にフェイクニュースや誹謗中傷などを規制する法の必要性が論じられ、表現の自由とのバランスに配慮しつつも、二〇二二年、EUはデジタルサービス法を導入し、オンラインの仲介サービス業者に「有害情報」規制の義務を課した。日本でも類似の法制度の導入や年少者のネット閲覧規制がたびたび論じられている。こうした状況は「有害図書」の排除に真面目に取り組んでいた「禁書目録」編纂者たちが置かれていた状況を彷彿とさせる。禁書目録は活版印刷という情報発信技術の一大革命とともに始まった。この制度を導入した人たちは、新技術によって今までにないスピードで「有害情報」が拡散していくことに驚き、異端の教えを排除してなんとかキリスト教徒の魂を守らなければならないと真剣だった。そのことを思うと複雑な気持ちになると同時に、時代を変え、形を変えて歴史は繰り返されるということを実感する。そして今こそ多くの人が検閲について学ぶことの意義を感じるとともに、「禁書目録」がどうしてあのような運命をたどったのか、同じ轍を踏まないよう歴史に学ばなければならないと思わされる。

本書を訳すにあたり、カトリック教会の文書資料に関しては、以下を参照し、適宜引用している。『改訂版 カトリック教会文書資料集：信経および信仰と道徳に関する定義集』（H・デンツィンガー編、A・シェーンメッツァー増補改訂、浜寛五郎訳、エンデルレ書店、一九九二年）、『第二バチカン公会議公文書改訂公式訳』（第二バチカン公会議文書公式訳改訂特別委員会、カトリック中央協議会、二〇一九年）。また、本書に数多く登場する書名については、できるかぎり日本語訳の慣例を探したが、網羅することはできなかった。不適切な訳、翻訳上の誤り等があれば訳者の責任である。

最後に、本書に掲載されているラテン語の翻訳および教皇文書をはじめとするラテン語の読みについて、翻訳者・イエスのカリタス修道女会東京歴史記録保管所顧問の高久充氏にご助力いただいた。高久氏には他にもカトリック教会の用語やピウス二世の著書に関して貴重なご助言をいただいたことに、心より感謝申し上げる。白水社の糟谷泰子さんには編集上のアドバイスや文章、用語に関するご助言とともに、さまざまな点で相談にのっていただいたこと、あつく御礼申し上げる。そして誰より翻訳中、校正中に日常生活のさまざまな面で助けてくれた家族に感謝したい。

二〇二四年七月

標　珠実

訳者略歴

ヨーロッパ中世史・中世キリスト教史専攻。早稲田大学文学研究科西洋史専修博士後期課程満期退学。翻訳家、順天堂大学他非常勤講師。訳書にN・T・ライト『わたしの聖書物語―神さまの大いなる計画』（日本聖書協会、二〇二四年）、アーヴィング・フィンケル『ノアの方舟の真実―大洪水伝説をさかのぼる』（共訳、明石書店、二〇一八年）、マイケル・コリンズ総監修『ビジュアル大百科 聖書の世界』（共訳、明石書店、二〇一六年）などがある。

禁書目録の歴史

カトリック教会四百年の闘い

二〇二四年八月一五日 印刷
二〇二四年九月一〇日 発行

著者 ロビン・ヴォウズ
訳者 © 標《しめぎ》 珠《たま》 実《み》
装丁者 細野綾子
発行者 岩堀雅己
印刷所 株式会社 三秀舎
発行所 株式会社 白水社

東京都千代田区神田小川町三の二四
電話 営業部〇三（三二九一）七八一一
編集部〇三（三二九一）七八二一
振替 〇〇一九〇・五・三三二二八
郵便番号 一〇一・〇〇五二
www.hakusuisha.co.jp

乱丁・落丁本は、送料小社負担にてお取り替えいたします。

株式会社松岳社

ISBN978-4-560-09113-5

Printed in Japan

▷本書のスキャン、デジタル化等の無断複製は著作権法上での例外を除き禁じられています。本書を代行業者等の第三者に依頼してスキャンやデジタル化することはたとえ個人や家庭内での利用であっても著作権法上認められていません。

索引

イタリック体のページ数は図版を表す。

あ行

か行

さ行

た行

な行

は行

ま行

や行

ら行

参考資料と略称

Jesús Martínez de Bujanda, ed., *Index des Livres Interdits*, 12 vols（Sherbrooke, Geneva, Montreal and Madrid, 1985-2016）の各巻を参考資料として引用する際には、以下の略称を使用する。

Bujanda vol. i: Jesús Martínez de Bujanda, Francis M. Higman and James K. Farge, eds, *Index de l'Université de Paris 1544, 1545, 1547, 1549, 1551, 1556*（Sherbrooke and Geneva, 1985）

Bujanda vol. ii: Jesús Martínez de Bujanda, ed., *Index de l'Université de Louvain 1546, 1550, 1558*（Sherbrooke and Geneva, 1986）

Bujanda vol. iii: Jesús Martínez de Bujanda, ed., *Index de Venise 1549. Venise et Milan 1554*（Sherbrooke and Geneva, 1987）

Bujanda vol. iv: Jesús Martínez de Bujanda, ed., *Index de l'Inquisition Portugaise 1547, 1551, 1561, 1564, 1581*（Sherbrooke and Geneva, 1995）

Bujanda vol. v: Jesús Martínez de Bujanda, ed., *Index de l'Inquisition Espagnole 1551, 1554, 1559*（Sherbrooke and Geneva, 1984）

Bujanda vol. vi: Jesús Martínez de Bujanda, ed., *Index de l'Inquisition Espagnole 1583, 1584*（Sherbrooke and Geneva, 1993）

Bujanda vol. vii: Jesús Martínez de Bujanda, ed., *Index d'Anvers 1569, 1570, 1571*（Sherbrooke and Geneva, 1988）

Bujanda vol. viii: Jesús Martínez de Bujanda, ed., *Index de Rome 1557, 1559, 1564. Les Premiers Index Romains et l'Index du Concile de Trente*（Sherbrooke and Geneva, 1990）

Bujanda vol. ix: Jesús Martínez de Bujanda, Ugo Rozzo, Peter G. Bietenholz and Paul F. Grendler, eds, *Index de Rome 1590, 1593, 1596. Avec Étude des Index de Parme 1580 et Munich 1582*（Sherbrooke and Geneva, 1994）

Bujanda vol. x: Jesús Martínez de Bujanda, ed., *Thesaurus de la Littérature Interdite au xvie Siècle. Auteurs, Ouvrages, Éditions avec Addenda et Corrigenda*（Sherbrooke and Geneva, 1996）

Bujanda vol. xi: Jesús Martínez de Bujanda, ed., *Index Librorum Prohibitorum, 1600–1966*（Montreal and Geneva, 2002）

Bujanda vol. xii: Jesús Martínez de Bujanda, ed., *El Índice de Libros Prohibidos y Expurgados de la Inquisición Española (1551–1819)*（Madrid, 2016）

各禁書目録を参照する際には、基本的にBujandaの全集に掲載されているファクシミリ版を使用している。それらが利用できない場合には（つまり17世紀から20世紀の目録）、代わりに発行当局（ローマ、スペイン）と発行日を記載している。印刷出版された禁書目録はすべてではないが大部分がスキャンされ、Google Books、HathiTrust、Internet Archiveなどのオンラインリポジトリや、世界中の図書館で閲覧が可能だ。

ACDF: Archivio della Congregazione per la Dottrina della Fede, Vatican City
AGN INQ: Archivo General de la Nación, *sección Inquisición*, Mexico City
BNF: Bibliothèque nationale de France, Paris
ND INQ: University of Notre Dame, Harley L. McDevitt Inquisition Collection, Notre Dame, Indiana

なお、特に記載のない限り、翻訳はすべて著者自身による。聖書の引用は特に記載がない限り、ラテン語のクレメンス版ウルガタ聖書、*Biblia Sacra Vulgatae Editionis Sixti v Pontificis Maximi Jussu Recognita et Clementis viii Auctoritate Edita. Nova Editio Accuratissimae Emendata*（Paris, 1882）、もしくは英語の Douay-Rheims version（London, 1955）を使用。ヘブライ語のテキストについては *Jewish Publication Society Hebrew-English Tanakh*, 2nd edn（Philadelphia, pa, 1999）を参考にした。

原注

はじめに

1. インデックス（Index）とはリストや、何かを指し示す「案内」を意味するラテン語の単語（それゆえ英語で人差し指を index finger という。また関連語として「指標・指針」などを表す indicator もある）である。ラテン語の複数形は indices だが、本書（原書）は通りのよい indexes を用いる。後述するように、近世や近代のカトリック教会はさまざまな検閲リストを作成し、そのすべてが正式に「インデックス」という名称を与えられたわけではないが、個々のリストやカタログ、「目録」が重要な構成要素をなす教会検閲事業全般を指す場合にも、略語として、便宜上「インデックス」を使うことにする〔原書で Index が用いられている場合、禁書目録もしくは簡略化のために目録と訳す〕。
2. Haig Bosmajian, *Burning Books*（Jefferson, NC, 2006）, p. 108. スピノザについては以下を参照 Steven M. Nadler, *A Book Forged in Hell. Spinoza's Scandalous Treatise and the Birth of the Secular Age*（Princeton, NJ, 2011）。
3. Bosmajian, *Burning Books*, pp. 128-30. 近世の中華帝国の検閲はまさに、禁書の目録を備えた「異端審問」と比較されることが多い。それについては以下を参照 Luther Carrington Goodrich, *The Literary Inquisition of Ch'ien-Lung*［1935］（New York, 1966）.
4. カトリック教会のための現行の「教会法典」には、「マス・メディアおよび特に書籍」に関する項目がある（カノン 822-32）。1963 年にマス・メディアに関する教皇大勅書「インテル・ミリフィカ」（Inter mirifica）が発表されて以降、インターネットを含む現代メディアの適切な使用に関して、バチカンは自らの見解を定期的に更新してきた。例えば、2002 年のヨハネ・パウロ 2 世による講演 'Internet: A New Forum for Proclaiming the Gospel' を参照。*The Holy See*, www.vatican. va/content/vatican/en.html, 12 May 2002.
5. 本書は全般的に、Jesús Martínez de Bujanda（以下、Bujanda）の主導のもとで最近完成した、禁書目録検閲に関する全 12 巻に及ぶ研究に大きく依拠している。どのテキストを禁書目録とみなすべきかという点で、場合によっては Bujanda の判断に異論があるかもしれないが、途方もない研究成果が、この分野における便利で信頼できる優れた参考資料であることに変わりはない。
6. ヨハネによる福音書 1 章 1-5 節。クレメンス版ラテン語ウルガタ聖書（イタリック体）、英訳ドゥエ・ランス聖書、英訳「欽定訳」聖書をもとにしている〔日本語訳は従来の日本語訳聖書を参考にしつつ、適宜ラテン語に合わせて変えてある〕。Bible（聖書）は「本」を意味するギリシア語の biblos に由来し、一般的に宗教信仰者が特に神聖なもの、つまり「聖典」と考える一連の文書を指す。しかし、どの書物が真に「神聖なもの」か、また「神聖」が実際に何を意味するかについては、宗教や宗派によって違いがある。ユダヤ人にとって聖書とは、モーセ五書（ヘブライ語のトーラー）、いくつか

の預言書（ネビーイーム）、さまざまな歴史書やその他の書物（ケトゥヴィーム）からなる。一般にキリスト教徒はこのユダヤ教の聖書を「旧約聖書」とみなし、これにイエス・キリストとその弟子や使徒の生涯にまつわる物語や教えが書かれた「新約聖書」を加える。ユダヤ教の聖書はもともとヘブライ語で書かれたが、新約聖書はその大部分がギリシア語で書かれた。その後の編集と翻訳の複雑な歴史（ラテン語「ウルガタ」テキストの誕生を含む）については、第1章と第5章で論じる。

7. 3行目と4行目のIpsumとipsoは、男性代名詞か中性代名詞か明確ではないが、2行目の中性代名詞hocに文法的に当てはまるのはverbumだけで、男性のキリストではない。ドゥエ・ランス版や欽定訳に倣った聖書では、ヨハネによる福音書1章2節を「The same was in the beginning with God（中略）」と訳し、The sameを「he/him」と言い換えることでこの問題を切り抜けている。

8. 「空気の振動」は、アウグスティヌスの著書 *On Christian Doctrine*［1958］, repr. in *The Norton Anthology of Theory and Criticism*, ed. Vincent B. Leitch（New York, 2001）, p. 190, からの、D. W. Robertson Jrによる正確性には欠けるが示唆に富む翻訳である。アウグスティヌスの『キリスト教の教え』（*De doctrina Christiana*）第2巻4章のラテン語の一節は 'verberato aere statim transeunt nec diutius manent quam sonant'（〔そうした言葉は〕瞬く間に空気の振動の中に消え、音が響かなくなればそれ以上は残らない）であり、このラテン語テキストはPatrologia Latina edition of 1861, からの引用である。www.augustinus.it/latino/index.htm,（2021年10月28日閲覧）を参照。〔アウスグスティヌス『アウグスティヌス著作集第6巻 キリスト教の教え』加藤武訳、教文館、1988年〕

9. Thomas Aquinas, *Super evangelium S. ioannis lectura*, in Corpus Thomisticum, ed. Enrique Alarcón, www.corpusthomisticum.org, 2019（based on the 'Textum Taurini' edition of 1952）, chapter 1, lectio 1。アウグスティヌスの考察については以下も参照、*De doctrina Christiana*, part 2, chapter 6, at www.augustinus.it/latino/index.htm,（2021年10月28日閲覧）。

10. Walter J. Ong, *Orality and Literacy. The Technologizing of the Word*［1982］（London and New York, 2002）, p. 32〔W-J・オング『声の文化と文字の文化』桜井直文、林正寛、糟谷啓介訳、藤原書店、1991年〕。J. L. オースティンやルートヴィヒ・ウィトゲンシュタインといった言語哲学の専門家もまた、こうした「言語行為」の広範な意味について長い間論じてきた。

11. ヘブライ語は、他のセム系言語と同じく、子音を連ねたひとつの語根で、同じ概念のさまざまな派生語を表す。そのため、d-b-r（もしくはd-v-r、ヘブライ語のベートはBともVとも発音されるため）は、「話す」（ledaber）という動詞や、「発話」もしくは「話者」（dibur/dover）、さらには「口」（midbar）や「注釈」（divrei）といった名詞をも表す。言語と物質的現実との関係は、ヘブライ語のdevarimが「言葉」と「物」の両方を意味するという事実にも反映されている。

12. ユダヤ教、プロテスタント、一部のカトリックの聖書で詩編18編とされている箇所は、ウルガタ版とドゥエ・ランス版では17編にあたる。

13. 出エジプト記20章4節、英訳はドゥエ・ランス版による〔日本語訳は従来の日本語訳聖書を参照しつつ、ドゥエ・ランス英訳とウルガタ訳に基づいて適宜変更している〕。ユダヤ教、カトリック、プロテスタントの聖書では、十戒の戒めの分け方や数え方が若

干異なる。

14. George Orwell, *Nineteen Eighty-Four* (London, 1949).（〔ジョージ・オーウェル『1984』田中志文訳、KADOKAWA、2021 年、他〕）

15. ディズニーは自らの知的財産権を守るために積極的なロビー活動を展開し、その結果、たとえば 1998 年の著作権保護期間延長法（別名「ミッキーマウス保護法」）を成立させ、規制を強化している。以下を参照、Louis Krasniewicz, *Walt Disney: A Biography* (Santa Barbara, ca, 2010, p.43)。

16. ピア・レビューとは、大学教授が互いを批判し、順位をつけ、管理する一連の慣例を指す。一般的にこれには同僚の学術的著作に対する正式な評価が含まれ、雇用、終身在職権、昇進のため、また、研究資金、各賞、出版機会の提供を目的として行なわれることが多い。極端な場合には、職務上の不正行為を罰するために用いられることもある。この制度は、（宗教、国家、企業を問わず）外部権力の介入に代わる役割を担い、現代の大学における自治と学問の自由を守るための基礎となるものだと、多くの人が考えている。本書の「終わりに」でより詳しく論じている。

第 1 章　禁書目録以前の検閲

1. Barak Blum, 'Banned from the Libraries? Ovid's Books and Their Fate in the Exile Poetry', *American Journal of Philology*, cxxxiii/3 (2017), pp. 489-526.

2. 現代の英語訳の多くは、eis qui fuerant curiosa sectati（魔術を行なっていた者たち）が読んでいた本という仮定のもとに、*libros* を「魔術書」と誤解を招く訳し方をしている。

3. Richard I. Pervo, *The Acts of Paul: A New Translation with Introduction and Commentary* (Cambridge, 2014), p. 54.

4. 勅令のラテン語全文と研究は以下を参照。Ernst von Dobschutz, *Das Decretum Gelasianum de libris recipiendis et non recipiendis* (Leipzig, 1912), esp. pp. 3-13（本書の引用文については p. 10 を参照）。ゲラシウスが選んだ正典は現代のカトリックの聖書とほぼ同じだが、「熱心党の使徒ユダの手紙」など今では聖典とされていないテキストも含まれている。

5. Edgar Hennecke, *New Testament Apocrypha* [1904], ed. Wilhelm Schneemelcher, ed. and trans. R. McL. Wilson, revd edn (Cambridge, 1991), vol. i, pp. 38-40, には、この最後の禁止リストの英語版が収録されている。12 世紀にグラティアヌスが編纂した教会法典にはもうひとつの初期の重要な文書、教皇グレゴリウス 1 世の大勅書「フラテルニターティス」(Fraternitatis) が含まれる。この 599 年付の勅書において、教皇は異端者カエレスティウスとペラギウスの教えが含まれているという理由で、「王都から私のもとに送られてきた異端の写本」のある章を検閲するよう求めている。この勅書は教会法における書籍検閲の判例となり、それゆえ、エイメリクスの『異端審問規定書』の第 2 部の最初に目立つように挿入されている。

6. 現存する初期異端文書の証拠のほとんどは、ナグ・ハマディなどで偶然発見された資料を除けば、異端を反駁するため正統派の作家が著した文書や関連する神学書の中に残されているだけであり、大部分は論駁のために書き写された文書の断片である。アリウス派、キリスト単性説派、ネストリウス派など一部の「異端」は、五世紀以降もゴー

ト、アフリカ、ペルシャ、アラブなどの支配者の庇護のもと、ローマ帝国の外で繁栄し続けた。さらに、7世紀初頭のイスラム教の出現は、ある意味では、広く発展し最終的に独自の正典と信仰体系を広範囲に伝えることに成功した、キリスト教分派の最後の主要な例のひとつということもできる。イスラム教の著作に対する教会の検閲についてはこの章で再び取り上げる。

7. Edward Watts, 'Justinian, Malalas, and the End of Athenian Philosophical Teaching', *Journal of Roman Studies*, xciv (2004), pp. 168-82.

8. その写本の伝統については以下を参照。David Luscombe, ed. and trans., *The Letter Collection of Peter Abelard and Heloise* (Oxford, 2013), pp. xxxviii-civ.

9. 正式な告発理由は、彼の主張が「偽ゲラシウス教令」で非難された多くの異端のひとつ、サベリウス派の異端を復活させるというものだった。Constant Mews, 'The Council of Sens (1141): Abelard, Bernard, and the Fear of Social Upheaval', *Speculum*, lxxvii/2 (2002), pp. 342-82.

10. このコメントはアベラールの『災厄の記』に見ることができる。*Historia calamitatum*, trans. Betty Radice, *The Letters of Abelard and Heloise* [1974], revd edn (London, 2003), p. 33.〔『アベラールとエロイーズ　愛の往復書簡』沓掛良彦、横山安由美訳、岩波文庫、2009年〕

11. 1290年パリで行われた占いや魔術の本に対する断罪（たくさんの例のうちのひとつ）については以下に述べられている。Henry Charles Lea, *A History of the Inquisition of the Middle Ages* (London, 1888), vol. iii, p. 438、Jean-Patrice Boudet, *Entre Science et Nigromance* (Paris, 2007), pp. 251-7。

12. このことはギーが『異端審問の実務』の中で繰り返し印象づけようとしていると、以下で強調されている。Karen Sullivan, *The Inner Lives of Medieval Inquisitors* (Chicago, il, 2011), pp. 142-4.

13. Richard Kieckhefer, 'The Office of Inquisition and Medieval Heresy: The Transaction from Personal to Institutional Jurisdiction', *Journal of Ecclesiastical History*, xlvi/1 (1995), pp. 36-61.

14. Edward Peters, *Inquisition* (New York, 1988), pp. 11-39.

15. ギーの記録にあるこのテキストに関しては以下に記載されている。Walter L. Wakefield and Austin P. Evans, *Heresies of the High Middle Ages* (New York, 1969), pp. 438-9.〔Walter L. Wakefield、Austin P. Evans『中世盛期ヨーロッパの異端』1・2巻、高橋健訳、無頼出版、2017年〕

16. 1583年グレゴリウス13世が発した大勅書に初めて掲載された。その全文は以下。「また、異端を含むもしくは宗教について扱っている彼らの本を、我々および聖座の許可なしに、それと知って読み、所有し、印刷し、あるいはいかなる形であれ擁護すること」'ac eorumdem libros haeresim continentes vel de religione tractantes, sine auctoritate nostra et Sedis Apostolicae, scienter legentes aut tenentes, imprimentes seu quomodolibet defendentes' (Alfonso Gutiérrez-Maturana y Camañes, 'El delito de herejía: "Iter" jurídico', PhD thesis, Universidad de Navarra, 1991, p. 229)。パウルス3世の1536年の勅書にも書籍への言及はあるが、おもにマルティン・ルターの著作に限られる。

17. Robin Vose, 'Books, Damned Books, and Heretics: Censorship and Dominican Inquisitors in Nicholas Eymeric's *Directorium inquisitorum*', in *Virtuosos of Faith: Monks, Nuns, Canons, and Friars as Elites of Medieval Culture*, ed. Gert Melville and James D. Mixson（Berlin, 2020）, pp. 151-69.
18. Sean L. Field, *The Beguine, the Angel, and the Inquisitor*（Notre Dame, IN, 2012）．このような例は他にもあるが、そのなかには、中世の彼らの「異端信仰」がかなり後に禁書目録の編纂者によって改めて発見された人もいるため、後の章で紹介する。
19. これらは『異端審問規定書』の第2部、問題4「古代の哲学者の誤りについて（De erroribus philosophorum priscorum）」の主題である。
20. 特に『異端審問規定書』の第2部、問題21-2の「サラセン人の誤りについて（De erroribus Sarracenorum）」と「ユダヤ人の誤りについて（De Judaeorum erroribus）」を参照。
21. ダンテの『帝政論』は教皇の至上権に反対する政治的主張ゆえに、彼の死後1328年に断罪されボローニャで焼かれた。以下を参照 Anthony Cassell, *The Monarchia Controversy*（Washington, dc, 2004）。また、教皇グレゴリウス11世が発した一連の大勅書でウィクリフが正式に断罪されたのは1377年5月であり、エイメリクスのリストが完成した数か月後ではあったが、当時異端審問官であったエイメリクスはアヴィニョン教皇庁に数年にわたって滞在し、グレゴリウスとも特に親しかったため（エイメリクスがグレゴリウスの支持を得ていたことは、『異端審問規定書』で何度も言及されている）、この件を知らなかったはずはない。
22. Vose, 'Books', pp. 163-5. 現存する『異端審問規定書』の写本は30点ほどしかなく、そのうちの2点はエイメリクス本人による直筆で、使用されないまま彼の死後、所属していたジローナの修道院に保管されていたようだ。それ以外の写本は15世紀に特にドイツや北イタリアで流通したようだが（スペインやフランスには残されていない）、問題26のかなりの部分が欠落しているものが多い（改訂されているものもある）。この写本の伝統の詳細については今後の研究で紹介したい。

第2章　禁書目録の誕生

1. この場合の教会当局とは、ローマでは教皇代理や「教皇宮廷神学顧問」（magister sacri palatii）を意味する。「教皇宮廷神学顧問」は教皇の公式神学者でドミニコ会士から選ばれた。他の都市では大勅書に基づいて、司教座の関係者や異端審問官が検閲の職務を担うことが求められたが、各都市の印刷産業が次々と拡大していき、年にひと握りの新刊を出版する程度の規模をはるかに超えてしまうとは、明らかに予想していなかった。
2. ルター以前にも多くの聖書翻訳が行なわれており、そのなかにはいくつかのドイツ語訳も含まれる。聖書のテキストは写本によって伝えられたため、カトリック教会でも絶対的な「標準」テキストは確立されていなかった。聖書ごとの違いはほとんどがわずかなものであったが、この標準テキストの欠如は後の異端審問官や禁書目録編者にとって大きな懸念材料だった。
3. 中世の大学、検閲、異端審問の関連性については第1章を参照。
4. Bujanda vol. i, pp. 433-5. ベダは1537年に不遇のうちに亡くなったが、パリ大学の「保

守派」（プロテスタントとエラスムスの人文主義に反対していた）の有力な指導者としての役割については以下に検証されている。James K. Farge, 'Noël Beda and the Defense of the Tradition', in *A Companion to Biblical Humanism and Scholasticism in the Age of Erasmus*, ed. Erika Rummel（Leiden, 2008）, pp. 143-64.

5. エラスムスの『教会和合修繕論』（*Liber de sarcienda Ecclesiae concordia*）は、この文書に対するルター派の反論、アントニウス・コルヴィヌスの『エラスムス「教会和合修繕論」駁論』（*Contra libellum Erasmi de sarcienda Ecclesiae concordia*）とともに、1558年版のルーヴェン目録に掲載されたることとなった（コルヴィヌスの著作はすでに1550年の目録で禁書とされていた）。Bujanda vol. ii, pp. 35-6.
6. この時期確かに『異端審問規定書』の写本はボローニャとローマに存在し、1503年にバルセロナで印刷された版もイタリアの読者の手に渡り始めていた。フランシスコ・ペーニャが初めて『異端審問規定書』に出会ったのは、彼（とエイメリクス）の祖国アラゴンではなくイタリアであったと思われる。
7. 「中世」型の各地の異端審問官も近代に至るまでイタリア各地やカトリック世界の諸地域で活動を続けていた。彼らの働きは時代とともに官僚的、司牧的傾向を強め、重要な案件はローマに送られた。
8. カラファが介入する前は、コンクラーベでのポールの票は教皇選出に必要な3分の2に迫っていたようだ。もし1549年に穏健派のポールが教皇になっていたら、その後の教会の歴史は大きく変わっていただろう。
9. Kenneth R. Stow, 'The Burning of the Talmud in 1553, in the Light of Sixteenth Century Catholic Attitudes Toward the Talmud', *Bibliothèque d'Humanisme et Renaissance*, xxiv/3（1972）, pp. 435-59.
10. カランサは以前パウルス3世とも親しかった。スペイン異端審問と（オックスフォードで）英国王室のために本を検閲し、トリエント公会議にはスペイン代表として出席した。以下を参照 John Edwards and Ronald Truman, eds, *Reforming Catholicism in the England of Mary Tudor: The Achievement of Friar Bartolomé Carranza*（Aldershot, 2005）.
11. Bujanda vol. iii, pp. 380-81.
12. Bujanda vol. viii, pp. 28-9.
13. パウルスはおそらくこのことを知っていたが、1557年当時はスペインとローマ教皇庁が戦争状態にあったため、進んで国王を挑発したのかもしれない。その後この問題に関してフェリペの意見に反対することは難しくなる。
14. 印刷の割り付け、フォント、ページサイズに関しては、流通していたトリエント目録の間でかなり違いがある。したがって寸法やページ数もそれぞれ異なる。本扉の挿絵もさまざまで、ノンブルが付けられている版もあればない版もある。

第3章　禁書目録の発展

1. 「助力」（De auxiliis）論争の議事に関するペーニャの未発表の日誌（diario）あるいは覚書の写本が教理省のアーカイブに残されている（ACDF O5i）：*Acta Congregationum habitarum Romae, in causa de Auxiliis, ab initio anni 1601 usque ad annum 1604*。資料の分量は

500頁を超えるが、1607年まで続いたと思われる覚書全体のごく一部にすぎない。スペインのドミニコ会士デ・レモス（1629年没）による同様の記録は後に *Acta omnia congregationum ac disputationum quae coram ss. Clemente viii et Paulo v summis pontificus sunt celebratae in causa et controversia illa magna de auxiliis divinae gratiae*（Leuven, 1702）として出版された。この時期には「助力」論争に関する資料の出版は禁止されていたが、デ・レモスの *Acta* が禁書目録に載ることはなかったようだ。

2. Francisco Bethencourt, *The Inquisition: A Global history, 1478–1834* [1995], trans. Jean Birrell (Cambridge, 2009), pp. 174-210。1621（ND INQ 219）年から1810（ND INQ 403-5）年にメキシコで発行されたもののいくつかがノートルダム・マクデヴィット・コレクションに収められている。またメキシコの異端審問官は独自にも禁令を発行している（AGN INQ vol. xc, expediente 33, folios 99-100、現地語への聖書翻訳に対する1577年の禁令。この件については本書5章を参照）。
3. Georges Bonnant, 'Les Index prohibitifs et expurgatoires contrefaits par des protestants au xvie et au xviie siècle', *Bibliothèque d'Humanisme et Renaissance*, xxxi/4 (1969), pp. 611-40.
4. それゆえ、1600年のジョルダーノ・ブルーノに対する弾劾がローマ目録には1664年まで十分に反映されていなかったにもかかわらず、ジェイムズのリストでは「Br」の下に 'Iordanus Brunus Nolanus' が掲載されている。
5. カランサは異端審問所長官バルデスによって1559年のスペイン目録に掲載され（この年カランサを逮捕したのがバルデスであったことは偶然ではない）、この措置は1583年目録でも異端審問所長官キローガ（カランサの後に大司教の座についた）によって維持された。シクストゥス5世はカランサの死後1590年のローマ目録にその名前を掲載しようとし、1596年のクレメンス目録に一時的に加えられたが、その後のローマ目録からは密かに省かれた。
6. Emile de Heeckeren, ed., *Correspondence de Benoît xiv* (Paris, 1912), vol. ii, pp. 294-5（1753年10月3日の手紙）.
7. たとえば1716年版ローマ目録は550頁を超えていた。
8. 興味深いことにライプニッツの禁書処分はその哲学研究が原因ではなく、ヨハネス・ブルカルド（1506年没）が著したボルジア家出身の教皇アレクサンドル6世の伝記『秘史（Historia arcana）』（ハノーファー、1697年）を編集したことによる。この作品には教皇の不品行についてのスキャンダラスな記述が含まれていた。Irena Backus, *Leibniz: Protestant Theologian* (Oxford, 2016)。ライプニッツの名前は、1716年版ローマ目録の196頁、「G」の下（Godef. Guilielm. Leibnizioとして）に掲載されている。
9. 1826年に印刷された1824年のスペインの法令（ND INQ 147）。実際に1790年版スペイン目録にはすでに「Voltayre」の記載があるため、明らかに誰かの不注意と思われる。
10. Robert Darnton, *Censors at Work: How States Shaped Literature* (New York and London, 2014), pp. 58-9〔ロバート・ダーントン『検閲官のお仕事』上村敏郎、八谷舞、伊豆田俊輔訳、みすず書房、2023年〕。1759年の強制捜査は、担当捜査官（C. G. ド・ラモワニョン・ド・マルゼルブ）が事前にディドロに密告し、ほとんどの著作を前もって運び出す手助けまでしていたため、実際には政治的な茶番だった。
11. これらの出来事は、同じ年にヴォルテールが監獄改革者チェーザレ・ベッカリーアに

宛てた手紙に記されている。以下を参照 *Oeuvres Complètes de Voltaire* (Paris, 1860), vol. xix, pp. 434-45。

第 4 章　書籍の検閲方法

1. このベルギー人修道士の姓は写本には Veriuis と記されているが、後の伝記では Verjus または Verjuys とも呼ばれている。ルーヴェンで教育を受けた神学者（スペインとポルトガルにも滞在）で、1662 年にブリュッセルの修道院で講義を行ない、1664 年には宣教活動に関するテキストを書き上げている。
2. 『教会年代記』はもともとバチカン図書館司書のカエサリウス・バロニウスが書き始め（1588-1607 年に 12 巻が出版される）、死後は数人の執筆者によって引き継がれた。そのひとりでポーランドのドミニコ会士ブゾヴィウスは 1198 年から 1571 年までの年代記を完成させる（1625-30 年出版）。
3. 分厚い資料の束の中で『愛の勝利』のファイルはたったフォリオ 8 葉（441r-449v）で構成されている。
4. ルター、ツヴィングリ、カルヴァン、アナバプテストのバルタザール・フブマイヤー、カスパール・シュヴェンクフェルトなどの名がこの基準にはっきりと掲載されている。
5. 1590 年のシクストゥスの基準と 1593 年のクレメンスによる追加文書については、いずれも Bujanda volume ix, pp. 342-52 で論じられている。22 箇条からなるシクストゥス基準の全文は、Bujanda による 1590 年版禁書目録の再版（pp. 795-800 of vol. ix）、または以下の Joseph Mendham 版を参照：*Index librorum prohibitorum a Sixto v, papa, confectus et publicatus: at verò a successoribus ejus in sede romana suppressus* (London, 1835)。
6. 規準第 10 に関するアレクサンデル 7 世の短い所見は、1758 年版目録（p. viii）に追加された。1753 年発布された長文の大勅書「ソリチタ・アク・プロヴィダ」(Sollicita ac provida）については、1758 年のベネディクトゥス目録の初め（pp. xvii-xxx）に 12 頁以上の長さにわたって印刷され、同教皇によるいくつかの他の教令（decreta）がそれに続く（pp. xxxi-xxxvi）。
7. ACDF St. st. cc 1-b: *Censura dei libri ebrei*, file no. 1 参照。とはいえ 1680 年代までにヴェネチアの書籍商への強制捜査に対する関心はだいぶ薄れたようだ。以下を参照。Federico Barbierato *The Inquisitor in the Hat Shop: Inquisition, Forbidden Books and Unbelief in Early Modern Venice* (Farnham and Burlington, VT, 2012), pp. 47-50.
8. ジェイムズ王への検閲に関する紛糾した議論とその舞台裏での駆け引きについては以下を参照。ジェイムズは治世の初期にカトリックへの復帰が熱望されていた。Peter Godman, *The Saint as Censor: Robert Bellarmine Between Inquisition and Index* (Leiden, 2000), pp. 187-206。ブルーノとガリレオについては第 6 章で論じる。
9. サンテス・マリアレスは神聖ローマ皇帝フェルディナント 3 世（在位 1637-57 年）の神学者。Jacques Quétif and Jacques Echard, *Scriptores ordinis praedicatorum* (Paris, 1721), vol. ii, pp. 600-601 を参照。ローマとヴェネチアの異端審問所のやりとりは、基本的にはとても礼儀正しいものであったようだが、そのせいで遅れが生じたことは明らかだ。
10. この書名は 1664 年版ローマ目録の 218 頁「B」の下に掲載されている。1662 年の教

令はこの目録に印刷された一連の教令のNo. 76に当たる。

11. A. Paz y Mélia, *Papeles de Inquisición. Catalogo y Extractos*, 2nd edn (Madrid, 1947), p.41, n. 122. スペイン異端審問官の決定は「フランシスコ会、イエズス会、ドミニコ会の間の論争を避けるため、禁止するか修正する必要がある」というものだったが、この著作は1707年に出版された次のスペイン目録には掲載されなかったようだ。最終的に部分削除の指示とともに1747年のスペイン目録（vol. ii, p. 1089）に掲載された。
12. 中世末期のスペインとポルトガルは、ヨーロッパの他の地域とは異なり、大勢の優れたユダヤ教徒とイスラム教徒が暮らしていた。1490年代にユダヤ人が追放され、後に残ったイスラム教徒が改宗を余儀なくされた後も、イベリア半島にはヨーロッパのどの地域よりもユダヤ文化とイスラム文化が色濃く残っていた。
13. Paz y Mélia, *Papeles de Inquisición*, p. 47, n. 140. 現存するファイルの長さはフォリオ55葉分ある。かなり検閲を支持する主張がなされたようだが、この著書が禁書目録に載ることはなかった。
14. Rafael Ramis Barceló, 'La inquisición de México y la calificación del *Árbol de la ciencia* de Ramon Llull (1665-1669)', *Estudios de Historia Novohispana*, xlviii (2013), pp. 189-214.
15. Calificadoresはローマのconsultoresもしくはqualificatoresに当たる。四人の修道士、ディエゴ・デ・レイナ、ハシント・デ・ゲバラ・イ・モタ、フェルナンド・デ・モンロイ、アロンソ・デ・ラ・バレーラ（最後の3人がドミニコ会士）による査定の完全版が出版されている。ibid., pp. 204-13.
16. たとえば、アナスタシオ・パラモ（スペイン）とホセ・ポルア（おもにスペインとメキシコ）によって、最終的にノートルダム大学のマクデビット・コレクションのために購入される以前に、かなりの数が収集された。
17. Michael E. Williams, 'The Library of Saint Alban's English College Valladolid: Censorship and Acquisitions', *British Catholic History*, xxvi/1 (2002), pp. 132-42.

第5章　聖書を検閲する

1. これら最初期の聖書注解、詩編、福音書は、尊者ベーダ（735年没）に連なるノーサンブリアの学者たちの間で誕生した。アルフレッド大王（899年没）も聖書の一部を英訳して広め、より広範囲に普及した10世紀末のアングロサクソン語訳については一部が現存し、なかでもウェセックス福音書と総称される写本群に残されている、David Daniell, *The Bible in English: Its History and Influence* (New Haven, CT, 2003), pp. 19-65。
2. Bujanda vol. ii, p. 45.
3. Bujanda vol. i, pp. 416-7 (no. 512).
4. 「Gulielmus Tindalus（ウィリアム・ティンダル）」と「Milo Converdale Eboracensis（ヨークのマイルズ・カヴァーデール）」について最初に言及したのは1557年のローマ目録で、彼らの名は禁書処分を受けた異端者として記載されたが、その聖書翻訳については特に言及はない。Bujanda vol. viii, pp. 727 (no. 353) and 746 (no. 738).
5. Bujanda vol. i, pp. 470-71. 同じ声明が1551年と1556年のパリ目録にも転載されている。
6. Norman P. Tanner, ed., *Decrees of the Ecumenical Councils*, trans. Tanner (Washington, dc,

1990), vol. ii, p. 665.

7. Bujanda vol. ii, pp. 408-12.

8. Bujanda vol. ii, pp. 440-42 and 475-8。1570年のアントワープ目録に新たに追加された聖書が非常に少ないことからも、リスト作成者が本質的に保守的であることがわかる。(Bujanda vol. vii, pp. 670-73; cf. the comparison ibid., pp. 74-7).

9. Bartholomaeus Westhemerus, *Phrases seu modi loquendi divinae scripturae, ex sanctis et orthodoxis scriptoribus* (Antwerp, 1536); Bujanda vol. iii, pp. 72 and 342.

10. Bujanda vol. iv, pp. 565-6.

11. Bujanda vol. iv, p. 585.

12. Bujanda vol. v, pp. 273-5 and 598-9.

13. William Monter, 'French Bibles and the Spanish Inquisition, 1552', *Bibliothèque d'Humanisme et Renaissance*, LI/1 (1989), pp. 147-52.

14. Bujanda vol. v, pp. 276-302.

15. Bujanda vol. viii, pp. 784-5.

16. Text in Bujanda vol. viii, pp. 814-16.

17. シクストゥスの規準第6、第7を参照。Bujanda vol. ix, p. 796.

18. Bujanda vol. ix, p. 929.

19. Roman Index of 1716, pp. 358-9を参照(異端の聖書やあらゆる俗語聖書にたいする全面的な禁止 p. 75と併せて)。

20. *Todos los libros Hebraycos, o en qualquier lengua escriptos, que contengan cerimonias Iudaicas* (Bujanda vol. v, p. 679).

21. 「トルコ人となったキリスト教徒」はロバート・ダボーンによる戯曲の題名で、1612年にロンドンで発行された。以下も参照 Nabil Matar, *Islam in Britain, 1558-1685* (Cambridge, 1998).

22. 「アルコラーヌス」は、ポルトガルとスペインでは1551年版禁書目録から、ヴェネチアとミラノでは1554年版から禁止された(それぞれ以下を参照。Bujanda vol. iv, p. 296; vol. v, p. 218 and 307; and vol. iii, p. 214,)。興味深いことに「フランシスコ会のアルコラーヌス」が禁書目録には頻繁に掲載されているが、この教会内部の論争はイスラムとは無関係だった。

23. Nuria de Castilla, 'Uses and Written Practices in Aljamiado Manuscripts', in *Creating Standards*, ed. Dmitry Bondarev, Alessandro Gori and Lameen Souag (Berlin, 2019), pp. 111-29.

24. Bujanda vol. viii, pp. 691 and 869-70.

25. Bujanda vol. ix, pp. 930-31.

26. Bujanda vol. iv, pp. 439-41; and vol. ix, p. 494.

27. Bujanda vol. viii, pp. 362-4 and 756.

28. Bujanda vol. ix, pp. 665-6 and 933.

29. Bujanda vol. xii, p. 291; cf. Donald A. Grinde Jr and Robert Griffin, eds, *Apocalypse de Chiokoyhikoy*, trans. Grinde and Griffin (Sainte-Foy, 1997)。実際にはこれが本物の先住民のテキストであったとは考えにくい。

30. 1536年コレヒオ(教育機関)が最初に開設され、ベルナルディーノ・デ・サアグンら

フランシスコ会士がナワトル語を話す学者とともに、数多くのキリスト教文書の翻訳や、「インディアンの薬草類に関する小冊子」(*Libellus de medicinalibus Indorum herbis*)といった新しい科学書を生み出した。しかし、1550年代には資金が不足し始め、1555年の第1回メキシコ教会会議で先住民のキリスト教徒が聖職者になることが禁じられた。1570年代には、先住民の言語による聖書が正式に禁止されたが、他のさまざまな文学の分野では翻訳や創作が継続して行なわれた。

31. たとえば、1747年のスペイン目録に追加された「メキシコ語訳聖書」(Biblia traducida en lengua Mexicana)は、プロテスタントの出版物を指していると思われる(Bujanda vol. xii, p. 338)。
32. Roman Index, 1758, p. xxxvi, decretum iv, section 6.
33. その結果、ジョゼフ・ユーヴェンシウス(ユーヴァンシー)による、1710年刊のイエズス会支持の書『イエズス会の歴史』(*Historiae Societatis Jesu*)は、1722年の教皇教令で部分削除の対象となり、その後のノルベール・バール=ル=デュク(パリゾの名でも知られる)の反イエズス会的な『東インド宣教に関する歴史回想』(*Memorie storiche intorno alle missioni dell'Indie orientali*)は1745年と1751年に、より厳しく完全に禁書となった。(Bujanda vol. xi, pp. 475 and 683-4; cf. Roman Index, 1758, pp. 142 and 191)

第6章　魔術と科学を検閲する

1. 1632年版スペイン目録p. 631と1790年版スペイン目録p. 36を参照。
2. 散逸を免れた資料の一部はのちに個人収集家の手に渡り、現在はダブリンのトリニティ・カレッジに保管されている。計画していたパリ「万国図書館」へこれらの資料を収蔵しようというナポレオンの意向と、アイルランドにおけるその後の運命については以下を参照。John Tedeschi, 'The Dispersed Archives of the Roman Inquisition', in *The Inquisition in Early Modern Europe: Studies on Sources and Methods*, ed. Gustav Henningsen and John Tedeschi (DeKalb, IL, 1986), pp. 13-32.
3. この種の占いは、それぞれ土占い、火占い、水占い、手相占いとして知られる。またネクロマンシー(死者、その他の霊に相談する)、気象占い(大気の状態を読む)、甲骨占い(動物の骨を読む)なども、さまざまな地域で普通に行なわれていた。
4. アルベルトゥスのものとされた著作には以下のようなものが含まれる。*De secretis mulierum et virorum*(「男女の秘密について」), *De magia et aggregationis*(「魔術と組合わせについて」)、*De natura animalium quadrupedum, avium, piscium, de arboribus, herbis, lapidibus pretiosis, metallis et Cosmographia*(「四足動物、鳥、魚の性質と、木、薬草、貴石、金属の天地学について」)。これらはすべて1583年のスペイン目録に掲載された。また後に *Liber secretorum*(「秘義の書」)が加えられたが、これも「アルベルトゥス・マグヌス」の著作として知られていた(Bujanda vol. xii, pp. 274-5)。
5. Henry Charles Lea, *A History of the Inquisition of the Middle Ages* [1888] (Cambridge, 2010), vol. iii, p. 438.
6. 大勅書「スーペル・イリウス・スペクラ」(Super illius specula)(省略版)や、魔術行為に対するヨーロッパ人の姿勢の変化がわかる重要な資料については以下を参照。Alan

C. Kors and Edward Peters, eds, *Witchcraft in Europe, 1100-1700: A Documentary History* (Philadelphia, PA, 1972), here p. 82.

7. 最も関係する箇所は『異端審問規定書』第2部、問題42「魔術師と占い師について」(De sortilegis & divinatoribus) と43「悪魔を召喚する者について」(De invocantibus daemones) だが、魔術と悪魔召喚に関しては、全体的に他の箇所にも主要テーマとして登場する。Kors and Peters, *Witchcraft*, pp. 84-92.

8.『異端審問規定書』の第2部、問題29の全文は以下。

同様にフランスではパリにおいて、パリとサンスの司教ならびに説教修道会の異端審問官は、神学教授や教会法博士の大いなる勧告に基づき、神託や占術に関する書物はすべて誤謬、瀆聖、冒瀆であると厳かに断罪した。すなわち、ネクロマンシーの書、土占いの書、火占いの書、水占いの書、手相占いの書、『金星の十の円環について』、ギリシア人トズおよびバビロニア人ゲルマトの書物、彼らが書いた『四つの鑑の書』、トビアス・バントリカト（サービト・イブン・クッラ）の天文図の書、プトレマイオスの天文図の書、魔術師ヘルメスがアリストテレスに伝えた書、すなわちアリストテレスによれば、神がガブリエルに教えたとされる恐ろしい召喚術や忌まわしい焚香について記述した書である。これらすべての書には、悪魔との契約や同盟、召喚、あるいは犠牲が暗示的または明示的に含まれ、以下に問題43で述べるように、明らかに悪魔に関する異端が見受けられるからである。

Item in partibus Gallicanis, videlicet Parisiis, Episcopi Parisien. & Senonen., ac Inquisitor de ordine praedicatorum, de magno consilio magistrorum in Theologia, & in decretis doctorum ut erroneous & sacrilegos, & blasphemos sententialiter condemnarunt omnes libros divinationum & sortium, scilicet Libros necromantiae. Libros Geomantiae. Libros Pyromantiae. Libros Hydromantiae. Libros Chiromantiae. Libros decem annulorum veneris. Libros tot Graeci, & Germaniae Babylonensis. Libros quatuor speculorum, eorundem. Libros imaginum Tobiae Bantricat. Libros imaginum Ptolemaei. Libros Hermetis magi ad Aristotelem, quem librum, dicunt Aros, idest, Gabrielem docuisse a Deo, in quo sunt horribiles invocationes, & fumigationes detestabiles. In omnibus enim istis libris, sunt pacta & foedera cum daemonibus, & invocationes, & sacrificia, tacite vel expresse, quae exhibere daemonibus sapit haeresim manifeste, ut dicitur infra q. 43.

9. 近世の異端審問官による魔術研究のおもな例には Del Río, *Disquisitiones magicae* (Leuven, 1599) や、Pierre de Lancre, *Tableau de l'inconstance des mauvais Anges et Demons* (Paris, 1622) などが含まれる。

10.『ステガノグラフィア』は暗号に関する複雑な著作だが、多くの人々に精霊（悪魔が含まれる可能性は否定できない）の力を借りて遠隔通信をするための手引き書と考えられていた。Noel L. Brann, *Trithemius and Magical Theology: A Chapter in the Controversy over Occult Studies in Early Modern Europe* (Albany, NY, 1999) を参照。

11. 第2章で述べたように、1554年のヴェネツィア目録とミラノ目録における魔術の対応および異端の書物の検閲には、すでにエイメリクスの影響が見られる。この二つの目録は基本的に、エイメリクスが第2部、問題29で禁じている創作物と文書のリストをそ

のまま写し、「ラモン・リュイ」と「アルナルドゥス・デ・ビラ・ノバ」の著作に対するエイメリクスの断罪を目録に追加している。その結果この二人の中世の著作家は、偉大な魔術師、錬金術師として名を馳せることになる。エイメリクスの影響（および、錬金術の書物に対する教会検閲は比較的少なかったこと）については部分的ではあるが以下に述べられている。Neil Tarrant, 'Between Aquinas and Eymerich: The Roman Inquisition's Use of Dominican Thought in the Censorship of Alchemy', *Ambix*, lxv/3 (2018), pp. 210-31。しかし筆者としては、この著作は1586年のシクストゥス5世による反魔術の大勅書「Coeli et terrae」（コエリ・エト・テッレ）のような教皇の重要な声明に、エイメリクスが直接与えた影響を見落としていると指摘したい。

12. Bujanda vol. xii, p. 359. ケプラーに対するスペインでの部分削除については、以下を参照。ibid., p. 699.

13. Amir Alexander, *Infinitesimal: How a Dangerous Mathematical Theory Shaped the Modern World* (New York, 2014)〔アミーア・アレクサンダー『無限小——世界を変えた数学の危険思想』足立恒雄訳、岩波書店、2015年〕。カヴァリエリは天文学についての著作も出版していることを指摘しておくべきだろう（こちらは禁書目録に掲載はされなかった）。

14. 最も標的にされたのがヴェサリウスの性器の描写だったようで、図版が切り取られたり、上から紙を貼られたりすることもあった。ブールジュの非常に独創的なイエズス会士は、男性の筋肉を過度に誇示した画像の上にショーツを描いたようだ。Dániel Margócsy, Mark Somos and Stephen N. Joffe, *The Fabrica of Andreas Vesalius: A Worldwide Descriptive Census, Ownership, and Annotations of the 1543 and 1555 Editions* (Leiden, 2018), pp. 121-30, here p. 127。

15. Dov Front, 'The Expurgation of Medical Books in Sixteenth-Century Spain', *Bulletin of the History of Medicine*, lxxv/2 (2001), pp. 290-96; 以下も参照、Isilda Rodrigues and Carlos Fiolhais, 'The Inquisitorial Censorship of Amatus Lusitanus *Centuriae', Asclepio*, lxx/2 (2018), https://doi. org/10.3989/asclepio.2018.13. ルシタヌスは改宗ユダヤ人であったため、著書に対する審査が厳しくなった可能性もある。

16. Bujanda vol. xii, p. 265; Spanish Index 1632, p. 40（第二級禁止著者）。さらに同頁に、チュニジアの占星術師アブー・ハサン・アリ・イブン・アビ・リジャル・アルシャイバーニー（1037年没）が「Albohazen Haly Filius Abenragel」の名で掲載されている。1254年にカスティリア国王アルフォンソ10世のためにまずスペイン語に翻訳され、後にヴェネチアでラテン語で出版された（1485年）著作が検閲の対象となった。

17. ボダンの『悪魔狂』は、1612年と1632年のスペイン目録でも禁止されていたが、1640年の目録では部分削除の対象になっただけだった（Bujanda vol. xii, p. 347）。Peter Godman, *The Saint as Censor: Robert Bellarmine Between Inquisition and Index* (Leiden, 2000), p. 159, には、フランシスコ・ペーニャはこの文書を修正することに関しては容認したが、ラテン語（つまり専門家の間）で流通する限りであって、惑わされやすい人（特に女性）の手に渡る可能性のある俗語版は認めなかった、と書かれている。

18. スコットの著作が禁書目録に掲載されなかったのは、彼が英語で執筆したことと、この時点では検閲官がプロテスタントの著者の追跡をほぼ諦めていたためと思われる。ス

コットの著書はジェイムズ1世（彼もまた1597年に悪魔学に関する著書『悪魔学』Daemonologie を執筆した）によって焼却されたという伝説が残っている。これはおそらく真実ではないが、スコットの著作に対する国王の強い非難を反映している。

19. Bujanda vol. xi, pp. 609 and 718; and vol. xii, p. 544. また、18世紀初頭の禁止令はプロテスタントの嘲笑に対応する意味合いもあった。George Haven Putnam, *Censorship of the Church of Rome* (New York, 1906), vol. ii, pp. 134-6

20. さらにガッサーの全著作が1554年にヴェネチア目録で禁書となり、次いでローマ（1559）、パルマ（1580）、スペイン（1583）の目録に掲載された; Bujanda vol. x, p. 195.

21. 後には、フアン・アントニオ・リョレンテ（元司教総代理。異端審問官で、暴露的な研究書 *Histoire critique de l'Inquisition en Espagne* [1817-18], trans. Alexis Pellier, 4 vols の著者）, アレシャンドレ・エルクラーノ（三巻本の *História da origem e estabelecimento da Inquisição em Portugal* [1845-59] の著者）、さらにはフランツ・ハインリヒ・ロイシュ（全二巻本の禁書目録の基礎的研究書 *Der Index der Verbotenen Bücher: Ein Beitrag zur Kirchen und Literaturgeschichte* [1883-5] の著者。）もまた、禁書目録に掲載されることになる。

22. Bujanda vol. xi, pp. 551 and 818.

23. Bujanda vol. xi, p. 378

24. それぞれ以下を参照。Bujanda vol. xi, pp. 376, 651, 744 and 780.

25. 1603年の法令には全部で55の項目が含まれているが、詳細は以下を参照。Jesús Martínez de Bujanda and Eugenio Canone, 'L'editto di proibizione delle opera di Bruno e Campanella. Un' analisi bibliografica', *Bruniana & Campanelliana*, viii/2 (2002), pp. 451-79.

26. Ugo Baldini and Leen Spruit, eds, *Catholic Church and Modern Science: Documents of the Holy Office and the Index* (Rome, 2009), vol. i in four tomes. この資料集では、アグリッパ、ボダン、カルダーノ、コペルニクス、デッラ・ポルタ、フックス、メルカトル、パラケルスス、パトリッツィ他、多くの人々に関わる事例が、さまざまな長さで紹介されている。

第7章　性、信仰、芸術を検閲する

1. Spanish Index 1790, p. 9.

2. ユートピア文学が全面的に禁止されたわけではない。フランチェスコ・パトリッツィの『幸福の街』（1553年）やフランシス・ベーコンの『ニュー・アトランティス』（1626年）が禁書目録に載ることはなかった。対象となるかどうかはカトリックの権力に対する挑戦や危険の度合いにより、「ユートピア主義」は暗に批判を表明するための手段のひとつに過ぎなかった。

3. セルバンテスの作品のいくつかは、最終的にスペインとポルトガルの目録に掲載された（ローマ目録には載らなかった）。シェイクスピアはどの目録においても明らかな検閲を受けることはなかった。

4. Bujanda vol. viii, p. 817 から引用する。

Libri, qui res lascivas, seu obscoenas ex professo tractant, narrant, aut docent, cum solum fidei,

sed & morum, qui huiusmodi librorum lectione facile corrumpi solent, ratio habenda sit, omnino prohibentur: & qui eos habuerint, severe ab Episcopis puniantur. Antiqui vero, ab Ethnicis conscripti, propter sermonis elegantiam, & proprietatem permittuntur: nulla tamen ratione pueris praelegendi erunt.
〔日本語訳は『デンツィンガー・シェーンメッツァー　カトリック教会文書資料集』を部分的に参考にしている〕

5. 1964年、アメリカの連邦最高裁判所も同じ問題に直面した。猥褻罪をめぐるこの歴史的な裁判において、裁判長ポッター・スチュワートが「ハードコア」ポルノについて明確に定義することを避け、「見ればわかる」と述べたことは有名である。
6. このような例として、たとえば大英図書館が所蔵する『デカメロン』には、読者であるマルコ・ドットによる手書きの注が付されている。Olga Kerziouk, 'Il Decamerone - "Corrected" by Rome', *European Studies Blog*, https://blogs.bl.uk, 26 September 2016. ノートルダム大学の希少本図書館にも、同様の「修正」が施された本が所蔵されている。
7. 'Las obras de caridad que se hacen flojamente, no tienen merito, ni valen nada' 第2部36章より。以下を参照。Spanish Index 1632, p. 980. セルバンテスの『模範小説集』(Novellas exemplares) を含む著作については、1624年のポルトガル目録905-7頁でもう少し詳しく述べられているが (『ドン・キホーテ』では全部で6つの問題箇所が記されている)、それでも全体的に扱いは軽かった。
8. ポープはスペインで影響力を持ち、彼の著作はスペイン語訳とフランス語訳で広まった。しかしこの事実は18世紀最後の数十年間、彼の著作に誤りがないか入念にチェックされたことを意味する。その結果、『作品集』(Oeuvres diverse) のうちの一巻が、宗教的寛容の思想が感じられ、「不敬な」調子の文章が含まれているとして禁書とされた。Frieda Koeniger, 'Pope-Bashing by Papists? A Curious Censoring of Alexander Pope's Letters by the Mexican Inquisition', *Eighteenth-Century Life*, xxvi/2 (2002), pp. 45-52.
9. 『モル・フランダーズ』は20世紀に至るまでさまざまな国の政府当局による検閲を受けた。
10. Isabel Dotan-Robinet, 'L'interdit et ses limites dans l'Erotika Biblion de Mirabeau', in *Reading and Writing the Forbidden: Essays in French Studies*, ed. Bénédicte Facques, Helen Roberts and Hugh Roberts (Reading, 2003), pp. 19-29. 一方で、ミラボーの『プロイセン宮廷秘史』は政治的理由によりフランス政府の検閲を受けた。
11. Bujanda vol. v, pp. 661-2.
12. Bujanda vol. ix, p. 928.
13. Bujanda vol. iii, p. 30.
14. 18世紀にはラモン・リュイを熱烈に崇拝する者たちによるこの種の行き過ぎた行為が非難されており、ベネディクトゥスは部分的にではあっても彼らを念頭に置いていた可能性がある。以下を参照。Francisco José García Pérez, *La Cruzada Antilulista* (Mallorca, 2017), esp. pp. 259-75.
15. 規定第8と9は、1640年以降は変わらなかった。1632年版目録では、魔術書の禁止は規定第9ではなく第8で扱われ、規定第7 (後に第8となる) に追加された文章にも、おもに迷信に関する図像を対象とした項目は見られない。

16. モリスコの歌と踊りは、1530年代にスペイン当局によって違法とされた。それについては以下を参照。Francisco Núnez Muley, *A Memorandum for the President of the Royal Audiencia and Chancery Court of the City and Kingdom of Granada*, trans. Vincent Barletta (Chicago, IL, 2007), p. 61。ここでは「ギニアの黒人奴隷」でさえ「自分たちの楽器や歌に合わせて、自分たちが通常歌う言語で、歌い踊ることが許されていた」(ibid., p.81) のだから、この禁令はとりわけ癪に触るものだったと大袈裟に訴えている。しかし、後に先住民の歌や踊りも同様に(多くは選択的にではあるが)、ヨーロッパの植民地当局によって世界各地で禁止されることになる。
17. K. G. Fellerer and Moses Hadas, 'Church Music and the Council of Trent', *Musical Quarterly*, xxxix/4 (1953), p. 583, n. 27。フランコ(1575年没)はロレートの司教で、トリエント公会議にも出席していた。
18. 宗教を題材にした初期の女性作家の著作が禁書目録に載ることは稀だった。その理由として、比較的数が少なかったこと、また男性の学者がどのような場合でも、女性の貢献を真剣に取り上げなかったことによる。とはいえ例外もあり、プロテスタントの賛美歌作曲家マグダレナ・ヘイマイア(またはヘイマリウス、1586年頃没)は1570年版アントワープ目録に掲載され、その後スペイン(1583年)とローマ(1596年)の目録にも掲載された。一方、1670年に出版された中世の神秘主義者ヘルフタのゲルトルード(1302年没)の著作は、1709年に修正を施されるまで(donec corrigatur)禁書とされた。

第8章　検閲と近代化

1. ブラウンは、*Katholische Antwort auf die Päpstliche Bulle über die Empfängniss Mariae*、(1856年出版、1857年禁書)などの著作で、マリアの教義とひいてはそれを擁護する教皇の無謬性に異議を唱えた。
2. John W. O'Malley, *What Happened at Vatican ii* (Cambridge, ma, 2008), p. 88。オマリーが指摘するように、テイヤールの著書は死後に出版され1962年聖務聖省の非難を受けたが、当時はもはや禁書目録は発行されていなかったため、掲載されることはなかった。
3. フランツ・メスメルの「動物磁気」理論は、多くの審問官から強い疑いを持たれ、メスメル(1815年没)自身は禁書目録に掲載されなかったが、弟子の著作は後に禁止された。以下を参照、George Haven Putnam, *Censorship of the Church of Rome* (New York, 1906), vol. ii, p. 189。Louis-Alphonse Cahagnet の Guide du Magnétiseur and Magnétisme、や Société des Magnétiseurs Spiritualistes de Paris が発行した雑誌 Le Magnétiseur spiritualiste、Martino Tommasi の Il Magnetismo animale consideratio sotto un nuovo punto di vista; saggio scientifico などが1851年に禁じられた。
4. ジョン・オマリーは以下のように記している。「ピウス9世からの評価が高まるにつれ、禁書目録に対するヴィヨーの影響力も大きくなり、「ユニヴェール」誌で否定的な評価を受けた出版物は、必ずといってよいほど目録省による審査対象となるほどだった」。*Vatican i: The Council and the Making of the Ultramontane Church* (Cambridge, ma, 2018), p. 90。
5. Stephen Schloesser, '"Altogether Adverse": The Story of Graham Greene and the Holy Office',

America (11 November 2000), pp. 8-13; Peter Godman, 'Graham Greene's Vatican Dossier', *Atlantic Monthly*, cclxxxviii (July-August 2001), pp. 84-8.
6. 'The Pilgrim', 'Being Placed on the Index', *America* (18 July 1936), p. 347.
7. Guyda Armstrong, 'Eroticism à la Française: Text, Image, and Display in Nineteenth-Century English Translations of Boccaccio's *Decameron*', *Word and Image*, xxx/3 (2014), pp. 194-212.

終わりに

1. Redmond A. Burke, *What Is the Index?* (Milwaukee, wi, 1952).
2. 'Censorship in Belgian Comics', *Europe Comics*, www.europecomics.com, 26 February 2021.
3. Dei verbum は用心しながらも「その翻訳が、機会に恵まれかつ教会の権威の同意のもとで、分かれた兄弟たちと共同で努力することによってなし遂げられるなら、すべてのキリスト信者がそれを用いることができるであろう」と述べ、プロテスタントの神学者たちと共同で作成した聖書をカトリック教徒に許可する可能性をも認めている。〔第2バチカン公会議公式訳改訂特別委員会『第二バチカン公会議公文書改訂公式訳』、2013年、カトリック中央協議会より引用〕
4.「エクス・コルデ・エクレジエ」とカトリック大学への影響については以下を参照。Michael W. Higgins and Douglas R. Letson, *Power and Peril: The Catholic Church at the Crossroads* (Toronto, 2002), esp. pp. 146-83。James L. Heft, *The Future of Catholic Higher Education* (Oxford, 2021)。筆者の大学を含め名目上「カトリック系」の多くの大学において、「エクス・コルデ・エクレジエ」の実施は実際にはごくわずかであることに留意すべきである。
5. Laurence Sterne, *A Sentimental Journey and Other Writings*, ed. Ian Jack and Tim Parnell (Oxford, 2003), pp. xi-xiv〔スターン『センチメンタル・ジャーニー』松村達雄訳、岩波文庫、1987年　他〕.
6. Mario Biagioli, 'From Book Censorship to Academic Peer Review', *Emergences: Journal for the Study of Media and Composite Cultures*, xii/1 (2002), pp. 11-45.
7. Heather Morrison, 'Authorship in Transition: Enthusiasts and Malcontents on Press Freedoms, an Expanding Literary Market, and Vienna's Reading Public', *Central European History*, xlvi/1 (2013), pp. 1-27.

文献ガイド

以下は、禁書目録の歴史、禁書目録が検閲し記録した数多くの著作、それらに影響を与えた広範な歴史背景などについて、より詳しく知りたい読者にとって興味深いと思われる研究文献のごく一部を厳選して紹介する。以下の書籍は専門家以外の読者を念頭に置いたもので、ほとんどが英語の文献に限られる。

概論

検閲全般に関する先行研究は数多くあるが、その多くは禁書処分を受けた文学や芸術のうち比較的最近の有名な例に焦点を当てる傾向にある。また、テーマとして巨大なので、特定の言語やテーマに絞って（英語の文学や政治的な理由で禁止された作品など）分析する傾向にある。最近の研究書の中から有用なものとして以下を挙げる。Matthew Fellion and Katherine Inglis, *Censored: A Literary History of Subversion and Control*（Kingston and Montreal, 2017）、Nicholas J. Karolides, *Literature Suppressed on Political Grounds*, 3rd edn（New York, 2011）〔ニコラス・J. キャロライズ、マーガレット・ボールド、ドーン・B. ソーヴァ著、ケン・ワチェスバーガー編『百禁書――聖書からロリータ、ライ麦畑でつかまえてまで』藤井留美、野坂史枝訳、青山出版社、2004 年〕、Dawn B. Sova, *Literature Suppressed on Social Grounds*, 3rd edn（New York, 2011）。Green and Karolides, *Encyclopedia of Censorship*（New York, 2005）は便利な一巻本の百科事典で、本書の主題に関連する項目が多数含まれている。Richard Ovenden, *Burning the Books: A History of Deliberate Destruction of Knowledge*（London and Cambridge, ma, 2020）〔リチャード・オヴェンデン『攻撃される知識の歴史：なぜ図書館とアーカイブは破壊され続けるのか』五十嵐加奈子訳、柏書房、2022 年〕は、この分野の文献に新たに加わった歓迎すべき著作である。

禁書目録自体については、関連書籍は多数あるものの、学術価値のある広範囲に渡る研究書としては、この分野では権威を保ち続けている以下の著作（残念なことに英訳されていない）以来ほとんどない。Heinrich Reusch, *Der Index der Verbotenen Bücher*, 2 vols（Bonn, 1883-5）、George Haven Putnam, *Censorship of the Church of Rome*, 2 vols（New York, 1906）。この分野における最近の最も重要な進展は、間違いなく Jesús Martínez de Bujanda による、12 巻に及ぶ記念碑的な *Index des Livres Interdits* の完成である（この大著は異なる共同編集者や助手の協力により、1985 年から 2016 年の間にさまざまな出版社から出版された。詳細は本書の「参考資料と略称」を参照）。ほとんどがフランス語で書かれているが、最終巻は *El Índice de Libros Prohibidos y Expurgados de la Inquisición Española (1551-1819)* としてスペイン語で出版されている。最初の 9 巻には、16 世紀の最も重要な禁書目録の全文、分析、図表が収録されている。第 10 巻には、16 世紀の禁書目録に関する包括的な概要と索引が、第 11 巻と第 12 巻には、ローマとスペインにおける 17 世紀以降の禁書目録

検閲についての高水準の概要が（それぞれ）掲載されている。これらは、禁書目録とその時代的発展について学びたい人にとって必須の研究補助文献である。本書を含め、禁書目録検閲についての専門研究であれば何であれ、1998年バチカンの教理省のアーカイブが公開されたことと共に、上述の資料から大きな恩恵を受けている。Gigliola Fragnito, ed., *Church, Censorship and Culture in Early Modern Italy*, trans. Adrian Belton（Cambridge, 2001）に収められている小論は、その結果実現した新たな研究成果の初期の例である。

中世および近世の異端審問の歴史家は、Henry Charles Lea による3巻本の *History of the Inquisition of the Middle Ages*（London, 1888）と4巻本の *History of the Inquisition of Spain*（New York, 1906-7）にいまだ多くを負っている。この著作集は、その他の先行研究と共に、異端審問研究というきわめて論争を引き起こしやすい分野において、専門研究としての新たな基準を確立した先駆的労作である。ただし最近の参考文献については、情報を更新する必要があり、たとえば、以下の文献が挙げられる。Edward Peters, *Inquisition*（New York, 1988）、Jennifer Kolpacoff Deane, *History of Medieval Heresy and Inquisition*（Lanham, md, 2011）、Francisco Bethencourt, *The Inquisition: A Global History*, 1478-1834［1995］, trans. Jean Birrell（Cambridge, 2009）。その他、特に近世の異端審問について詳しくは以下を参照。Christopher F. Black, *The Italian Inquisition*（New Haven, ct, 2009）、Thomas F. Mayer, *The Roman Inquisition*（Philadelphia, pa, 2013）、John Edwards, *The Spanish Inquisition*（Stroud, 1999）。イタリアの読者は Adriano Prosperi, John A. Tedeschi and Vincenzo Lavenia, eds, *Dizionario Storico dell'Inquisizione*, 4 vols（Pisa, 2010）から、より多岐に渡る情報を得ることができる。

本書で言及されている一般的な教皇史については以下を参照。Eamon Duffy, *Saints and Sinners: A History of the Popes*［1997］, 4th edn（New Haven, ct, 2014）。Ludwig von Pastor, *The History of the Popes from the Close of the Middle Ages*, ed. Frederick Ignatius Antrobus et al.（London, 1891-1953）は40巻本のやや古い文献だが、非常に便利で、多くの場合、個々の教皇の経歴について詳細に教えてくれる。

はじめに

カルヴァン派によるミシェル・セルヴェ（Michael Servetus）の処刑については以下に鮮やかに記述されている。Roland H. Bainton, *Hunted Heretic: The Life and Death of Michael Servetus 1511-1533*［1953］(Boston, ma, 1960)。エリザベス1世時代の検閲については以下を参照、Cyndia Susan Clegg, *Press Censorship in Elizabethan England*（Cambridge, 1997）、Phebe Jensen, 'Ballads and Brags: Free Speech and Recusant Culture in Elizabethan England', *Criticism*, xl/3（1998）, pp. 333-54、その他 Teresa Bela et al., eds, *Publishing Subversive Texts in Elizabethan England and the Polish- Lithuanian Commonwealth*（Leiden, 2016）にさまざまな論文が記載されている。宗教的規律に対する、プロテスタントとカトリックの数々の取り組みについては以下で詳しく検討されている。Charles H. Parker and Gretchen Starr-LeBeau, eds, *Judging Faith, Punishing Sin: Inquisitions and Consistories in the Early Modern World*（Cambridge, 2017）。

正当なイコン崇敬と偶像崇拝の歴史的区別については以下を参照、Kristine Kolrud and

Marina Prusac, eds, *Iconoclasm from Antiquity to Modernity*（Farnham and Burlington, vt, 2014）。偶像崇拝に対するアクィナスの見解については以下を参照。Denys Turner, 'On Denying the Right God: Aquinas on Atheism and Idolatry', *Modern Theology*, xx/1（2004）, pp. 141-61。

ナチス時代の書籍検閲については以下で調査されている。Guenter Lewy, *Harmful and Undesirable: Book Censorship in Nazi Germany*（Oxford, 2016）。第二次世界大戦下での検閲の必要性に関するアメリカの「公式」見解については以下の論文を参照。Byron Price, u.s. Director of Censorship, 'Government Censorship in Wartime', *American Political Science Review*, xxxvi/5（1942）, pp. 837-49。また、Michael S. Sweeny, *Secrets of Victory: The Office of Censorship and The American Press and Radio in World War ii*（Chapel Hill, nc, and London, 2001）では、より批判的な分析がなされている。さまざまな表現形式に対する企業の影響力と統制に関しては、とりわけ以下を参照。Herbert I. Schiller, 'Corporate Sponsorship: Institutionalized Censorship of the Cultural Realm', *Art Journal*, l/3（1991）, pp. 56-9、Henry A. Giroux and Grace Pollock, *The Mouse that Roared: Disney and the End of Innocence*（Lanham, md, 2010）。

中世史家にとって、「迫害」についての有益な議論は、R. I. Moore, *The Formation of a Persecuting Society: Authority and Deviance in Western Europe 950–1250* [1987], 2nd edn（Oxford, 2007）から始まることが多い。この古典的な研究が最初に発表されたのは、30年以上前だが、それ以来多くの批判を受け、また角度を変えて論じられてきた。たとえばMichael Frassetto, ed., *Heresy and the Persecuting Society in the Middle Ages: Essays on the Work of R. I. Moore*（Leiden, 2006）や、ムーア自身が、自著の第2版のために新たに書き上げた結論を参照。Scott Rempell, 'Defining Persecution', *Utah Law Review*, mmxiii/1（2011）, pp. 283-344に述べられているように、「迫害」の概念は国際法においてすら、依然として明確に定義するのが難しい。

第1章　禁書目録以前の検閲

古代エジプトとイスラエルの宗教的つながりや、一神教に潜在的に含まれる「不寛容」性については以下で探求されている。Jan Assmann, *Of God and Gods: Egypt, Israel, and the Rise of Monotheism*（Madison, wi, 2008）、James K. Hoffmeier, *Akhenaten and the Origins of Monotheism*（Oxford, 2013）。

有名なアレクサンドリア図書館は、プトレマイオス2世ピラデルポスの治世（前285-246年）に設立された。図書館がたどった運命については以下を参照。Mostafa el-Abbadi, *Life and Fate of the Ancient Library of Alexandria*（Paris, 1992）〔モスタファ・エル＝アバディ『古代アレクサンドリア図書館――よみがえる知の宝庫』松本慎二訳、中公新書、1991年〕、Mostafa el-Abbadi and Omnia Mounir Fathallah, eds, *What Happened to the Ancient Library of Alexandria?*（Leiden, 2008）、Andrew Erskine, 'Culture and Power in Ptolemaic Egypt: The Museum and Library of Alexandria', *Greece and Rome*, xl/1（1995）, pp. 38-48。

ローマのケンソルとローマの検閲の違いについては以下を参照。Alan E. Astin, 'Regimen Morum', *Journal of Roman Studies*, lxxviii（1988）, pp. 14-34、Vasily Rudich, 'Navigating the Uncertain: Literature and Censorship in the Early Roman Empire', *Arion: A Journal of Humanities and the Classics*, Third Series xiv/1（2006）, pp. 7-28。ポンペイで発見されたローマ時代の官

能的な画像は、現在ナポリ国立考古学博物館の「秘密の小部屋」（Gabinetto Segreto）に所蔵されているが Walter Kendrick, *The Secret Museum: Pornography in Modern Culture*（Berkeley, ca, 1996), pp. 2-18 では、現代の「ポルノグラフィ」の概念の基礎となるものとして紹介されている〔ウォルター・ケンドリック『シークレット・ミュージアム——猥褻と検閲の近代』大浦康介監修、大浦康介・河田学訳、平凡社、2007 年〕。またこれらの画像については、Antonio Varone, *Eroticism in Pompeii*（Los Angeles, ca, 2001）でより詳しく検討されている。

聖書文献に関する外典、偽典、グノーシス主義の著作（1945 年に発見されたナグ・ハマディ文書を含む）については以下を参照、J. K. Elliott, *The Apocryphal New Testament: A Collection of Apocryphal Christian Literature in an English Translation*（Oxford, 1993）、James M. Robinson, ed., *The Nag Hammadi Library in English*［1977］（San Francisco, ca, 1981）、Elaine Pagels, *The Gnostic Gospels*（New York, 1979）〔エレーヌ・ペイゲルス『ナグ・ハマディ写本——初期キリスト教の正統と異端』荒井献、湯本和子訳、白水社、1996 年〕。

ピエール・アベラールの著作については以下で紹介されている。Babette S. Hellemans, ed., *Rethinking Abelard: A Collection of Critical Essays*（Leiden, 2014）、Michael T. Clanchy's *Abelard: A Medieval Life*（Oxford, 1997）、John Marenbon, *The Philosophy of Peter Abelard*（Cambridge, 1997）。特にアベラールが受けた検閲については以下を参照。Peter Godman, *The Silent Masters: Latin Literature and its Censors in the High Middle Ages*（Princeton, NJ, 2000）。アリストテレスやその他の哲学書や科学書の翻訳（おもにアラビア語から）によって起こった、中世盛期の知的「ルネサンス」の広範な背景については以下で扱われている。Thomas E. Burman, 'The Four Seas of Medieval Mediterranean Intellectual History', in *Interfaith Relationships and Perceptions of the Other in the Medieval Mediterranean*, ed. Sarah Davis-Secord, Belen Vicens and Robin Vose（New York, 2022), pp. 15-47。

中世ドミニコ会のカリキュラムについては、アリストテレスの禁止（とその撤回）を含めて、以下で論じられている、Robin Vose, *Dominicans, Muslims and Jews in the Medieval Crown of Aragon*（Cambridge, 2009), pp. 99-102、Marian Michèle Mulchahey, *'First the Bow is Bent in Study -': Dominican Education before 1350*（Toronto, 1998）。1277 年のパリの禁令と、それに続くオートルクールのニコラウスのような人物に対する大学主体の検閲キャンペーンについては以下で検討されている、J. M. M. H. Thijssen, *Censure and Heresy at the University of Paris, 1200–1400*（Philadelphia, pa, 1998）。

ヘブライ語の学問が中世キリスト教の聖書研究、特にサン・ヴィクトル学派や後のパリのドミニコ会の研究に与えた影響については、以下の古典的な概説を参照。Beryl Smalley, *The Study of the Bible in the Middle Ages*［1940], 2nd edn（Notre Dame, in, 1964）。マイモニデスの手引き書の処分については資料があまり残されておらず、ドミニコ会が介入した動機も不明のままだ。これについては以下を参照、Daniel Silver, *Maimonidean Criticism and the Maimonidean Controversy, 1180–1240*（Leiden, 1965）。また、より最近の以下の研究では、以下を参照。Idit Dobbs-Weinstein, 'The Maimonidean Controversy', in *History of Jewish Philosophy*, ed. Daniel H. Frank and Oliver Leaman（London, 1997), pp. 275-91。James A. Diamond, *Maimonides and the Shaping of the Jewish Canon*（New York, 2014）では、マイモニデスの問題の著作に対する対応に、さらなる光を当てている。タルムードに対するキリスト教検閲

はより詳しく知られており、これまでに何度も論述されてきた（本書では後の章でさらに詳しく検討する）。たとえば以下を参照。John Friedman, Jean Connell Hoff and Robert Chazan, *The Trial of the Talmud: Paris, 1240*（Toronto, 2012）、part 2 of Harry Freedman, *The Talmud - A Biography: Banned, Censored and Burned, the Book They Couldn't Suppress*（London, 2014）。イスラム教のクルアーンと関連書籍に対する、中世のキリスト教学者の扱いについては以下を参照。Thomas E. Burman, *Reading the Qur'ān in Latin Christendom, 1140–1560*（Philadelphia, pa, 2007）、Cándida Ferrero Hernández and John Tolan, eds, *The Latin Qur'an, 1143–1500*（Berlin, 2021）。

中世キリスト教異端に関する参考文献は膨大で、さらに増え続けている。導入として概要を知るには以下の文献が適している。Malcolm Lambert, *Medieval Heresy: Popular Movements from the Gregorian Reform to the Reformation* [1977], 3rd edn（Oxford, 2002）、Kolpacoff Deane, *History*。その他、以下に含まれる最近の小論が挙げられる（最新の参考文献情報を含む）。Louise Nyholm Kallestrup and Raisa Maria Toivo, eds, *Contesting Orthodoxy in Medieval and Early Modern Europe: Heresy, Magic and Witchcraft*（London, 2017）、Michael D. Bailey and Sean L. Field, eds, *Late Medieval Heresy: New Perspectives*（York, 2019）、Donald S. Prudlo, ed., *A Companion to Heresy Inquisitions*（Leiden, 2019）。組織化された異端に関する証拠に関しては、マーク・グレゴリー・ペッグなどが懐疑的な主張をしている。以下の議論を参照。Antonio Sennis, ed., *Cathars in Question*（York, 2016）。

中世の魔術についての導入本としては、Richard Kieckhefer, *Magic in the Middle Ages*（Cambridge, 1989）が適している。また、特に占星術に関しては（ニコラウス・エイメリクスの考え方を含めて）以下で詳しく検討されている。Michael A. Ryan, *A Kingdom of Stargazers: Astrology and Authority in the Late Medieval Crown of Aragon*（Ithaca, ny, 2011）。中世後期における悪魔魔術とその重要性の高まりについては以下を参照。Michael D. Bailey's *Battling Demons: Witchcraft, Heresy, and Reform in the Late Middle Ages*（University Park, pa, 2003）、Nancy Caciola, *Discerning Spirits: Divine and Demonic Possession in the Middle Ages*（Ithaca, ny, 2003）。

ベルナール・ギーとニコラウス・エイメリクスについてはその著作とともに、以下で紹介されている。Karen Sullivan, *The Inner Lives of Medieval Inquisitors*（Chicago, il, 2011）、Derek Hill, *Inquisition in the Fourteenth Century: The Manuals of Bernard Gui and Nicholas Eymerich*（York, 2019）。彼らの手引書の全文はラテン語版でしか読むことはできないが、抜粋であれば質はさまざまだが、多くの言語で翻訳が出されている。たとえばJanet Shirleyはギーの Practica を一部翻訳している。*Inquisitor's Guide: A Medieval Manual on Heretics*（Welwyn Garden City, 2006）。異端の概念の基準形成における、大勅書「チェナ・ドミニ」の重要性については以下を参照。G. E. Biber, *The Papal Bull, 'In Coena Domini'*（London, 1848）、Alfonso Gutiérrez-Maturana y Camañes, 'El delito de herejía: "Iter" jurídico', PhD thesis, Universidad de Navarra, 1991.

ラモン・リュイをめぐる論争とニコラウス・エイメリクスによる検閲については、依然として Jocelyn N. Hillgarth, *Ramon Lull and Lullism in Fourteenth-Century France*（Oxford, 1971）が最良の入門書だが、Robin Vose, 'Books, Damned Books, and Heretics: Censorship and Dominican Inquisitors in Nicholas Eymeric's Directorium inquisitorum', in *Virtuosos of Faith:*

Monks, Nuns, Canons, and Friars as Elites of Medieval Culture, ed. Gert Melville and James D. Mixson (Berlin, 2020), pp. 151-69. も参照。

ロラード派とも呼ばれるジョン・ウィクリフとその支持者たちに関する中世後期の異端（および書物）の告発については、とりわけ以下を参照。Henry Ansgar Kelly, 'Lollard Inquisitions: Due and Undue Process', in *The Devil, Heresy and Witchcraft in the Middle Ages*, ed. Alberto Ferreiro (Leiden, 1998), pp. 279-303、Ian Forrest, *The Detection of Heresy in Late Medieval England* (Oxford, 2005)。より詳しい背景については以下を参照。Kathryn Kerby-Fulton, *Books under Suspicion: Censorship and Tolerance of Revelatory Writing in Late Medieval England* (Notre Dame, in, 2006)。それに関連するヤン・フスの裁判については以下で検証されている。Thomas A. Fudge, *The Trial of Jan Hus: Medieval Heresy and Criminal Procedure* (New York, 2013).

第２章　禁書目録の誕生

初期の（部分的かつ場当たり的な）印刷本に対する禁令については、ラモン・リュイの教えに関する論説を没収するようにとの教皇シクストゥス４世の 1479 年の命令を含めて、以下の文献に記されている。Rudolf Hirsch,'Pre-Reformation Censorship of Printed Books', *Library Journal*, xxi (1955), pp. 100-105、Nelson H. Minnich, 'The Fifth Lateran Council and Preventive Censorship of Printed Books', *Annali della Scuola Normale Superiore di Pisa*, ii/1 (2010), pp. 67-104。印刷技術の出現とそれに続く近代「書籍文化」の発展は、その多くの歴史的意味合いとともに、今もなお影響力のある以下の研究に見ることができる。Lucien Febvre and Henri-Jean Martin, *The Coming of the Book: The Impact of Printing, 1450–1800* [1958], trans. David Gerard (New York, 1976)、ElizabethL. Eisenstein, *The Printing Press as an Agent of Change: Communications and Cultural Transformations in Early-Modern Europe*, 2 vols (Cambridge, 1979)。後者は近年要約され、*The Printing Revolution in Early Modern Europe* [1983]〔エリザベス・アイゼンステイン『印刷革命』別宮貞徳監訳、小川昭子、家本清美、松岡直子、岩倉桂子、国松幸子訳、みすず書房、1987 年〕, 2nd edn (Cambridge, 2005) として情報を更新した版が出版されている。より最近の研究としては以下を参照。Adrian Johns, *The Nature of the Book: Print and Knowledge in the Making* (Chicago, il, 1998)、Sabrina Alcorn Baron, Eric N. Lindquist and Eleanor F. Shevlin, eds, *Agent of Change: Print Culture Studies After Elizabeth L. Eisenstein* (Amherst and Boston, ma, 2007)、Elizabeth L. Eisenstein, *Divine Art, Infernal Machine: The Reception of Printing in the West from First Impressions to the Sense of an Ending* (Philadelphia, pa, 2011).

16 世紀初頭のサヴォナローラの遺産については以下を参照。Lorenzo Polizzotto, *The Elect Nation: The Savonarolan Movement in Florence, 1494–1545* (Oxford, 1994)、Lauro Martines, *Fire in the City: Savonarola and the Struggle for the Soul of Renaissance Florence* (Oxford, 2006)、Tamar Herzig, *Savonarola's Women: Visions and Reform in Renaissance Italy* (Chicago, il, 2008).

マルティン・ルターの経歴と、ルターとは切り離せないプロテスタント宗教改革に関する文献は膨大にある。一般的な導入として以下を参照。Heiko Oberman, *Luther: Man Be-*

tween God and the Devil（New Haven, ct, 1989）、Euan Cameron, *The European Reformation* ［1991］, 2nd edn（Oxford, 2012）、R. Po-chia Hsia, *A Companion to the Reformation World*（Oxford, 2004）、Carter Lindberg, ed., *The Reformation Theologians*（Oxford, 2002）、Alberto Melloni, *Martin Luther: A Christian Between Reforms and Modernity*（Berlin, 2017）。プロテスタントによる印刷メディアの利用については、特に以下の文献で検証されている、Robert W. Scribner, *For the Sake of Simple Folk: Popular Propaganda for the German Reformation*［1981］（Oxford, 1994）、Mark U. Edwards, *Printing, Propaganda, and Martin Luther*（Berkeley, ca, 1994）.

ルターの神学上の論敵で、彼を裁く立場にあったプリエリアス（シルヴェストロ・マッツォリーニの名でも知られる。レオ 10 世、ハドリアヌス 6 世、クレメンス 7 世の教皇宮廷神学顧問も務めた）とトマス・デ・ヴィオ・カイエタヌス（プリエリアスの上司で 1508 年から 1518 年までドミニコ会総長、その後枢機卿、教皇特使を務めた）については以下を参照。Michael Tavuzzi, *Prierias: The Life and Works of Silvestro Mazzolini da Prierio, 1456–1527*（Durham, nc, 1997）、Charles Morerod, *Cajetan et Luther en 1518*, 2 vols（Fribourg, 1994）。

ドイツ農民戦争については以下を参照、Peter Blickle, *The Revolution of 1525: The German Peasants' War from a New Perspective*［1981］, trans. Thomas A. Brady and H. C. Erik Midelfort（Baltimore, md, 1991）。もちろん、これらの出来事はすべて、政治的、経済的、宗教的混乱というより広い文脈の中で起こった。たとえば Euan Cameron, ed., *The Sixteenth Century*（Oxford, 2006）ではこの時代の歴史について明快に記述している。フランソワ 1 世が直面した「檄文事件」に関する詳細については以下を参照。R. J. Knecht, Francis i（Cambridge, 1982), pp. 248-52。1520 年代のヘンリー 8 世によるルター派やその他の文書に対する検閲については、以下に述べられている。Hubert Wolf, *Index: Der Vatikan und die Verbotenen Bücher*（Munich, 2006), p. 19。この件や、続くヘンリー 8 世のローマとの対立については（その結果 1534 年国王至上法が発布され、カトリックから分離して英国国教会が誕生した）以下を参照。Christopher Haigh, *English Reformations: Religion, Politics, and Society under the Tudors*（Oxford, 1993）。

16 世紀初頭のフランスにおいて、異端書の検閲（およびその他の宗教上の罪）に関して複数の司法権が権限を主張したことについては、以下を参照。James Farge's 'Introduction Historique' to Bujanda vol. i, pp. 33-76、Elizabeth Armstrong, *Before Copyright: The French Book-Privilege System, 1498–1526*（Cambridge, 2002）。最初のパリの禁書リストの誕生とその内容については、Bujanda vol. I に詳しく書かれており、その要約については Bujanda vol. x, p. 18 を参照。ルーヴェン目録については、Bujanda vol. ii and Bujanda vol. x, p. 19 を参照。エラスムスの多くの著作と、カトリック教会内でのさまざま受け止め方に関する複雑な問題は、次の古典的な研究を参照。Marcel Bataillon, *Érasme et l'Espagne*（Paris, 1937）、Karl A. E. Enenkel, ed., *The Reception of Erasmus in the Early Modern Period*（Leiden, 2013）。さらにまだ出版継続中の、89 巻からなる *Collected Works of Erasmus*（Toronto, 1974-）がある。

最初のスペイン目録は Bujanda vol. v と Bujanda vol. xii, pp. 9-47 で詳しく検証されている。ポルトガル目録については Bujanda vol. iv. を参照。1549-54 年のヴェネチアとミラノ

の禁書目録については Bujanda vol. iii と Bujanda vol. x, pp. 19-20 を参照。

プロテスタントの神学に共鳴しすぎているとされ、カラファ枢機卿や異端審問官たちと対立した（プロテスタントに改宗した者もいた）16 世紀のカトリックの「Spirituali」は、一般的に言って、集団的にまとまった運動というよりは、それぞれ個人別に研究されてきた。Anne Jacobson Schutte, *Pier Paolo Vergerio: The Making of an Italian Reformer*（Geneva, 1977）。他の重要人物については以下を参照。Adam Patrick Robinson, *The Career of Cardinal Giovanni Morone (1509–1580): Between Council and Inquisition*（London and New York, 2017）、Torrance Kirby, Emidio Campi and Frank A. James iii, eds, *A Companion to Peter Martyr Vermigli*（Leiden, 2009）、Michele Camaioni, *Il Vangelo e l'Anticristo: Bernardino Ochino tra francescanesimo ed eresia (1487–1547)*（Naples, 2018）、Massimo Firpo and Dario Marcatto, eds, *I Processi Inquisitoriali di Pietro Carnesecchi (1557–1567)*, 2 vols（Vatican City, 1998-2000）、Marco Faini, *Pietro Bembo: A Life in Laurels and Scarlet*（Cambridge, 2017）、Massimo Firpo, *Juan de Valdés and the Italian Reformation*, trans. Richard Bates（Farnham, 2015）、Carol H. Madison, *Marcantonio Flaminio: Poet, Humanist and Reformer*［1965］（Chapel Hill, nc, 2011）。英国のレジナルド・ポール枢機卿は、以下の文献に見られるとおり近年の英語圏の研究において、おそらく最も注目を集めている。John Edwards, *Archbishop Pole*（London and New York, 2018）、Thomas F. Mayer, *Reginald Pole: Prince and Prophet*［2000］（Cambridge, 2007）、Mayer, *Cardinal Pole in European Context: A 'via media' in the Reformation*（Aldershot, 2000）。Camilla Russell, Giulia *Gonzaga and the Religious Controversies of Sixteenth-Century Italy*（Turnhout, 2006）によって、こうした状況下での女性の支援の重要性が注目を集めている。さらにヴィットリア・コロンナについては以下を参照。Abigail Brundin, Tatiana Crivelli and Maria Sapegno, eds, *A Companion to Vittoria Colonna*（Leiden, 2016）、Ramie Targoff, *Renaissance Woman: The Life of Vittoria Colonna*（New York, 2019）。M. Anne Overell, *Italian Reform and English Reformations, c.1535-c.1585*（London and New York, 2016）は個人に光を当てた研究書の中では唯一の例外で、オキーノやポールといった重要人物の生涯をより広いイタリアとイギリスの文脈の中に組み込んでいる。

トリエント公会議について最も読みやすい文献は、John W. O'Malley, *Trent: What Happened at the Council*（Cambridge, ma, 2013）だろう。しかし、遠く離れた植民地におけるその影響力については、以下でさらに詳しく検討されている。Michela Catto and Adriano Prosperi, eds, *Trent and Beyond: The Council, Other Powers, Other Cultures*（Turnhout, 2018）。イエズス会の設立については、John W. O'Malley, *The First Jesuits*（Cambridge, ma, and London, 1993）を参照。またイエズス会のより後代の歴史については以下で概観されている。O'Malley, *The Jesuits: A History from Ignatius to the Present*（Lanham, md, 2014）。ローマの異端審問に関しては以下を参照。Jane K. Wickersham, *Rituals of Prosecution: The Roman Inquisition and the Prosecution of Philo-Protestants in Sixteenth-Century Italy*（Toronto, 2012）、Christopher F. Black, *The Italian Inquisition*（New Haven, ct, 2009）、Thomas F. Mayer, *The Roman Inquisition*（Philadelphia, PA, 2013）。

最初期のローマ目録（1564 年のトリエント目録まで）については Bujanda vol. viii に論じられている。また Bujanda vol. x, pp. 21-3 ではより簡潔に述べられている。16 世紀前半、とりわけバルセロナとパリの大学で広く支持されたラモン・リュイの著作の地位の変遷に

ついては次を参照。Mark D. Johnston, 'The Reception of the Lullian Art, 1450-1530', *Sixteenth Century Journal*, xii/1（1981）, pp. 31-48。パウルス4世による告発の歴史的背景については、以下で検討されている。Virgilio Pinto Crespo, 'La Censura Inquisitorial, Inquietud e Incertidumbre: El Caso Ramón Llull（1559-1610）', in *Miscelánea de la Universidad Autónoma de Madrid*（Madrid, 1982）, pp. 293-314、Mario Scaduto, 'Laínez e l'Indice de 1559. Lullo, Sabunde, Savonarola, Erasmo', *Archivum Historicum Societatis Iesu*, xxiv（1955）, pp. 3-32。アントワープ（アンヴェール）目録についてはBujanda vol. viiを参照。

第3章　禁書目録の発展

フランシスコ・ペーニャについては、その生涯に関する資料が散逸し不完全であることもあって、完全な伝記は書かれていない。しかし、以下の文献を参照すれば、モンタージュ写真を作ることは可能だろう。Peter Godman, *The Saint as Censor: Robert Bellarmine Between Inquisition and Index*（Leiden, 2000）, pp. 90-99他各所（特にピウス2世の「回想録」の評価における彼の役割に焦点を当てている）、Stefan Bauer, *The Invention of Papal History: Onofrio Panvinio between Renaissance and Catholic Reform*（Oxford, 2020）, pp. 187-200、Jane K. Wickersham, *Rituals of Prosecution: The Roman Inquisition and the Prosecution of Philo-Protestants in Sixteenth-Century Italy*（Toronto, 2012）, pp. 12-16他各所。以下の文献でも各所で言及されている。Kimberly Lynn's *Between Court and Confessional:* The Politics of Spanish Inquisitors（Cambridge, 2013）。エイメリクスの『異端審問規定書』の再版に関するペーニャの貢献については、以下で明らかにされている。Edward M. Peters, 'Editing Inquisitors' Manuals in the Sixteenth Century: Francisco Peña and the Directorium inquisitorum of Nicholas Eymeric', *Library Chronicle*, xl（1974）, pp. 95-107、Agostino Borromeo, 'A Proposito del Directorium inquisitorum di Nicolás Eymerich e delle sue Edizioni Cinquecentesche', *Critica Storia*, xx（1983）, pp. 499-547。ペーニャが取り組まなければならなかったこの写本の伝統を解明するにはさらなる研究が必要であり、彼の政治的策略と未発表の膨大な著作をより詳しく検討すれば、間違いなく『異端審問規定書』の注解の意義と意図を解明するのに役立つだろう。

アゴスティーノ・ヴァリエールの*Opusculum de cautione adhibenda in edendis*の翻訳はまだないが、以下でかなり詳しく扱われている、Giovanni Cipriani, *La mente di un inquisitore. Agostino Valier e l'Opusculum De cautione adhibenda in edendis libris（1589-1604）*（Florence, 2008）。ロベルト・ベラルミーノについては、1930年列聖されたこともあり、以下を含め数多くの研究書が書かれている、Stefania Tutino, *Empire of Souls: Robert Bellarmine and the Christian Commonwealth*（Oxford, 2010）、Godman, *Saint as Censor*。16世紀後半のシクストゥス5世とクレメンス8世の禁書目録については、Bujanda vol. ixを参照。部分削除目録とその編集、またそれを取り巻く不満については以下を参照。Gigliola Fragnito, 'The Central and Peripheral Organization of Censorship', in *Church, Censorship and Culture*, ed. Fragnito, trans. Adrian Belton（Cambridge, 2001）, pp. 13-49。

1583-4年のキローガのスペイン目録については、Bujanda vol. viで本文とともに分析されており、Bujanda vol. xii, pp. 47-71においてさらに論じられている。一方、17、18世紀

のスペイン目録に関しては、Bujanda vol. xii, pp. 73-200 で論じられている。18 世紀のブルボン朝によるスペイン異端審問と検閲の改革については次を参照。John Edwards, *Torquemada and The Inquisitors* (Stroud, 2005), pp. 165-84。

「助力」論争のさまざまな側面については以下で論じられている。Jordan J. Ballor, Matthew T. Gaetano and David S. Sytsma, eds, *Beyond Dordt and 'De auxiliis': The Dynamics of Protestant and Catholic Soteriology in the Sixteenth and Seventeenth Centuries* (Leiden, 2019)。より簡明な要約については、以下を参照。Part i of Richard H. Bulzacchelli, *Judged by the Law of Freedom* (Lanham, md, 2006), esp. pp. 40-48。特にモリノ主義については、以下を参照。Kirk MacGregor, *Luis de Molina: The Life and Theology of the Founder of Middle Knowledge* (Grand Rapids, mi, 2015)。William Doyle, *Jansenism: Catholic Resistance to Authority from the Reformation to the French Revolution* (London, 2000) は、ジャンセニスムについて簡潔ながら有益な紹介をしている。近世の新ペラギウス主義のさまざまな大衆的、学術的形態については、以下で調査されている、Stuart Schwartz, All Can be Saved (New Haven, ct, 2008)。

ベネディクトゥス 14 世については、Ludwig von Pastor, *The History of the Popes from the Close of the Middle Ages*, ed. Frederick Ignatius Antrobus et al. (London, 1891-1953), vols xxxv-xxxvi で概要が紹介されている。それ以外は以下を参照。Rebecca Marie Messbarger et al., eds, *Benedict xiv and the Enlightenment: Art, Science, and Spirituality* (Toronto, 2016)、Hubert Wolf and Bernward Schmidt, eds, *Benedikt xiv und die Reform des Buchzensurverfahrens: zur Geschichte und Rezeption von 'Sollicita ac Provida'* (Paderborn, 2011)。ライモンド・ディ・サングロの驚くべき実験については、以下を参照。Clorinda Donato, 'Between Myth and Archive, Alchemy and Science in Eighteenth-Century Naples: The Cabinet of Raimondo di Sangro, Prince of San Severo', in *Life Forms in the Thinking of the Long Eighteenth Century*, ed. Keith Michael Baker and Jenna M. Gibbs (Toronto, 2016), pp. 208-32、Antonio Emanuele Piedimonte, *Raimondo di Sangro Principe di Sansevero* (Naples, 2018)。フランス啓蒙主義の著作への検閲については、Marcelin Defourneaux, *L'Inquisition Espagnole et les Livres Français au xviiie siècle* (Paris, 1963) で概説されているほか、6 章、7 章の文献を参照。

第 4 章　書籍の検閲方法

『愛の勝利』の評価に関わったのは比較的無名の人々だが、基本的な経歴などは、彼ら自身の著作や、以下のような古い伝記から読み取ることができる。Bernardus de Jonghe, *Belgium dominicanum* (Brussels, 1719), p. 238、Jacques Quétif and Jacques Echard, *Scriptores ordinis praedicatorum* (Paris, 1721), vol. ii, p. 621（フェルヤイスについて）、pp. 705-6（ハンセンについては、1664 年に出た彼のリマの聖女ローザについての伝記がよく知られている）、Jean-Pierre Niceron, *Mémoires pour Servir à l'Histoire des Hommes Illustres dans la République des Lettres* (Paris, 1733), vol. xxii, pp. 262-81（ドーブリーについては 17 世紀のモンペリエ出身の神秘主義者、錬金術師、リュイ愛好家として知られる）。

『愛の勝利』に引用された近世の教会歴史家については以下を参照。Cyriac Pullapilly, *Caesar Baronius: Counter-Reformation Historian* (Notre Dame, in, 1975)、Eric Cochrane, *Historians and Historiography in the Italian Renaissance* (Chicago, il, 1981)、Simon Ditchfield, *Litur-*

gy, Sanctity and History in Tridentine Italy (Cambridge, 1995)。リュイに好意的な、ルカス・ウォディングによるフランシスコ会の歴史書の背景については以下を参照。Clare Lois Carroll, *Exiles in a Global City: The Irish and Early Modern Rome, 1609-1783* (Leiden, 2018), pp. 51-88。

17、18 世紀のリュイ信奉者による著作の現在の評価については以下で研究されている。Lorenzo Pérez Martínez, 'Lulismo e Inquisición a Principios del Siglo xvii', in *Perfiles Jurídicos de la Inquisición Española*, ed. José Antonio Escudero (Madrid, 1989), pp. 727-51。また、Francisco José García Pérez, *La Cruzada Antilulista* (Mallorca, 2017) では、リュイ崇拝(その著書はともかく)を完全に禁じようとしたドミニコ会主導の 1770 年代の運動に焦点を当てている。リュイの正統性をめぐる 16 世紀後半のローマでの審議については、以下の本に資料とともに紹介されている。Ugo Baldini and Leen Spruit, eds, *Catholic Church and Modern Science: Documents from the Archives of the Roman Congregations of the Holy Office and the Index* (Rome, 2009), vol. i, tome 3, pp. 1983-2050。1550 年代以降、リュイ自身の著作はローマとスペインの目録に掲載されなくなったが、多くの教会指導者はリュイの正統性に対し決めかねており、ジョヴァンニ・ブラチェスコ(Giovanni Bracesco)の『錬金術に関する 2 つの対話(1548 年に出版された De alchemia dialogi duo)』や匿名の『愛の哲学(Philosophia amoris)』(実は 1516 年、パリでジャック・ルフェーブル・デタープルが編集した『ライムンドゥスの格言(Proverbia Raemundi)』といったリュイ信奉者の著作は、定期的にスペイン目録で禁じられた。

現存するイタリア、スペイン、ポルトガルの異端審問のアーカイブについては以下に発表された一連の記事の中で概略的に説明されている Gustav Henningsen and John Tedeschi, eds, *The Inquisition in Early Modern Europe: Studies on Sources and Methods* (DeKalb, il, 1986)。しかし、1998 年以降、バチカンの教理省アーカイブ(ACDF)が公開されたことで、Tedeschi の「比較的少数の文書しか現存していない」(ibid., p. 13) という悲観的な仮説は見直されることとなった。バチカン市国の中心、サン・ピエトロ大聖堂からほど近い今も現役のバチカン宮殿では、適切な信用証明を入手し、少々面倒なスケジュールと資料の分類システムに対応する時間があれば、多くの興味深い資料を快適な閲覧室で利用することができる。マドリードの国立歴史文書館(Archivo Histórico Nacional, AHN)には今でもスペイン異端審問の資料が数多く残されているが、これも完全とは言い難い。AHN の異端審問部門(Sección Inquisición)について、とりわけ書籍審査と検閲(calificaciones y censuras)の詳細については、Joaquín Pérez Villanueva et al., eds, *Historia de la Inquisición en España y América* (Madrid, 1984), esp. vol. i, pp. 61-78 を参照。これらの検閲ファイルはほとんどが legajos(ファイル)4416-522 に収められており、それらはかなり以前に、A. Paz y Mélia, *Papeles de Inquisición. Catalogo y Extractos*, 2nd edn (Madrid, 1947) において部分的に分類されている。

近世ローマの異端審問と目録省の手続きについては(重要なヴェネツィア異端審問など、他のイタリア法廷についての考察も含めて)以下を参照。Christopher F. Black, *The Italian Inquisition* (New Haven, ct, 2009), esp. pp. 56-101 and 158-207。教皇庁の職員の配置と必要な定足数の変化についての詳細は以下を参照。Thomas F. Mayer, *The Roman Inquisition* (Philadelphia, pa, 2013), pp. 39-40。ヴェネチア市民の逮捕と書籍押収の証拠に関しては以

下で詳しく述べられている。Paul F. Grendler's *The Roman Inquisition and the Venetian Press, 1540-1605*（Princeton, nj, 1977）。スペインとポルトガルに関しては以下を参照。Francisco Bethencourt, *The Inquisition: A Global History, 1478-1834*［1995］, trans. Jean Birrell（Cambridge, 2009）, pp. 221-34。禁書に関するスペインの法令については、ibid., pp. 204-5 を参照。メキシコ異端審問の書籍検閲の実施方法については、Martin Austin Nesvig, *Ideology and Inquisition: The World of the Censors in Early Mexico*（New Haven, ct, 2009）で詳しく検討されており、John F. Chuchiak iv, *The Inquisition in New Spain, 1536-1820*（Baltimore, md, 2012）, pp. 318-42 には、興味深い資料の翻訳が掲載されている。

バリャドリッドの聖オルバン・イングリッシュ・カレッジについては、以下に述べられている、Michael E. Williams, *St. Alban's College Valladolid: Four Centuries of English Catholic Presence in Spain*（New York, 1986）。

第5章　聖書を検閲する

ドゥエ・ランス訳の物語と、現代のプロテスタント英訳聖書との関係については数多くの研究書がある。たとえば以下を参照。Craig R. Thompson, *The Bible in English, 1525-1611*（Ithaca, ny, 1958）, esp. pp. 12-13、David Daniell, *The Bible in English: Its History and Influence*（New Haven, ct, 2003）。ウィリアム・アレンの生涯と遺産にかんしては以下を参照。Eamon Duffy, 'William, Cardinal Allen, 1532-1594', *British Catholic History*, xxii/3（1995）, pp. 265-90。それに続くポーランド語訳のプロジェクトについては以下を参照。David A. Frick, 'Anglo-Polonica: The Rheims New Testament of 1582 and the Making of the Polish Catholic Bible', *Polish Review*, xxxvi/1（1991）, pp. 47-67。一方で、初期のカトリック・ハンガリー語訳聖書については以下で分析されている。Edina Zvara, 'Scholarly Translators and Committed Disputants: The First Century of the Hungarian Bible', *Hungarian Studies*, xxxi/2（2017）, pp. 271-82。

中世の聖書研究に関する基本的な著作としては、依然として Beryl Smalley, *The Study of the Bible in the Middle Ages*［1940］, 2nd edn（Notre Dame, in, 1964）があげられる。中世の俗語への聖書解釈に関しては以下でより詳しく述べられている。Leonard Boyle, 'Innocent iii and Vernacular Versions of Scripture', *Studies in Church History. Subsidia*, iv（1985）, pp. 97-107、Peter Biller and Anne Hudson, eds, *Heresy and Literacy, 1000-1530*（Cambridge, 1994）、Mary Dove, *The First English Bible: The Text and Context of the Wycliffite Versions*（Cambridge, 2007）。フス派については以下を参照。Thomas Fudge, *Heresy and Hussites in Late Medieval Europe*（Farnham, 2014）。「フス派」聖書の写本は、15 世紀初頭のフス派聖書と思われるハンガリー語版を除けば、現存していない。しかし、異端審問の検閲官の努力にもかかわらず、チェコ語版も数十年にわたって広く流通していたことは明らかである（Zvara, 'Scholary Translators' 参照）。

以下に含まれるさまざまな記事では、エラスムス、ルター、ティンダル、ルフェーブル・デタープル、コンプルテンセ多国語対訳聖書の編者などが、読みやすい聖書を制作しようとした背景に光を当てている。Erika Rummel, ed. *A Companion to Biblical Humanism and Scholasticism in the Age of Erasmus*（Leiden, 2008）。ジャンセニストに影響を受けた聖書

の制作をめぐる争いは、過去3世紀にわたり非常に複雑な歴史的遺産を生み出してきた。それは極端で党派的偏りに陥っていることも多いが、現代の研究はその多くの興味深いエピソードについて調査を続けている。Brian E. Strayer, *Suffering Saints: Jansenists and Convulsionnaires in France, 1640–1799*（Portland, or, 2008）は、William Doyle, *Jansenism: Catholic Resistance to Authority from the Reformation to the French Revolution*（London, 2000）を補足する有用な概説を提供している。1696年禁書となったオランダ語聖書については以下を参照。Els Agten, 'The Condemnation of Jansenist Vernacular Bibles in the Low Countries: The Case of Aegidius de Witte（1648-1721）', *Ephimerides theologicae lovanienses*, xci/2（2015）, pp. 271-80。

キリスト教徒のヘブライ主義については以下を参照。Allison Coudert and Jeffrey Shoulson, eds, *Hebraica Veritas? Christian Hebraists and the Study of Judaism in Early Modern Europe*（Philadelphia, pa, 2004）、Erika Rummel, *The Case Against Johann Reuchlin: Religious and Social Controversy in Sixteenth-Century Germany*（Toronto, 2002）。ユダヤ教文献への検閲に関しては以下で論じられている。Fausto Parente, 'The Index, the Holy Office, the Condemnation of the Talmud and Publication of Clement viii's Index', in *Church, Censorship and Culture*, ed. Gigliola Fragnito, trans. Adrian Belton（Cambridge, 2001）, pp. 163-93、Amnon Raz-Krakotzkin, *The Censor, the Editor, and the Text: The Catholic Church and the Shaping of the Jewish Canon in the Sixteenth Century* [2005], trans. Jackie Feldman（Philadelphia, pa, 2007）。ヘブライ語文献の検閲に関して、ドメニコ・イェルシャルミ自身『禁じられたヘブライ語文献目録』（Sepher Ha-Ziquq）と題する手引き書を執筆しているが、彼の検閲における役割については、以下で論じられている。Shifra Baruchson-Arbib and Gila Prebor, 'Sepher Ha-Ziquq（An Index of Forbidden Hebrew Books）: The Book's Use and its Influence on Hebrew Printing', *Bibliofilía*, cix/1（2007）, pp. 3-31。William A. Popper, *The Censorship of Hebrew Books*（New York, 1899）による初期の研究に基づくイェルシャルミや他の検閲官による初期近代ヘブライ語の印刷本と写本への影響については、Gila Prebor やイスラエルのバル - イラン大学の研究者、またオンラインの共同記録プロジェクト https://footprints.ctl.columbia.edu. によって、詳しい調査が行われている。

Alastair Hamilton, *The Forbidden Fruit: The Koran in Early Modern Europe*（London, 2008）では、近世のクルアーンやアラビア語文献に対するヨーロッパのキリスト教徒の対応を短くまとめている。プロテスタントのビブリアンダーによるクルアーンの翻訳については以下で論じられている。Gregory Miller, 'Theodor Bibliander's *Machumetis Saracenorum Principis eiusque Successorum Vitae, Doctrina ac ipse Alcoran*（1543）as the Sixteenth-Century "Encyclopedia" of Islam', *Islam and Christian-Muslim Relations*, xxiv/2（2013）, pp. 241-54、Jon Balserak, 'The Renaissance Impulses that Drove Theodor Bibliander to Publish *Machumetis Saracenorum*', *Muslim World*, cvii（2017）, pp. 684-97。近世の学術的なオリエンタリズムの発展については、以下を参照。Robert Irwin, *For Lust of Knowing: The Orientalists and their Enemies*（London, 2007）、Alexander Bevilacqua, *The Republic of Arabic Letters: Islam and the European Enlightenment*（Cambridge, ma, 2018）。

「文化的虐殺」の概念は、文脈によっては異論もあるが、1940年代に最初にラファエル・レムキンによって明らかにされた。これについては以下を参照。Leora Bilsky and Ra-

chel Klagsbrun, 'The Return of Cultural Genocide?', *European Journal of International Law*, xxix/2 (2018), pp. 373-96。植民地政権が特に先住民に対して行なった大規模な文化破壊の影響は、たとえ明白な大量殺戮が伴わなくても「先住民族の権利に関する国連宣言」(2007年9月3日の総会で採択された) ではっきりと認められている。

アメリカ大陸の先住民文化に対する植民地検閲は、非常に大きな主題であり、ここでは網羅しきれないが、特に以下を参照、David Timmer, 'Providence and Perdition: Fray Diego de Landa Justifies His Inquisition Against the Yucatecan Maya', *Church History*, lxvi/3 (1997), pp. 477-88、Priya Shah, 'Language, Discipline, and Power: The Extirpation of Idolatry in Colonial Peru and Indigenous Resistance', *Voces Novae*, v (2018), article 7。この文脈における翻訳の複雑さについて（とりわけインカのキープの扱いについての言及を含む）は以下を参照。Alan Durston, Pastoral Quechua: *The History of Christian Translation in Colonial Peru, 1550-1650* (Notre Dame, in, 2007)、John Charles, 'Unreliable Confessions: Khipus in the Colonial Parish', *The Americas*, lxiv/1 (2007), pp. 11-33。

スペインのイスラム教徒をカテキズムを使って改宗させる試みについては以下に語られている。Ben Ehlers, *Between Christians and Moriscos: Juan de Ribera and religious reform in Valencia, 1568-1614* (Baltimore, md, 2006)、Jason Busic, 'Order and Resistance in the Polemical and Catechetical Literature of Early Modern Spain (1515-1599): Christians, Muslims, and Moriscos', *Hispanic Review*, lxxxii/3 (2014), pp. 331-58。

トラテロルコのサンタ・クルス学院で抑制されたナワトル語の学問については以下を参照。Mark Z. Christensen, *Translated Christianities: Nahuatl and Maya Religious Texts* (University Park, pa, 2014)、Martin Austin Nesvig, *Ideology and Inquisition: The World of the Censors in Early Mexico* (New Haven, ct, 2009)、Nesvig, 'The Epistemological Politics of Vernacular Scripture in Sixteenth-Century Mexico', *The Americas*, lxx/2 (2013), pp. 165-201。新たに発見されたキリスト教の霊的文書のナワトル語訳については、以下の研究書で注目している。David Tavárez, 'A Banned Sixteenth-Century Biblical Text in Nahuatl: The Proverbs of Solomon', *Ethnohistory*, lx/4 (2013), pp. 759-62、Tavárez, 'Nahua Intellectuals, Franciscan Scholars, and the *Devotio Moderna* in Colonial Mexico', *The Americas*, lxx/2 (2013), pp. 203-35。このような学問的著作物の代わりに後に簡略化されたカテキズムが使われるようになった経緯について、以下に述べられている。Louise Burkhart, 'The "Little Doctrine" and Indigenous Catechesis in New Spain', *Hispanic American Historical Review*, xciv/2 (2014), pp. 167-206。

アフリカ南西部のポルトガルの植民地での類似の経験については、以下で取り上げている。John K. Thornton, 'Conquest and Theology: The Jesuits in Angola, 1548-1650', *Journal of Jesuit Studies*, i (2014), pp. 245-59。また、エチオピア語のキリスト教聖書の扱いについては以下を参照。Kristen Windmuller-Luna, '*Guerra com a Lingoa*: Book Culture and Biblioclasm in the Ethiopian Jesuit Mission', *Journal of Jesuit Studies*, ii (2015), pp. 223-47。この問題に関するより広範な概要については、以下を参照。Festo Mkenda, 'Jesuits and Africa', www.oxfordhandbooks.com, August 2016。

「東方典礼」に関する文献は着実に増えているが、たとえば、以下を参照。Ines G. Županov and Pierre Antoine Fabre, eds, *The Rites Controversies in the Early Modern World* (Leiden, 2018)、George Nedungatt, ed., *The Synod of Diamper Revisited* (Rome, 2001)、David

Mungello, ed., *The Chinese Rites Controversy: Its History and Meaning* (Nettetal, 1994)。

ヨーロッパの儒教の「発見」については以下を参照。Lionel M. Jensen, *Manufacturing Confucianism: Chinese Traditions and Universal Civilization* (Durham, nc, 2003)、Trude Dijkstra and Thijs Weststeijn, 'Constructing Confucius in the Low Countries', *De Zeventiende Eeuw*, xxxii (2016), pp. 137-64。ヨーロッパで初期に最も影響があった孔子の『論語』は、1687年ベルギーのイエズス会士フィリップ・クプレが翻訳し、出版した *Confucius sinarum philosophus, sive, Scientia sinensis latine exposita* だが、近年その英訳が出版された。Thierry Meynard as *The Jesuit Reading of Confucius: The First Complete Translation of the Lunyu (1687) Published in the West* (Leiden, 2015)。仏教と道教は、ほとんどの場合宣教師から肯定的に描かれることはなかったが、これについては以下を参照。Mei Tin Huang, 'The Encounter of Christianity and Daoism in Philippe Couplet's *Confucius Sinarum Philosophus*', *Frontiers of Philosophy in China*, ix/4 (2014), pp. 615-24。

第6章　魔術と科学を検閲する

ジョルダーノ・ブルーノの生涯と著作（『魔術論』、『キルケーの呪文』、『傲れる野獣の追放』）については、古典的作品である Frances Yates, *Giordano Bruno and the Hermetic Tradition* [1964] (London, 2002)〔フランセス・イエイツ『ジョルダーノ・ブルーノとヘルメス教の伝統』前野佳彦訳、工作舎、2010年〕から、より最近の読みやすい伝記 Ingrid D. Rowland, *Giordano Bruno Philosopher/Heretic* (Chicago, il, 2008) まで、さまざまある。Alberto A. Martínez, *Burned Alive: Giordano Bruno, Galileo and the Inquisition* (London, 2018) は、ブルーノの迫害の科学的側面を強調している。ブルーノの事例に関する現存する資料については、以下を参照。Ugo Baldini and Leen Spruit, eds, *Catholic Church and Modern Science: Documents from the Archives of the Roman Congregations of the Holy Office and the Index* (Rome, 2009), vol. i, tome 1, pp. 862-972。

近世の科学交流の拠点としてのローマの重要性は以下で強調されている。Elisa Andretta and Federica Favino, 'Scientific and Medical Knowledge in Early Modern Rome', in *A Companion to Early Modern Rome*, ed. Pamela M. Jones et al. (Leiden, 2019), pp. 515-29、Francisco Malta Romeiras, 'The Inquisition and the Censorship of Science in Early Modern Europe: Introduction', *Annals of Science*, lxxvii/1 (2020), pp. 1-9。Lynn Thorndike の8巻からなる *History of Magic and Experimental Science* (New York, 1923-58) は、引き続き前近代における魔術と科学の重なりを知る上で欠かせないガイドである。しかし、16世紀のローマ異端審問が調査した事例については、Baldini と Spruit の *Catholic Church and Modern Science* による、より最近の発見についても参照すべきである。

近世ヨーロッパとその植民地において、(たとえ奴隷にされ、異端審問官の調査を受けても) アフリカのヒーラーと占い師はきわめて公然とその自分たちの技を実践していたと思われる。それについては以下を参照。Kathryn Joy McKnight, '"En su Tierra lo Aprendió": An African Curandero's Defense before the Cartagena Inquisition', *Colonial Latin American Review* xii/1 (2003), pp. 63-84、Javier Villa-Flores, 'Talking through the Chest: Divination and Ventriloquism among African Slave Women in Seventeenth-Century Mexico', *Colonial Latin American*

Review, xiv/2 (2005), pp. 299-321、James H. Sweet, *Domingos Álvares, African Healing, and the Intellectual History of the Atlantic World* (Chapel Hill, nc, 2011)。

中世後期から近世における魔術という複雑なテーマについては、有用なガイドとして以下を参照。Edward Peters, *The Magician, the Witch, and the Law* (Philadelphia, pa, 1978)、Owen Davies, *Magic: A Very Short Introduction* (Oxford, 2012)、Richard Kieckhefer, *Magic in the Middle Ages* (Cambridge, 1989)。火薬に関する先駆的な記述などにみられる、ロジャー・ベーコンの自然科学への興味は、後に錬金術や魔術の分野での評判を高めることになる。これについては以下を参照。Brian Clegg, *The First Scientist: A Life of Roger Bacon* (London, 2003); further context in Amanda Power, *Roger Bacon and the Defence of Christendom* (Cambridge, 2013)。アルベルトゥス・マグヌスについては、魔術のほか、天文学や占星術に関する彼の研究を含めて、以下を参照。David Collins, 'Albertus, Magnus or Magus? Magic, Natural Philosophy, and Religious Reform in the Late Middle Ages', *Renaissance Quarterly*, lxiii (2010), pp. 1-44、Irven Resnick, ed., *A Companion to Albert the Great: Theology, Philosophy, and the Sciences* (Leiden, 2013)。偽アルベルトゥス文書に関するローマ異端審問の検閲については、以下で論じられている。Baldini and Spruit, *Catholic Church and Modern Science*, vol. i, tome 1, pp. 720-26。

悪魔の影響力に対する懸念が中世後期に高まったことについては以下を参照。Michael D. Bailey and Edward Peters, 'A Sabbat of Demonologists: Basel, 1431-1440', *The Historian*, lxv/6 (2003), pp. 1375-95、Bailey, *Battling Demons: Witchcraft, Heresy, and Reform in the Late Middle Ages* (University Park, pa, 2003)。また、近世には悪魔の影響に対する恐怖がさらに高まったことが、Stuart Clark, *Thinking with Demons: The Idea of Witchcraft in Early Modern Europe* (Oxford, 1997) で示されている。

中世後期のアラゴン王国における（キリスト教だけでなく）イスラム教とユダヤ教の占星術の重要性については、以下で論じられている。Michael A. Ryan, *A Kingdom of Stargazers: Astrology and Authority in the Late Medieval Crown of Aragon* (Ithaca, NY, 2011)。ヘルメス主義思想の概要については、Yates, *Giordano Bruno*、Florian Ebeling, *The Secret History of Hermes Trismegistus: Hermeticism from Ancient to Modern Times*, trans. David Lorton (Ithaca, ny, 2007) を参照。ジェロラモ・カルダーノの事例については、Jonathan Regier, 'Reading Cardano with the Roman Inquisition: Astrology, Celestial Physics, and the Force of Heresy', *Isis*, cx/4 (2019), pp. 661-79 で検討されている他、カルダーノの裁判資料については、Baldini and Spruit, *Catholic Church and Modern Science*, vol. i, tome 2, pp. 1033-472 に翻訳が掲載されている。

デッラ・ポルタについては以下を参照。Neil Tarrant, 'Giambattista Della Porta and the Roman Inquisition: Censorship and the Definition of Nature's Limits in Sixteenth- Century Italy', *British Journal for the History of Science*, xlvi/4 (2013), pp. 601-25。デッラ・ポルタの疑似医学書である『観相術』は身体的徴候から性格的特徴を予測するもので、のちに犯罪学者チェーザレ・ロンブローソに影響を与えることになるが、禁書とはならなかった。一方、『自然魔術』はローマのクレメンス版目録（1596 年）から削除され、その後は一度だけ 1668 年の教皇教令でイタリア語訳が禁じられた。それについては、Bujanda vol. xi, p. 275 を参照。また、Baldini and Spruit, *Catholic Church and Modern Science*, vol. i, tome 2, pp.

1507-64では、デッラ・ポルタだけではなく、アグリッパとパラケルススについての資料も掲載されている。

この時代の占星術に関するローマ当局者の複雑な見解については、その一端が以下で紹介されている。Neil Tarrant, 'Reconstructing Thomist Astrology: Robert Bellarmine and the Papal bull *Coeli et Terrae*', *Annals of Science*, lxxvii/1（2020）, pp. 26-49、Ugo Baldini, 'The Roman Inquisition's Condemnation of Astrology: Antecedents, Reasons and Consequences', in *Church, Censorship and Culture*, ed. Fragnito, pp. 79-110、Elio Costa, '"Starry Leo," the Sun, and the Astrological Foundations of Sixtine Rome', *racar: Revue d'Art Canadienne/Canadian Art Review*, xvii/1（1990）, pp. 17-39.

ヘルメス主義、プラトン、キリスト教の思想が複雑に混淆したパトリッツィの思想については、以下を参照。Yates, *Giordano Bruno*, esp. pp. 202-5、John Henry, 'Francesco Patrizi da Cherso's Concept of Space and its Later Influence', *Annals of Science*, xxxvi/6（1979）, pp. 549-73、Luigi Firpo, 'The Flowering and Withering of Speculative Philosophy - Italian Philosophy and the Counter Reformation: The Condemnation of Francesco Patrizi', in *The Late Italian Renaissance, 1525–1630*, ed. Eric Cochrane（London, 1970）, pp. 266-84、Baldini and Spruit, *Catholic Church and Modern Science*, vol. i, tome 3, pp. 2197-264.

ガリレオのアカデミア・デイ・リンチェイにおける権力闘争については以下で論じられている。Sabina Brevaglieri, 'Science, Books and Censorship in the Academy of the Lincei: Johannes Faber as Cultural Mediator', *Conflicting Duties*, Warburg Institute Colloquia xv（2009）, pp. 133-57。ガリレオの人物像、その著作、彼の裁判については、質についても洞察についても多種多様な研究が、何世紀にもわたり無数に生み出されてきた。なかでも、有益な最近の研究として以下が挙げられる。Mario Biagioli, *Galileo Courtier: The Practice of Science in the Culture of Absolutism*（Chicago, il, 1993）、Maurice A. Finocchiaro, *Retrying Galileo, 1633–1992*（Berkeley, ca, 2005）、Ernan McMullin, ed., *The Church and Galileo*（Notre Dame, in, 2005）、Richard J. Blackwell, *Behind the Scenes at Galileo's Trial*（Notre Dame, in, 2006）、Thomas F. Mayer, ed., *The Trial of Galileo, 1612–1633*（Toronto, 2012）。

この時代に、禁書目録の検閲対象となった解剖学の書物については以下を参照。William C. Hanigan, 'Dryander of Marburg and the First Textbook of Neuro- anatomy', *Neurosurgery*, xxvi/3（1990）, pp. 489-98、Dániel Margócsy, Mark Somos and Stephen N. Joffe, *The Fabrica of Andreas Vesalius: A Worldwide Descriptive Census, Ownership, and Annotations of the 1543 and 1555 Editions*（Leiden, 2018）, pp. 121-30。Sachiko Kusukawa, *Picturing the Book of Nature*（Chicago, il, 2012）では、フックスの『植物誌（Historia stirpium）』といった図版入りの植物学研究書に対する検閲を、著作権管理の一形態として検証している。近世の医学書に関する検閲については、以下を参照。Maria Pia Donato, ed., *Medicine and the Inquisition in the Early Modern World*（Leiden, 2019）、Hannah Marcus, *Forbidden Knowledge: Medicine, Science, and Censorship in Early Modern Italy*（Chicago, il, 2020）.

「正当な」科学と偽科学との区別は、現代においても困難なことが多い。近世の虚偽的な科学理論については、以下を参照。Tara E. Nummedal, 'The Problem of Fraud in Early Modern Alchemy', in *Shell Games: Studies in Scams, Frauds, and Deceits, 1300- 1650*, ed. Mark Crane et al.（Toronto, 2004）, pp. 37-58。禁書とされた悪魔祓いのマニュアルについては、以

下で論じられている。Bert Roest, 'Demonic Possession and the Practice of Exorcism: An Exploration of the Franciscan Legacy', *Franciscan Studies*, lxxvi (2018), pp. 301-40、Guido Dall'Olio, 'The Devil of Inquisitors, Demoniacs and Exorcists in Counter-Reformation Italy', in *The Devil in Society in Premodern Europe*, ed. Richard Raiswell and Peter Dendle (Toronto, 2012), pp. 511-36.

『君主論』だけでなく、『政略論』『フィレンツェ史』などのマキァヴェッリの著作に関する教会検閲については、膨大な文献がある。すでにクレメンス7世の承認を受けていたこの高名な著者に対する禁令が、物議をかもしたことがその理由の一端である。これについては、たとえば以下を参照。Carlo Ginzburg, 'Machiavelli, Galileo and the Censors', *New Left Review*, cxxiii (2020), pp. 91-109、Sydney Anglo, *Machiavelli - The First Century: Studies in Enthusiasm, Hostility, and Irrelevance* (Oxford, 2005)、Peter Godman, *From Poliziano to Machiavelli: Florentine Humanism in the High Renaissance* (Princeton, nj, 1998), esp. pp. 303-33、Robert Bireley, *The Counter-Reformation Prince: Anti-Machiavellianism or Catholic Statecraft in Early Modern Europe* (Chapel Hill, nc, 1990).

スペインにおけるアダム・スミスの影響と、スペイン目録への掲載については、以下を参照。R. S. Smith, '*The Wealth of Nations* in Spain and Hispanic America, 1780-1830', *Journal of Political Economy*, lxv/2 (1957), pp. 104-25, reprinted in Cheng-chung Lai, ed., *Adam Smith Across the Nations: Translations and Receptions of the Wealth of Nations* (Oxford, 2000), pp. 313-41、Scott Meikle, 'Adam Smith and the Spanish Inquisition', *New Blackfriars*, lxxvi/890 (1995), pp. 70-80.

長いことプロテスタント支持者と疑われ、1543年に異端審問を受けたゲラルドゥス・メルカトル（1594年没）の波乱に満ちた経歴については、以下に述べられている。Nicholas Crane, *Mercator: The Man Who Mapped the Planet* (New York, 2002)、Daniel Stolzenberg, 'The Holy Office in the Republic of Letters: Roman Censorship, Dutch Atlases, and the European Information Order, circa 1660', Isis, cx/1 (2019), pp. 1-23、Baldini and Spruit, *Catholic Church and Modern Science*, vol. i, tome 3, pp. 2051-67。

第7章　性、信仰、芸術を検閲する

古代ギリシア・ローマにおける性と性的欲望についての解釈は複雑で、現代の研究でも常に進化を続けている。これについては、たとえば以下を参照。Kirk Ormand, *Controlling Desires: Sexuality in Ancient Greece and Rome* (Westport, ct, 2009)、Marilyn B. Skinner, *Sexuality in Greek and Roman Culture* [2005], 2nd revd edn (Chichester, 2014)。古代文化における裸体や官能的な図像については、以下で調査されている。Natalie Boymel Kampen, ed., *Sexuality in Ancient Art* (Cambridge, 1996)。

中世の性と性的欲望に対する考え方は、古代世界とはまったく異なると同時に、複雑でもあった。現代では、魅力的な史料研究が幅広く行なわれている。これらは、Mark D. Jordanm, *The Invention of Sodomy in Christian Theology* (Chicago, il, 1997) などの神学的観点による研究から、Joan Cadden, *Nothing Natural Is Shameful: Sodomy and Science in Late Medieval Europe* (Philadelphia, pa, 2013) における科学文献に関する研究や、Clarissa M. Harris, *Obscene Pedagogies: Transgressive Talk and Sexual Education in Late Medieval Britain* (Ithaca,

ny, 2018）における文学に焦点を当てた研究まで、少数の例をあげるだけでも多岐にわたる。また、Satu Lidman et al., eds, *Framing Premodern Desires: Sexual Ideas, Attitudes, and Practices in Europe*（Amsterdam, 2017）に掲載されている、さまざまな小論も参照。中世の医術の文脈での性については、以下で紹介されている。Danielle Jacquart and Claude Thomasset, *Sexuality and Medicine in the Middle Ages*［1985］, trans. Matthew Adamson（Princeton, nj, 1988）、Laura Jose, 'Monstrous Conceptions: Sex, Madness and Gender in Medieval Medical Texts', *Comparative Critical Studies*, v/2-3（2008）, pp. 153-63。『薔薇物語』については、以下を参照。Alistair Minnis, *Magister Amoris. The 'Roman de la Rose' and Vernacular Hermeneutics*（Oxford, 2001）。

中世におけるオウィディウスの再解釈については、以下で研究されている。Peggy McCracken, 'Metamorphosis as Supplement: Sexuality and History in the Ovide Moralisé', in *Ovidian Transversions: 'Iphis and Ianthe', 1300–1650*, ed. Valerie Traub, Patricia Badir and Peggy McCracken（Edinburgh, 2019）, pp. 43-59。ルネサンス期の作家が、古典作品の露骨な性描写をどのように再解釈しようとしたのかを示す例として、以下を参照。Todd W. Reeser, *Setting Plato Straight: Translating Ancient Sexuality in the Renaissance*（Chicago, il, 2016）。トリエント公会議以後の芸術の官能表現については、以下を参照。Marcia B. Hall and Tracy E. Cooper, eds., *The Sensuous in the Counter-Reformation Church*（Cambridge, 2013）。

初期のスペイン異端審問官が、イタリアと比較して、官能的な作品に対する関心が薄かったことは、以下に述べられている。Jesús Martínez de Bujanda, 'Literatura e Inquisición en España en el Siglo xvi', in *La Inquisición Española. Nueva Visión, Nuevos Horizontes*, ed. Joaquín Pérez Villanueva（Madrid, 1980）, pp. 579-92。スペインではほとんどの場合、演劇に対する検閲は厳しくはなかった。Antonio Márquez, 'La Censura Inquisitorial del Teatro Renacentista（1514-1551）', in Pérez Villanueva, *Inquisición Española*, pp. 593-603。

本章で挙げた各作品に対する検閲は、他に比べてもさらに踏み込んで議論すべき研究課題であり、ここで完全に網羅することは不可能である。しかし以下に、厳選した研究をいくつか紹介するだけでも、さらなる研究の可能性を示唆するには十分であろう。たとえば、次のような文献があげられる。

ボッカッチョについて。Christina McGrath, 'Manipulated, Misrepresented, and Maligned: The Censorship and Rassettatura of the *Decameron*', *Heliotropia*, xv（2018）, pp. 189-203.

ペトラルカについて。Peter Stallybrass, 'Petrarch and Babylon: Censoring and Uncensoring the Rime, 1559-1651', in *For the Sake of Learning*, ed. Ann Blair and Anja-Silvia Grafton（Leiden, 2016）, pp. 581-601.

ピウス２世のさまざまな著作に対する検閲について（しかし、官能的な『二人の恋人の物語（*Historia de Duobus Amantibus*）』は検閲の対象ではなかった）。Peter Godman, *The Saint as Censor: Robert Bellarmine Between Inquisition and Index*（Leiden, 2000）, pp. 95-9、Chiara Sbordoni, 'Amatoria turpis in amatorial honesta: l'Historia de duobus amantibus di Enea Silvio Piccolomini', *The Italianist*, xxx（2010）, pp. 325-51.

ラブレーについては、Bernd Renner, ed., *A Companion to François Rabelais*（Leiden, 2021）を参照。さまざまな宗教的、政治的問題の背景についての記述や、長年の研究を網羅した

最新の参考文献が掲載されている。

『ラサリーリョ・デ・トルメスの生涯』について〔『ラサリーリョ・デ・トルメスの生涯』会田由訳、岩波文庫、2010年他〕。Felipe E. Ruan, 'Literary History, Censorship, and *Lazarillo de Tormes Castigado* (1573)', *Hispanic Research Journal*, xvii/4 (2016), pp. 269- 87、Rita Bueno Maia, 'Iberian Censorship and the Reading of *Lazarillo* in 19th Century Portugal', in *Translation and Censorship in Different Times and Landscapes*, ed. Teresa Seruya and Maria Lin Moniz (Newcastle, 2008), pp. 298-307.

ピエトロ・アレティーノについて。Saad El-Gabalawy, 'Aretino's Pornography and Renaissance Satire', *Rocky Mountain Review of Language and Literature*, xxx/2 (1976), pp. 87-99、Raymond B. Waddington, *Aretino's Satyr: Sexuality, Satire, and Self- Projection in Sixteenth-Century Literature and Art* (Toronto, 2004)、Raymond B. Waddington, 'Pietro Aretino, Religious Writer', *Renaissance Studies*, xx/3 (2006), pp. 277-92。

バルダッサーレ・カスティリオーネについて。Peter Burke, *The Fortunes of the Courtier: The European Reception of Castiglione's* Cortegiano (University Park, pa, 1995), esp. pp. 100-106。

モンテーニュについて。Malcolm Smith, *Montaigne and the Roman Censors* (Geneva, 1981)、Godman, *Saint as Censor*, pp. 45-8.

フェランテ・パッラヴィチーノ（およびアントニオ・ロッコ）について。Paolo Fasoli, 'Bodily Figurae: Sex and Rhetoric in Early Libertine Venice, 1642-51', *Journal for Early Modern Cultural Studies*, xii/2 (2012), pp. 97-116.

スウィフトについての以下の研究では、この風刺小説が同時代のプロテスタントとカトリックの読者にとってどのような宗教的意味を持つのか、また1689年の寛容法をめぐる議論の中でどのように受け取られたのかを検証している。Nicholas McDowell, 'Tales of Tub Preachers: Swift and Heresiography', *Review of English Studies*, lxi/248 (2010), pp. 72-92。その他は以下を参照。David Bywaters, 'Anticlericalism in Swift's *Tale of a Tub*', *Studies in English Literature*, xxxvi/3 (1996), pp. 579-602。

ミルトンについて。Edward F. Kenrick, '"Paradise Lost" and the Index of Prohibited Books, *Studies in Philology*, liii/3 (1956), pp. 485-500、Matteo Brera, '"Non istà bene in buona teologia": Four Italian Translations of *Paradise Lost* and the Vatican's Policies of Book Censorship (1732-1900)', *Italian Studies*, lxviii/1 (2013), pp. 99-122。ミルトンの *Literae* についての研究は少ないが、以下で言及されている。Angelica Duran, 'John Milton: "Of the Devil's Party" per the Spanish Inquisition', *Reception: Texts, Readers, Audiences, History*, ii (2010), pp. 22-47。

プロテスタントの聖像破壊とそれに対するカトリックの対応について。Giuseppe Scavizzi, *The Controversy on Images from Calvin to Baronius* (New York, 1992)、Lee Palmer Wandel, *Voracious Idols and Violent Hands: Iconoclasm in Reformation Zurich, Strasbourg, and Basel* (Cambridge, 1994)。また、近年ガブリエーレ・パレオッティの『聖俗画像論（*Discorso intorno alle imagine sacre et profrane*）』の英訳が出版された。*Discourse on Sacred and Profane Images*, trans. William McCuaig (Los Angeles, ca, 2012)〔『原典イタリア・ルネサンス芸術論』下巻、池上俊一監修、名古屋大学出版会、2021年（抄訳が掲載されている）〕。

スペインとメキシコの異端審問が、その最後の数十年間に行った、官能芸術に対する検

閲については以下を参照。Lee M. Penyak in 'The Inquisition and Prohibited Sexual Artworks in Late Colonial Mexico', *Colonial Latin American Review*, xxiv/3（2014）, pp. 421-36、Janis Tomlinson, 'Burn It, Hide It, Flaunt It: Goya's *Majas* and the Censorial Mind', *Art Journal*, l/4（1991）, pp. 59-64、François Soyer, 'The Inquisition and the Repression of Erotic and Pornographic Imagery in Early Nineteenth-Century Madrid', *History*, ciii（2018）, pp. 60-81。これらの異端審問が官能作品への検閲に関心を強めたのはだいぶ後になってからだったが、その影響は文学にも及んだ。María José Muñoz García, 'Erotismo y Celo Inquisitorial. Expedientes de escritos obscenos censurados por la Inquisición en el siglo xviii y principios del xix', *Cuadernos de Historia del Derecho*, x（2003）, pp. 157-207。

ミケランジェロのシスティーナ礼拝堂のフレスコについては、以下を参照。'Aretino, the Public, and the Censorship of Michelangelo's Last Judgment', in *Suspended License: Censorship and the Visual Arts*, ed. Elizabeth C. Childs（Seattle, wa, 1997）, pp. 59-84。

ヴェロネーゼの『最後の晩餐』に対する審問官の調査については、以下の研究が興味深い。Edward Grasman, 'On Closer Inspection: The Interrogation of Paolo Veronese', *Artibus et Historiae*, xxx/59（2009）, pp. 125-34。スペインの宗教芸術については、以下を参照。François Soyer, 'Inquisition, Art, and Self-Censorship in the Early Modern Spanish Church, 1563-1834', in *The Art of Veiled Speech: Self- Censorship from Aristophanes to Hobbes*, ed. Han Baltussen and Peter J. Davis（Philadelphia, pa, 2015）, pp. 269-92、Virgilio Pinto Crespo, 'La Actitud de la Inquisición ante la Iconografía Religiosa. Tres Ejemplos de su Actuación（1571-1665）', *Hispania Sacra*, xxxi（1978）, pp. 285-321。

トリエント公会議以降の「適切な」教会音楽をめぐる問題については以下を参照。Craig A. Monson, 'The Council of Trent Revisited', *Journal of the American Musicological Society*, lv/1（2002）, pp. 1-37、Marianne C. E. Gillion, 'Editorial Endeavours: Plainchant Revision in Early Modern Italian Printed Graduals', *Plainsong and Medieval Music* xxix/1（2020）, pp. 51-80、K. G. Fellerer and Moses Hadas, 'Church Music and the Council of Trent', *Musical Quarterly*, xxxix/4（1953）, pp. 576-94。

第8章　検閲と近代化

ピウス9世の複雑な治世については以下で、詳細に読みやすくまとめられている。Eamon Duffy, *Saints and Sinners: A History of the Popes* [1997], 4th edn（New Haven, ct, 2014）, pp. 286-305。第1、第2バチカン公会議での出来事に関する最近の最も優れた概説書としては、それぞれ以下を参照。John W. O'Malley, *Vatican i: The Council and the Making of the Ultramontane Church*（Cambridge, ma, 2018）、O'Malley, *What Happened at Vatican ii*（Cambridge, ma, 2008）。第2バチカン公会議に関する文書は、ありがたいことに以下においてラテン語と英語の両方で出版されている。Norman P. Tanner, ed. and trans., *Decrees of the Ecumenical Councils*（Washington, dc, 1990）, vol. ii。本章で引用したその他の教皇文書のほとんどは、バチカンのウェブサイトで英語で参照することができる。www.vatican.va。ただし古い文書の中には翻訳されていないものもあり、たとえば、レオ13世の「オフィチウム・アク・ムーネルム（Officium ac munerum）」は、ラテン語とイタリア語でのみ読むこ

とができる。

ダーウィンの進化論に対するカトリックの対応については以下を参照。Mariano Artigas, Thomas F. Glick and Rafael A. Martínez, eds, *Negotiating Darwin: The Vatican Confronts Evolution, 1877–1902*（Baltimore, md, 2006）、Miguel Ángel Puig-Samper, Armando García González and Francisco Pelayo, 'The Evolutionist Debate in Spain During the Nineteenth Century: A Re-Examination', trans. Catherine Jagoe, *História, Ciências, Saúde*, xxiv/3（2017）, pp. 1-17.

ブルセの著作については、以下で論じられている。Erwin H. Ackerknecht, 'Broussais or a Forgotten Medical Revolution', *Bulletin of the History of Medicine*, xxvii/4（1953）, pp. 320-43。また比較的新しいものでは以下を参照。Jacques Chazaud, *F.-J.-V. Broussais: De l'Irritation à la Folie: Un Tournant Méthodologique de la Médecine au xixe Siècle*（Toulouse, 1992）。Alice A. Kuzniar, *The Birth of Homeopathy Out of the Spirit of Romanticism*（Toronto, 2017）では、おもにドイツ文学に焦点を当てていて、ホメオパシーに対するブルセの影響については簡潔に述べられているにすぎない。

精神医学に対する教会の反発については以下を参照。Robert Kugelmann, '*Imprimi Potest*: Roman Catholic Censoring of Psychology and Psychoanalysis in the Early 20th Century', *History of the Human Sciences*, xxvii/5（2014）, pp. 74-90、Renato Foschi, Marco Innamorati and Ruggero Taradel, '"A Disease of Our Time": The Catholic Church's Condemnation and Absolution of Psychoanalysis（1924-1975）', *Journal of the History of Behavioral Sciences*, 54（2018）, pp. 85-100。後者の論文と、その他の精神分析理論の受容に関する情報については、イアン・ニコルソン博士に負うところが大きい。世紀末フランスの悪魔崇拝をめぐる議論においてジュール・ボワ（また、禁書目録には掲載されなかったが、彼の友人であるカトリック小説家ジョリス＝カルル・ユイスマンス）が果たした役割については、以下を参照。Massimo Introvigne, *Satanism: A Social History*［2010］, trans. Tancredi Marrone and Massimo Introvigne（Leiden, 2016）, esp. Chapter Seven.

Silvana Patriarca and Lucy Riall, eds, *The Risorgimento Revisited: Nationalism and Culture in Nineteenth-Century Italy*（New York, 2012）に収められている小論は、リソルジメントとその文化的挑戦についての入門書として有用である。「シラブス（謬説表）」と近代化に対する教会の抵抗については、以下を参照。Marvin R. O'Connell, *Critics on Trial: An Introduction to the Catholic Modernist Crisis*（Washington, dc, 1994）, and C. J. T. Talar, '"The Synthesis of All Heresies": 100 Years On', *Theological Studies*, lxviii（2007）, pp. 491-514。

ピウス9世、レオ13世からパウルス6世にいたるまでのローマ目録の発展については、Bujanda vol. xi, pp. 29-30 and 34-41 に簡潔にまとめられている。検閲に関連する内容を含んだ、現代の教会法の入門書としては以下を参照。Charles Augustine Bachofen, *A Commentary on the New Code of the Canon Law*, 8 vols, 2nd edn（St Louis, MO, 1918）、Laurence J. Spiteri, *Canon Law Explained*（Manchester, NH, 2013）、José Bettencourt, *The Imprimatur: Ecclesiastical Tradition, Canonical Basis, and Contemporary Function*（Rome, 1999）。

初期の映画検閲に対する教会の関与については、以下で検証されている。Frank Walsh, *Sin and Censorship: The Catholic Church and the Motion Picture Industry*（New Haven, ct, 1996）、Alexander McGregor, *The Catholic Church and Hollywood: Censorship and Morality in 1930s Cinema*（London, 2013）。文学や文化全般に対する現代のカトリック教会の対応につ

いては、以下を参照。Stephen Schloesser, *Jazz Age Catholicism: Mystic Modernism in Postwar Paris, 1919–1933*（Toronto, 2005）、Una Cadegan, *All Good Books are Catholic Books: Print Culture, Censorship, and Modernity in Twentieth-Century America*（Ithaca, ny, 2013）。

ファシスト作家に対する禁書目録の検閲と、ファシスト政権とローマ教皇の関係全般については以下を参照。Guido Bonsaver, *Censorship and Literature in Fascist Italy*（Toronto, 2007）、David I. Kertzer, *The Pope and Mussolini: The Secret History of Pius xi and the Rise of Fascism in Europe*（New York, 2014）、Matteo Brera, 'The Holy Office Against Fascism: Book Censorship and the Political Independence of the Church（1928-1931）', *Between*, v/9（2015）, pp. 1-28、www.betweenjournal.it。

アッシュビーをはじめとするコレクターによる、19世紀のポルノ作品と、20世紀の検閲史におけるエピソードについては以下を参照。Walter Kendrick, *The Secret Museum. Pornography in Modern Culture*［1987］（Berkeley, ca, 1996）。ド・ヴィエンヌ社発行の興味深い豪華版については、以下を参照。Michael Koenig, 'De Vinne and the De Vinne Press', *Library Quarterly*, xli/1（1970）, pp. 1-24。筆者は、シカゴのニューベリー図書館が所蔵している De Vinne Indexes の見本を参照した。

コンガール、シュニュ、その他フランス人ドミニコ会士による「労働司祭」運動についていては、以下で詳述されている。Thomas O'Meara, 'Raid on the Dominicans: The Repression of 1954', *America*（5 February 1994）, pp. 8-16。また、John Petrie, trans., *The Worker-Priests: A Collective Documentation*［1954］（London, 1956）でも記録されている。それ以外には以下を参照。Joseph Doré and Jacques Fantin, eds, *Marie-Dominque Chenu: Moyen Âge et Modernité*（Paris, 1997）、Gabriel Flynn, ed., *Yves Congar: Theologian of the Church*（Grand Rapids, mi, 2005）。キュングやスキレベークスについては、以下を参照。Peter Hebblethwaite, *The New Inquisition? The Case of Edward Schillebeeckx and Hans Küng*（San Francisco, 1980）、Philip Kennedy, *Schillebeeckx*（Collegeville, mn, 1993）。ハンス・キュング（Hans Küng）の Memoirs1-2 巻については、以下で翻訳されている。John Bowden: *My Struggle for Freedom*（Grand Rapids, mi, 2003）and *Disputed Truth*（New York, 2008）。第3巻については、英訳はまだ発行されていない。

終わりに

ラヴァル神学大学の禁書に対する図書館の対応については以下を参照。Pierrette Lafond, *promenade en enfer Les livres à l'Index de la bibliothèque (fonds ancien) du Séminaire de Québec: prolégomènes à un objet oxymora*, ma thesis, Université Laval, 2011。ノートル・ダム大学の禁書の檻は、現在のボンド・ホールの地下部分に置かれていた。Alex Caton and Grace Watkins, 'Echoes: Bound Volumes, Illicit Lit', *Notre Dame Magazine*（Autumn 2015）, https://magazine.nd.edu。大英図書館と同様に、パリのフランス国立図書館には、今なお18世紀初頭の王室の蔵書にさかのぼる、ポルノやその他の禁書を集めた「地獄」（Enfer）と呼ばれるセクションが残っている。それについては以下を参照。Alison Moore, 'Arcane Erotica and National "Patrimony". Britain's Private Case and the Collection de l'Enfer of the Bibliothèque Nationale de France', *Cultural Studies Review*, xviii/1（2012）, pp. 196-216.

カトリック教会によるものであれ世俗的なものであれ、現代の検閲に関する研究はここで扱うには膨大すぎる。また、ピア・レビューや学問の自由といったテーマについても同様で、こうした主題につては、（当然のことながら）学者はあらゆる角度から考察し、議論しようとする。したがって、これらのテーマに関しては、最近の出版物のなかから、読者の興味を引きそうなほんの一部を紹介し、この研究対象として豊かな土壌をさらに深く掘り下げるよう勧めて、参考文献紹介を終えることにする。James Turk, ed., *Academic Freedom in Conflict: The Struggle over Free Speech Rights in the University*（Toronto, 2014）、Akeel Bilgrami and Jonathan R. Cole, eds, *Who's Afraid of Academic Freedom?*（New York, 2015）、Simon Springer, 'Anarchist Professor Takes on Hate Speech', *The Conversation*, theconversation.com/ca, 21 March 2018、Joan Wallach Scott, Knowledge, *Power, and Academic Freedom*（New York, 2019）、Henry Reichman, *The Future of Academic Freedom*（Baltimore, md, 2019）。

写真提供への謝辞および出典

著者ならびに出版社は以下の図版を提供し、掲載を許可してくれたことに感謝の意を表する。また、各図版のキャプションを簡潔にするため、いくつかの作品の所蔵場所に関しては、以下に記す。

From Isaac ben Moses Arama, *Akedat Yitzak* (Venice, 1546), photo Library and Archives Canada (lac), Ottawa: p. 166; from Pietro Aretino, Sonetti lussuriosi (Venice, after 1537?-c. 1550), photo Sailko (cc by 3.0): p. 215; Badische Landesbibliothek, Karlsruhe: p. 50 (Cod. St. Peter perg. 108, fol. 5r); with permission of Biblioteca Casanatense, Rome, mic: p. 97 (Per est. 18.6/53r); © Bodleian Libraries, University of Oxford: pp. 105 (lp 88), 195 (ms Michael 276, fol. 14v); from Jules Bois, *Le Satanisme et la magie* (Paris, 1895), photo Bibliothèque nationale de France, Paris: p. 243; from *Le Catalogue des livres censurez par la faculté de theologie de Paris* (Paris, 1544), photo Bibliothèque nationale de France, Paris: p. 59; from *Cathalogus librorum, qui prohibentur mandato...* (Valladolid, 1559), photo University of Notre Dame, in: p. 73; Gallerie dell'Accademia, Venice: p. 224; from Mario Guarnacci, *Vitae, et res gestae Pontificum Romanorum et s.r.e. Cardinalium*, vol. i (Rome, 1751), photo Getty Research Institute, Los Angeles: p. 100; Hesburgh Libraries, Rare Books and Special Collections, University of Notre Dame, in: pp. 104, 138; from *Index auctorum et librorum, qui ab officio sanctae Romanae et universalis inquisitionis caveri...* (Rome, 1559), photo Österreichische Nationalbibliothek, Vienna: p. 73; from *Index librorum prohibitorum ac expurgandorum...*, vol. ii (Madrid, 1747), photo Universidad Complutense de Madrid: p. 110; from Ramon Llull and Jean d'Aubry, trans., *Le Triomphe de l'amour et l'eschelle de la gloire* (Paris, n.d.), photo Bibliothèque nationale de France, Paris: p. 117; Loras College Library, Dubuque, ia: p. 265; Musei Vaticani, Vatican City: pp. 83, 108; Museo Diocesano Tridentino, Trento: p. 76 (photo Sailko, cc by-sa 4.0); Museo del Prado, Madrid: pp. 45, 221; The National Gallery, London (on loan from Longford Castle collection): p. 63; National Portrait Gallery, London: p. 143; from *The New Testament of Jesus Christ* (Rheims, 1582), photo Boston Public Library: p. 143; from Onofrio Panvinio, *xxvii Pontificum Maximorum elogia et imagines* (Rome, 1568): p. 69; private collection: p. 95; Tambov Regional Art Gallery: p. 238; © The Trustees of the British Museum: p. 38; u.s. National Library of Medicine, Bethesda, md: p. 187; photos Robin Vose: pp. 112 (courtesy Bibliothèque nationale de France, Paris), 179; Wellcome Collection (cc by 4.0): p. 242.